Excel 2002

Walter Schwabe

M+T easy

Excel 2002

✓ *leicht*
✓ *klar*
✓ *sofort*

Markt+Technik Verlag

Die Deutsche Bibliothek – CIP-Einheitsaufnahme

**Ein Titeldatensatz für diese Publikation ist bei
Der Deutschen Bibliothek erhältlich.**

Die Informationen in diesem Produkt werden ohne Rücksicht auf einen
eventuellen Patentschutz veröffentlicht.
Warennamen werden ohne Gewährleistung der freien Verwendbarkeit benutzt.
Bei der Zusammenstellung der Texte und Abbildungen wurde mit größter
Sorgfalt vorgegangen.
Trotzdem können Fehler nicht vollständig ausgeschlossen werden.
Verlag, Herausgeber und Autoren können für fehlerhafte Angaben
und deren Folgen weder eine juristische Verantwortung noch
irgendeine Haftung übernehmen.
Für Verbesserungsvorschläge und Hinweise auf Fehler sind Verlag und
Herausgeber dankbar.

Alle Rechte vorbehalten, auch die der fotomechanischen Wiedergabe und der
Speicherung in elektronischen Medien.
Die gewerbliche Nutzung der in diesem Produkt gezeigten Modelle und Arbeiten
ist nicht zulässig.

Fast alle Hardware- und Software-Bezeichnungen, die in diesem Buch erwähnt werden,
sind gleichzeitig auch eingetragene Warenzeichen oder sollten als solche betrachtet werden.

Umwelthinweis:
Dieses Buch wurde auf chlorfrei gebleichtem Papier gedruckt.
Die Einschrumpffolie – zum Schutz vor Verschmutzung – ist aus
umweltverträglichem und recyclingfähigem PE-Material.

10 9 8 7 6 5 4 3 2 1

05 04 03 02 01

ISBN 3-8272-6100-7

© 2001 by Markt+Technik Verlag,
ein Imprint der Pearson Education Deutschland GmbH,
Martin-Kollar-Straße 10–12, D-81829 München/Germany
Alle Rechte vorbehalten
Lektorat: Veronika Gerstacker, vgerstacker@pearson.de
Herstellung: Ulrike Hempel, uhempel@pearson.de
Satz: C. Neumann, München
Druck: Kösel, Kempten (www.KoeselBuch.de)
Printed in Germany

Inhaltsverzeichnis

Liebe Leserin, lieber Leser ...   11

Die Tastatur   12

Schreibmaschinen-Tastenblock   13
Sondertasten, Funktionstasten,
Kontrollleuchten, Zahlenblock   14
Navigationstasten   15

Die Maus   17

»Klicken Sie ...«   17
»Doppelklicken Sie ...«   17
»Ziehen Sie ...«   17

1 Die ersten Schritte   18

Auf den ersten Blick   20
Die einzelnen Leisten   23
Schaltflächen in zwei Reihen   24
Einzelne Leisten anzeigen   25
Die QuickInfo für Anfänger   27
Fenstermodi   28

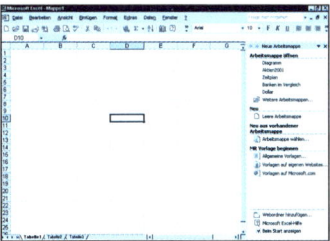

2 Die ersten Eingaben   32

Was ist eine Zelle?	34
Wie geben Sie Zahlen ein?	35
Die Bearbeitungsleiste	37
Wie korrigieren Sie Zahlen?	39
Eingaben rückgängig machen	44
Eingaben wiederherstellen	45
Die Zoomfunktion	46
Wie kommen Sie im Arbeitsblatt weiter?	48
Excel 2002 beenden	48

3 Die ersten Berechnungen   50

Mit Zahlen rechnen	52
Die Schaltfläche »AutoSumme«	56
Texte in Excel 2002	58

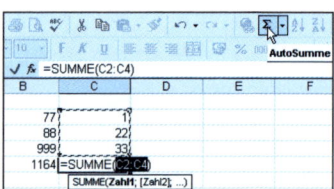

4 Tabellen bearbeiten   60

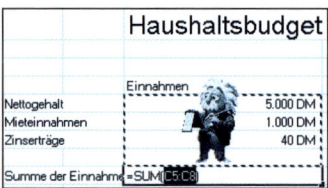

Die Spaltenbreite ändern	62
Texte hervorheben	63
Formate übertragen	67
Zellen verschieben	72
Spalten entfernen oder einfügen	74
Zeilen einfügen oder entfernen	75

Inhaltsverzeichnis

5 Speichern und Drucken — 76

Eine Kalkulation speichern 78
Änderungen speichern 82
Speichern oder Speichern unter ... ? 83
Auf einer Diskette speichern 86
Die Seitenumbruch-Vorschau 88
Die Seitenansicht 89
Das Ausdrucken einer Kalkulation .. 91
Die Ansicht »Ganzer Bildschirm« 92
Die Gitternetzlinien ein- und
ausblenden 93

6 Kalkulationen wieder verwenden, sichern und löschen — 96

Kalkulationen öffnen 98
Öffnen über den Aufgabenbereich 102
Daten vor fremden Zugriffen
schützen 103
Kalkulationen löschen 108
Kalkulationen umbenennen 109

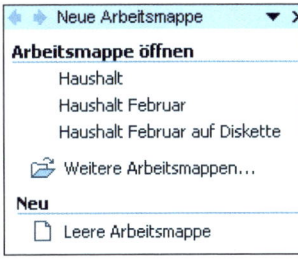

7 Zellen kopieren und ausfüllen — 112

Zellen kopieren 114
Zellen automatisch ausfüllen 119
Aufzählungen erstellen 120
1, 2, 3 ... wie zählt Excel
automatisch? 123
1, 3, 5 ... Zählrhythmen 125

8 Berechnungen einfach kopieren ... 128

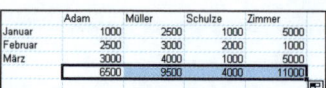

Formeln kopieren 130
Formeln in andere Zellbereiche kopieren 133

9 Zellenformate ... 136

DM und Euro 138
Währungen eingeben 142
Nachkommastellen angeben 145
Absolute Bezüge 148
Zahlenformate löschen 152
Datumsformate 153

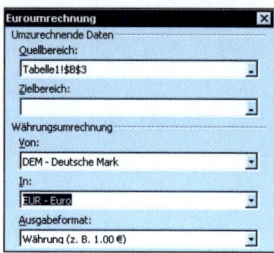

10 Alles in Prozent! ... 156

Zellen benennen 158
Zahlen in Prozent 161
Die Nullwerte ausblenden 164
Mehr Platz für »große« Zahlen! 166

11 Diagramme ... 168

Ein Diagramm einfügen 170
Ein Diagramm bearbeiten 175
Ein Diagramm verschieben 176
Die Größe des Diagramms ändern .. 177
Die Zahlen für ein Diagramm ändern 178
Neues in ein altes Diagramm einfügen 179
Zellen von A bis Z sortieren 182
3D-Diagramme 183
Werte anzeigen 185

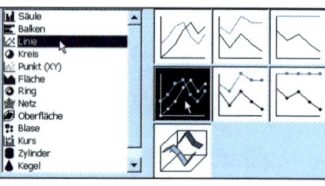

Inhaltsverzeichnis

12 Funktionen ... 188

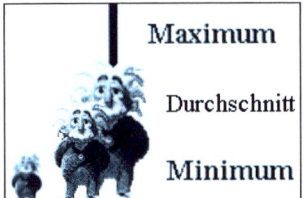

Funktionen einfügen 190
Der Funktions-Assistent 194
Zahlen mit Dezimalstellen 199
Die ZählenWenn-Funktion 200
Eine Formel nachträglich ändern 202

13 Wenn ..., dann macht Excel das! ... 206

Texte hervorheben 208
Zellen durch Rahmenlinien
hervorheben 210
Zellen für spätere Eingaben
vorbereiten 213
Zellen für spätere Zahlen
formatieren 216
Unterschiedliche Schriftfarben 219
Wenn ... Dann ... Sonst 220
Arbeitsblätter benennen 230
Von Arbeitsblatt zu Arbeitsblatt
kopieren 231
Von Arbeitsblatt zu Arbeitsblatt
rechnen 232
Einnahmen oder Ausgaben
eintragen 234

14 Listen für Übersichten ... 240

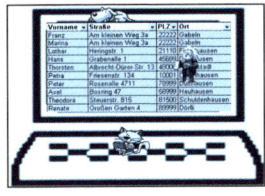

Eine Liste sortieren 242
Eine Liste fixieren 244
Die Datenmaske 245
Der AutoFilter 247
Der Spezialfilter 250

15 »Was wäre, wenn ...«- Berechnungen 254

Die Zielwertsuche 256
Der Solver 259
Der Szenario-Manager 264

16 Pivot-Tabellen 268

Der Pivot-Tabellen-Assistent 270
Das Aussehen einer Pivot-Tabelle 271
Auswertungen der Pivot-Tabelle 273
Pivot-Tabellen ändern 276

17 Sie brauchen Hilfe? 278

Der Assistent – Dein Freund
und Helfer 281
Die Direkthilfe 281
Die Formelüberwachung 282

18 Anhang 286

Der Mauszeiger und sein Aussehen 287
Rechnen und Vergleichen in Excel ... 294
Fehlermeldungen 295

Lexikon 296

Stichwortverzeichnis 314

Liebe Leserin, lieber Leser,

Sie haben sich also entschieden, Excel 2002 zu lernen! Denken Sie immer daran, jeder hat einmal klein angefangen. Nehmen Sie die Aussage aus dem Spielfilm Feuerzangenbowle »Wat is'n Dampfmaschin'? Stellen wir uns mal ganz dumm an!« und ändern wir sie um in »Wat is Excel?«

Anhand von zahlreichen Beispielen lernen Sie in diesem Buch Schritt für Schritt und ganz praktisch Excel 2002 kennen.

Ich möchte mich bei allen Teilnehmern an meinen Anfängerkursen zu Excel bedanken. Sie haben mir nicht nur gezeigt, welche Probleme Anfänger haben, sondern mich auch zum Schreiben dieses Buches motiviert. Vor allem gilt mein Dank den Teilnehmern, die vorher von »Tuten und Blasen« keine Ahnung hatten, die Maus für ein Ungetier hielten und sich im Laufe des Kurses immer mehr in Excel steigerten.

Ich bin sicher, Sie als Leser bekommen genauso viel Spaß an Excel wie meine »Versuchskaninchen«. So werden Sie nach Beendigung des Buches bestimmt sagen: »Excel – das ist doch ganz EASY!«

Übrigens, wem's gefällt und wer Word lernen möchte, dem empfehle ich Word EASY.

Ihr

Rainer Walter Schwabe

Die Tastatur

Auf den folgenden drei Seiten sehen Sie, wie Ihre Computertastatur aufgebaut ist. Damit es für Sie übersichtlich ist, werden Ihnen immer nur bestimmte Tastenblöcke auf einmal vorgestellt. Ein großer Teil der Computertasten funktioniert wie bei der Schreibmaschine. Es gibt aber noch einige zusätzliche Tasten, die auf Besonderheiten der Computerarbeit zugeschnitten sind. Sehen Sie selbst ...

Die Tastatur

Schreibmaschinen-Tastenblock

Diese Tasten bedienen Sie genauso wie bei der Schreibmaschine. Mit der Eingabetaste schicken Sie außerdem Befehle an den Computer ab.

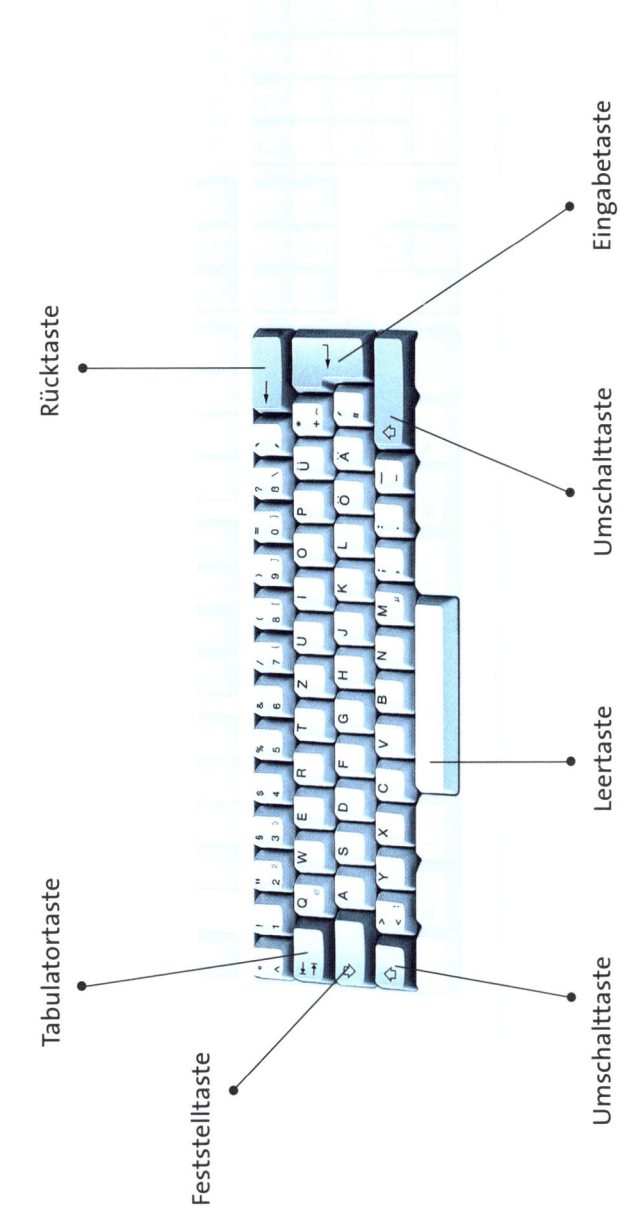

Tabulatortaste

Feststelltaste

Rücktaste

Eingabetaste

Umschalttaste

Leertaste

Umschalttaste

Sondertasten, Funktionstasten, Kontrollleuchten, Zahlenblock

Sondertasten und Funktionstasten werden für besondere Aufgaben bei der Computerbedienung eingesetzt. [Strg]-, [Alt]- und [AltGr]-Taste meist in Kombination mit anderen Tasten. Mit der [Esc]-Taste können Sie Befehle abbrechen, mit [Einfg] und [Entf] u.a. Text einfügen oder löschen.

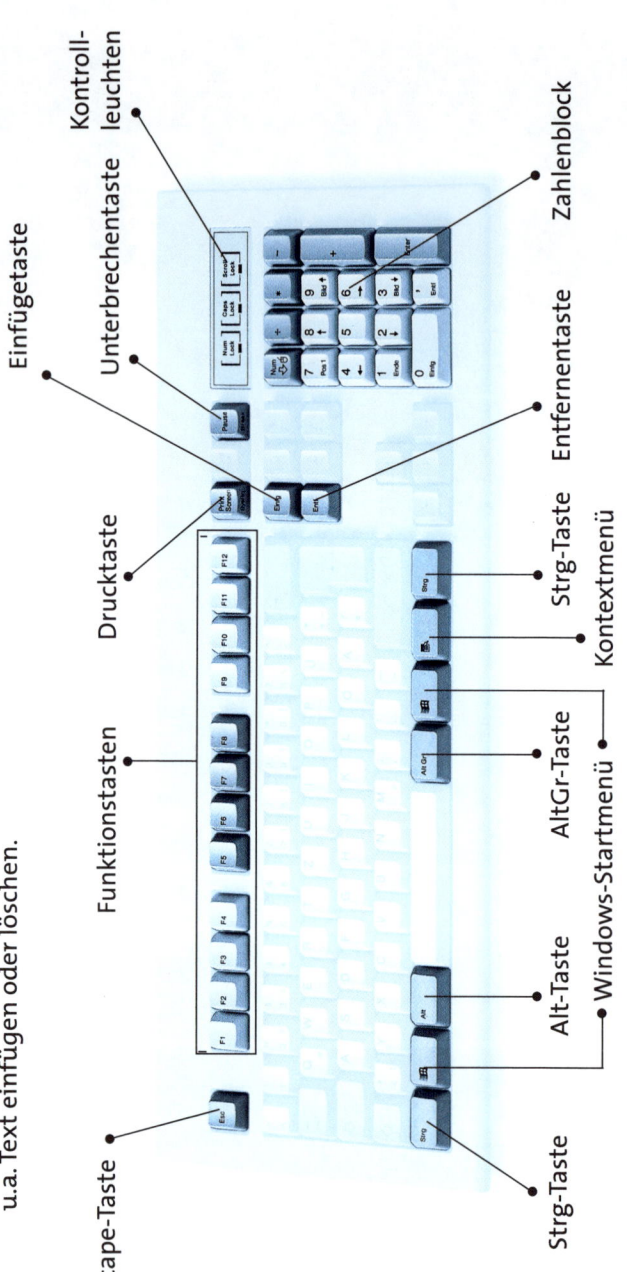

Navigationstasten

Mit diesen Tasten bewegen Sie sich auf dem Bildschirm.

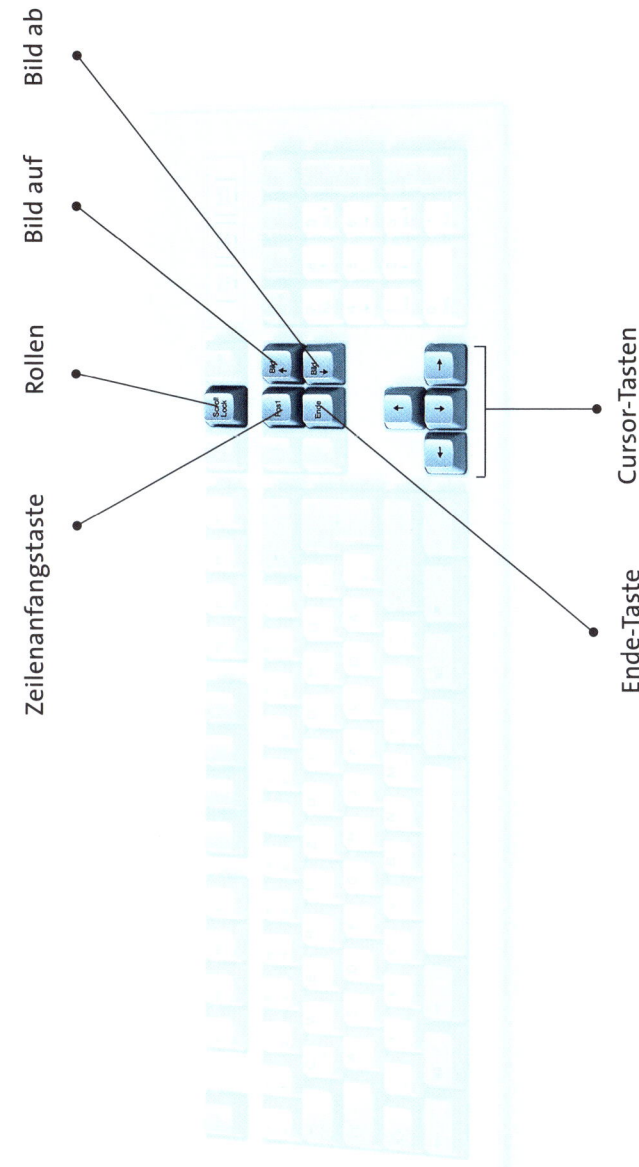

Bild ab

Bild auf

Rollen

Zeilenanfangstaste

Cursor-Tasten

Ende-Taste

Die Tastatur

Die Maus

»Klicken Sie ...«
heißt: einmal kurz
auf eine Taste drücken.

Mit der
linken Maustaste
klicken

Mit der
rechten Maustaste
klicken

Doppelklicken

»Doppelklicken Sie ...«
heißt: die linke Taste
zweimal schnell
hintereinander
ganz kurz drücken.

»Ziehen Sie ...«
heißt: auf ein Objekt mit der linken oder
rechten Maustaste klicken, die Taste gedrückt
halten, die Maus bewegen und dabei das
Element auf eine andere Position ziehen.

Ziehen

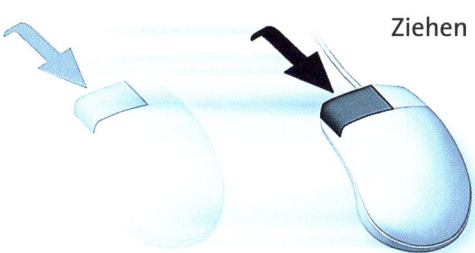

1 Die ersten Schritte

Was bringt Ihnen dieses Kapitel?

Irgendwann ist es immer das erste Mal im Leben (oder nicht?): Die ersten Babyschritte, der erste Schulbesuch, die erste Freundschaft, der erste Kuss, die erste Enttäuschung ... und der erste Umgang mit Excel! Wie jeder routinierte Autofahrer einmal in die Fahrschule gehen musste, so beginnt der Anfänger mit seinen ersten Schritten in Excel.

Setzen Sie sich bequem ins Auto und fahren ganz langsam im ersten Gang an: Sie starten Excel 2002 und sehen eine völlig unbekannte Welt auf Ihrem Monitor.

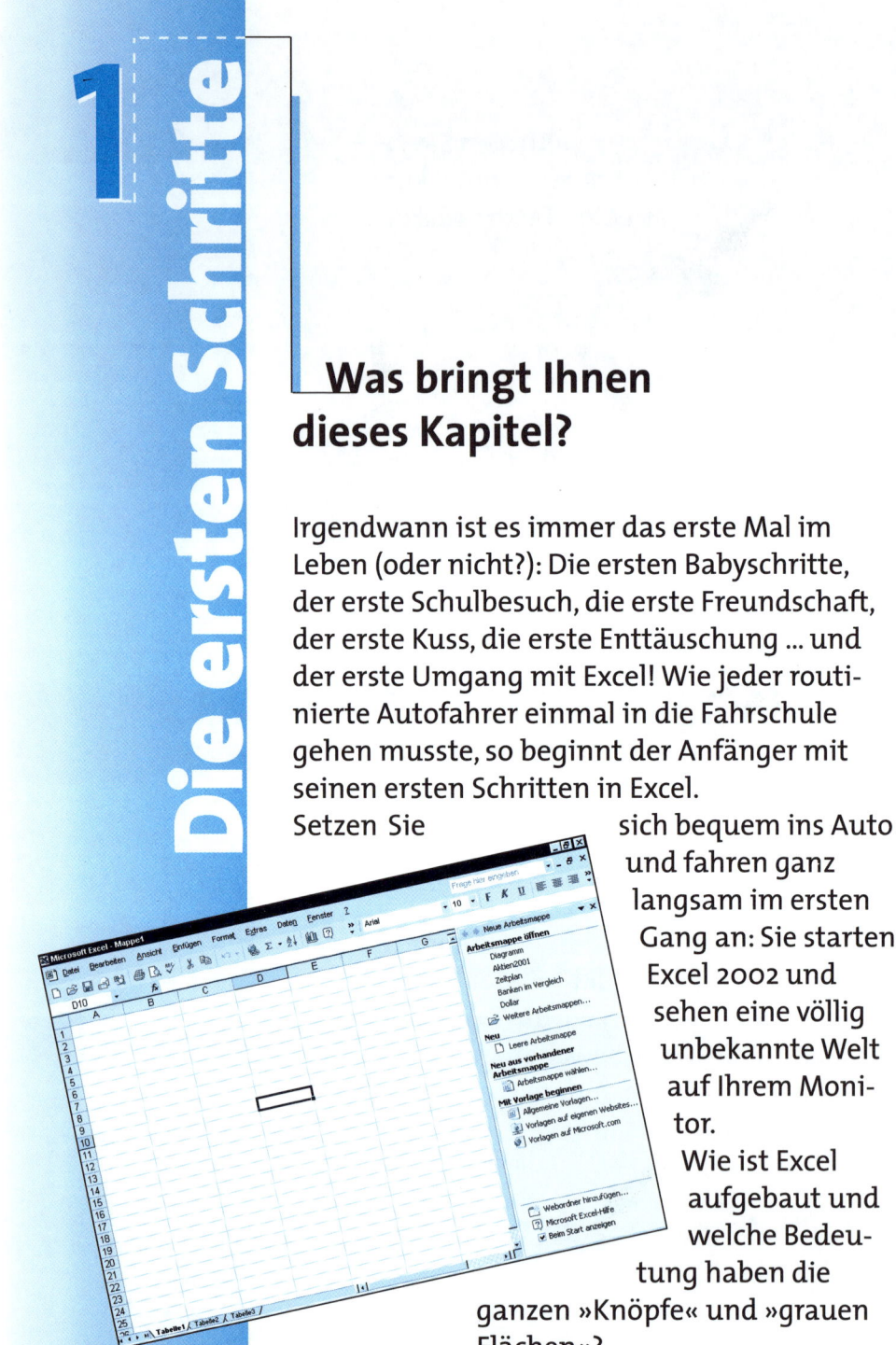

Wie ist Excel aufgebaut und welche Bedeutung haben die ganzen »Knöpfe« und »grauen Flächen«?

Das lernen Sie zuerst:

Auf den ersten Blick	20
Die einzelnen Leisten	23
Schaltflächen in zwei Reihen	24
Einzelne Leisten anzeigen	25
Die QuickInfo für Anfänger	27
Fenstermodi	28

Auf den ersten Blick

WAS IST DAS

Kalkulieren = »berechnen, überlegen«. Eine Abwandlung des lateinischen Wortes calculare (die präzise wörtliche Übersetzung lautet: mit Rechensteinen umgehen).

Microsoft Excel ist ein Programm, um **Tabellenkalkulationen** durchzuführen. Dazu wird am Bildschirm eine Tabelle dargestellt, die in **Spalten** und **Zeilen** eingeteilt ist. Hier führen Sie größtenteils Berechnungen, also Kalkulationen, durch.

Wo sind Sie denn? – Die Einteilung des Bildschirms

»Vor dem Computer!« könnte die erste Antwort auf die Frage sein. Doch in Excel 2002 ist es sehr wichtig, zu wissen, wo der Mauszeiger platziert ist.

Der Bildschirm ist in Bereiche gegliedert.

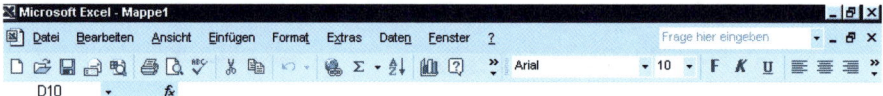

Befehlsbereich

Ganz oben befindet sich der **Befehlsbereich**. Hier werden, wie der Name es bereits verrät, Befehle mit der **Maus** oder mit der **Tastatur** angesteuert und ausgeführt.

Arbeitsblatt

Des Weiteren erkennen Sie den Arbeitsbereich. In Excel bezeichnet man ihn als Arbeitsblatt.

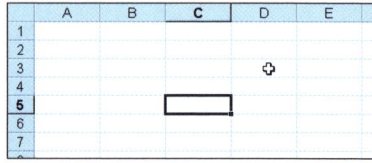

WAS IST DAS In einem Arbeitsblatt führen Sie Ihre Berechnungen (oder auch Zahlen- und Texteingaben) durch.

WAS IST DAS Der Aufgabenbereich soll Befehlswege verkürzen und Excel 2002 bedienerfreundlicher machen. Er wird rechts am Bildschirm eingeblendet.

Am rechten Bildschirmrand erkennen Sie den **Aufgabenbereich**. Sie lernen später im Laufe des Buches, mit diesem zu arbeiten.

Als Excel-Einsteiger können Sie den Aufgabenbereich erst einmal ausblenden. Sie lernen die einzelnen Funktionen natürlich später kennen, wenn sie in der Praxis anfallen!

Deaktivieren Sie das Kontrollkästchen *Beim Start anzeigen*, verschwindet der Aufgabenbereich beim nächsten Start von Excel 2002. Deaktivieren bedeutet: Sie klicken und das Häkchen verschwindet.

1 Klicken Sie innerhalb des Aufgabenbereichs das Kontrollkästchen an, ...

2 ... blenden Sie den Aufgabenbereich für zukünftige Starts von Excel 2002 erst einmal aus.

Klicken Sie auf das Kreuz in der Titelleiste des Aufgabenbereichs, schließen Sie diesen für die momentane Arbeitssitzung.

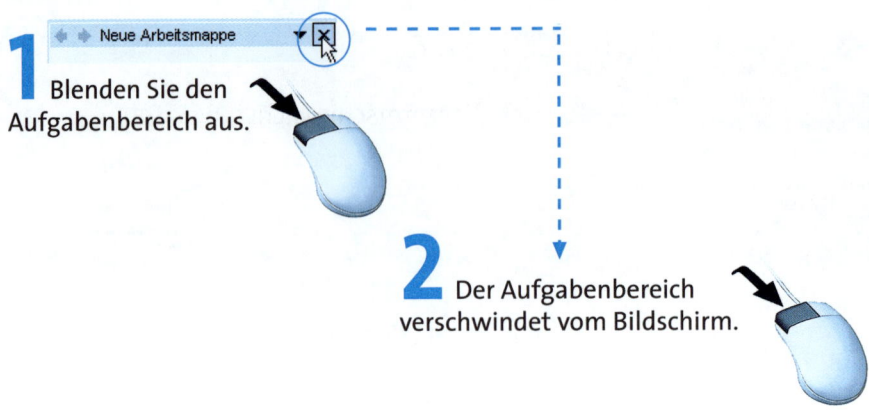

1 Blenden Sie den Aufgabenbereich aus.

2 Der Aufgabenbereich verschwindet vom Bildschirm.

> **HINWEIS**
> Über den Menüpunkt ANSICHT|AUFGABENBEREICH können Sie jederzeit den Aufgabenbereich wieder einblenden.
>
> Soll der Aufgabenbereich beim **Start von Excel** zukünftig wieder eingeblendet werden, wählen Sie den Menübefehl EXTRAS|OPTIONEN. Auf der Registerkarte *Ansicht* aktivieren Sie unter *Anzeigen* das Kontrollkästchen bei *Startaufgabenbereich*.

Achten Sie auf das richtige Aussehen!

Der Mauszeiger zeigt Ihnen an, wo Sie sich gerade mit diesem befinden. Er spricht (in seiner Zeichensprache) förmlich mit Ihnen und gibt Auskunft darüber, was Sie gerade – Befehle oder Eingaben – machen können.

Sein Aussehen ändert sich entsprechend seiner Position auf dem Monitor. Befinden Sie sich mit der Maus im **Befehlsbereich**, erscheint er als Pfeil. Jetzt könnten Sie Aktionen wie SPEICHERN, DRUCKEN ausführen.

> **HINWEIS**
> Eine ausführliche Übersicht der verschiedenen Formen von Mauszeigern und deren Bedeutung finden Sie im Anhang des Buches unter »Der Mauszeiger und sein Aussehen«.

Wenn Sie dagegen den Mauszeiger im **Arbeitsblatt** positionieren, erhält er das Aussehen eines weißen Kreuzes. Jetzt könnten Sie Eingaben wie Zahlen und/oder Texte tätigen.

Die einzelnen Leisten

Im Befehlsbereich befinden sich die unterschiedlichsten (Symbol-)Leisten. Am häufigsten werden verwendet:

- das **Menü**
- die **Standard**-Symbolleiste
- die **Format**-Symbolleiste

Die Menüleiste

In der Menüleiste führen Sie die unterschiedlichsten Befehle wie ÖFFNEN, SPEICHERN, DRUCKEN oder BEENDEN durch.

Dazu klicken Sie zuerst mit der **linken Maustaste** auf eine Menüoption und wählen im anschließend geöffneten Menü den gewünschten Eintrag.

Beispiele:

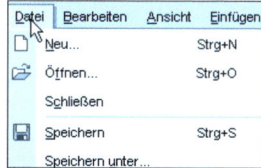

DATEI|ÖFFNEN

BEARBEITEN|KOPIEREN

ANSICHT|SYMBOLLEISTEN

> **HINWEIS** Mit der Taste [Alt] gelangen Sie auch in das Menü. Mit den Cursor-Tasten [←], [↑], [↓], [→] bewegen Sie sich im Menü weiter. Mit der Taste [Esc] verlassen Sie die Menüleiste wieder.

Die Standard-Symbolleiste

In der *Standard*-Symbolleiste befinden sich Schaltflächen, die Befehle symbolisieren, die Sie auch über die Menüleiste ausführen können.

WAS IST DAS — Eine **Schaltfläche** in den Symbolleisten steht stellvertretend für eine Funktion (wie die Umrisse eines Druckers für das Drucken).

Der wesentliche Vorteil der *Standard*-Symbolleiste gegenüber der Menüleiste ist der, dass Sie hier die einzelnen Befehle schneller mit der Maus ansteuern können.

Die Formatleiste

Mit Hilfe dieser Leiste führen Sie so genannte **Formatierungen** durch.

HINWEIS — Über die Befehle und Funktionen in den einzelnen Leisten erfahren Sie im Laufe des Buches wesentlich mehr, wenn Sie mit den dazugehörigen Befehlen arbeiten müssen!

Sie können beispielsweise eine andere Schriftart wählen, Ihre Zahlen als Prozentwerte, Texte in Fettschrift oder unterstrichen hervorheben.

Schaltflächen in zwei Reihen

Momentan sind diese Symbolleisten nebeneinander dargestellt. Das können Sie ändern. Gerade für den Excel-Einsteiger ist es erfahrungsgemäß übersichtlicher und leichter, wenn diese Leisten untereinander eingeblendet werden.

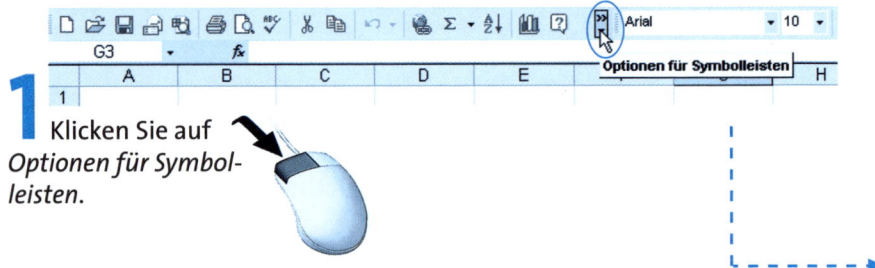

1 Klicken Sie auf *Optionen für Symbolleisten*.

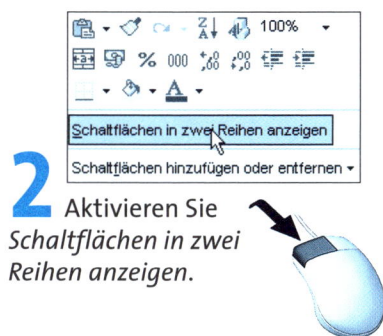

2 Aktivieren Sie *Schaltflächen in zwei Reihen anzeigen*.

Das Ergebnis: Die *Standard*- und *Format*-Symbolleisten werden untereinander eingeblendet.

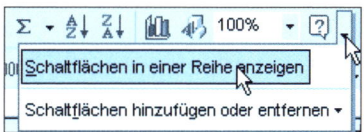

Sie können jederzeit diese Darstellung auf Ihrem Bildschirm wieder rückgängig machen.

Einzelne Leisten anzeigen

Auf dem Bildschirm könnte die eine oder andere Leiste nicht vorhanden sein (insbesondere dann, wenn mehrere Personen den Computer gleichzeitig nutzen).

In Excel 2002 können Sie einzelne Leisten jeweils **ein-** und **ausblenden**. Dazu verwenden Sie die Menüoption ANSICHT|SYMBOLLEISTEN.

Vor **Standard** und **Format** sollte ein **Häkchen** sein. Das bedeutet, diese beiden sind aktiviert bzw. eingeblendet. Klicken Sie auf einen Eintrag, schalten Sie die Leiste auf Ihrem Bildschirm aus.

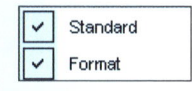

Die **Standard-** und **Formatleiste** sollte auf Ihrem Bildschirm eingeblendet sein. Sie verkürzen die Befehle in Excel 2002.

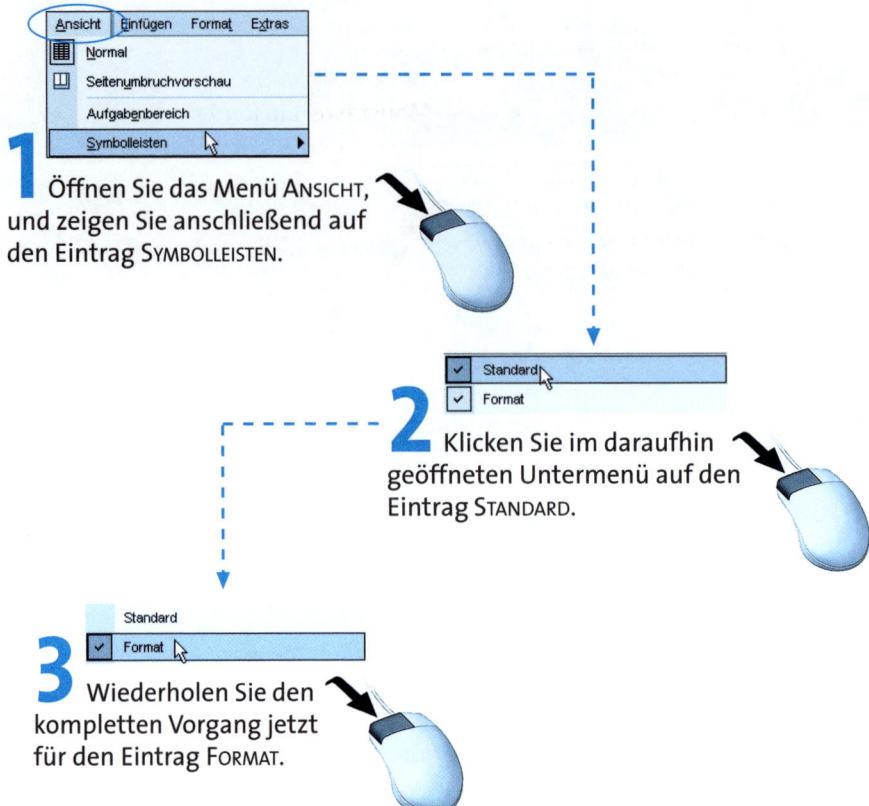

1 Öffnen Sie das Menü ANSICHT, und zeigen Sie anschließend auf den Eintrag SYMBOLLEISTEN.

2 Klicken Sie im daraufhin geöffneten Untermenü auf den Eintrag STANDARD.

3 Wiederholen Sie den kompletten Vorgang jetzt für den Eintrag FORMAT.

Die zwei Leisten sind von Ihrem Bildschirm verschwunden.

In der gleichen Reihenfolge blenden Sie diese übrigens wieder ein.

Eine andere Möglichkeit: Sie platzieren beliebig den Mauszeiger auf eine der Symbolleisten und drücken die rechte Maustaste.

WAS IST DAS
Der Name **Kontextmenü** besagt, dass die Zusammenstellung der einzelnen Menüpunkte davon abhängig ist, was Sie gerade machen, wenn Sie die rechte Maustaste drücken. Jeder Befehl ist auch über die Menüleiste auszuführen.

Anschließend erscheint ein Menü – präziser ausgedrückt ein **Kontextmenü** – in dem Sie ebenfalls die Leisten ein- oder ausblenden können.

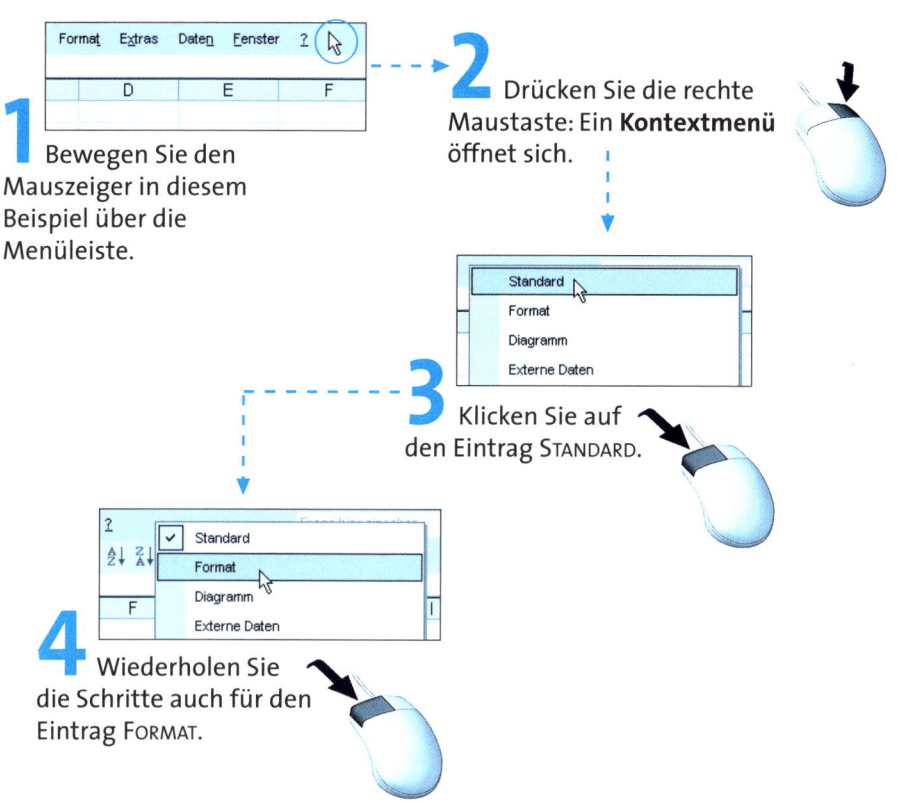

1 Bewegen Sie den Mauszeiger in diesem Beispiel über die Menüleiste.

2 Drücken Sie die rechte Maustaste: Ein **Kontextmenü** öffnet sich.

3 Klicken Sie auf den Eintrag STANDARD.

4 Wiederholen Sie die Schritte auch für den Eintrag FORMAT.

Die Symbolleisten – hier *Standard* und *Format* – sind wieder auf Ihrem Bildschirm eingeblendet.

Die QuickInfo für Anfänger

Excel bietet Ihnen eine Hilfe an, um die einzelnen Befehle in der *Standard-* und *Format-*Symbolleiste besser kennen zu lernen.

1 Sie lassen den Mauszeiger auf einer beliebigen Schaltfläche stehen.

2 Nach ca. einer Sekunde wird Ihnen eine **QuickInfo** angezeigt.

Sie erhalten eine kurze Information, was die Schaltfläche auslösen würde, falls Sie diese mit der Maustaste anklicken.

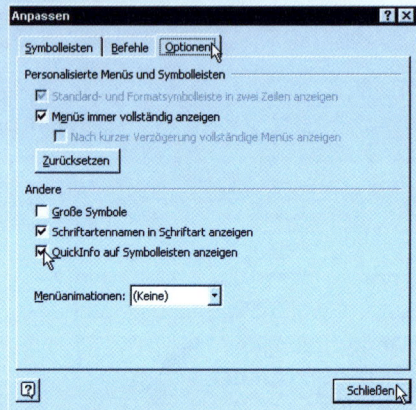

ACHTUNG: Sollte die QuickInfo nicht angezeigt werden, blenden Sie diese als Anfänger über den Menübefehl EXTRAS|ANPASSEN ein. Danach wählen Sie die Registerkarte *Optionen* und aktivieren das Kontrollkästchen neben *QuickInfo auf Symbolleisten anzeigen*.

Fenstermodi

Ein Fenster kann drei »Zustände« besitzen: Es kann ...

1. als echtes Fenster mit Rahmen und Bildlaufleisten,
2. als »Vollbild« und
3. als »Symbol« dargestellt werden.

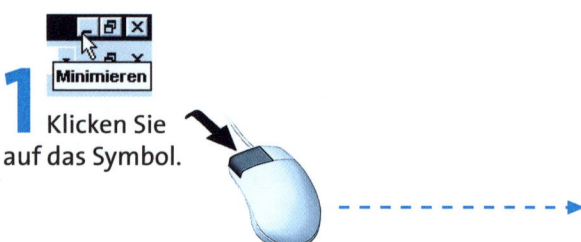

1 Klicken Sie auf das Symbol.

FENSTERMODI

WAS IST DAS
Als Taskleiste wird die unterste Bildschirmleiste bezeichnet, in der sich auch die *Start*-Schaltfläche von Windows befindet.

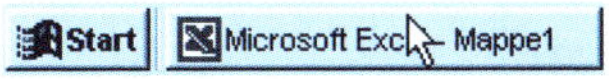

2 Excel erscheint in der Taskleiste am unteren Windows-Bildschirmrand. Klicken Sie auf das Excel-Symbol in der Taskleiste.

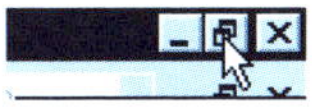

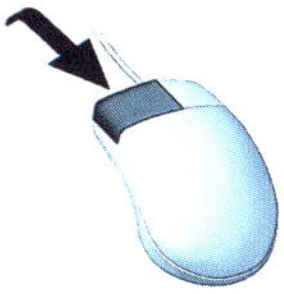

3 Das Programm Excel erscheint als Vollbild. Klicken Sie auf das Symbol.

HINWEIS
Mit einem linken Mausklick auf das Kreuz (X) beenden Sie das Programm Excel.

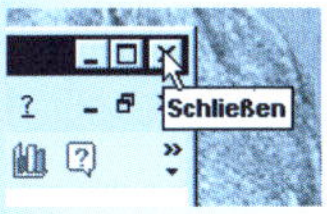

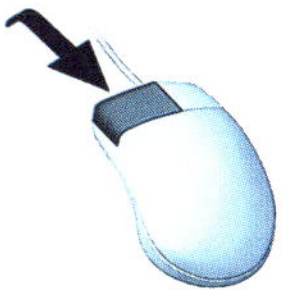

4 Excel erscheint minimiert auf dem Bildschirm. Klicken Sie zurück zum Vollbildmodus.

Analog dazu behandeln Sie das einzelne Fenster einer **Arbeitsmappe**. Sie können in Excel 2002 mit mehreren Arbeitsmappen gleichzeitig arbeiten.

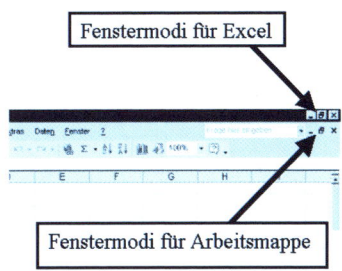

Fenstermodi für Excel

Fenstermodi für Arbeitsmappe

Symbol	Auswirkung
—	Verkleinert das Arbeitsfenster zum Symbol.
🗗	Zeigt das Arbeitsfenster in der vorherigen Größe an.
☐	Stellt das Arbeitsfenster im Vollbild dar.
✕	Schließt das Arbeitsfenster bzw. beendet das Programm Excel 2002.

WAS IST DAS

In Excel bezeichnet man die Blätter, die Sie bearbeiten, als »Arbeitsmappe«.

Diese beinhaltet mehrere Arbeitsblätter. Ein Arbeitsblatt umfasst Zeilen und Spalten. Es handelt sich hierbei sozusagen um die Grundlage, auf der Sie mit Excel arbeiten.

Ein praktischer Vergleich:

Büroalltag	=	Excel
Ordner	=	Arbeitsmappe
Seiten im Ordner	=	Arbeitsblatt (oder Tabellenblatt)

HINWEIS Möchten Sie die Arbeit mit Excel 2002 beenden, öffnen Sie das Menü DATEI und klicken dann auf BEENDEN. Sollte Excel Ihnen die Frage stellen »Sollen Ihre Änderungen in 'Mappe1' gespeichert werden?«, klicken Sie auf *Nein*. Haben Sie noch Energie, machen Sie doch bitte mit dem 2. Kapitel weiter!

2 Die ersten Eingaben

Was bringt Ihnen dieses Kapitel?

Der Zweck einer Tabellenkalkulation wie Excel 2002 ist es hauptsächlich, Zahlen zu berechnen. Dazu müssen Sie diese eingeben. Aber was machen Sie, wenn ein Wert falsch (z.B. statt »4711« »4712«) eingegeben wurde? Die Zoomfunktion ändert die Ansicht von Excel auf Ihrem Bildschirm.

Damit Sie einmal ein längere Pause machen können, lernen Sie die verschiedenen Wege kennen, um Excel 2002 zu beenden.

Das können Sie schon:

Schaltflächen in zwei Reihen 24
Einzelne Leisten anzeigen 25
Fenstermodi 28

Das lernen Sie neu:

Was ist eine Zelle? 34
Wie geben Sie Zahlen ein? 35
Die Bearbeitungsleiste 37
Wie korrigieren Sie Zahlen? 39
Eingaben rückgängig machen 44
Eingaben wiederherstellen 45
Die Zoomfunktion 46
Wie kommen Sie im Arbeitsblatt weiter? 48
Excel beenden 48

Was ist eine Zelle?

»Eine Zelle ist ein Raum mit Gitterstäben davor«, könnte eine Ihrer Antworten auf die obige Frage sein. In Excel ist es ein wenig anders. Bei der Eingabe arbeiten Sie mit **Zellen**.

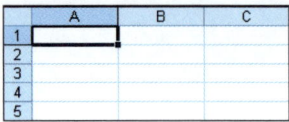

Das Arbeitsblatt besteht aus vielen Kästchen. Es erinnert vielleicht an das Spiel »Schiffe versenken« und funktioniert eigentlich genauso, nur dass Sie hier nichts »untergehen lassen«, sondern etwas eintragen.

Die einzelnen Kästchen sind die Schnittpunkte zwischen den Spalten und Zeilen.

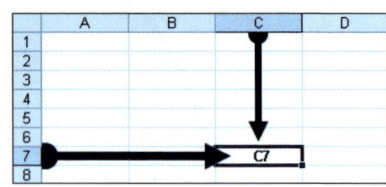

WAS IST DAS
Die Schnittstelle, an der Spalte und Zeile sich treffen, bezeichnet man in Excel als **Zelle**.

Die Zellen**namen** ergeben sich aus den **Schnittpunkten** der einzelnen Spalten und Zeilen.

Zeilen/Spalten	Spalte **A**	Spalte **B**	Spalte **C**	Spalte **D**
1. Zeile	Zelle **A1**	Zelle **B1**	Zelle **C1**	Zelle **D1**
2. Zeile	Zelle **A2**	Zelle **B2**	Zelle **C2**	Zelle **D2**
3. Zeile	Zelle **A3**	Zelle **B3**	Zelle **C3**	Zelle **D3**

ACHTUNG
Der Name einer Zelle führt zuerst die **Spalte**, dann die **Zeile** auf.

Von Zelle zu Zelle

Sie gelangen von einer Zelle in die nächste, indem Sie einfach eine andere mit der Maus anklicken.

Sie erkennen am hervorgehobenen, schwarzen **Kasten**, in welcher **Zelle** Sie sich gerade befinden. Hier nehmen Sie später Ihre Eingaben vor.

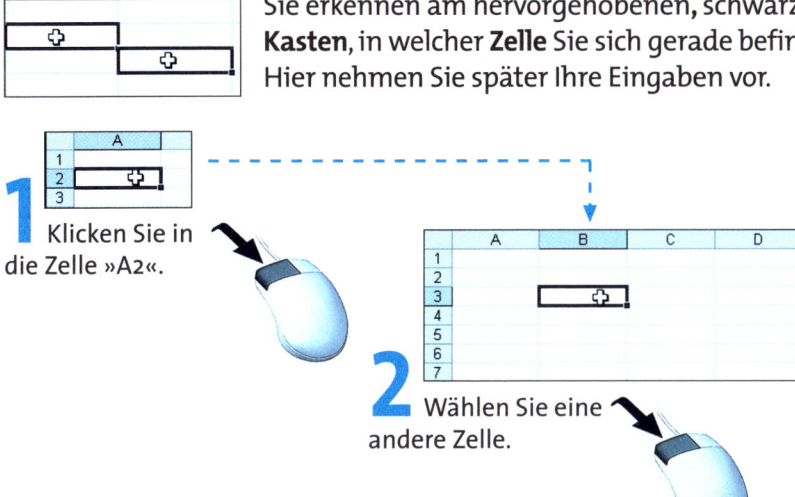

1 Klicken Sie in die Zelle »A2«.

2 Wählen Sie eine andere Zelle.

> **HINWEIS**
>
> Sie können die folgenden Möglichkeiten nutzen, um sich innerhalb eines Arbeitsblattes am Bildschirm zu bewegen:
>
> Die linke Maustaste
>
> Die Cursortasten ←, ↑, →, ↓
>
> Die Tabstopptaste ⇥ und ⇧⇥

Wie geben Sie Zahlen ein?

Der Zweck einer Tabellenkalkulation besteht darin, Zahlen zu **berechnen**. Dazu zählen nur die arabischen (0123456789) Ziffern. Die Werte erscheinen immer in den einzelnen Zellen.

Sie klicken beispielsweise eine Zelle mit der linken Maustaste an.

WAS IST DAS
Der Cursor ist ein **Positionsanzeiger** auf dem Bildschirm in Form eines blinkenden Strichs. Er steht an der Stelle, an der die nächste Angabe erscheint.

Sie tippen über die Tastatur die gewünschten Ziffern ein. Sobald Sie die erste eingeben, blinkt der Cursor in der Zelle auf.

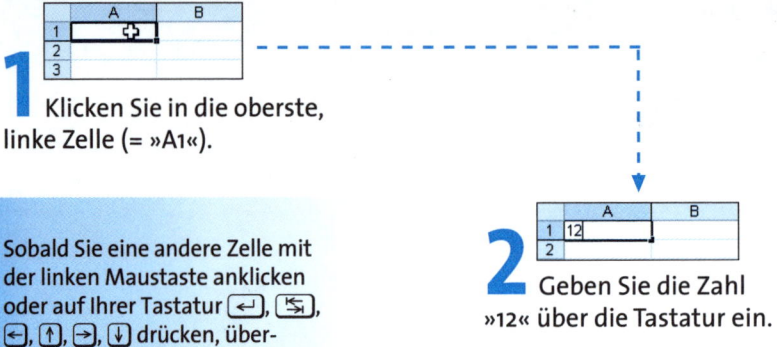

1 Klicken Sie in die oberste, linke Zelle (= »A1«).

HINWEIS
Sobald Sie eine andere Zelle mit der linken Maustaste anklicken oder auf Ihrer Tastatur ⏎, ⇥, ←, ↑, →, ↓ drücken, übernimmt Excel die Angaben.

2 Geben Sie die Zahl »12« über die Tastatur ein.

ACHTUNG
Jeder Eintrag in einer Zelle muss bestätigt werden.

Excel weiß dadurch, dass die Eingabe abgeschlossen ist und die Zahl in der Zelle erscheinen soll.

Eine »Art von Bestätigung« erkennen Sie daran, dass die **Zahl** vom Programm nach **rechts** geschoben wurde.

HINWEIS
Zahlen werden in Zellen immer **nach rechts** ausgerichtet.

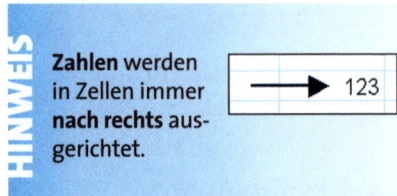

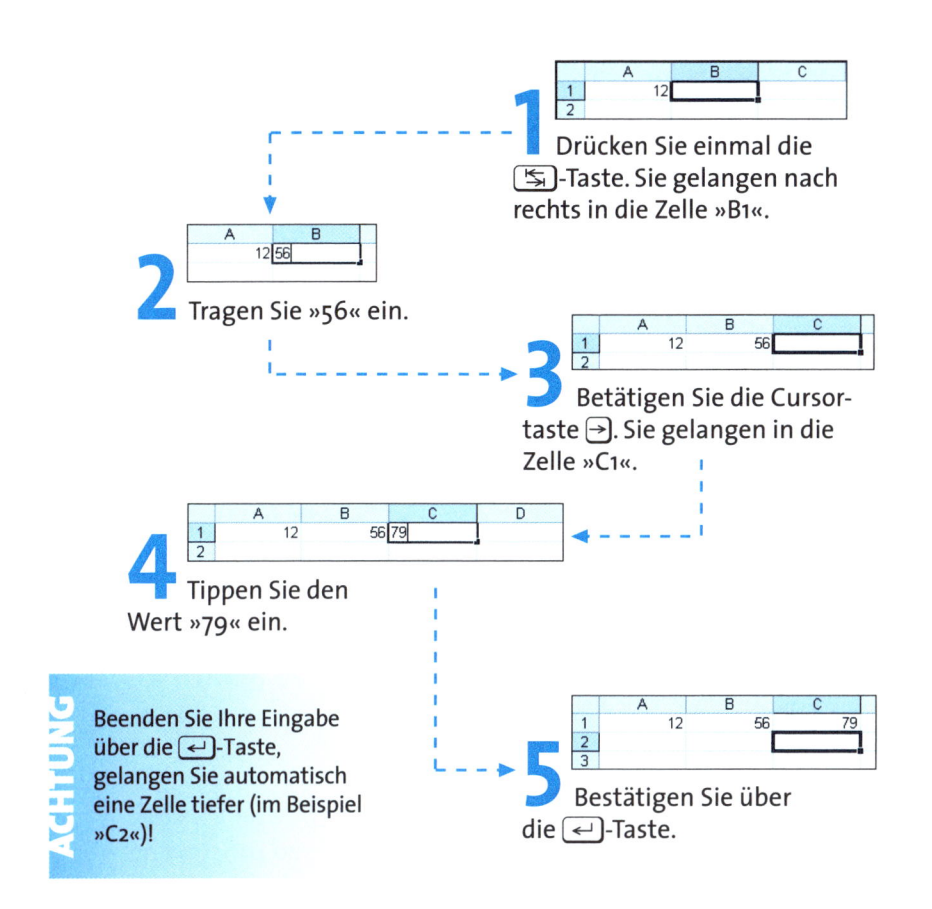

1 Drücken Sie einmal die ⇆-Taste. Sie gelangen nach rechts in die Zelle »B1«.

2 Tragen Sie »56« ein.

3 Betätigen Sie die Cursortaste →. Sie gelangen in die Zelle »C1«.

4 Tippen Sie den Wert »79« ein.

5 Bestätigen Sie über die ↵-Taste.

ACHTUNG Beenden Sie Ihre Eingabe über die ↵-Taste, gelangen Sie automatisch eine Zelle tiefer (im Beispiel »C2«)!

Die Bearbeitungsleiste

Eine Hilfe zur **Eingabe** bietet Ihnen die **Bearbeitungsleiste**. Wie der Name es hier schon verrät, gibt sie an, was Sie gerade in dem Moment der Eingabe bearbeiten. Sie wird daher ebenso als »Eingabezeile« bezeichnet.

Sie erhalten genaue Informationen!

In der Bearbeitungsleiste finden Sie den **Namen** der Zelle (A1, A2, B1, B2 ...), die zurzeit aktiviert ist. Zusätzlich erkennen Sie den **Inhalt**. Klicken Sie auf Ihre bereits geschriebene Zahl »12«, erkennen Sie diesen Wert auch dort.

Die Bearbeitungsleiste informiert Sie über:

Begriff	Beispiel
Zellenname	A1
Zelleninhalt	12

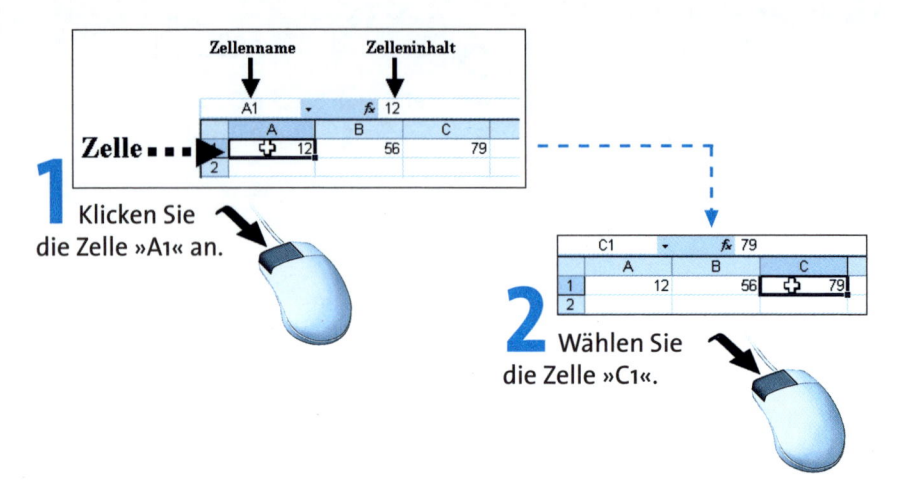

1 Klicken Sie die Zelle »A1« an.

2 Wählen Sie die Zelle »C1«.

Klicken Sie dagegen in eine Zelle, deren Inhalt leer ist, erkennen Sie in der Bearbeitungsleiste lediglich den Namen (z.B. »B2«) und sonst nichts.

Während einer Eingabe ...

... sehen Sie in der Bearbeitungsleiste neben dem Namen und Inhalt der Zelle zusätzlich ein Kreuz und ein Häkchen.

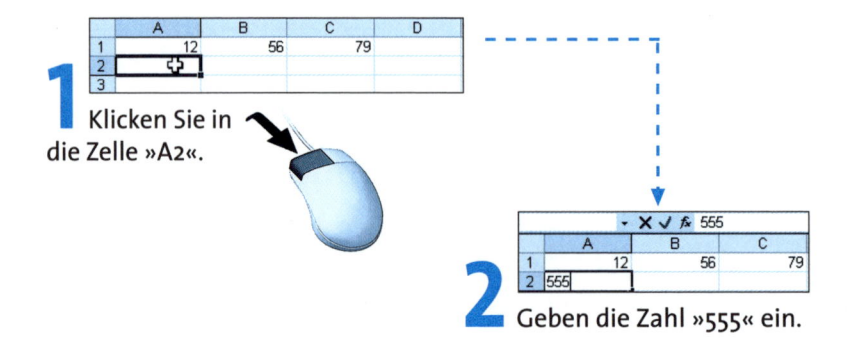

1 Klicken Sie in die Zelle »A2«.

2 Geben die Zahl »555« ein.

Wie korrigieren Sie Zahlen?

> **ACHTUNG**
> Haben Sie Ihre Eingabe bereits beendet, können Sie mit dem roten Kreuz später nicht mehr löschen! Das rote Kreuz erscheint nur während des Eingabevorgangs.

Klicken Sie auf das **Kreuz** in der Bearbeitungsleiste (oder drücken die ESC-Taste auf Ihrer Tastatur), **brechen** Sie Ihre bisherige Eingabe **ab**.

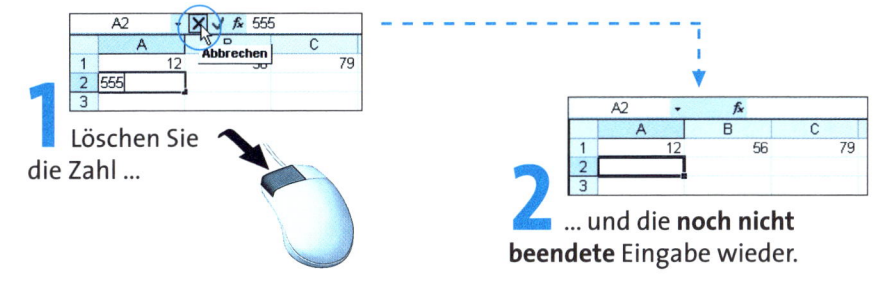

1 Löschen Sie die Zahl ...

2 ... und die **noch nicht beendete** Eingabe wieder.

Aktivieren Sie das Häkchen in der Bearbeitungsleiste, **beenden** Sie endgültig die Eingabe.

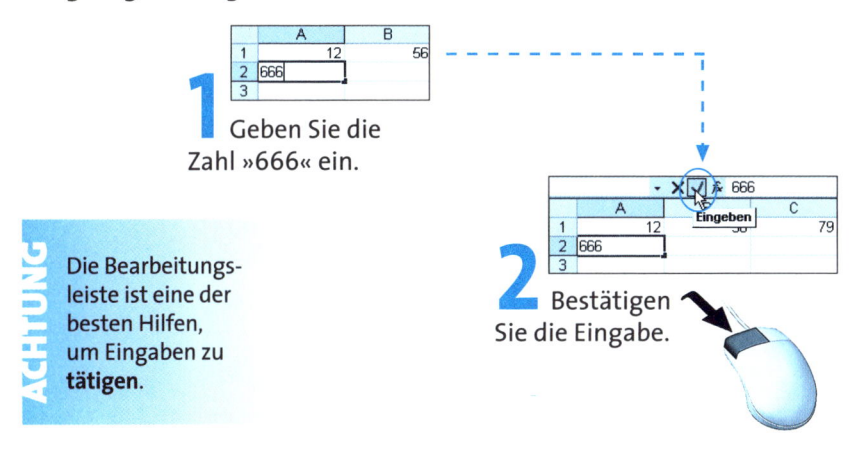

1 Geben Sie die Zahl »666« ein.

2 Bestätigen Sie die Eingabe.

> **ACHTUNG**
> Die Bearbeitungsleiste ist eine der besten Hilfen, um Eingaben zu **tätigen**.

Wie korrigieren Sie Zahlen?

»Nobody is perfect!« Sicherlich sind Ihnen auch schon Fehler unterlaufen, und kaum einer kann von sich behaupten, dass er stets korrekte Angaben macht (hier ist Excel gemeint und nicht die letzte Steuererklärung!).

»Feller – oh, Verzeihung – Fehler machen ist menschlich!«

Den einen möchten Sie vielleicht ganz aus der Welt schaffen, bei dem anderen brauchen Sie nicht alles neu einzugeben, sondern nur zu korrigieren.

Eine Zelle neu überschreiben

Sie möchten den Wert einer Zelle vollständig ändern! Dazu klicken Sie diese an und tippen die neuen Angaben ein.

Beispiel:

In der Zelle »A2« erkennen Sie den Wert »666«. Sie möchten diesen durch die Zahl »777« ersetzen.

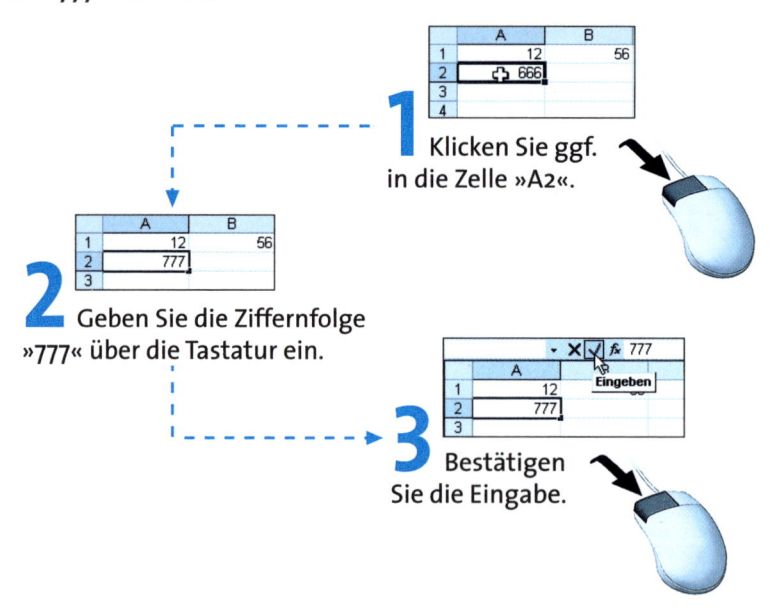

1 Klicken Sie ggf. in die Zelle »A2«.

2 Geben Sie die Ziffernfolge »777« über die Tastatur ein.

3 Bestätigen Sie die Eingabe.

Zellen(inhalte) löschen

Sie können Zellen – präziser ausgedrückt deren **Inhalte** – ganz löschen. Dazu drücken Sie die [Entf]-Taste auf der Tastatur.

Beispiel:

Sie möchten den Inhalt der Zelle »A2« vollständig löschen.

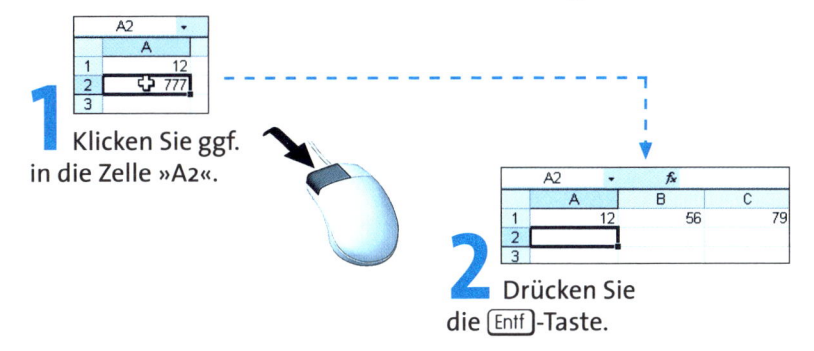

1 Klicken Sie ggf. in die Zelle »A2«.

2 Drücken Sie die [Entf]-Taste.

Einen Zelleninhalt korrigieren

ACHTUNG
Die **Bearbeitungsleiste** ist ein einfacher Weg, um Eingaben zu **berichtigen**.

Statt Zelleninhalte völlig neu einzugeben, korrigieren Sie diese einfach. Hier hilft Ihnen am besten die Bearbeitungsleiste.

Beispiel:

Sie möchten den Inhalt der Zelle »A1« von »12« in »123« ändern. Sie fügen lediglich eine »3« hinter dem Zahlenwert ein.

Zellenname	Bisheriger Zelleninhalt	Ändern in:
A1	12	123

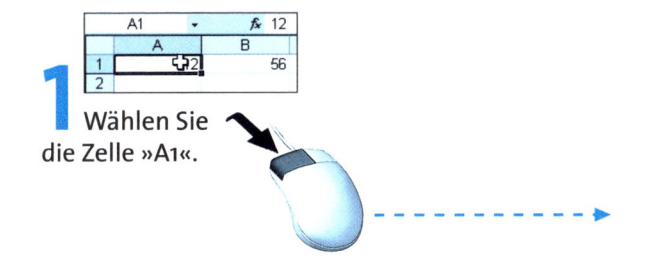

1 Wählen Sie die Zelle »A1«.

ACHTUNG

Sobald Sie die Bearbeitungsleiste direkt anklicken, ändert der Mauszeiger sein Aussehen!

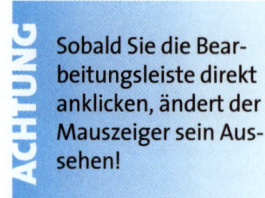

2 Klicken Sie in der Bearbeitungszeile präzise hinter die Ziffer »2«.

3 Tippen Sie die Zahl »3« ein.

4 Aktivieren Sie eine beliebige Zelle, um das Ende der Eingabe zu bestätigen.

Beispiel:

Sie korrigieren den Inhalt der Zelle »B1« in »456«. Es muss also eine Ziffer vor dem bereits vorhandenen Wert »56« eingefügt werden.

Zellenname	Bisheriger Zelleninhalt	Ändern in:
B1	56	456

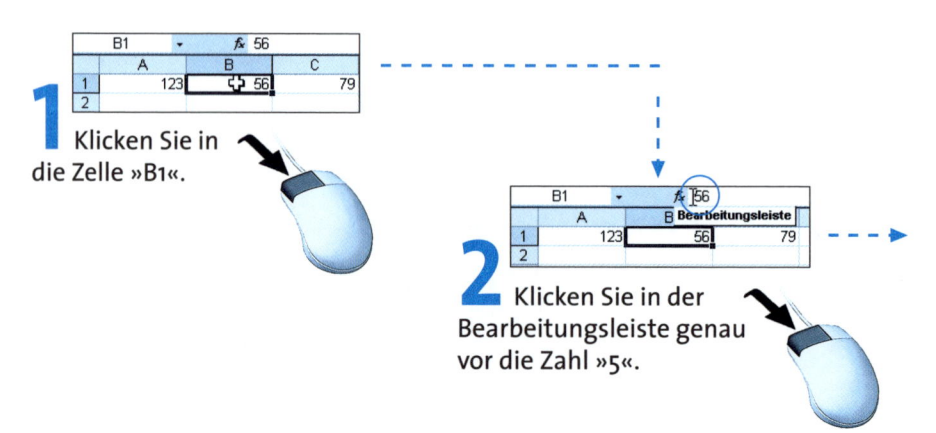

1 Klicken Sie in die Zelle »B1«.

2 Klicken Sie in der Bearbeitungsleiste genau vor die Zahl »5«.

42

Wie korrigieren Sie Zahlen?

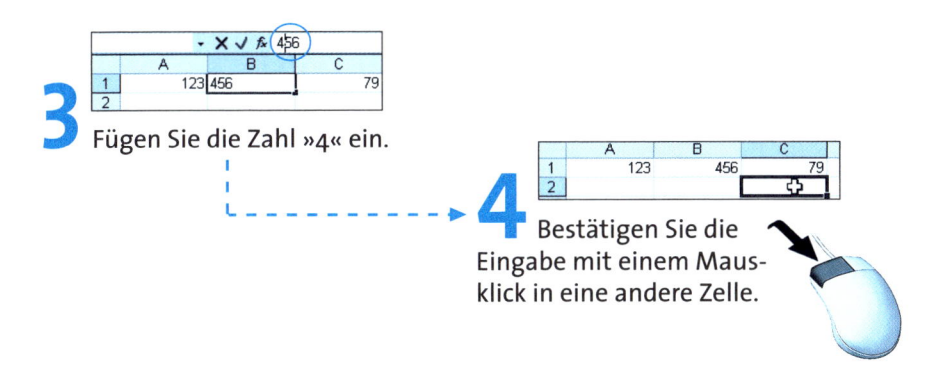

3 Fügen Sie die Zahl »4« ein.

4 Bestätigen Sie die Eingabe mit einem Mausklick in eine andere Zelle.

Beispiel:

Sie ändern den Inhalt der Zelle »C1« von »79« in »789« um. Sie fügen zwischen den bereits vorhandenen Ziffern eine neue ein.

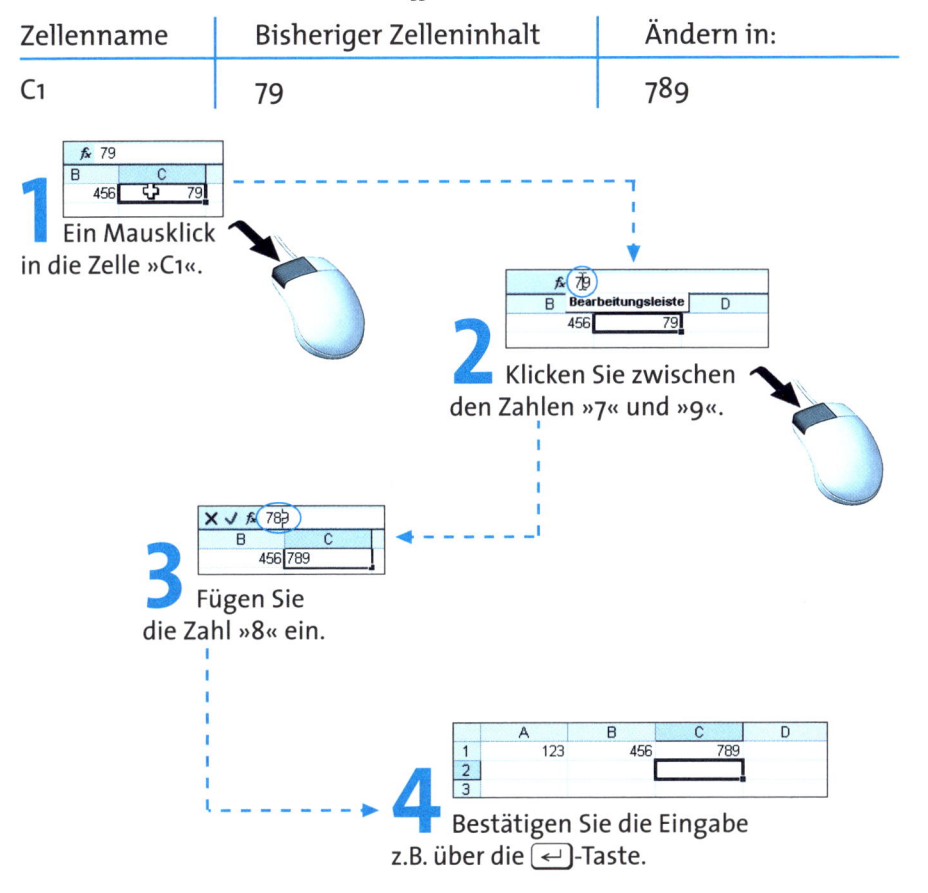

Zellenname	Bisheriger Zelleninhalt	Ändern in:
C1	79	789

1 Ein Mausklick in die Zelle »C1«.

2 Klicken Sie zwischen den Zahlen »7« und »9«.

3 Fügen Sie die Zahl »8« ein.

4 Bestätigen Sie die Eingabe z.B. über die ⏎-Taste.

43

Eingaben rückgängig machen

Im richtigen Leben kann es einem schon mal schwer fallen, etwas rückgängig zu machen. In Excel ist das ganz EASY.

> **HINWEIS**
> Die Schaltfläche macht den letzten Arbeitsschritt, den Sie zuletzt getätigt haben, **rückgängig**. Mit jedem Anklicken wird ein weiterer Arbeitsschritt aufgehoben.

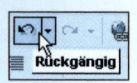

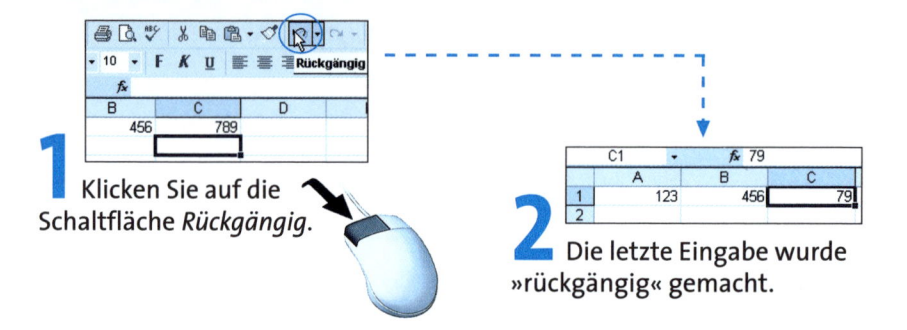

1 Klicken Sie auf die Schaltfläche *Rückgängig*.

2 Die letzte Eingabe wurde »rückgängig« gemacht.

Beispiel:

Sie möchten nicht einen, sondern die letzten vier Befehle wieder aufheben.

Neben der Schaltfläche *Rückgängig* befindet sich ein Pfeil, der nach unten zeigt. Klicken Sie diesen an, erscheint eine **Liste** der Aktionen, die Sie rückgängig machen können.

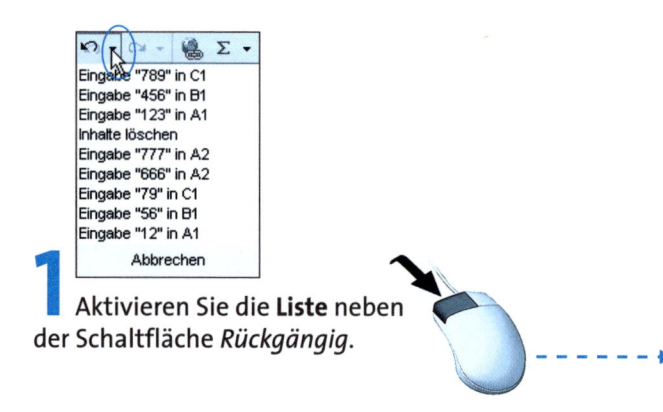

1 Aktivieren Sie die **Liste** neben der Schaltfläche *Rückgängig*.

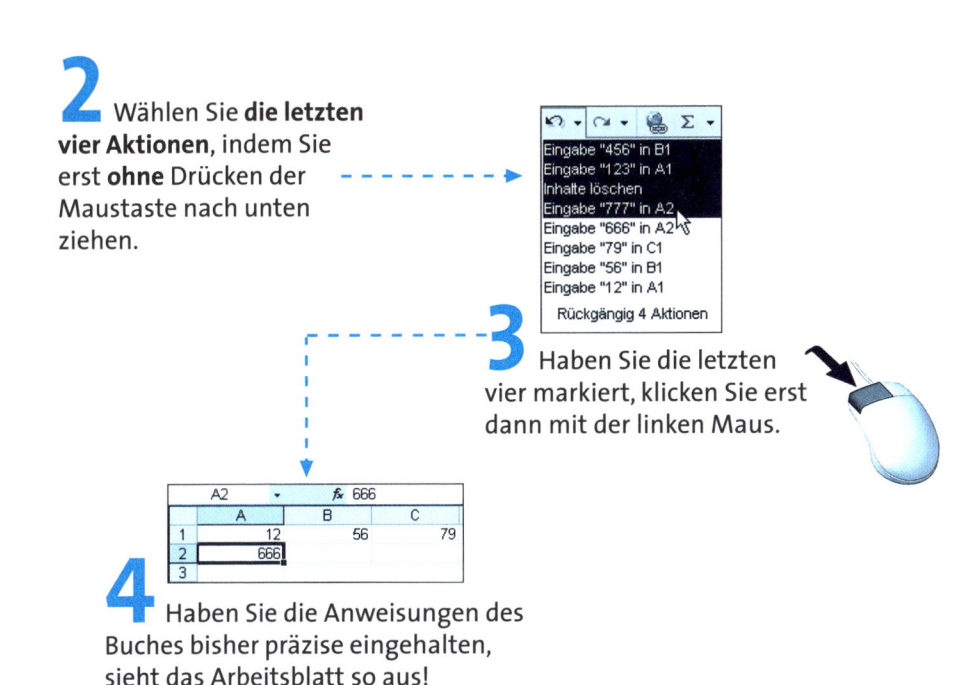

2 Wählen Sie **die letzten vier Aktionen**, indem Sie erst **ohne** Drücken der Maustaste nach unten ziehen.

3 Haben Sie die letzten vier markiert, klicken Sie erst dann mit der linken Maus.

4 Haben Sie die Anweisungen des Buches bisher präzise eingehalten, sieht das Arbeitsblatt so aus!

ACHTUNG
Beim »Rückgängigmachen« einer bestimmten Aktion werden automatisch alle in der Liste **vorhergehenden** Aktionen von Excel aufgehoben.

Sie stornieren immer nur die **letzten** Befehle, also nicht beliebig mal den einen, mal den anderen.

Eingaben wiederherstellen

Im Zusammenhang mit *Rückgängig* machen, muss die Funktion *Wiederherstellen* analog erklärt werden.

HINWEIS
Wenn Sie eine rückgängig gemachte Aktion erneut ausführen möchten, klicken Sie auf die Schaltfläche *Wiederholen*.

Beispiel

Sie möchten die letzten vier rückgängig gemachten Befehle wiederherstellen.

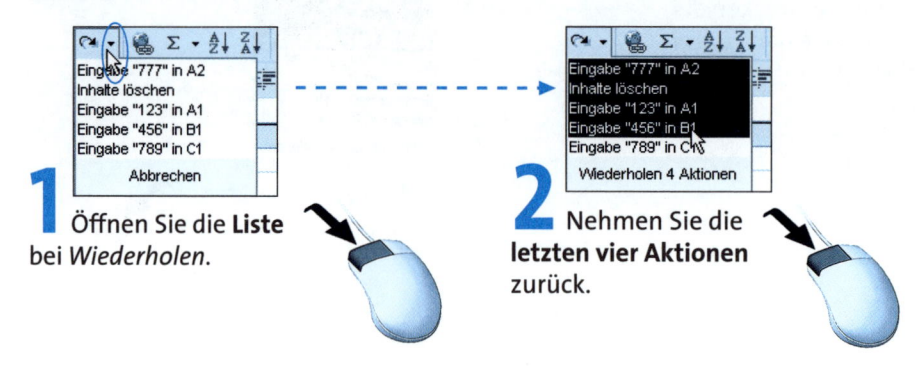

1 Öffnen Sie die **Liste** bei *Wiederholen*.

2 Nehmen Sie die **letzten vier Aktionen** zurück.

Natürlich können Sie die Schaltfläche auch einmal anklicken. Der nächste letzte Befehl wird wiederhergestellt.

1 Klicken Sie auf die Schaltfläche *Wiederholen*.

Diesmal müsste das Ergebnis so aussehen!

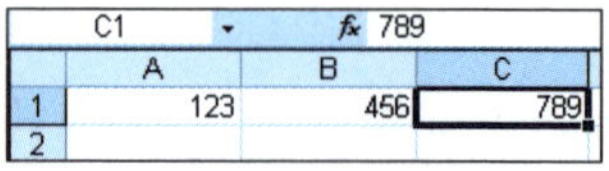

Die Zoomfunktion

Sie können die Ansicht auf Ihrem **Bildschirm** mit Hilfe des **Zooms** individuell **vergrößern** oder auch **verkleinern**. Wichtig dabei ist: Die Schriftgröße ändert sich nicht bei einem späteren Ausdruck. Die Funktion dient nur zur besseren Darstellung auf dem Monitor. Betrachten Sie es wie beim Zoom

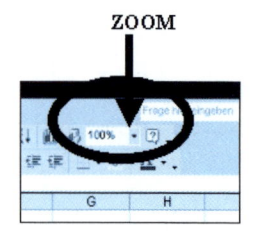

DIE ZOOMFUNKTION

eines Fotoapparats oder Fernglases. Damit können Sie sich die Motive näher heranholen. Das Motiv jedoch ändert seine tatsächliche Größe in Wirklichkeit nicht.

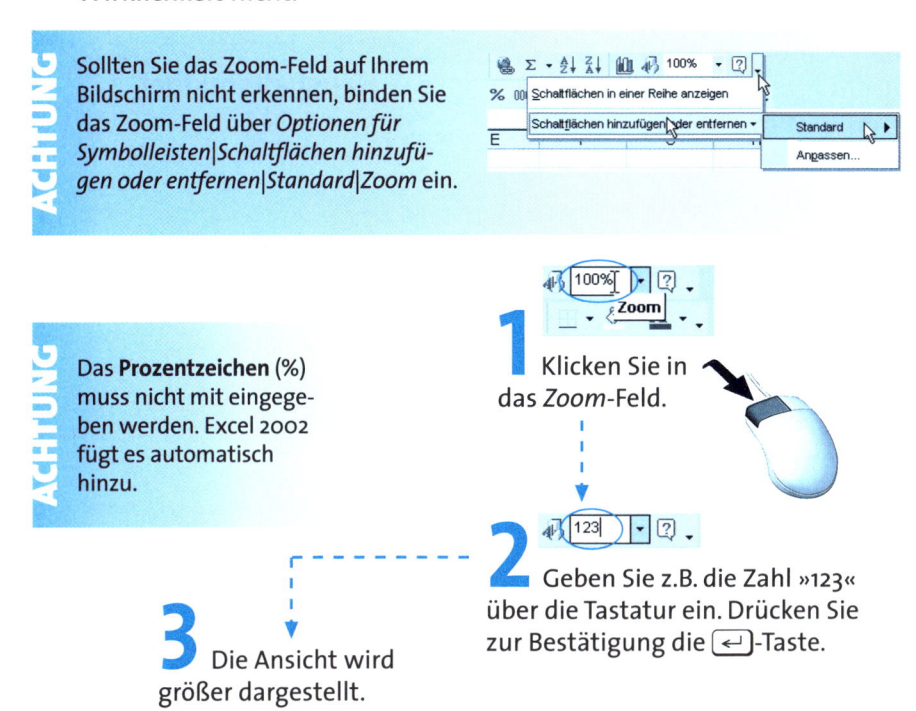

ACHTUNG: Sollten Sie das Zoom-Feld auf Ihrem Bildschirm nicht erkennen, binden Sie das Zoom-Feld über *Optionen für Symbolleisten|Schaltflächen hinzufügen oder entfernen|Standard|Zoom* ein.

ACHTUNG: Das **Prozentzeichen** (%) muss nicht mit eingegeben werden. Excel 2002 fügt es automatisch hinzu.

1 Klicken Sie in das *Zoom*-Feld.

2 Geben Sie z.B. die Zahl »123« über die Tastatur ein. Drücken Sie zur Bestätigung die ⏎-Taste.

3 Die Ansicht wird größer dargestellt.

Eine weitere Möglichkeit, um den Zoom einzustellen: Neben der Zahl klicken Sie auf den Pfeil. Ein Listenfeld öffnet sich. Nun brauchen Sie nur noch die gewünschte Zoomgröße in der Auswahl anzuklicken.

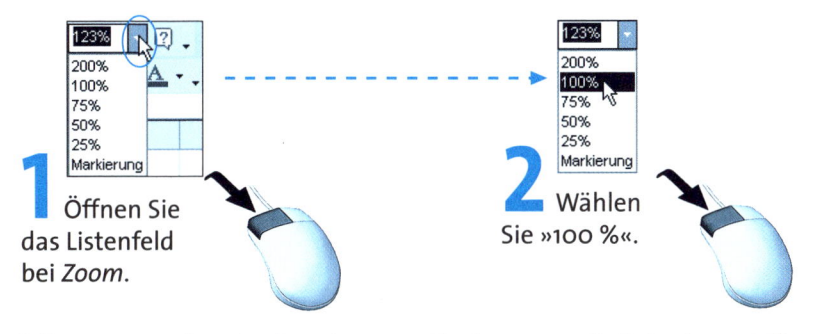

1 Öffnen Sie das Listenfeld bei *Zoom*.

2 Wählen Sie »100 %«.

Auf diese Art und Weise bestimmen Sie Ihren persönlich eingestellten Zoom.

Wie kommen Sie im Arbeitsblatt weiter?

Sie sehen immer nur einen **Auszug** des Arbeitsblattes auf Ihrem Monitor. Sie **blättern** einfach wie bei einer Bandrolle weiter. Um Ihre Eingaben fortzusetzen, können Sie die Cursortasten betätigen.

	A	B	C	D	E
1			**Haushaltsbudget**		
2					
3					
4			Einnahmen		
5	Nettogehalt				
6	Mieteinnahmen				
7	Zinserträge				
8					
9	Summe der Einnahmen				
10					
11			Ausgaben		
12	Miete, Strom				
13	Telefon				
14	Essen, Trinken				
15	Kleidung				
16					

Um innerhalb eines Arbeitsblattes schneller zu blättern, bedient man sich der Bildlaufleisten am rechten und unteren Bildschirmrand.

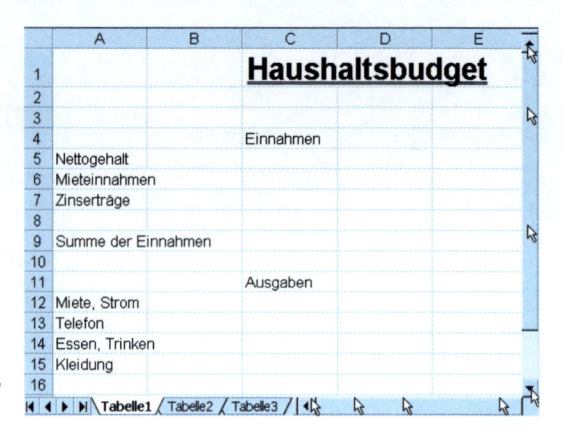

Mit den Pfeilen in der Bildschirmlaufleiste blättern Sie jeweils eine Zeile weiter bzw. zurück.

Excel 2002 beenden

Über die Menüleiste rufen Sie Befehle wie DATEI|BEENDEN mit der linken Maustaste auf.

Der Eintrag BEENDEN befindet sich immer ganz unten im geöffneten Menü.

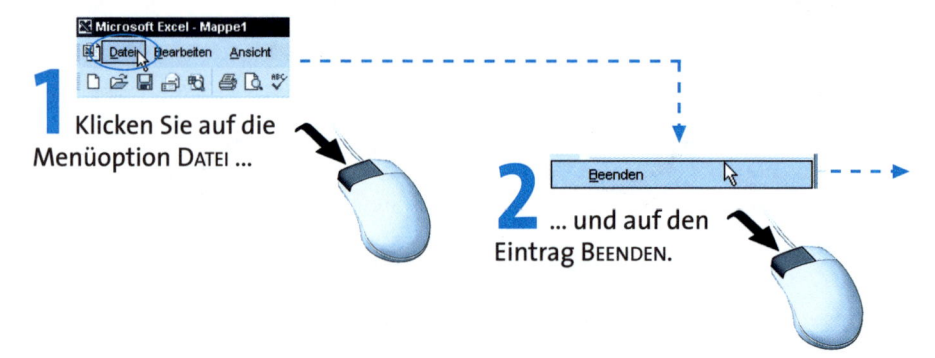

1 Klicken Sie auf die Menüoption DATEI ...

2 ... und auf den Eintrag BEENDEN.

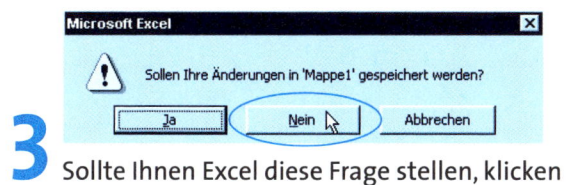

3 Sollte Ihnen Excel diese Frage stellen, klicken Sie mit der linken Maustaste einfach auf *Nein*.

Da Sie noch nichts von großer Bedeutung eingegeben haben, ist eine **Speicherung** (= Aufbewahrung von Daten) zurzeit nicht notwendig. (Mehr zum Thema Speichern erfahren Sie in Kapitel 5 »Drucken und Speichern«!) Würden Sie die Schaltfläche *Abbrechen* anklicken, kämen Sie wieder zum Programm Excel zurück, so als wenn nichts gewesen wäre.

Alternativen zum Beenden von Excel

Zwei weitere Möglichkeiten: Sie können Excel jeweils mit der linken Maustaste direkt beenden, indem Sie auf das **Excel-Symbol** (oben links) **doppelklicken** oder das **Kreuz (X)** oben rechts **einmal anklicken**.

Sie können Excel auch über die **Tastatur** beenden, indem Sie zuerst die [Alt]-Taste und zusätzlich die [F4]-Taste drücken.

WAS IST DAS
Das gleichzeitige Drücken zweier oder mehrerer Tasten bezeichnet man als **Tastenkombination**. Dadurch wird eine bestimmte Funktion ausgeführt.

3 Die ersten Berechnungen

Was bringt Ihnen dieses Kapitel?

In diesem Kapitel stellen Sie Ihre ersten Berechnungen an. Diese sind allerdings noch ganz EASY gehalten.
Zurück in die Vergangenheit: in die gute, alte Schulzeit. Sie lernen Zahlen zu addieren (+), subtrahieren (–), multiplizieren (*) und dividieren (/), wie Sie es in der ersten Klasse gelernt haben. Excel ist hier wie ein besserer Taschenrechner. Der wesentliche Vorteil der Software ist aber: Möchten Sie neue Zahlen eintragen, brauchen Sie nicht die gesamte Rechnung wieder neu aufzustellen. Sie ersetzen lediglich die alte durch die neue Zahl. Das Ergebnis passt Excel automatisch an.

Das können Sie schon:

Wie geben Sie Zahlen ein?	35
Die Bearbeitungsleiste	37
Wie korrigieren Sie Zahlen?	39
Eingaben rückgängig machen	44
Eingaben wiederherstellen	45
Die Zoomfunktion	46
Excel beenden	48

Das lernen Sie neu:

Mit Zahlen rechnen	52
Die Schaltfläche »AutoSumme«	56
Texte in Excel 2002	58

Mit Zahlen rechnen

WAS IST DAS
Die Zellen, die zu einer Kalkulation gehören, werden als Tabelle bezeichnet. Das Blatt, in dem Sie arbeiten, wird daher auch Tabellenblatt genannt.

Nun ist es so weit, Sie führen Ihre erste Berechnung durch. Anstatt Berechnung verwenden Sie den Ausdruck **Kalkulation**.

Beispiel:

Sie möchten die Summe aus den Zahlen »7«, »88« und »999« errechnen.

Die erste Kalkulation ist eine einfache Addition von drei Zahlenwerten, die untereinander stehen.

Sie geben jede Zahl jeweils in eine Zelle ein. Dazu klicken Sie die Zelle an, geben den Wert ein und bestätigen die Berechnung z.B. durch Drücken der ⏎-Taste.

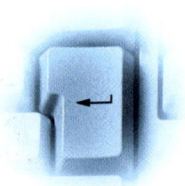

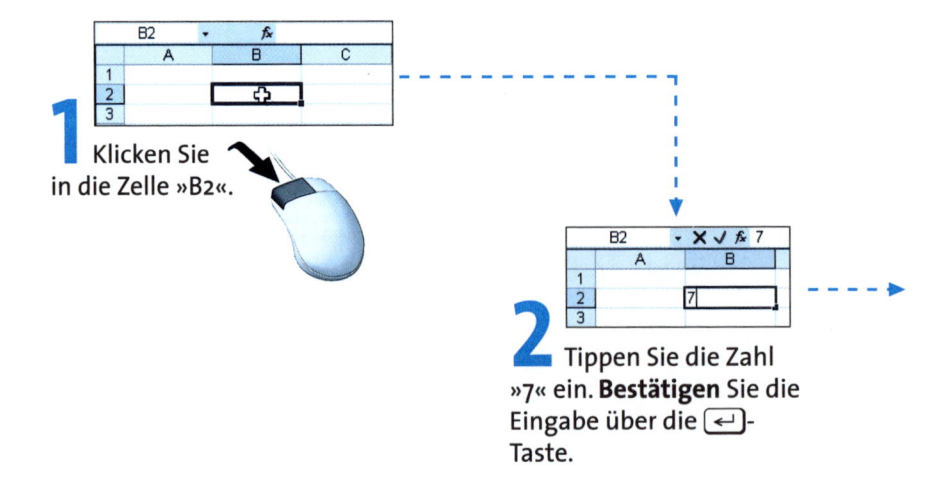

1 Klicken Sie in die Zelle »B2«.

2 Tippen Sie die Zahl »7« ein. **Bestätigen** Sie die Eingabe über die ⏎-Taste.

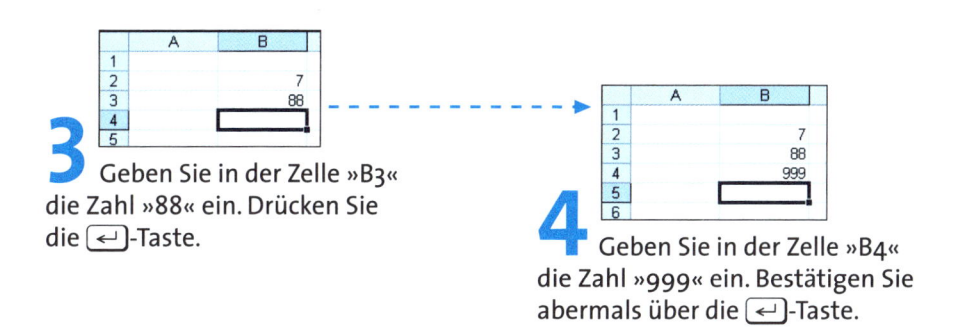

MIT ZAHLEN RECHNEN

3 Geben Sie in der Zelle »B3« die Zahl »88« ein. Drücken Sie die ⏎-Taste.

4 Geben Sie in der Zelle »B4« die Zahl »999« ein. Bestätigen Sie abermals über die ⏎-Taste.

Das Ergebnis

ACHTUNG: Vor einer Berechnung muss immer das Gleichheitszeichen (=) erscheinen. So weiß das Programm, dass es sich nicht um eine »normale« Eingabe (Zahl oder Text) handelt, sondern dass eine Kalkulation durchgeführt werden soll.

In der Zelle »B5« soll das Resultat erscheinen, das sich aus der Addition der drei oberen Zahlen (hier B2, B3 und B4) ergibt. Das Wichtige dabei: Sie müssen ein **Gleichheitszeichen** (=) angeben. Dadurch teilen Sie Excel mit, dass eine Formel zum Rechnen folgt.

Sie müssen Excel angeben, welche Zellen Sie **summieren** (B2, B3, B4) möchten. Das teilen Sie Excel per Mausklick mit.

Allgemein:

Ergebnis = Zelle1 + Zelle2 + Zelle3

In diesem Beispiel:

Zelle B5 = Zelle B2 + Zelle B3 + Zelle B4

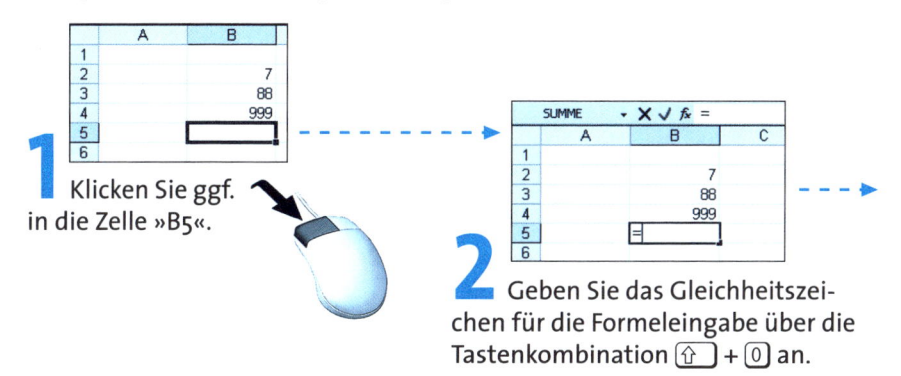

1 Klicken Sie ggf. in die Zelle »B5«.

2 Geben Sie das Gleichheitszeichen für die Formeleingabe über die Tastenkombination ⇧ + 0 an.

53

3 Aktivieren Sie mit der Maus die Zelle »B2«.

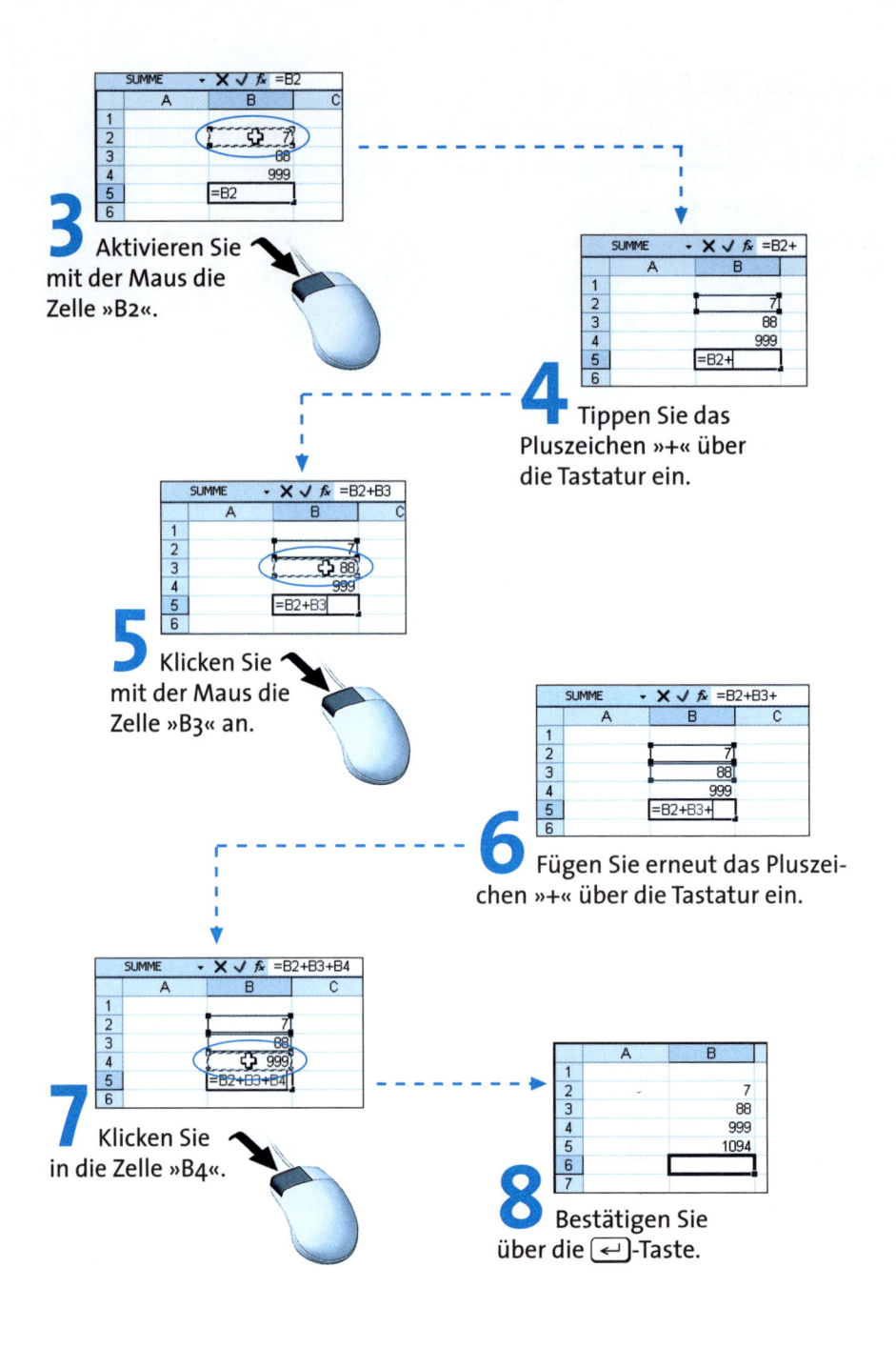

4 Tippen Sie das Pluszeichen »+« über die Tastatur ein.

5 Klicken Sie mit der Maus die Zelle »B3« an.

6 Fügen Sie erneut das Pluszeichen »+« über die Tastatur ein.

7 Klicken Sie in die Zelle »B4«.

8 Bestätigen Sie über die ⏎-Taste.

Rechnen mit Excel

Bei einer Subtraktion, Multiplikation oder Division gehen Sie genauso wie bei der Addition vor. Nur das jeweilige Zeichen ändert sich bei der entsprechenden Rechenoperation.

Rechenzeichen in Excel:

Rechenart	Zeichen in Excel
Addition	+
Subtraktion	-
Multiplikation	*
Division	/

Andere Zahlen – Ein neues Ergebnis

Der Vorteil von Excel ist, dass Sie Zahlen im Nachhinein ändern können. Sie müssen nicht jedes Mal eine neue Kalkulation aufstellen.

Beispiel:

Sie ändern den Wert »7« in »77« um.

Sie löschen die Zahl »7«, indem Sie die betreffende Zelle anklicken und »77« eintippen.

Sie **überschreiben** quasi den alten Wert durch den neuen. Das Ergebnis wird automatisch angepasst.

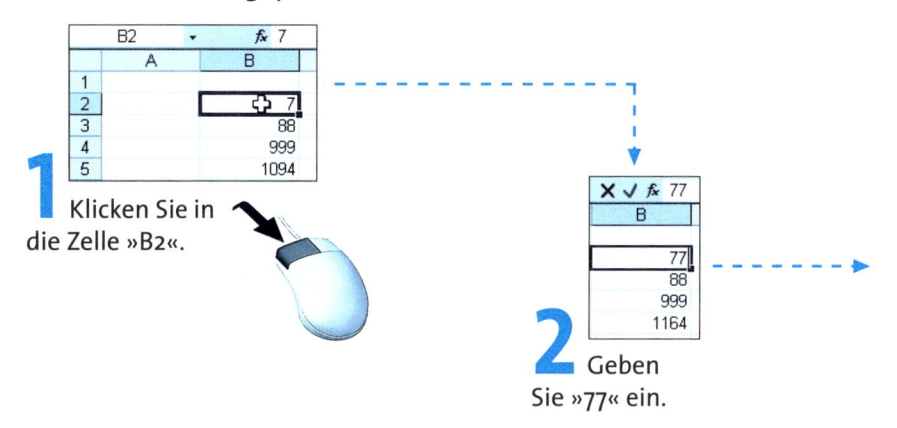

1 Klicken Sie in die Zelle »B2«.

2 Geben Sie »77« ein.

3 Bestätigen Sie die Eingabe der neuen Zahl.

4 Die Eingabe der Zahl führt zu einem neuen Ergebnis.

Alte Zahl

Neue Zahl

Neues Ergebnis

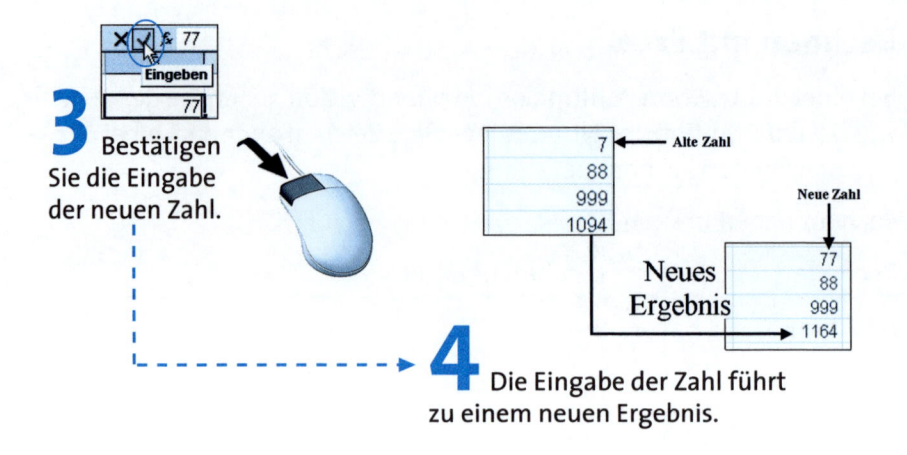

Die Schaltfläche »AutoSumme«

Um Summen zu ermitteln, bietet sich hier ein schneller Befehl an.

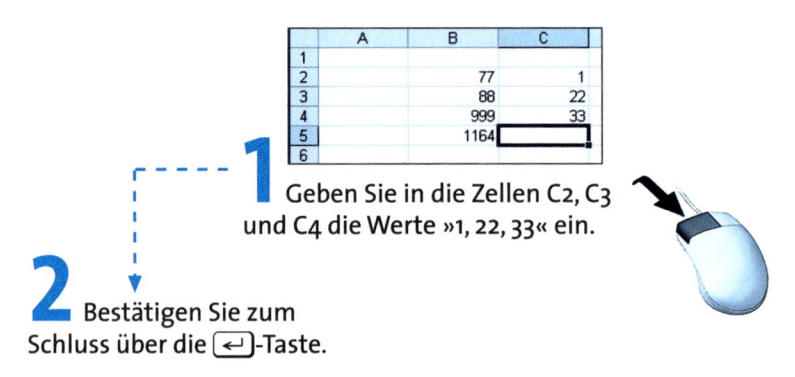

1 Geben Sie in die Zellen C2, C3 und C4 die Werte »1, 22, 33« ein.

2 Bestätigen Sie zum Schluss über die ⏎-Taste.

Für Zellen, die untereinander (oder auch nebeneinander) stehen, bietet Excel eine verkürzte Form an. So brauchen Sie nicht nach jeder Zelle das »+« anzugeben.

Bisher:

Summe = Zelle1 + Zelle2 + Zelle3

Neu:

Summe = **Summe** (Zelle1; Zelle2; Zelle3)

DIE SCHALTFLÄCHE »AUTOSUMME«

Sie klicken auf das **Summenzeichen** (Schaltfläche *AutoSumme*).

Excel umrandet automatisch die Zellen mit einer **gestrichelten Linie**.

Sie erkennen dann, dass Excel Ihnen »SUMME (C2:C4)« in der Bearbeitungsleiste anzeigt.

Dadurch werden die Zellen »C2, C3, C4« addiert.

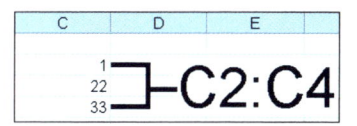

Der Doppelpunkt »:« bedeutet »bis«.

Excel summiert also die Zahlen in den Zellen von »C2« bis »C4«.

1 Die Zelle »C5« muss aktiviert sein.

2 Klicken Sie auf die Schaltfläche *AutoSumme*.

3 Bestätigen Sie über die ⏎-Taste.

ACHTUNG

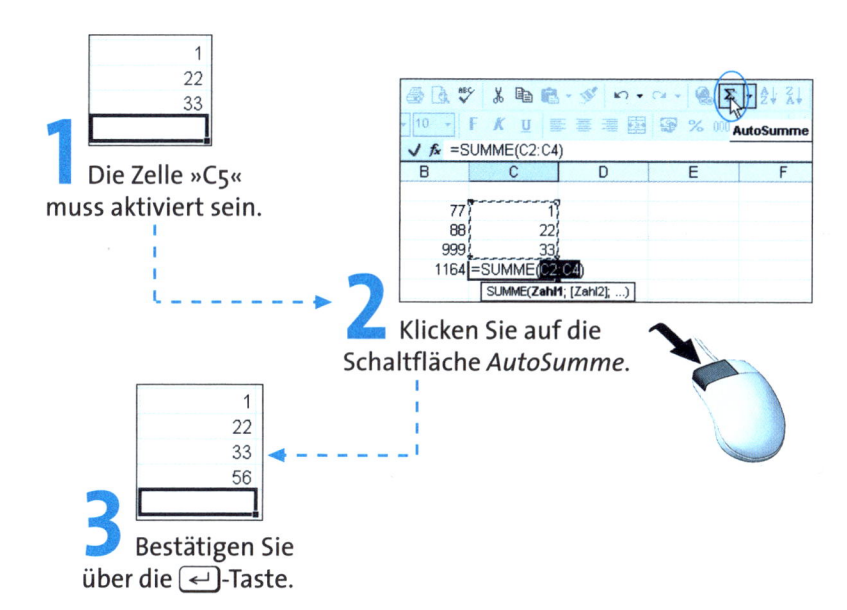

Möchten Sie Zellen bzw. Zellbereiche berechnen, die nicht nebeneinander liegen, ...

... drücken Sie die Strg-Taste und klicken mit der **Maus**

oder

geben nach jeder Zellenbezeichnung ein **Semikolon** als Trennungsmerkmal über die Tastatur ein.

=SUMME(B9;C8;D9)

57

Texte in Excel 2002

Die »kleine« Kalkulation sieht noch ein wenig »nackt« aus, daher beschriften Sie diese. Die Eingabe von Texten (Buchstaben) und Zahlen unterscheidet sich jedoch stark.

ACHTUNG — Excel kann (logischerweise) nur mit Zahlen rechnen, nicht aber mit Texten.

Excel unterscheidet in den Zellen zwischen Zahlen (rechtsbündig), Texten (linksbündig) und Formeln (Gleichheitszeichen).

Zahlen richten sich in den Zellen immer nach **rechts** aus.

123	456	789
345	1	0,5
678	77	4711

Text	Excel	XYZ
Fußball	EASY	Skonto
Gewinn	ABC	Umsatz

Texte dagegen stehen in einer Zelle immer **links**.

ACHTUNG — Vorsicht bei Mischformen: Zahlen, Buchstaben und Zeichen!

Ein Zahlenwert in der Schreibform »123,--« ist für Excel keine Zahl, sondern aufgrund der Zeichen »--« ein Text. Er wird also linksbündig ausgerichtet.

Hier erkennen Sie weitere Mischformen, die für Excel **keine Zahlen**, sondern Texte sind.

34°	12,- DM	16 % MwSt.	10 Pfennig
12"	5,- Euro	3 % Skonto	20 Gulden
5,-	7 Mark	10 Dollar	1 ltr.
5 kg	10 mtr.	1 cm	10 qm
Nr. 12	E611	A1	56 Plus

ACHTUNG — Möchten Sie Rechenzeichen wie »= + −« als Text eingeben, verwenden Sie vor der Eingabe das Hochkomma (').

fx	'+ 16 % Mwst.
	B
+ 16 % Mwst.	

1 Klicken Sie in die Zelle »A1« und tippen Sie das Wort »Summe« ein.

2 Geben Sie in Zelle »A5« das Wort »Ergebnis« ein.

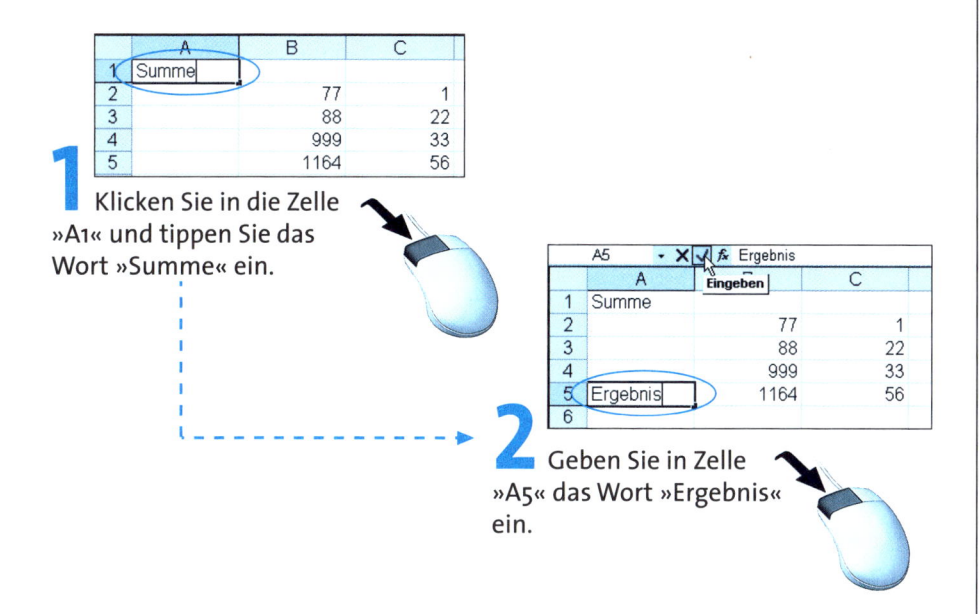

Neue Arbeitsmappe?

Möchten Sie Excel 2002 nicht beenden, weil Ihnen die Arbeit mit diesem Buch so viel Freude macht, starten Sie einfach eine neue Arbeitsmappe auf Ihrem Bildschirm. Der einfachste Weg: Sie klicken auf die Schaltfläche *Neu*.

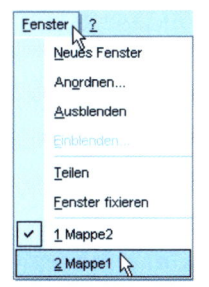

Über den Menüpunkt FENSTER schalten Sie zwischen den einzelnen Arbeitsmappen hin und her.

Oder Sie betätigen die Schaltflächen am unteren Bildschirmrand in der Taskleiste.

4

Tabellen bearbeiten

Was bringt Ihnen dieses Kapitel?

Fragen Sie sich auch wie der Autor dieses Buches, wo am Monatsende Ihr Geld geblieben ist? Das war doch am Monatsanfang noch da. Wieder einmal Ebbe im Portemonnaie? Die Wirtschaft zu stark angekurbelt? Dabei wollten Sie doch Ihren nächsten Urlaub in Florida verbringen. Na ja, der Schwarzwald ist auch sehr schön und so gesund. Wer zeitweise den Überblick über Münzen und Scheine verliert, findet in Excel eine Unterstützung zur Organisation seiner täglichen Ein- und Ausgaben.

Das können Sie schon:

Mit Zahlen rechnen	52
Die Schaltfläche »AutoSumme«	56
Texte in Excel 2002	58
Die Bearbeitungsleiste	37
Die Zoomfunktion	46

Das lernen Sie neu:

Die Spaltenbreite ändern	62
Texte hervorheben	63
Formate übertragen	67
Zellen verschieben	72
Spalten entfernen oder einfügen	74
Zeilen entfernen oder einfügen	75

Die Spaltenbreite ändern

Passt ein Eintrag von der Länge her nicht mehr genau in eine Zelle, nimmt Excel ihn trotzdem auf.

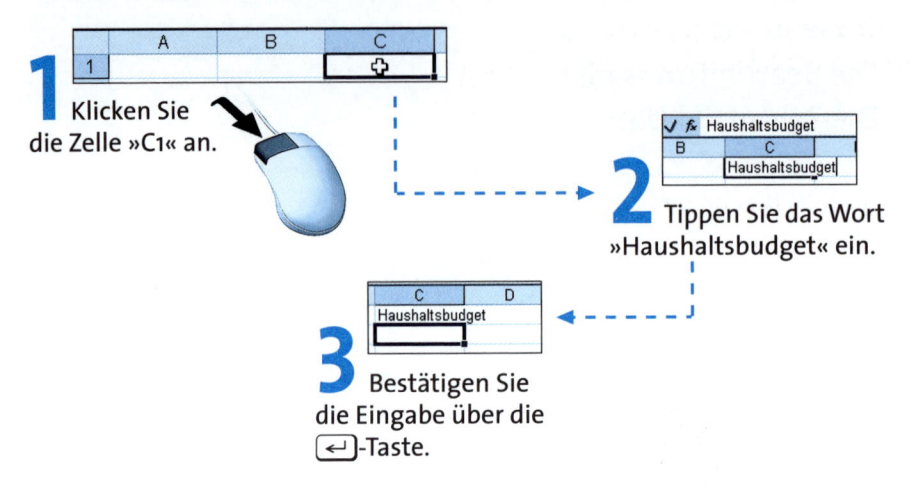

1 Klicken Sie die Zelle »C1« an.

2 Tippen Sie das Wort »Haushaltsbudget« ein.

3 Bestätigen Sie die Eingabe über die ⏎-Taste.

Der Platz in der Zelle für das Wort »Haushaltsbudget« reicht nicht ganz aus. Die Spalte ist ein wenig zu klein.

Die Wörter bzw. Texte könnten noch länger sein z.B. »Haushaltsbudget der Familie Feuerstein im Monat Dezember«. Sie erkennen den **Inhalt einer Zelle** in der **Bearbeitungsleiste**.

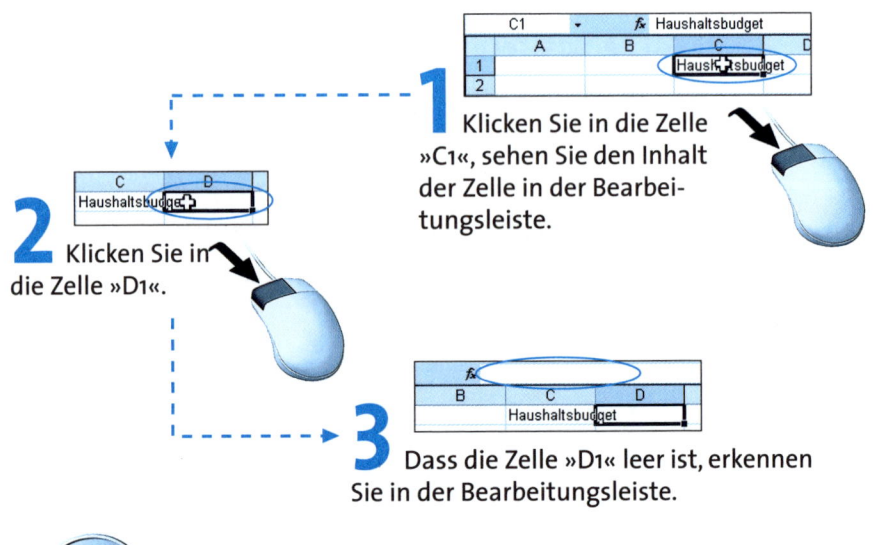

1 Klicken Sie in die Zelle »C1«, sehen Sie den Inhalt der Zelle in der Bearbeitungsleiste.

2 Klicken Sie in die Zelle »D1«.

3 Dass die Zelle »D1« leer ist, erkennen Sie in der Bearbeitungsleiste.

Zur besseren Optik können Sie die **Spaltenbreite** anpassen. Bewegen Sie dazu den Mauszeiger zwischen zwei Spaltennamen. Er verwandelt sein Aussehen.

Mit gedrückter Maustaste ändern Sie die **Spaltenbreite,** bis die gewünschte Breite erreicht wird. Dann lassen Sie die Maustaste los.

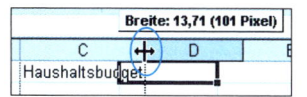

Doch es geht noch einfacher!

Klicken Sie doppelt mit der linken Maustaste auf die Spaltentrennlinie, passt Excel die Spalte **optimal** an, d.h., die Breite richtet sich nach dem **längsten Ausdruck** (Zahl oder Wort).

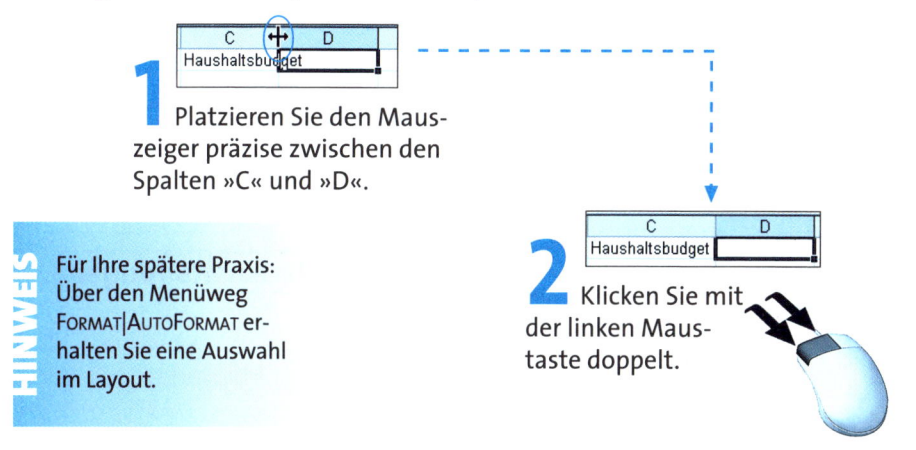

1 Platzieren Sie den Mauszeiger präzise zwischen den Spalten »C« und »D«.

2 Klicken Sie mit der linken Maustaste doppelt.

HINWEIS Für Ihre spätere Praxis: Über den Menüweg FORMAT|AUTOFORMAT erhalten Sie eine Auswahl im Layout.

Texte hervorheben

WAS IST DAS Zeichen können zur optischen Hervorhebung formatiert werden. Das geschieht durch Fettschrift, Unterstreichungen usw.

In Excel können Sie einzelne Wörter (oder auch Zahlen) optisch hervorheben. Diesen Vorgang bezeichnet man als **formatieren**.

Sie finden alle notwendigen Werkzeuge dazu in der **Formatleiste**.

Sie können beispielsweise die Schriftart und -größe wechseln oder Texte **fett** bzw. *kursiv* hervorheben.

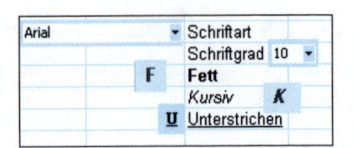

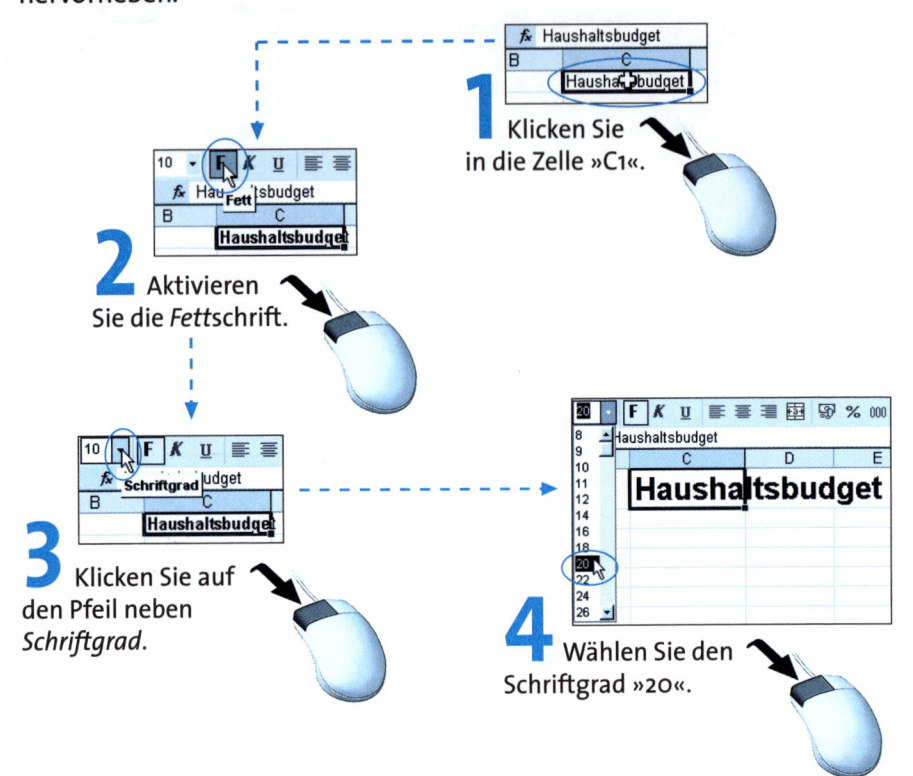

1 Klicken Sie in die Zelle »C1«.

2 Aktivieren Sie die *Fett*schrift.

3 Klicken Sie auf den Pfeil neben *Schriftgrad*.

4 Wählen Sie den Schriftgrad »20«.

Die Menüoption FORMAT|ZELLEN bietet sich als zusätzliche Möglichkeit an. Auf der Registerkarte *Schrift* erhalten Sie eine weitere Auswahl. So lässt sich hier die **Standardschrift** von Excel 2002 definieren, also mit welcher Schriftart Sie prinzipiell arbeiten möchten.

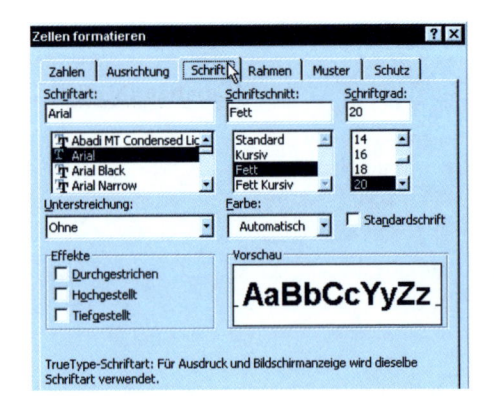

TEXTE HERVORHEBEN

Die Unterstreichung kann doppelt erfolgen.

Interessant ist hier das **Vorschaufenster**. Sie erkennen das Aussehen, bevor Sie die gewählten Formatierungen über die Schaltfläche OK bestätigen.

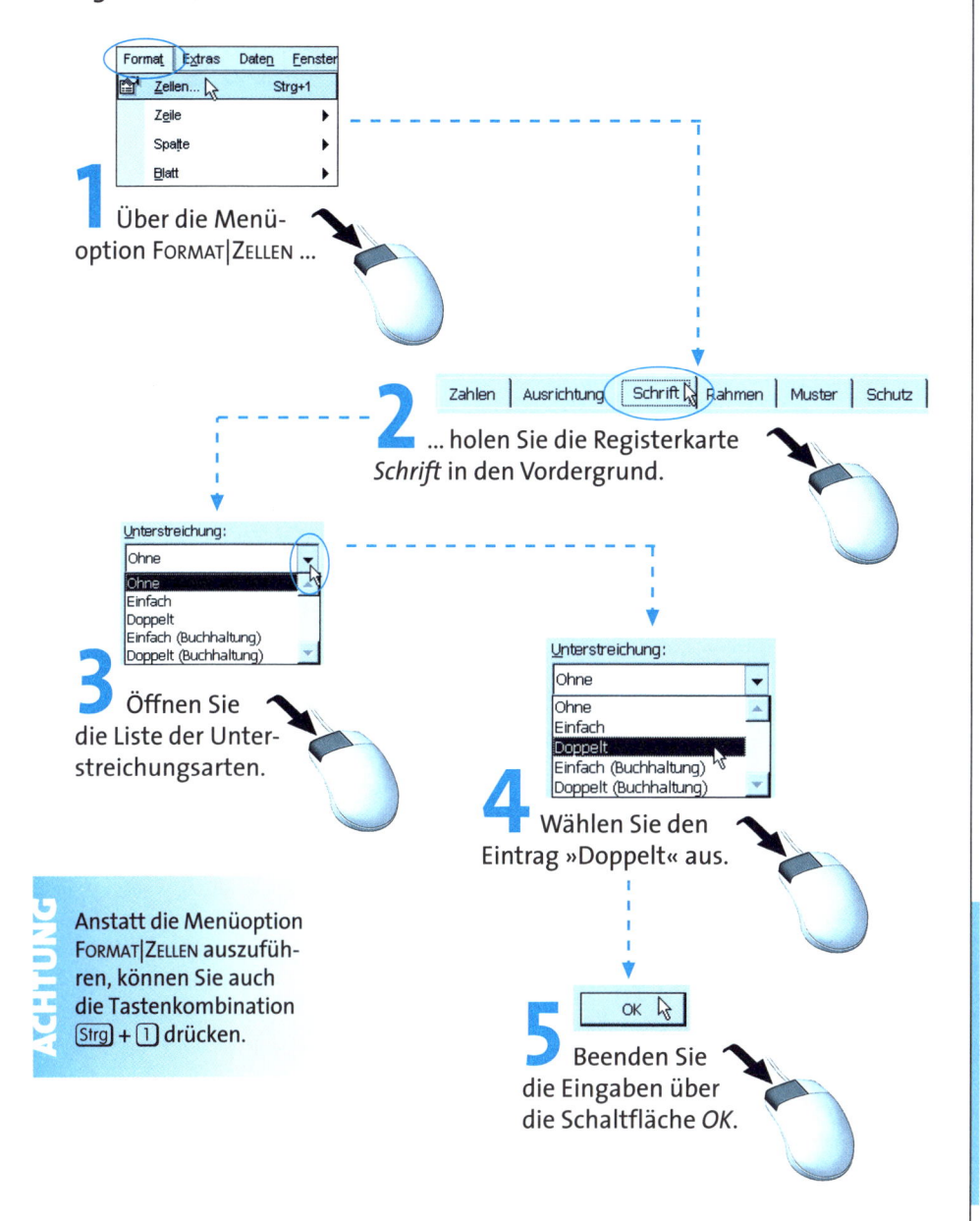

1 Über die Menüoption FORMAT|ZELLEN ...

2 ... holen Sie die Registerkarte *Schrift* in den Vordergrund.

3 Öffnen Sie die Liste der Unterstreichungsarten.

4 Wählen Sie den Eintrag »Doppelt« aus.

5 Beenden Sie die Eingaben über die Schaltfläche OK.

> **ACHTUNG**
> Anstatt die Menüoption FORMAT|ZELLEN auszuführen, können Sie auch die Tastenkombination [Strg] + [1] drücken.

65

Da Sie den Schriftgrad erhöht haben und dadurch den Zelleninhalt vergrößert haben, können Sie die Spaltenbreite wieder anpassen.

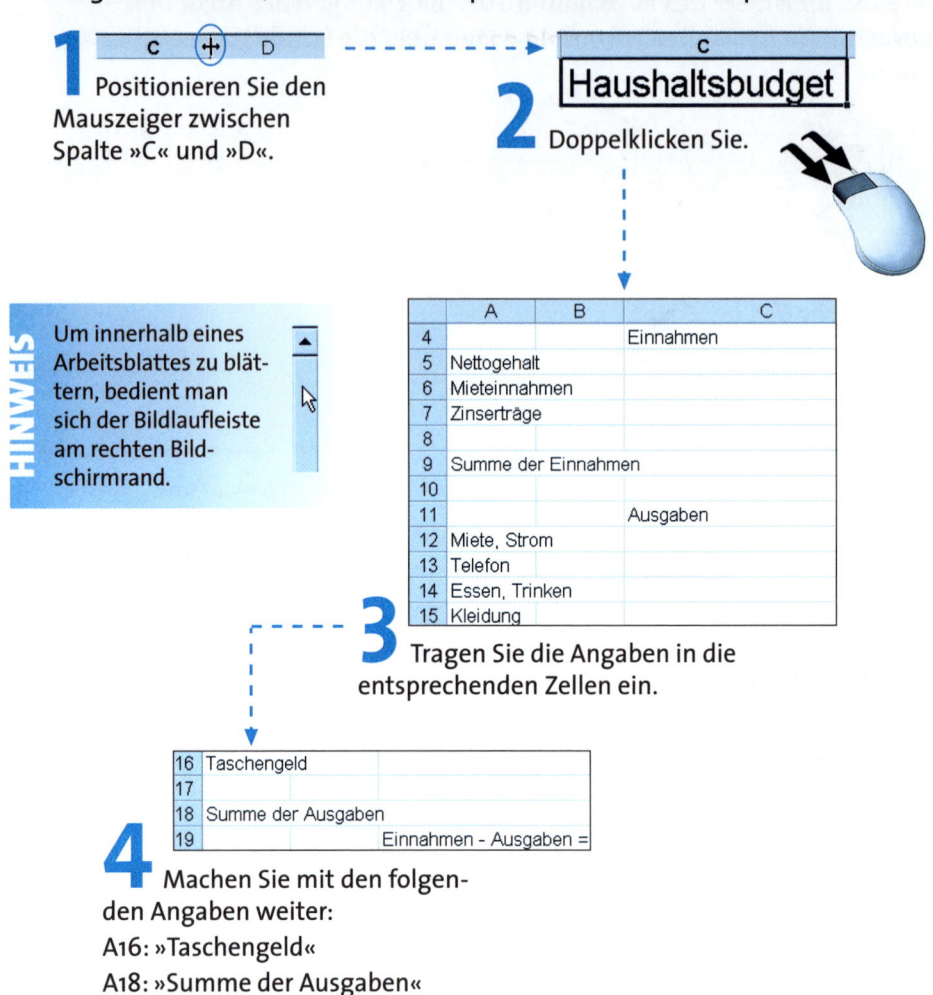

1 Positionieren Sie den Mauszeiger zwischen Spalte »C« und »D«.

2 Doppelklicken Sie.

> **HINWEIS**
> Um innerhalb eines Arbeitsblattes zu blättern, bedient man sich der Bildlaufleiste am rechten Bildschirmrand.

3 Tragen Sie die Angaben in die entsprechenden Zellen ein.

4 Machen Sie mit den folgenden Angaben weiter:
A16: »Taschengeld«
A18: »Summe der Ausgaben«
C19: »Einnahmen – Ausgaben =«

> **HINWEIS**
> Als Sie in der Zelle »A16« das Wort »Taschengeld« eingaben, ist Ihnen bestimmt – vielleicht – aufgefallen, dass Excel das bereits eingegebene Wort »Telefon« vorschlägt, sobald Sie ein »T« eingeben. Hätten Sie es gebraucht, könnten Sie es z.B. mit der ⏎-Taste übernehmen.

Kommentare

Zu jeder Zelle oder jedem Zellbereich können Sie sich Kommentare anzeigen lassen. Das Kommentarfeld dazu starten Sie über die Menüoption EINFÜGEN|KOMMENTAR.

Gehört zu einer Zelle ein Kommentar, ist ein **kleines rotes Dreieck** sichtbar. Bewegen Sie den Mauszeiger über eine solche Zelle, blendet sich der Kommentar ein.

Ein **Mausklick rechts** bietet Ihnen Bearbeitungsmöglichkeiten für den Kommentar an. So können Sie diesen auch wieder löschen.

Formate übertragen

Sie wissen, wie Sie Texte oder Zahlen hervorheben. Möchten Sie eine bereits vorhandene Formatierung mehrmals vergeben, verwenden Sie am besten die Schaltfläche *Format übertragen*.

Klicken Sie einmal mit der linken Maustaste, ändert sich das Aussehen des Mauszeigers in die Form eines Pinsels, sobald Sie ihn in das **Arbeitsblatt** ziehen.

HINWEIS: Mit der [Esc]-Taste schalten Sie die Funktion wieder aus oder klicken Sie noch einmal auf die Schaltfläche.

1 Klicken Sie in die Zelle »C4«.

2 Aktivieren Sie die *Fett*schrift.

3 Schalten Sie mit einem Mausklick auf die Schaltfläche *Format übertragen* die Funktion ein.

4 Wählen Sie die Zelle »C11«.

5 Das Format **Fett** wurde übertragen.

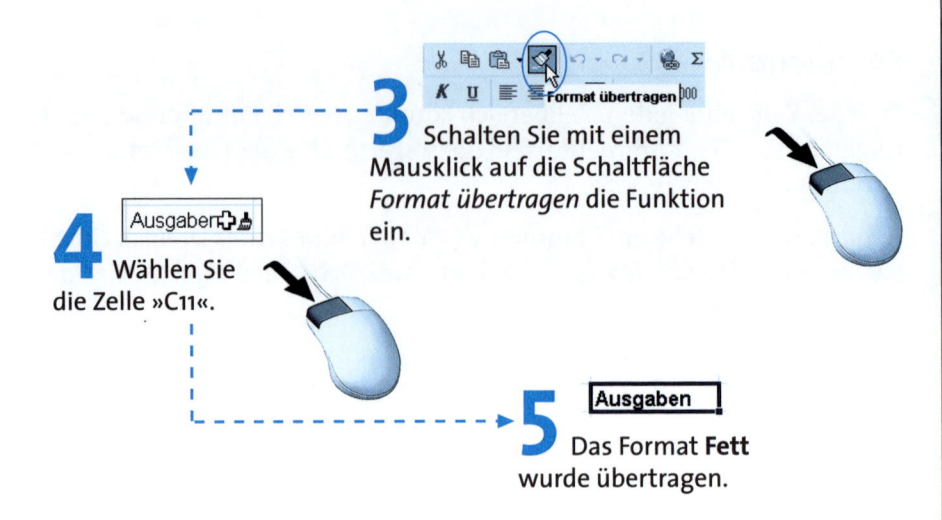

Mit einem Mausklick auf die Schaltfläche formatieren Sie nur einmal. Doppelklicken Sie dagegen auf den »Pinsel«, können Sie ihn so oft verwenden, wie Sie möchten.

Schaltfläche *Format übertragen*	Auswirkung
Einmal anklicken	Sie können das **Format einmal** übertragen.
Doppelt anklicken	Sie können das **Format beliebig oft** übertragen.
Die Esc-Taste betätigen oder die Schaltfläche *Format übertragen* nochmals anklicken.	Die Funktion ist wieder ausgeschaltet.

1 Klicken Sie ggf. in die Zelle »C11«.

2 Schalten Sie die Funktion über die Schaltfläche mit einem Doppelklick ein.

FORMATE ÜBERTRAGEN

3 Aktivieren Sie die Zelle »A9«.

4 Klicken Sie in die Zellen »A18« und »C19«.

5 Beenden Sie die Funktion über die Esc-Taste.

6 Bewegen Sie den Mauszeiger zwischen den Spaltennamen »A« und »B«.

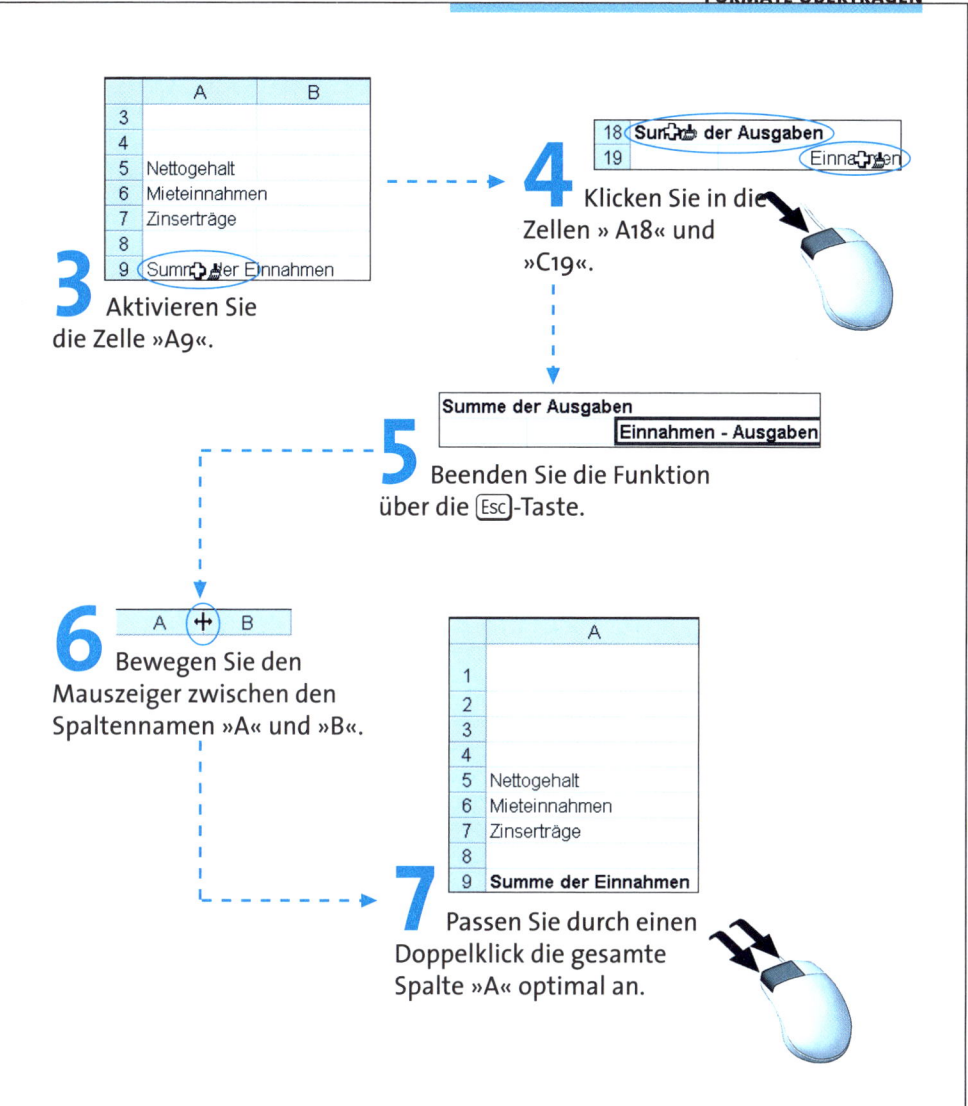

7 Passen Sie durch einen Doppelklick die gesamte Spalte »A« optimal an.

Summen errechnen

Um Zahlen zu ermitteln, bietet sich ein schneller Befehl an.

Sie klicken auf die Schaltfläche *AutoSumme* (siehe auch **Kapitel 3**).

Excel umrandet alle Zellen, die eine Zahl beinhalten, bis zu einer Zelle, die einen Text enthält, mit einer **gestrichelten Linie**.

	Einnahmen	
Nettogehalt	C5	5000
Mieteinnahmen	C6	1000
Zinserträge	C7	50

1 Geben Sie die Werte für die Einnahmen in die Zellen »C5, C6, C7« und ...

	Ausgaben	
Miete, Strom	C12	1600
Telefon	13	450
Essen, Trinken	14	1200
Kleidung	15	1000
Taschengeld	16	200

2 ... für die Ausgaben in die Zellen von »C12« bis »C16« entsprechend ein.

```
           5000
           1000
             50
        C8
        C9  ✥
```

3 Klicken Sie in die Zelle »C9«.

```
Einnahmen
                    5000
   Σ  A↓ Z↓         1000
%    AutoSumme       50
=SUM(C5:C8)
```

4 Aktivieren Sie die Schaltfläche *AutoSumme*.

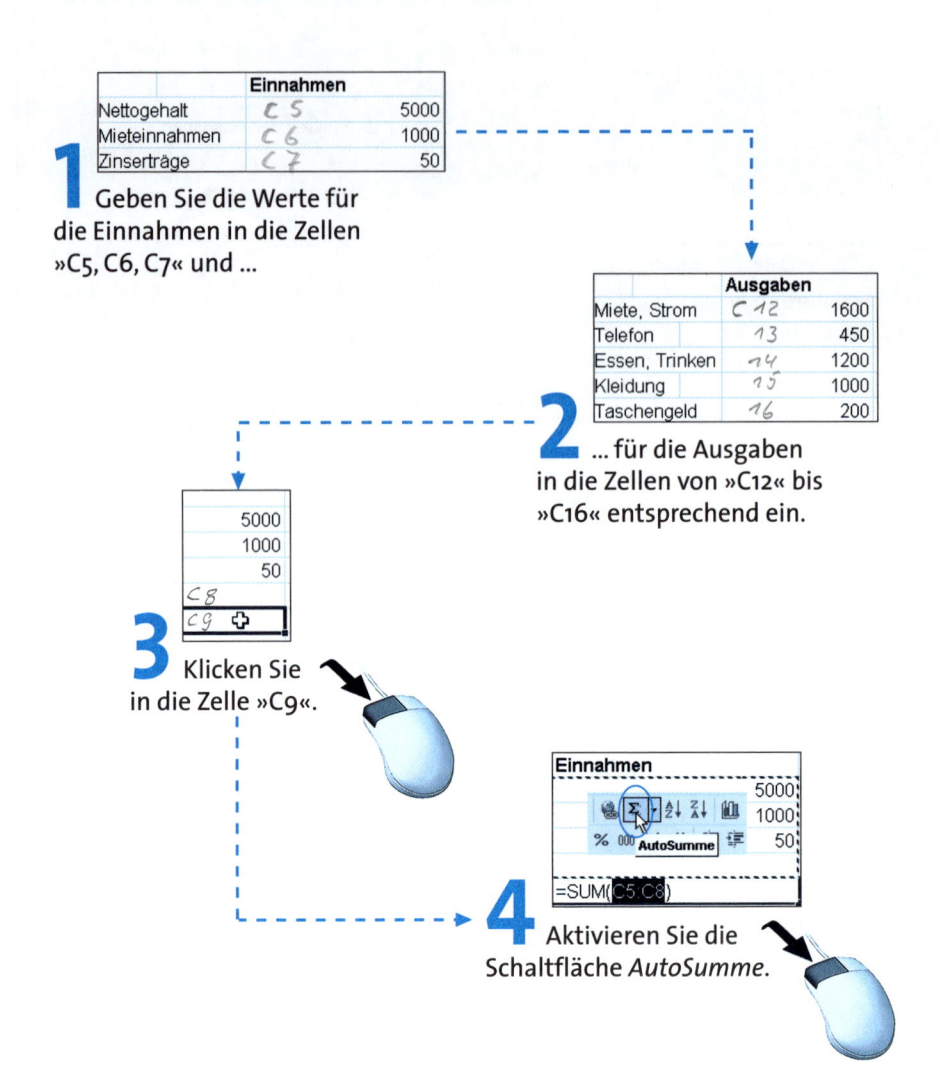

Ist eine **Zelle** zwischen den Zahlen und dem Ergebnis **leer**, wird diese ebenfalls umrandet. Da sie keinen Wert enthält, stört sie zurzeit wenig und beeinflusst die Addition nicht.

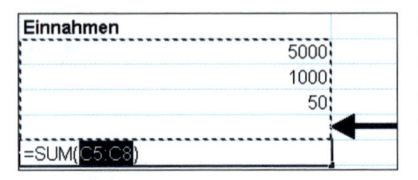

```
Einnahmen
               5000
               1000
                 50
=SUM(C5:C8)
```

Sie erkennen, dass Excel Ihnen »SUMME (C5:C8)« anzeigt. Damit werden die Zellen »C5, C6, C7« einschließlich der Leerzelle »C8« addiert.

FORMATE ÜBERTRAGEN

C	
Einnahmen	
C 5	5000
6	1000
7	50
8	
9	6050

1 Bestätigen Sie über die ⏎-Taste.

Ausgaben	
C 12	1600
13	450
14	1200
15	1000
16	200
17	
18	✛

2 Klicken Sie in die Zelle »C18« ...

3 ... und danach auf die Schaltfläche *AutoSumme*.

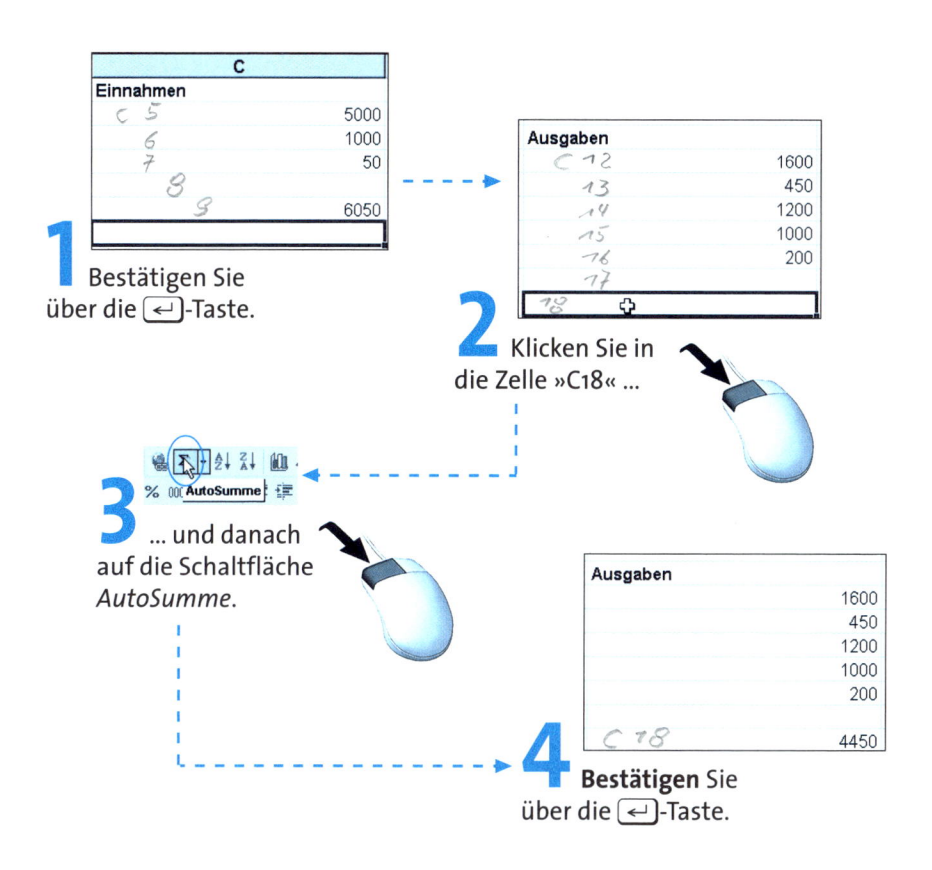

Ausgaben	
	1600
	450
	1200
	1000
	200
C 18	4450

4 **Bestätigen** Sie über die ⏎-Taste.

Möchten Sie wissen, was unterm Strich übrig bleibt? Sie benötigen für die Kalkulation die Summe aus den Einnahmen minus den Ausgaben.

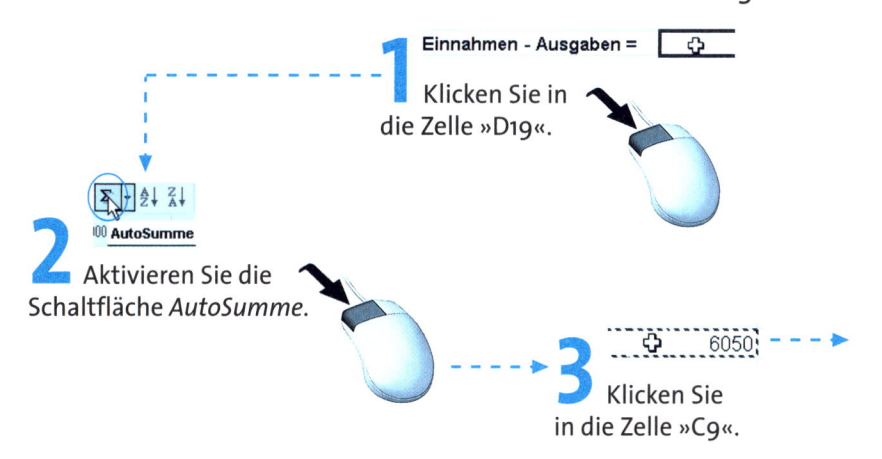

Einnahmen - Ausgaben =   ✛

1 Klicken Sie in die Zelle »D19«.

2 Aktivieren Sie die Schaltfläche *AutoSumme*.

✛   6050

3 Klicken Sie in die Zelle »C9«.

71

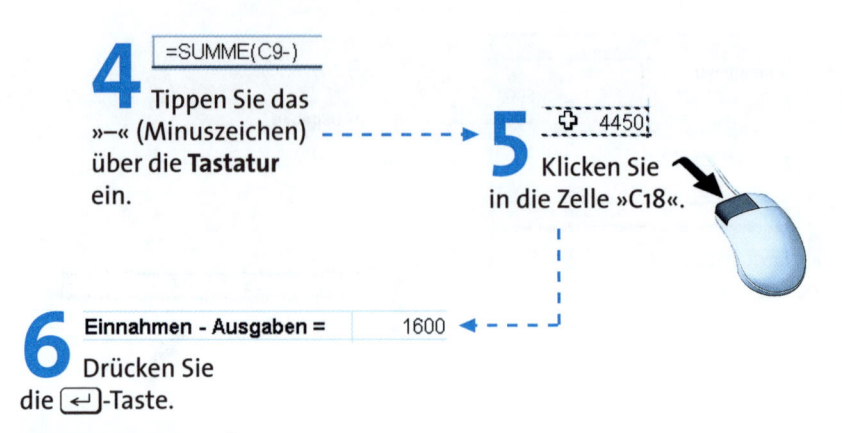

4 Tippen Sie das »–« (Minuszeichen) über die **Tastatur** ein.

=SUMME(C9-)

5 Klicken Sie in die Zelle »C18«.

4450

6 Einnahmen - Ausgaben =   1600
Drücken Sie die ⏎-Taste.

> **HINWEIS**
>
> In welcher **Währung** rechne ich eigentlich? fragen Sie sich vielleicht.
>
> Ein deutscher Haushaltsplan wird wahrscheinlich nicht in Yen, Dollar, sondern in **Euro** erfasst. Mehr dazu erfahren Sie in Kapitel 9.

Zellen verschieben

> **WAS IST DAS**
>
> **Drag&Drop** – Englische Bezeichnung für »Ziehen und Fallenlassen«. Hiermit verschieben Sie die Inhalte von **Zellen**.

Sie möchten die Zellen bzw. die Inhalte der Zellen »C19« (»Einnahmen – Ausgaben«) und »D19« (»1500«) aus optischen Gründen verschieben.

Dazu brauchen Sie die Eingabe nicht zu wiederholen, sondern Sie nutzen die **Drag&Drop**-Methode.

Wie funktioniert Drag&Drop?

Entscheidend für das Gelingen der Drag&Drop-Methode ist das **Aussehen** des **Mauszeiger**s. Er zeigt Ihnen an, welche Funktion Sie ausführen können.

Im Arbeitsblatt erscheint der Mauszeiger normalerweise als weißes Kreuz. Hiermit klicken Sie – wie bereits bekannt – die Zellen an.

5

Speichern und Drucken

Was bringt Ihnen dieses Kapitel?

Sie möchten mit Ihrer Arbeit morgen, übermorgen, nächstes Jahr bzw. im nächsten Jahrtausend weitermachen. Lassen Sie deshalb den PC die ganze Zeit an? Ihr Stromversorger würde sich sicherlich darüber freuen! In diesem Kapitel lernen Sie das Aufbewahren von Berechnungen, sowohl in Ihrem Computer als auch auf Diskette, kennen. Um alles schwarz auf weiß zu erhalten, drucken Sie die Kalkulation aus.

Tastenkombination	Menüoption	Auswirkungen
Strg + +	EINFÜGEN|SPALTEN	Eine Spalte einfügen
Strg + -	BEARBEITEN|ZELLEN LÖSCHEN	Eine Spalte löschen

Zeilen einfügen oder entfernen

Dasselbe – wie Spalten einfügen und entfernen – können Sie mit Zeilen durchführen.

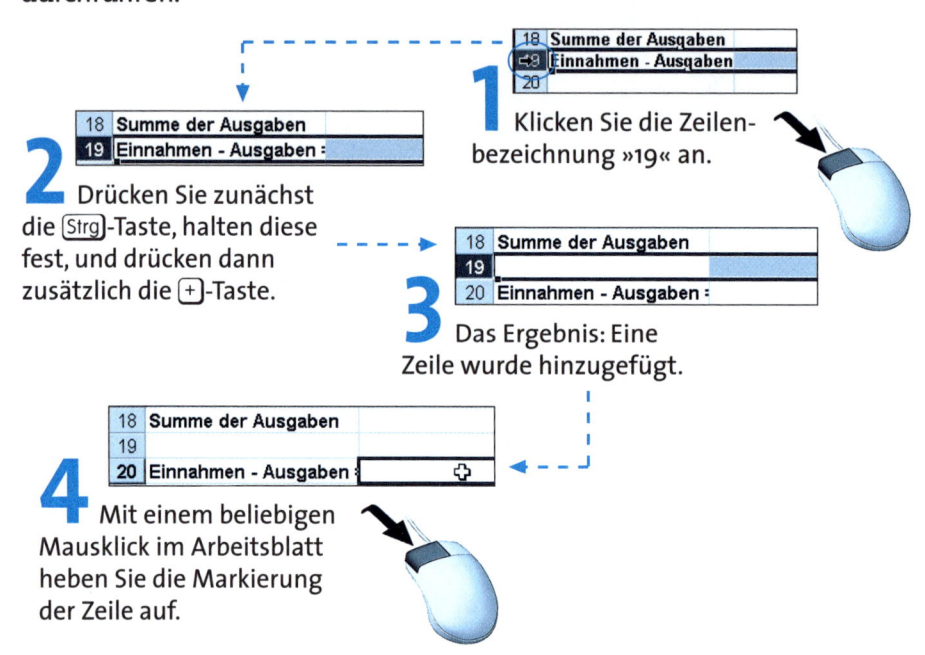

1 Klicken Sie die Zeilenbezeichnung »19« an.

2 Drücken Sie zunächst die Strg-Taste, halten diese fest, und drücken dann zusätzlich die +-Taste.

3 Das Ergebnis: Eine Zeile wurde hinzugefügt.

4 Mit einem beliebigen Mausklick im Arbeitsblatt heben Sie die Markierung der Zeile auf.

Tastenkombination	Menüoption	Auswirkungen
Strg + +	EINFÜGEN|ZEILEN	Eine Zeile einfügen
Strg + -	BEARBEITEN|ZELLEN LÖSCHEN	Eine Zeile löschen

ACHTUNG
Beenden Sie Excel diesmal nicht! Im nächsten Kapitel lernen Sie das Ausdrucken und Speichern kennen. Dazu verwenden Sie am besten diese Kalkulation.

Wie geht's weiter? Zunächst geben Sie mit einem Mausklick an, wo – also in welcher Zelle – die Angaben nun erscheinen sollen.

Anschließend klicken Sie auf die Schaltfläche *Einfügen*.

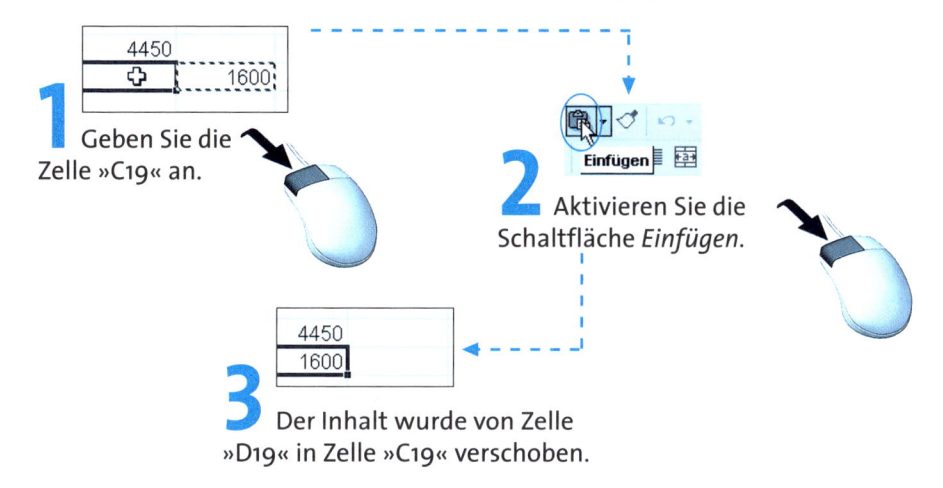

1 Geben Sie die Zelle »C19« an.

2 Aktivieren Sie die Schaltfläche *Einfügen*.

3 Der Inhalt wurde von Zelle »D19« in Zelle »C19« verschoben.

Spalten entfernen oder einfügen

Die Spalte »B« ist in dieser Kalkulation leer. Sie kann vom Bildschirm verschwinden. Dazu nutzen Sie die Tastenkombination [Strg] + [-].

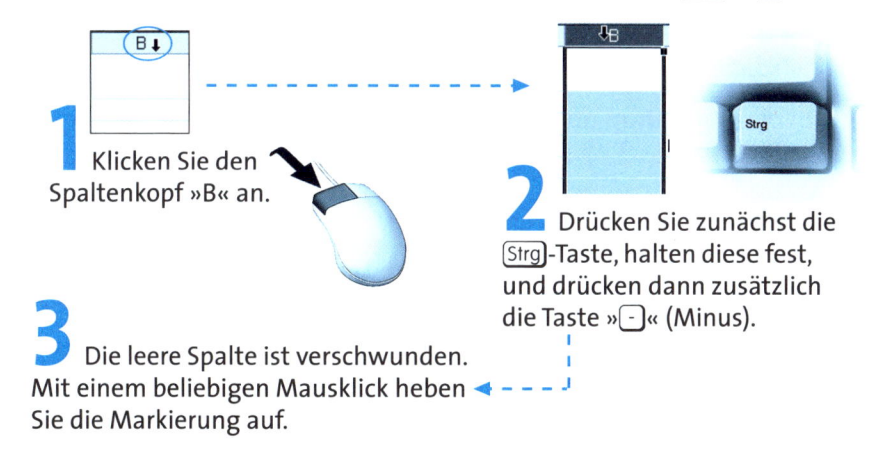

1 Klicken Sie den Spaltenkopf »B« an.

2 Drücken Sie zunächst die [Strg]-Taste, halten diese fest, und drücken dann zusätzlich die Taste »[-]« (Minus).

3 Die leere Spalte ist verschwunden. Mit einem beliebigen Mausklick heben Sie die Markierung auf.

Natürlich können Sie anstatt Spalten zu entfernen auch welche hinzufügen. Dazu drücken Sie die Tastenkombination [Strg] + [+] oder wählen die Menüoption EINFÜGEN|SPALTEN.

ZELLEN VERSCHIEBEN

HINWEIS: Nur wenn der Mauszeiger im Arbeitsblatt als Pfeil erscheint, ist die Drag&Drop-Methode durchführbar.

Positionieren Sie dagegen den Mauszeiger auf eine **Linie** des schwarzen Eingabekastens, ändert sich sein Aussehen.

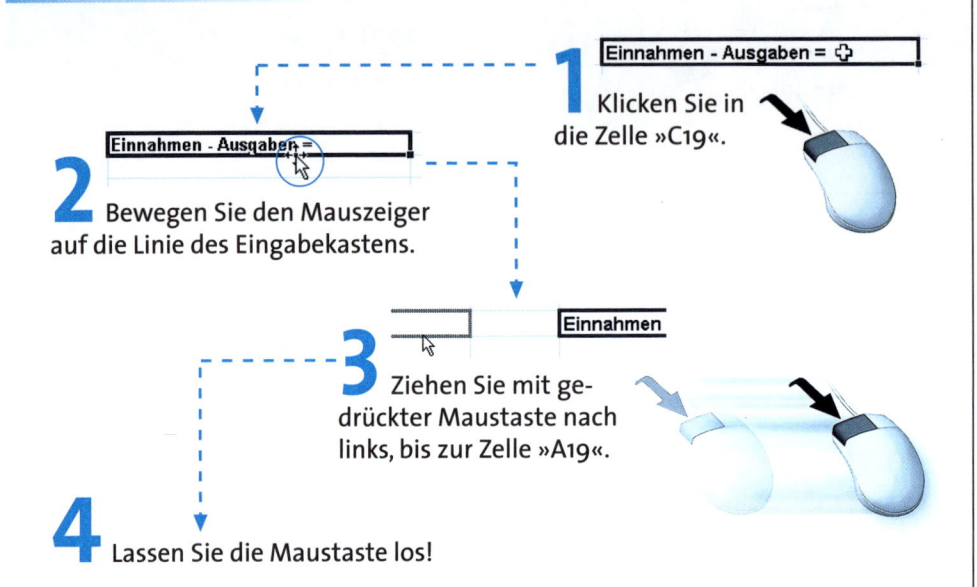

1 Klicken Sie in die Zelle »C19«.

2 Bewegen Sie den Mauszeiger auf die Linie des Eingabekastens.

3 Ziehen Sie mit gedrückter Maustaste nach links, bis zur Zelle »A19«.

4 Lassen Sie die Maustaste los!

Haben Sie als Anfänger Schwierigkeiten mit der Drag&Drop-Methode, bietet sich dazu eine Alternative an.

Anstelle von Drag&Drop nutzen Sie die Schaltfläche mit der **Schere** (=*Ausschneiden*)! Sie schneiden etwas aus, das Original verschwindet zunächst und wird an einer anderen Stelle wieder eingefügt.

1 Klicken Sie in die Zelle »D19«.

2 Aktivieren Sie über die Schaltfläche *Ausschneiden* die Funktion.

Das Ergebnis: Excel umrandet die Zelle mit einer gestrichelten Linie.

Ihr Erfolgsbarometer

Das können Sie schon:

Die Spaltenbreite ändern	52
Texte hervorheben	63
Formate übertragen	67
Zellen verschieben	72
Spalten entfernen oder einfügen	74
Zeilen entfernen oder einfügen	75
Mit Zahlen rechnen	52
Die Schaltfläche »AutoSumme«	56

Das lernen Sie neu:

Eine Kalkulation speichern	78
Änderungen speichern	82
Speichern oder Speichern unter … ?	83
Auf einer Diskette speichern	86
Die Seitenansicht	89
Das Ausdrucken einer Kalkulation	91
Die Ansicht »»Ganzer Bildschirm«	92
Die Gitternetzlinien ein- und ausblenden	93

Eine Kalkulation speichern

Sicherlich möchten Sie Ihre Arbeit in Ihrem Computer festhalten, um damit zu einem späteren Zeitpunkt weiterzuarbeiten.

Die Titelleiste

In der Titelleiste wird angegeben, in welcher **Arbeitsmappe** Sie sich gerade befinden.

> **WAS IST DAS**
> In Excel bezeichnet man die Blätter, die Sie bearbeiten, als **Arbeitsmappe**.

Stellen Sie sich eine Arbeitsmappe wie einen Aktenordner zum Abheften einzelner Blätter vor. In Excel 2002 arbeiten Sie ebenfalls mit Blättern.

Den Aktenordner können Sie mit einem Namen beschriften. In Excel wäre das eine Arbeitsmappe **speichern**.

Das Wort **Mappe** in der Titelleiste bedeutet, dass noch nicht gespeichert wurde. Es ist also ein Name, der von Excel automatisch vergeben wird.

Die Zahl **1** hinter dem Ausdruck »Mappe« sagt Ihnen, dass Sie gerade Ihre **erste** Arbeitsmappe auf dem Bildschirm bearbeiten.

Ein Beispiel aus der Praxis:

Praxis	Ausdrücke in Excel
Aktenordner	Arbeitsmappe
Ein Blatt im Aktenordner	Blatt
Ein unbeschrifteter Aktenordner	Ungespeichert, mit dem Ausdruck »Mappe« versehen
Ein beschrifteter Aktenordner	Gespeichert, mit einem Namen versehen

Die Kalkulation im Computer aufbewahren

Um eine Kalkulation endgültig auf der Festplatte Ihres Computers abzulegen, **speichern** Sie die Arbeitsmappe ab.

HINWEIS: Haben Sie noch das »Haushaltsbudget« aus Kapitel 4 auf Ihrem Bildschirm? Wenn nicht, geben Sie in einer Zelle beliebig etwas ein. Ihnen soll die Funktion Speichern verdeutlicht werden.

Haushaltsbudget

	Einnahmen	
Nettogehalt		5000
Mieteinnahmen		1000
Zinserträge		50
Summe der Einnahmen		6050
	Ausgaben	
Miete, Strom		1600
Telefon		450

Zum besseren Verständnis ein Beispiel:

Praxis im Büroalltag	Excel
Die Akte »Kalkulation« beschriften	Den Dateinamen vergeben
Die Akte im Aktenschrank ablegen	Den Speicherort angeben
Den Aktenschrank abschließen	Excel beenden

Sie können zum **Speichern** die Schaltfläche mit dem Diskettensymbol anklicken oder die Menüoption DATEI|SPEICHERN wählen.

1 Klicken Sie die Schaltfläche *Speichern* an.

2 Das Dialogfeld *Speichern unter* wird geöffnet.

WAS IST DAS

Datei = Alles, was Sie mit einem Windows-Programm wie Excel oder Word erstellen und abspeichern, wird zu einer Datei.

Bei *Dateiname* legen Sie den **Namen** fest, unter dem die Arbeitsmappe abgelegt werden soll (wie das Beschriften eines Aktenordners).

Excel schlägt automatisch den Namen »Mappe1« vor.

ACHTUNG

Der Name »Mappe1« sollte – falls Sie nichts anderes getan haben – von Excel noch markiert sein. Sie können ihn daher einfach überschreiben.

Sollte der Ausdruck »Mappe1« **nicht markiert** sein, klicken Sie mit der linken Maustaste doppelt auf den Ausdruck. Er ist dann markiert und Sie können ihn überschreiben.

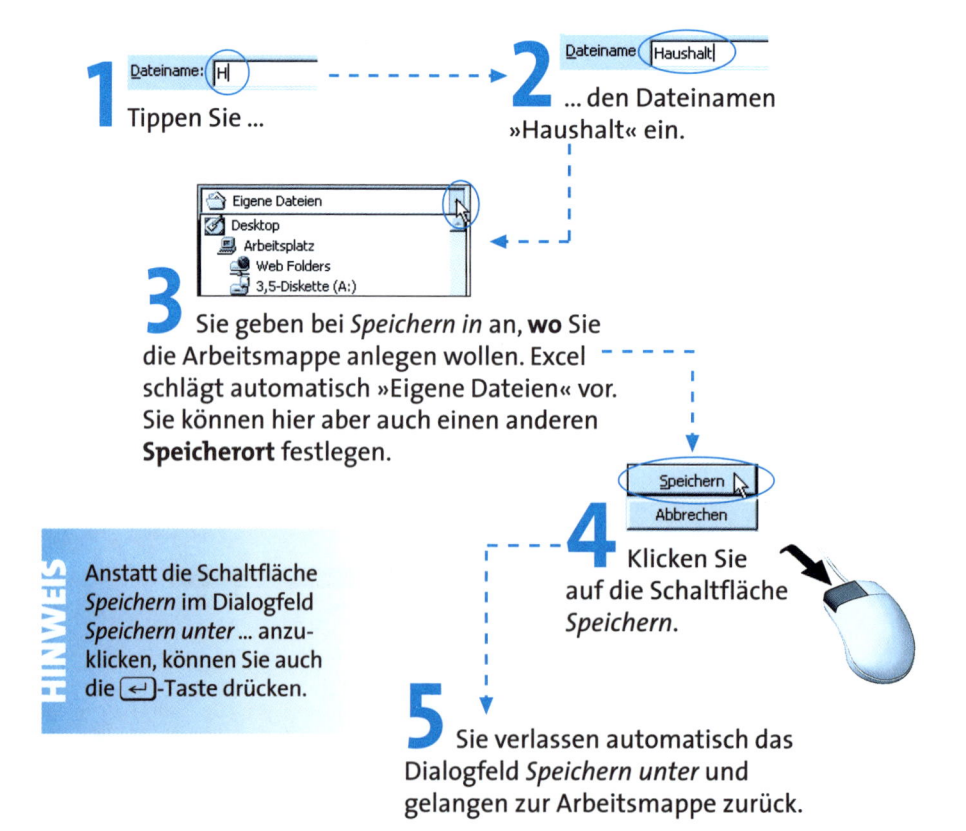

1 Tippen Sie ...

2 ... den Dateinamen »Haushalt« ein.

3 Sie geben bei *Speichern in* an, **wo** Sie die Arbeitsmappe anlegen wollen. Excel schlägt automatisch »Eigene Dateien« vor. Sie können hier aber auch einen anderen **Speicherort** festlegen.

4 Klicken Sie auf die Schaltfläche *Speichern*.

HINWEIS

Anstatt die Schaltfläche *Speichern* im Dialogfeld *Speichern unter ...* anzuklicken, können Sie auch die ⏎-Taste drücken.

5 Sie verlassen automatisch das Dialogfeld *Speichern unter* und gelangen zur Arbeitsmappe zurück.

Eine Kalkulation speichern

Sehen Sie ganz nach oben auf Ihren Bildschirm! Sie erkennen in der Titelleiste den Namen »Haushalt«.

Microsoft Excel - Haushalt

Die entsprechenden Angaben befinden sich von nun an in dieser Arbeitsmappe.

HINWEIS Um ins Dialogfeld *Speichern unter* zu gelangen, können Sie den Menübefehl DATEI|SPEICHERN UNTER wählen oder die Taste F12 drücken.

Im Dialogfeld *Speichern unter* erhalten Sie noch weitere Informationen.

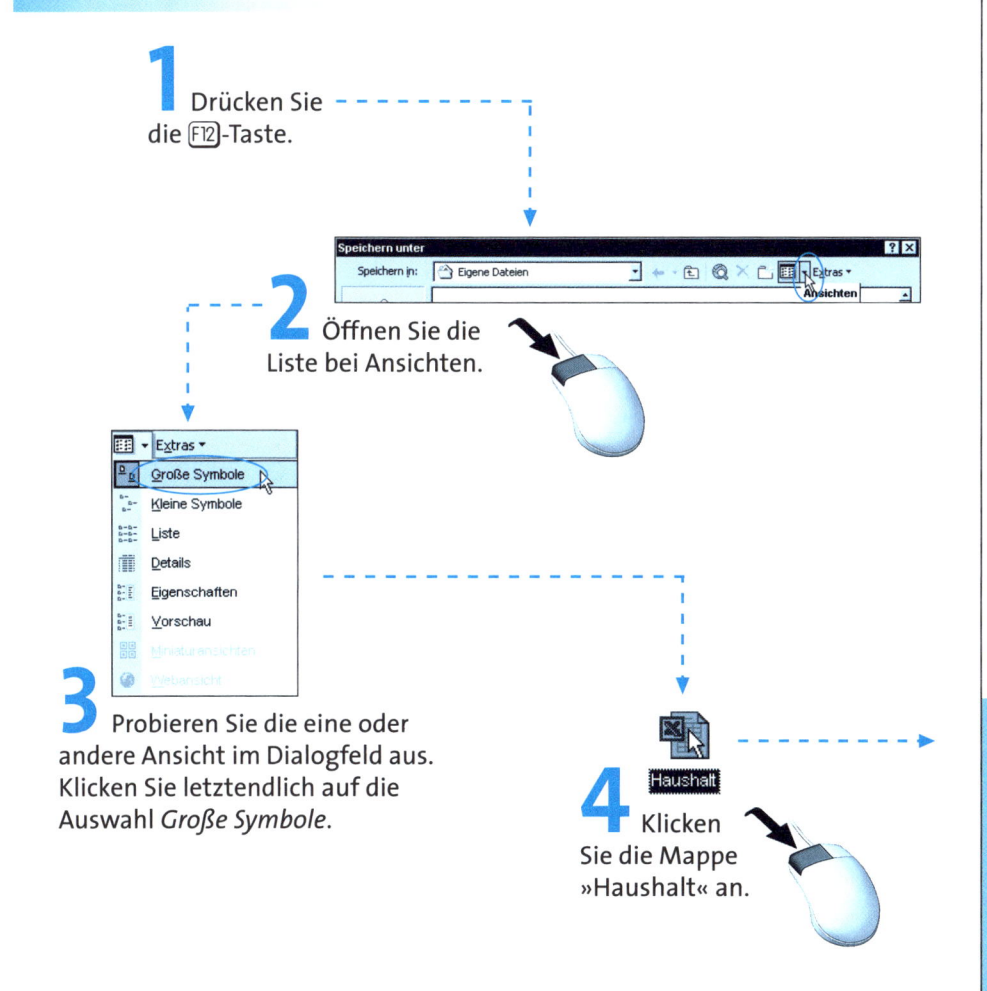

1 Drücken Sie die F12-Taste.

2 Öffnen Sie die Liste bei Ansichten.

3 Probieren Sie die eine oder andere Ansicht im Dialogfeld aus. Klicken Sie letztendlich auf die Auswahl *Große Symbole*.

4 Klicken Sie die Mappe »Haushalt« an.

81

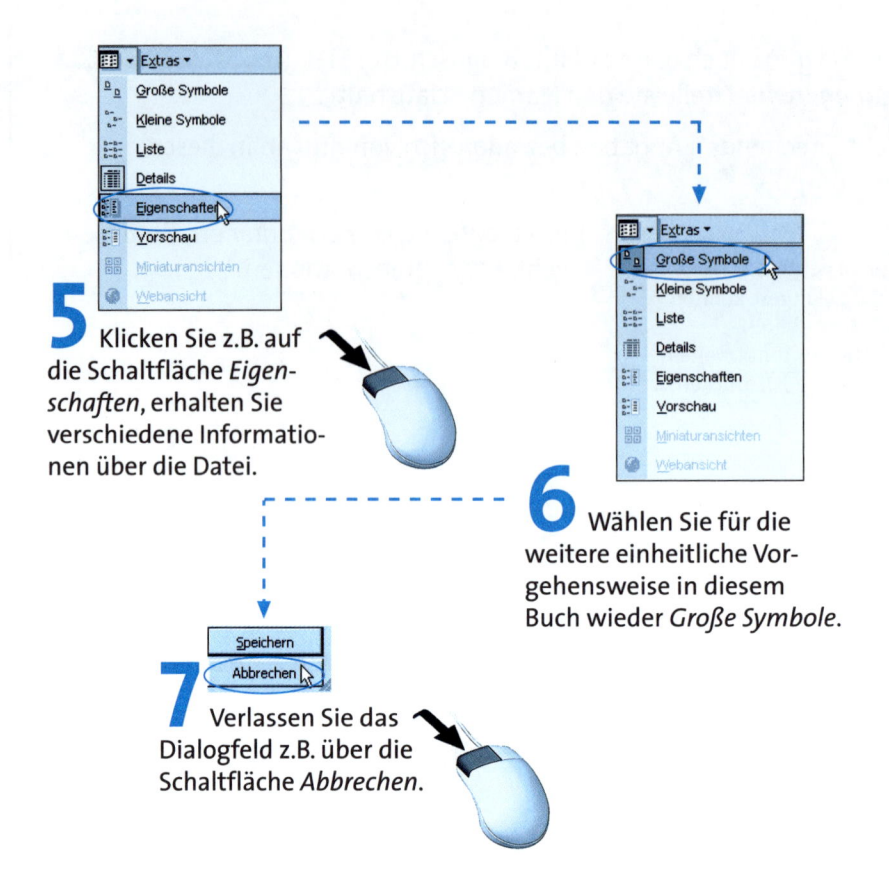

5 Klicken Sie z.B. auf die Schaltfläche *Eigenschaften*, erhalten Sie verschiedene Informationen über die Datei.

6 Wählen Sie für die weitere einheitliche Vorgehensweise in diesem Buch wieder *Große Symbole*.

7 Verlassen Sie das Dialogfeld z.B. über die Schaltfläche *Abbrechen*.

Änderungen speichern

Doch was geschieht, wenn Sie die Daten in der Arbeitsmappe umändern?

HINWEIS Sollten Sie Excel beenden, fragt das Programm, ob Sie die Änderungen speichern wollen.

Möchten Sie jedoch mit Excel weiterarbeiten, reicht ein Klick auf die Schaltfläche *Speichern* aus.

1 Klicken Sie in die Zelle »B5«.

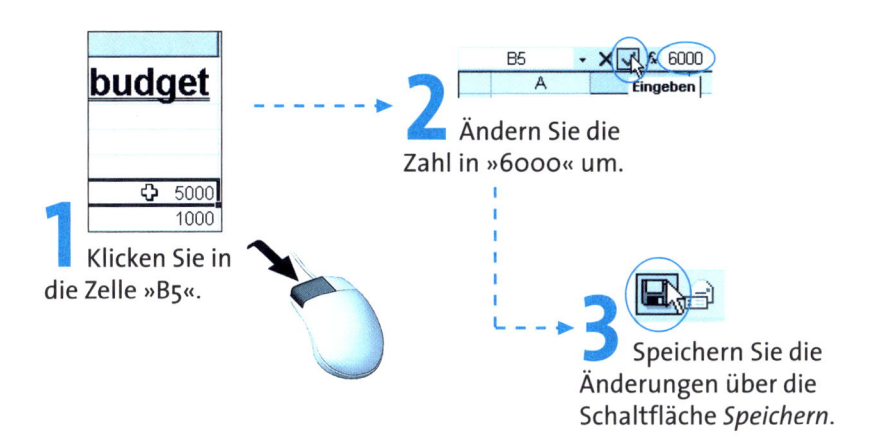

2 Ändern Sie die Zahl in »6000« um.

3 Speichern Sie die Änderungen über die Schaltfläche *Speichern*.

Die Änderung der Zahl »5000« in »6000« in Zelle »B5« wurde von Excel gespeichert.

Speichern oder Speichern unter ... ?

... das ist hier die Frage. Worin besteht der Unterschied zwischen *Speichern* und dem Menübefehl DATEI|SPEICHERN UNTER ...?

> **HINWEIS**
>
> Im Menü DATEI erkennen Sie noch zwei weitere Möglichkeiten der Speicherung: ALS WEBSEITE SPEICHERN und AUFGABENBEREICH SPEICHERN.

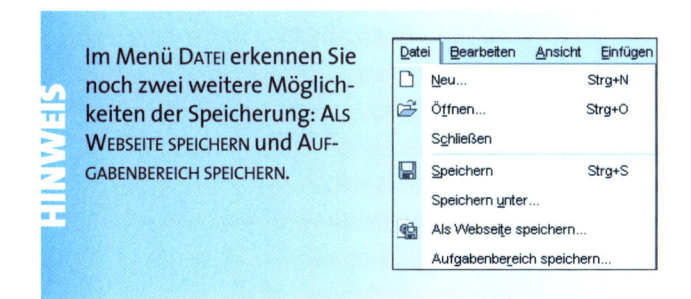

Als Webseite speichern ...

Klicken Sie im Menü DATEI auf den Eintrag ALS WEBSEITE SPEICHERN und geben Sie an, ob die gesamte Arbeitsmappe oder die Tabelle veröffentlicht werden soll. Eine **Webseite** ist eine Inhaltsseite, die im World Wide Web (Internet) veröffentlicht werden kann. Das Internet ist ein offenes System. Jeder kann mitmachen. Unzählige Computersysteme auf der ganzen Welt sind zusammengeschlossen.

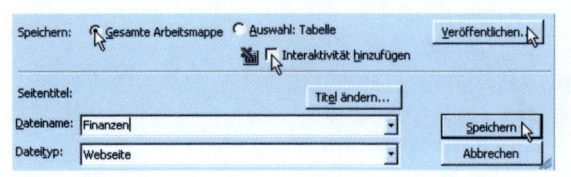

Aktivieren Sie das Kontrollkästchen *Interaktivität hinzufügen*, können z.B. Berechnungen durchgeführt werden. Über die Menüoption DATEI|WEBSEITENVORSCHAU können Sie sich zuvor die Datei als Webseite ansehen.

Aufgabenbereich speichern ...

WAS IST DAS
In einer **Arbeitsbereichsdatei** speichern Sie alle aktuellen Arbeitsmappen, die gleichzeitig auf dem Bildschirm geöffnet sind.

Über den Menübefehl DATEI|AUFGABENBEREICH SPEICHERN legen Sie eine Arbeitsbereichsdatei an.

Speichern

Ändern Sie eine Arbeitsmappe und speichern diese, sind die ursprünglichen Angaben verschwunden bzw. neue hinzugekommen.

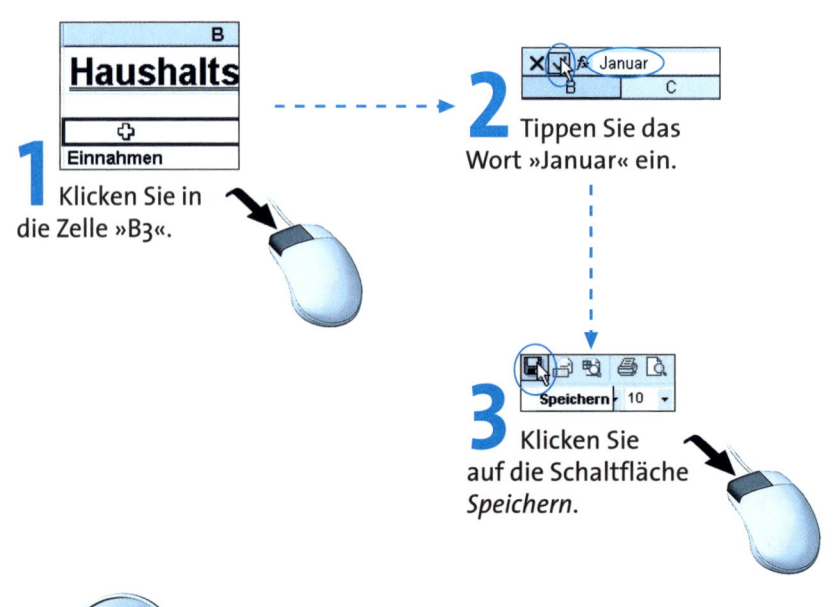

1 Klicken Sie in die Zelle »B3«.

2 Tippen Sie das Wort »Januar« ein.

3 Klicken Sie auf die Schaltfläche *Speichern*.

84

Speichern unter …

Die Änderung bleibt von nun an in der Arbeitsmappe »Haushalt«. Doch wozu ist der Menübefehl DATEI|SPEICHERN UNTER da?

Beispiel:

Sie möchten für den Monat Februar ebenfalls ein Haushaltsbudget erstellen. Die erste Kalkulation soll erhalten bleiben, die zweite separat gespeichert werden.

(Zur Vereinfachung: Die Zahlen der Kalkulation haben sich nicht geändert!)

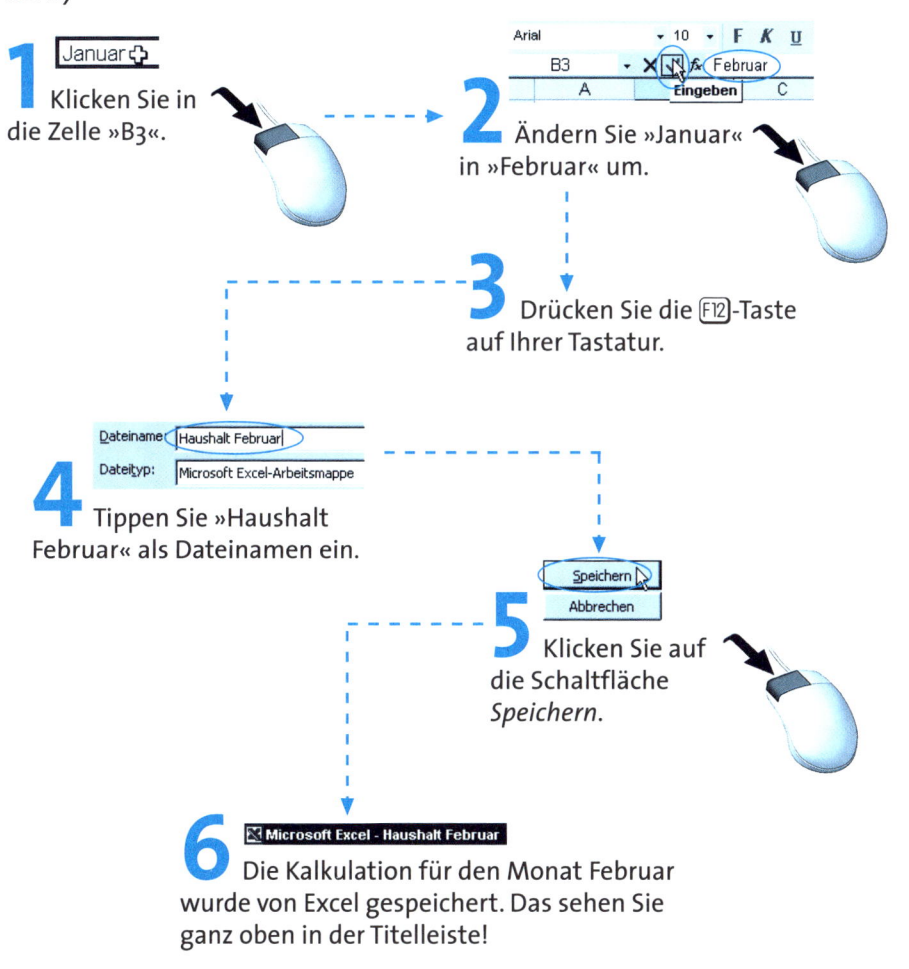

1 Klicken Sie in die Zelle »B3«.

2 Ändern Sie »Januar« in »Februar« um.

3 Drücken Sie die [F12]-Taste auf Ihrer Tastatur.

4 Tippen Sie »Haushalt Februar« als Dateinamen ein.

5 Klicken Sie auf die Schaltfläche *Speichern*.

6 Die Kalkulation für den Monat Februar wurde von Excel gespeichert. Das sehen Sie ganz oben in der Titelleiste!

WAS IST DAS Die Festplatte ist in der Regel ein in dem Computer eingebautes Speichermedium, das es erlaubt, größere Datenmengen auch dann zu verwahren, wenn der Computer nicht mehr mit Strom versorgt wird.

Die Kalkulationen »Haushalt« und »Haushalt Februar« befinden sich auf der Festplatte in Ihrem Rechner.

Auf einer Diskette speichern

Gelegentlich kann es vorkommen, dass Sie Ihre Kalkulation auf einer Diskette speichern möchten oder müssen, weil Sie die Datei auf einem anderen Computer verwenden möchten oder aus Gründen der Sicherheit.

WAS IST DAS Disketten können mit Hilfe eines Diskettenlaufwerks Daten aufnehmen, dauerhaft speichern und bei Bedarf wieder von unterschiedlichen Computern gelesen werden.

Das gängige Maß für Disketten ist 3,5 Zoll. Die vordere Seite wird immer beschriftet. Disketten verfügen über eine Möglichkeit des Schreibschutzes. Ist der kleine schwarze Schalter auf der Rückseite in der oberen Position, so kann man nur von der Diskette lesen und sie nicht überschreiben.

Da Sie in dem Beispiel die Kalkulation auf Diskette speichern möchten, belassen Sie den Schalter in der unteren Position.

ACHTUNG Schieben Sie nie eine Diskette mit Gewalt in ein Diskettenlaufwerk!

Auf der Vorderseite finden Sie einen Pfeil. Genau in dieser Richtung legen Sie die Diskette in das Diskettenlaufwerk Ihres Computers ein.

Auf einer Diskette speichern

1 Schieben Sie die Diskette in das Laufwerk Ihres Computers, bis sie »einrastet«.

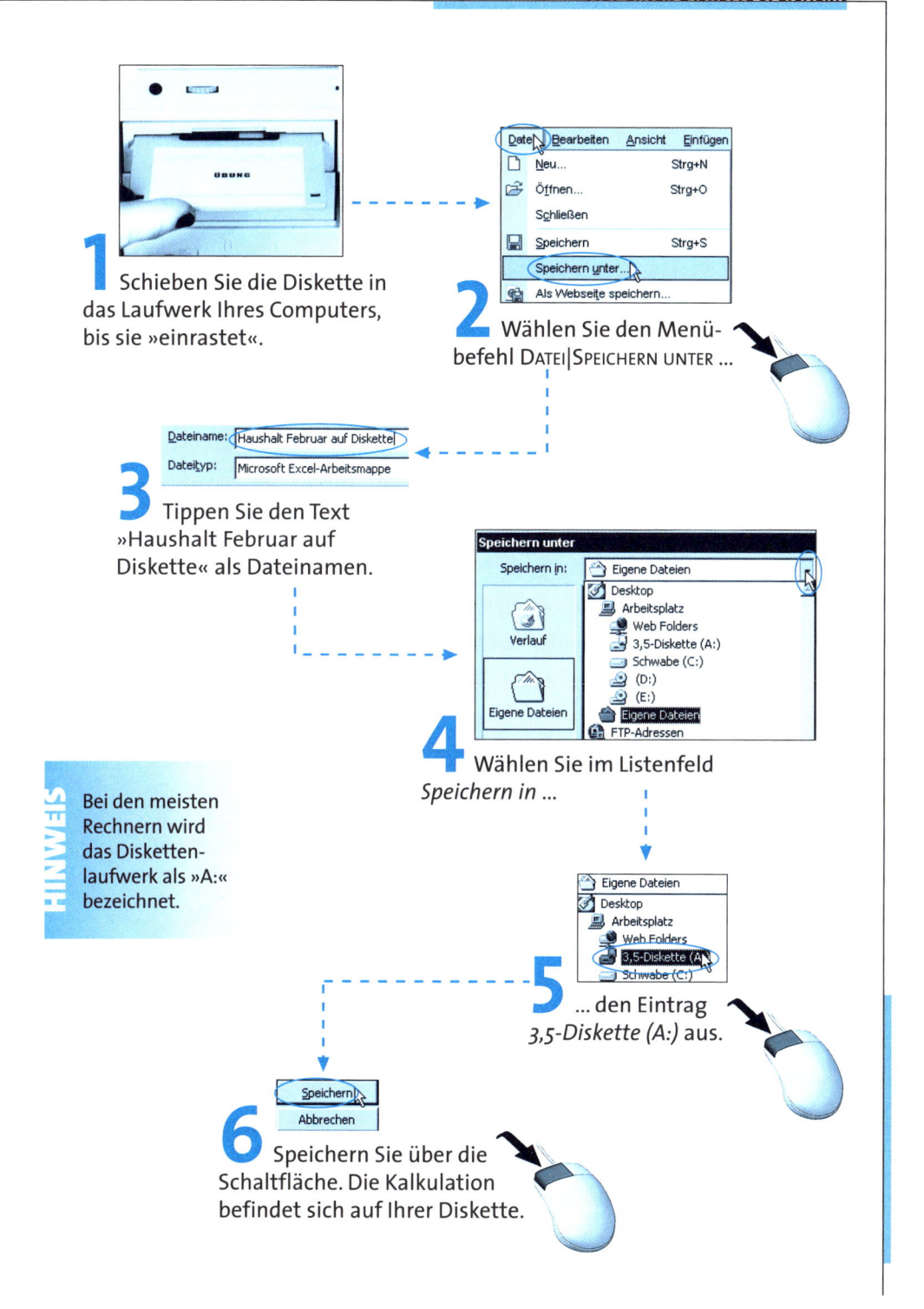

2 Wählen Sie den Menübefehl Datei|Speichern unter ...

3 Tippen Sie den Text »Haushalt Februar auf Diskette« als Dateinamen.

4 Wählen Sie im Listenfeld *Speichern in* ...

HINWEIS Bei den meisten Rechnern wird das Diskettenlaufwerk als »A:« bezeichnet.

5 ... den Eintrag *3,5-Diskette (A:)* aus.

6 Speichern Sie über die Schaltfläche. Die Kalkulation befindet sich auf Ihrer Diskette.

87

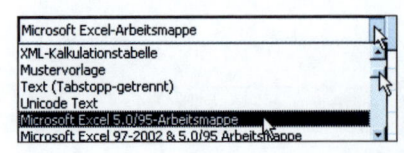

Möchten Sie eine Kalkulation für jemanden auf einer Diskette speichern, der lediglich über eine **ältere Version** von Excel auf seinem Computer verfügt, können Sie das im Dialogfeld *Speichern unter* unter *Dateityp* angeben.

Wie Sie die Kalkulation von der Diskette wieder öffnen, erfahren Sie im nächsten Kapitel »Berechnungen wieder verwenden, sichern und löschen«!

Die Seitenumbruch-Vorschau

WAS IST DAS
Seitenumbruch ist ein anderer Ausdruck für Seitenwechsel. Excel zeigt an, welche Daten auf welcher Seite stehen und aus **wie vielen Seiten** die Kalkulation besteht.

Bevor Sie eine Kalkulation ausdrucken, sollten Sie den Ausdruck auf seine Korrektheit hin zuerst am Bildschirm prüfen. Unter der Menüoption ANSICHT|SEITENUMBRUCHVORSCHAU wird eine Kalkulation auf **Druckseiten** verkleinert. Hier könnten Sie auch Änderungen vornehmen.

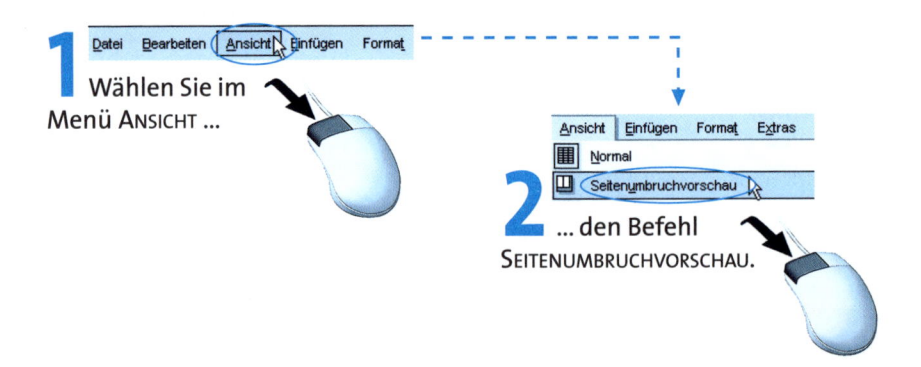

1 Wählen Sie im Menü ANSICHT ...

2 ... den Befehl SEITENUMBRUCHVORSCHAU.

Das ist Ihre Entscheidung! Um das Dialogfeld zukünftig zu unterdrücken, schalten Sie das Kontrollkästchen an und bestätigen über die Schaltfläche *OK*.

Wollen Sie den Hinweis weiter einblenden, klicken Sie direkt auf die Schaltfläche *OK*.

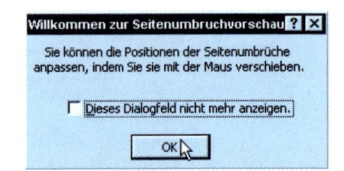

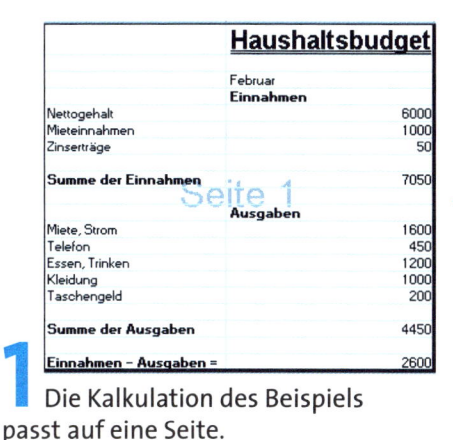

1 Die Kalkulation des Beispiels passt auf eine Seite.

2 Klicken Sie im Menü ANSICHT auf den Befehl NORMAL.

Die Seitenansicht

Bevor Sie Ihre Kalkulation ausdrucken, sollten Sie diese auch in der Seitenansicht überprüfen. Denn immerhin könnte es sein, dass Sie noch etwas am Erscheinungsbild ändern möchten.

Sie finden die Seitenansicht unter dem gleichnamigen Befehl im Menü DATEI. Noch schneller geht es über die Schaltfläche in der *Standard*-Symbolleiste.

ACHTUNG In der Seitenansicht können Sie keine Eingaben durchführen.

Ein Klick und Sie befinden sich in der **Seitenansicht**, also in der **Vorschau** für den späteren Druck

Eine Lupe als Mauszeiger erscheint auf dem Bildschirm. Mit der Lupe vergrößern und verkleinern Sie die **Ansicht** der Kalkulation. Am späteren Ausdruck ändert sich dadurch nichts.

Durch Drücken der [Esc]-Taste oder über die Schaltfläche *Schließen* kehren Sie wieder zur ursprünglichen Arbeitsmappe zurück.

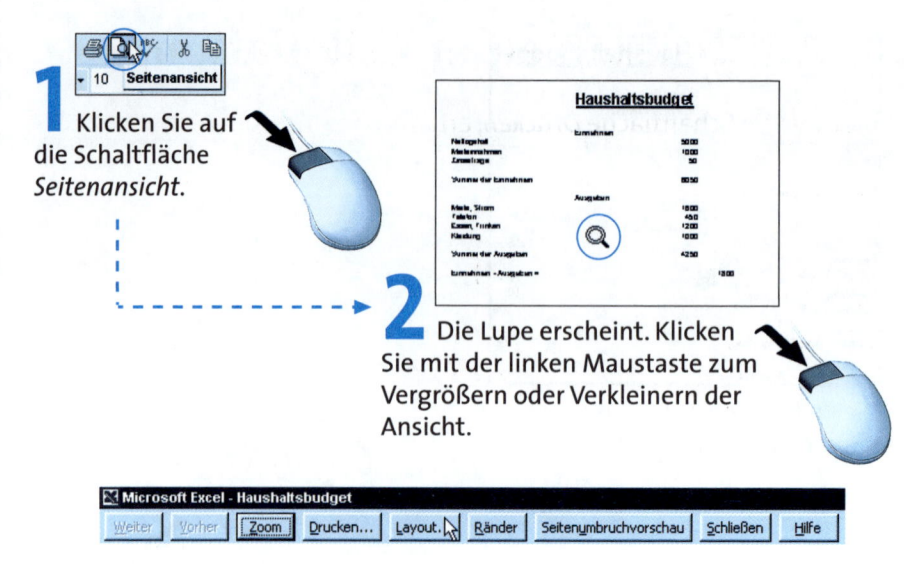

1 Klicken Sie auf die Schaltfläche *Seitenansicht*.

2 Die Lupe erscheint. Klicken Sie mit der linken Maustaste zum Vergrößern oder Verkleinern der Ansicht.

Die Schaltflächen innerhalb der Seitenansicht sprechen für sich. Die jeweiligen Funktionen sind selbsterklärend.

So gelangen Sie über die Schaltfläche *Layout* in das Dialogfeld *Seite einrichten*.

Hier können Sie das Layout entsprechend in den Registerkarten spezifizieren. Über die Menüoption DATEI|SEITE EINRICHTEN gelangen Sie auch in dieses Dialogfeld. Über die Schaltflächen *OK* und/oder *Abbrechen* verlassen Sie das Dialogfeld wieder.

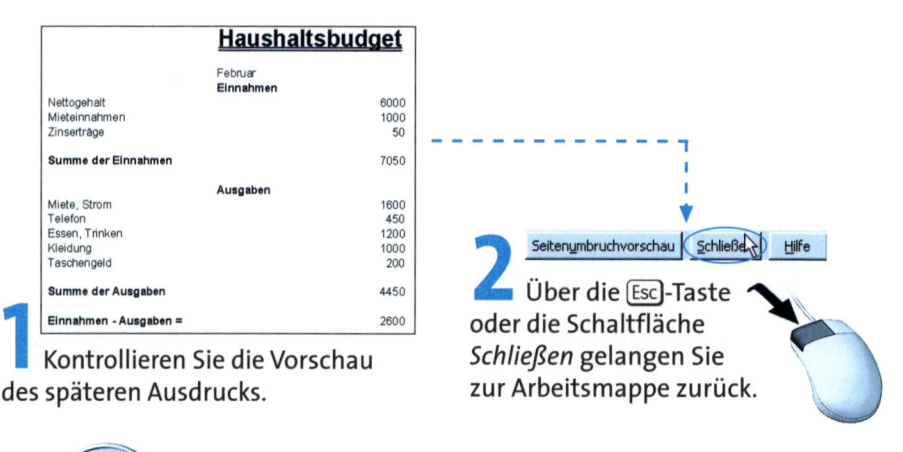

1 Kontrollieren Sie die Vorschau des späteren Ausdrucks.

2 Über die [Esc]-Taste oder die Schaltfläche *Schließen* gelangen Sie zur Arbeitsmappe zurück.

Das Ausdrucken einer Kalkulation

Wählen Sie die Schaltfläche *Drucken*, erhalten Sie Ihre Kalkulation schwarz auf weiß.

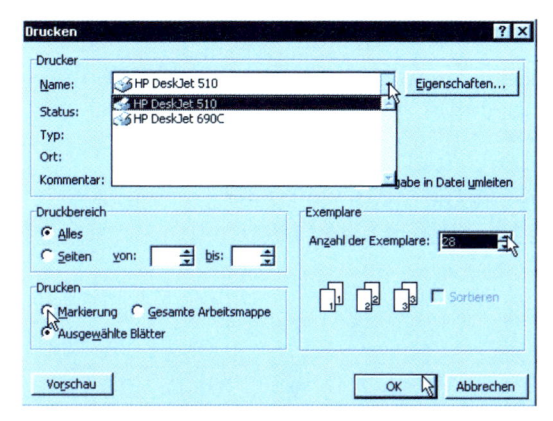

1 Wählen Sie die Schaltfläche *Drucken*.

2 Pro **Klick** wird das Blatt **einmal** ausgedruckt.

Für den Ausdruck steht Ihnen zusätzlich der Menübefehl DATEI|DRUCKEN zur Verfügung.

Hier können Sie noch weitere Angaben detaillieren. So lässt sich festlegen, **wie viele Exemplare** Sie von Ihrer Kalkulation wünschen oder auf welchem Drucker die Ausgabe erfolgen soll, falls Sie beispielsweise über einen Schwarzweiß- und einen Farbdrucker verfügen. Markieren Sie Zellen, werden nur diese gedruckt, wenn Sie *Markierung* aktivieren.

Der Druckbereich

Die Funktion Druckbereich ist eine weitere spezielle Angabe des Ausdrucks. Möchten Sie nur eines bestimmten (Zell-)**Bereich** innerhalb eine Arbeitsblattes ausdrucken, steht Ihnen der Menüpunkt DATEI|DRUCKBEREICH|DRUCKBEREICH FESTLEGEN zur Verfügung. Markieren Sie den Zellbereich der Tabelle, den Sie ausdrucken möchten.

Wählen Sie mehrere auseinander liegende Bereiche mit Hilfe der [Strg]-Taste aus. Halten Sie dazu die Taste gedrückt, während Sie mit der Maus über die zu markierenden Zellen fahren.

Der Druckbereich wird festgelegt. Das erkennen Sie an dem gestrichelten Rahmen auf dem Bildschirm. Beim nächsten Ausdruck wird nur dieser Bereich gedruckt.

	Einnahmen
Nettogehalt	5000
Mieteinnahmen	1000
Zinserträge	50
Summe der Einnahmen	6050
	Ausgaben
Miete, Strom	1600
Telefon	450
Essen, Trinken	1200
Kleidung	1000

Soll später die gesamte Tabelle ausgedruckt werden, wählen Sie den Menübefehl DATEI|DRUCKBEREICH|DRUCKBEREICH AUFHEBEN.

Die Ansicht »Ganzer Bildschirm«

Gelegentlich mangelt es dem Bildschirmausschnitt in Excel an der Übersichtlichkeit. Eine Möglichkeit bietet die Ansicht **Ganzer Bildschirm**. Sie finden diesen Befehl im Menü ANSICHT.

Aktivieren Sie den entsprechenden Befehl, wird der Bildschirmausschnitt des Arbeitsblattes größer. Die Symbolleisten verschwinden erst einmal vom Bildschirm. Die Menüleiste bleibt bestehen.

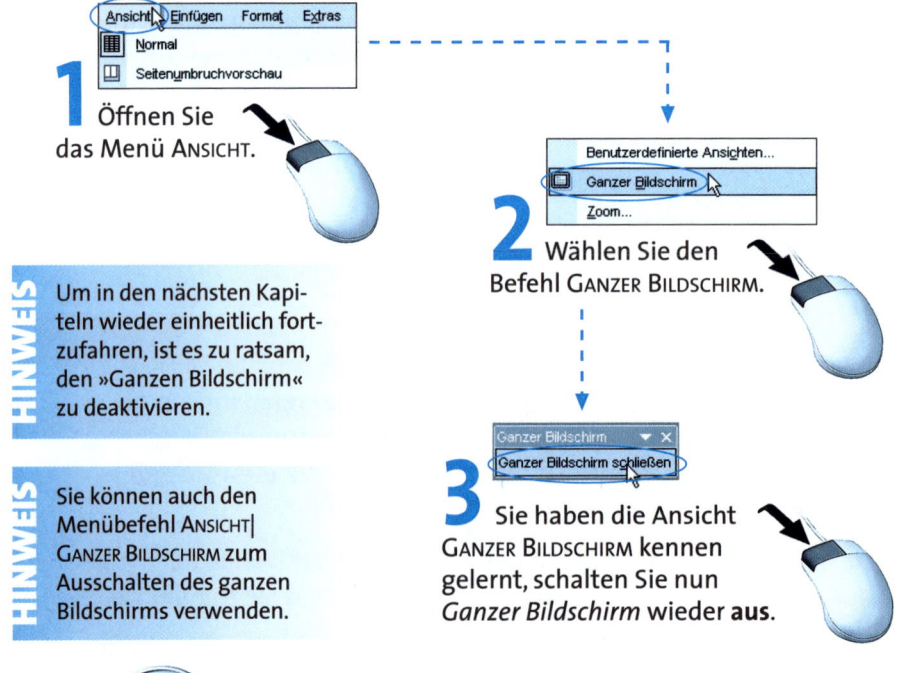

1 Öffnen Sie das Menü ANSICHT.

2 Wählen Sie den Befehl GANZER BILDSCHIRM.

3 Sie haben die Ansicht GANZER BILDSCHIRM kennen gelernt, schalten Sie nun *Ganzer Bildschirm* wieder **aus**.

HINWEIS Um in den nächsten Kapiteln wieder einheitlich fortzufahren, ist es zu ratsam, den »Ganzen Bildschirm« zu deaktivieren.

HINWEIS Sie können auch den Menübefehl ANSICHT|GANZER BILDSCHIRM zum Ausschalten des ganzen Bildschirms verwenden.

Die Gitternetzlinien ein- und ausblenden

Wen es stört, der kann die Gitternetzlinien in Excel ausblenden. Beim Ausdruck erscheinen sie sowieso nicht! Doch es gibt immer wieder Leute, die nicht gerne hinter Gittern sind.

Sie erhalten im Arbeitsblatt eine weiße Fläche. Die Zellen sind zwar nicht zu sehen, aber sie sind immer noch da. Im Arbeitsblatt können Sie »ganz normal« weiterarbeiten.

Sie aktivieren nach Auswahl des Menübefehls EXTRAS|OPTIONEN die Registerkarte *Ansicht*. Bei *Fensteroptionen* deaktivieren Sie die Gitternetzlinien. Auf gleiche Art und Weise blenden Sie diese wieder ein.

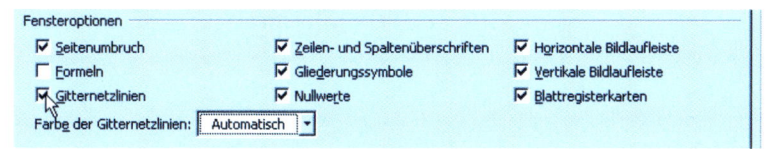

Hier legen Sie weitere Optionen für Ihr Excel-Fenster fest. Die meisten sind bereits per Häkchen aktiviert. Sollte bei Ihnen die eine oder andere Fensteroption nicht vorhanden sein, liegen Sie mit dieser Registerkarte richtig.

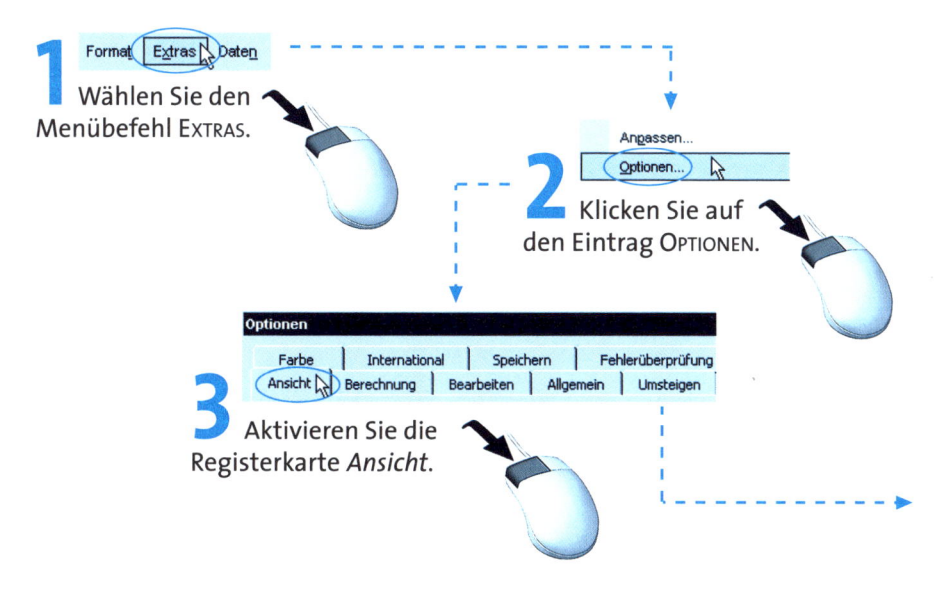

1 Wählen Sie den Menübefehl EXTRAS.

2 Klicken Sie auf den Eintrag OPTIONEN.

3 Aktivieren Sie die Registerkarte *Ansicht*.

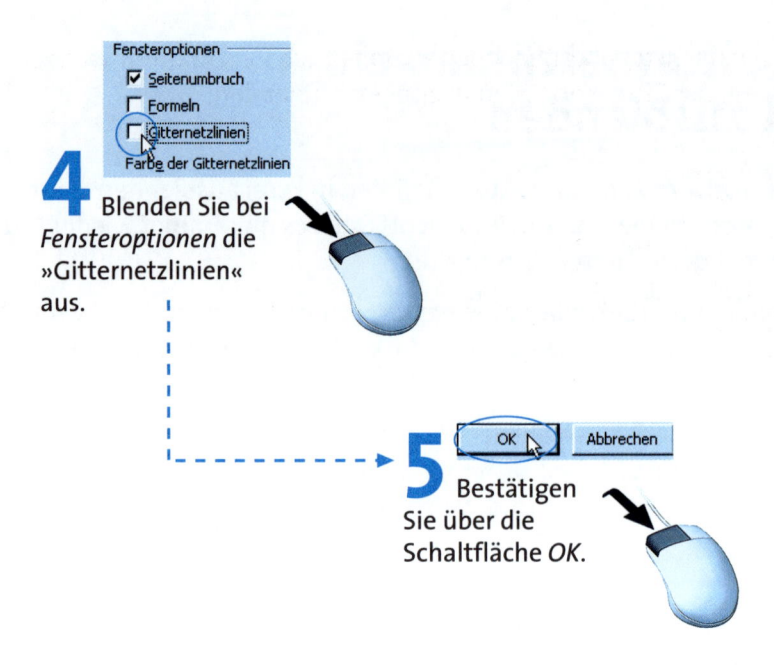

4 Blenden Sie bei *Fensteroptionen* die »Gitternetzlinien« aus.

5 Bestätigen Sie über die Schaltfläche *OK*.

Das Arbeitsblatt sieht ohne die Gitternetzlinien ein wenig ungewohnt aus. Eine Einschränkung in der Handhabung besteht dadurch aber nicht. Alles, was Sie im EASY-Buch kennen lernten bzw. noch kennen lernen werden, können Sie wie gewohnt ausführen.

Sie müssen nun selbst entscheiden, ob Sie lieber mit oder ohne arbeiten!

HINWEIS
Für den Excel-Einsteiger ist es sicherlich leichter, mit den **Gitternetzlinien** zu arbeiten.

Die Gitternetzlinien ein- und ausblenden

Um in den nächsten Kapiteln wieder einheitlich fortzufahren, ist es zu empfehlen, die Gitternetzlinien wieder einzublenden.

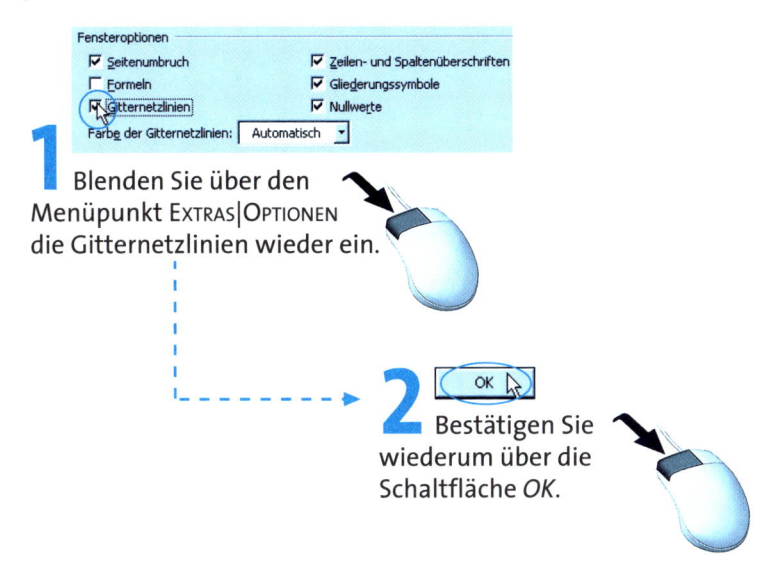

1 Blenden Sie über den Menüpunkt EXTRAS|OPTIONEN die Gitternetzlinien wieder ein.

2 Bestätigen Sie wiederum über die Schaltfläche *OK*.

HINWEIS: Sollten Sie den Computer ausschalten, denken Sie daran, die Diskette herauszunehmen!

Beenden Sie Excel! Ihre Arbeitsmappen sind gespeichert. Im nächsten Kapitel lernen Sie, wie man auf gespeicherte Kalkulationen wieder zurückgreift.

6 Kalkulationen wieder verwenden, sichern und löschen

Was bringt Ihnen dieses Kapitel?

Sie möchten mit Ihrer Arbeit von gestern, letzter Woche, letztem Jahr heute weitermachen? Im letzten Kapitel lernten Sie das Aufbewahren – Speichern – von Kalkulationen kennen. Doch wie erhalten Sie diese auf Ihren Bildschirm zurück?

In diesem Kapitel lernen Sie das Wiederbekommen – Öffnen – von bereits vorhandenen Berechnungen kennen.

Der PC als Panzerschrank: Damit keine Unbefugten Zugriff auf Ihre persönlichen Daten erhalten, schützen Sie diese. Ist eine Kalkulation überflüssig geworden, wird sie gelöscht, aber wie?

Ihr Erfolgsbarometer

Das können Sie schon:

Eine Kalkulation speichern	78
Das Ausdrucken einer Kalkulation	91
Die Spaltenbreite ändern	62
Texte hervorheben	63
Formate übertragen	67
Zellen verschieben	72
Spalten entfernen oder einfügen	74
Zeilen entfernen oder einfügen	75
Mit Zahlen rechnen	52

Das lernen Sie neu:

Kalkulationen öffnen	98
Öffnen über den Aufgabenbereich	102
Daten vor fremden Zugriffen schützen	103
Kalkulationen löschen	108
Kalkulationen umbenennen	109

Kalkulationen öffnen

WAS IST DAS
Wenn Sie eine Kalkulation **wieder verwenden**, bezeichnet man das als **Öffnen**.

Um eine Kalkulation in Excel 2002 zu öffnen, muss sie zunächst (wie bereits im Kapitel 5 erläutert) gespeichert werden.

Danach haben Sie vielleicht das Programm beendet und es sind ein paar Stunden oder Tage ins Land gezogen.

Sie haben Excel neu gestartet und möchten nun mit einer gespeicherten Arbeitsmappe weiterarbeiten.

Zum besseren Verständnis nehmen wir ein Beispiel:

Praxis im Büroalltag	Excel
Einen Aktenschrank öffnen	Excel starten
Die Akte »Kalkulation« aufschlagen	Die Arbeitsmappe »Kalkulation« öffnen

Sie haben also bereits den Aktenschrank geöffnet und brauchen nur die Kalkulation herauszuholen.

Dazu klicken Sie in Excel die Schaltfläche *Öffnen* an oder wählen die Menüoption DATEI|ÖFFNEN. In beiden Fällen gelangen Sie in dasselbe Dialogfeld.

Beispiel

Sie möchten die Arbeitsmappe »Haushalt Februar auf Diskette«, die Sie im letzten Kapitel auf Diskette gespeichert haben, öffnen.

Bei *Suchen in* geben Sie an, **wo** Sie Ihre Arbeitsmappe gespeichert haben. Bei einer **Diskette** klicken Sie hier auf »3,5-Diskette (A:)«.

KALKULATIONEN ÖFFNEN

1 Schieben Sie die Diskette aus dem letzten Kapitel in das Diskettenlaufwerk Ihres Computers ein.

2 Wählen Sie die Schaltfläche *Öffnen*.

3 Geben Sie bei *Suchen in* ...

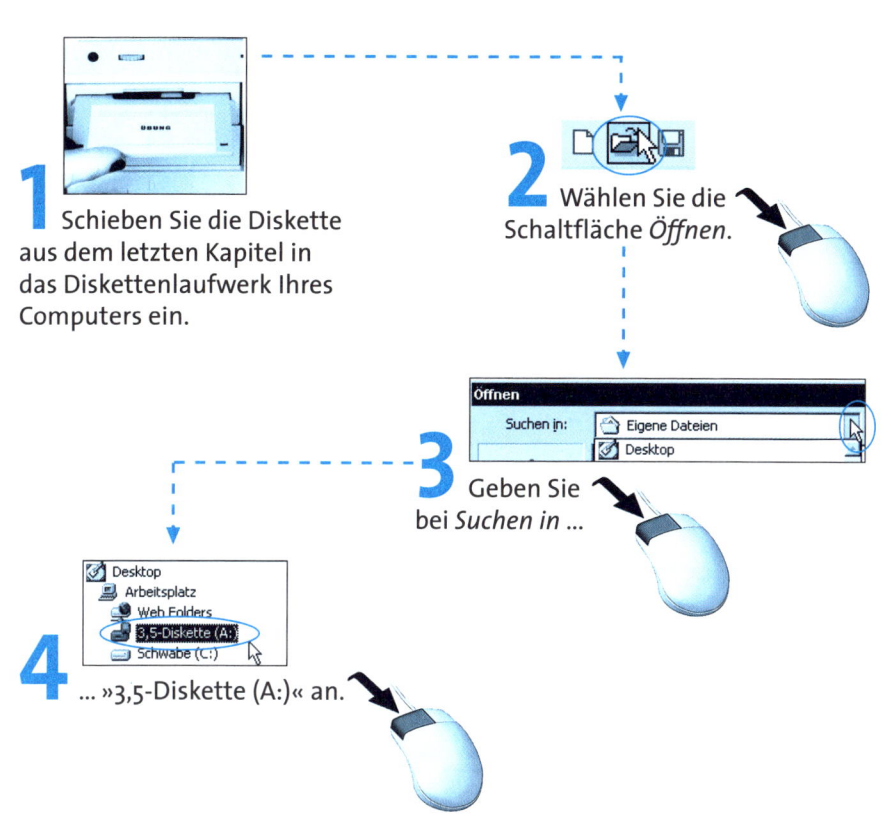

4 ... »3,5-Diskette (A:)« an.

Als Letztes geben Sie den Dateinamen der Arbeitsmappe an, die Sie gerne öffnen möchten. Hier: »Haushalt Februar auf Diskette«.

Entweder klicken Sie doppelt mit der linken Maustaste auf den **Namen der Datei** oder markieren diesen mit einem einfachen Klick und bestätigen anschließend über die Schaltfläche *Öffnen*. Beide Wege führen nach Rom – oh, Verzeihung – auf Ihren Monitor: Die gewählte Arbeitsmappe öffnet sich.

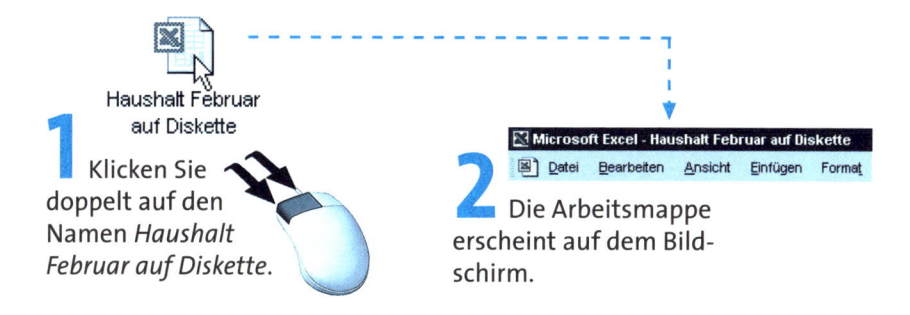

1 Klicken Sie doppelt auf den Namen *Haushalt Februar auf Diskette*.

2 Die Arbeitsmappe erscheint auf dem Bildschirm.

Natürlich können Sie auch Arbeitsmappen öffnen, die Sie in Ihrem Computer auf der **Festplatte** gespeichert haben.

Beispiel

Sie möchten die Arbeitsmappe »Haushalt Februar«, die Sie im letzten Kapitel auf der Festplatte Ihres Computers gespeichert haben, öffnen.

Klicken Sie im Dialogfeld *Öffnen* auf *Eigene Dateien*, wechseln Sie automatisch auf das Laufwerk »C« in das Verzeichnis *Eigene Dateien*.

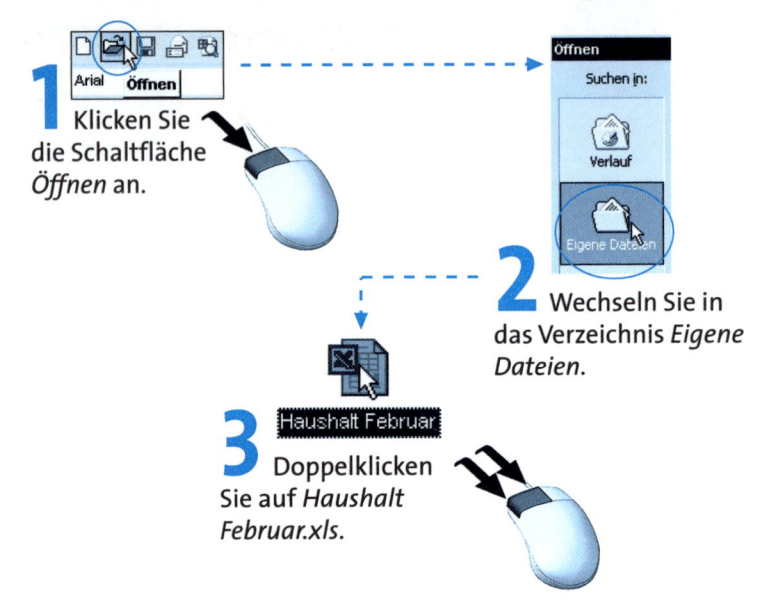

1 Klicken Sie die Schaltfläche *Öffnen* an.

2 Wechseln Sie in das Verzeichnis *Eigene Dateien*.

3 Doppelklicken Sie auf *Haushalt Februar.xls*.

Die letzten Arbeitsmappen

Der momentan leichteste Weg für Sie führt wahrscheinlich über das Menü DATEI.

Sie erkennen ganz unten die Namen:

»1 Haushalt Februar

»2 Haushalt Februar auf Diskette«

»3 Haushalt«

1 C:\Eigene Dateien\Haushalt Februar

2 Haushalt Februar auf Diskette

3 C:\Eigene Dateien\Haushalt

Unter dem Menü DATEI werden die **zuletzt** (bis jetzt waren es nur drei!) von Ihnen **bearbeiteten Arbeitsmappen** aufgeführt.

Wählen Sie den Menüeintrag HAUSHALT, öffnet sich diese Kalkulation auf dem Bildschirm. Diese Möglichkeit ist quasi eine Abkürzung.

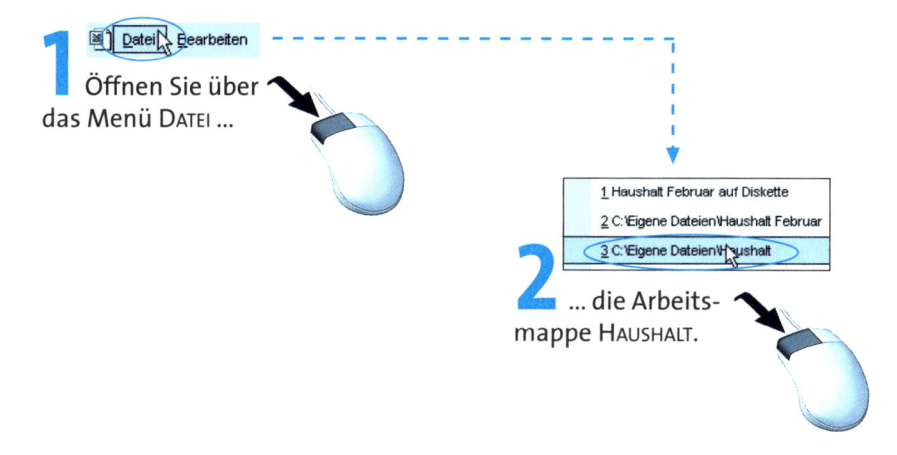

1 Öffnen Sie über das Menü DATEI ...

2 ... die Arbeitsmappe HAUSHALT.

Wählen Sie wiederum den Menüpunkt DATEI, erkennen Sie, dass sich die **Reihenfolge** der geöffneten Arbeitsmappen geändert hat.

Der Eintrag »Haushalt« steht an erster Position, da Sie diesen zuletzt in Excel geöffnet hatten.

Die letzten neun

Unter dem Menüpunkt EXTRAS|OPTIONEN können Sie in der Registerkarte *Allgemein* die **Anzahl der zuletzt geöffneten Arbeitsmappen** ändern und bis maximal 9 erhöhen.

Öffnen Sie danach das Menü DATEI, hat sich dort nichts Weltbewegendes geändert. Wenn Sie jetzt Kalkulationen speichern und öffnen, erscheinen dort nach und nach die letzten neun Einträge.

Öffnen über den Aufgabenbereich

Haben Sie den Aufgabenbereich eingeblendet, erhalten Sie mehrere Möglichkeiten.

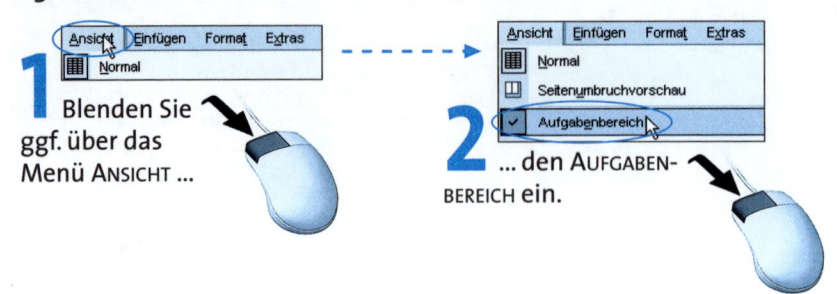

1 Blenden Sie ggf. über das Menü ANSICHT ...

2 ... den AUFGABEN-BEREICH ein.

Aufgabenbereich	Erklärung
Arbeitsmappe öffnen Haushalt Haushalt Februar Haushalt Februar auf Diskette Weitere Arbeitsmappen...	Wie im Menü DATEI öffnen Sie hier Ihre **zuletzt geöffneten Arbeitsmappen**. Sie gelangen in das Ihnen bereits bekannte Dialogfeld *Öffnen*.
Neu aus vorhandener Arbeitsmappe Arbeitsmappe wählen...	Es öffnet sich das Dialogfeld *Neu aus vorhandener Arbeitsmappe*.
(Dialogfeld Neu aus vorhandener Arbeitsmappe)	Hier können Sie wiederum eine Arbeitsmappe öffnen. Klicken Sie nach getaner Arbeit auf die Schaltfläche *Speichern*, können Sie einen **neuen Dateinamen** vergeben. Die Daten der ursprünglichen Arbeitsmappe bleiben unverändert. Kurzbeschreibung: Alte Arbeitsmappe öffnen – Neue Daten eingeben – Alles Alte und Neue unter einem neuen Dateinamen speichern.
Mit Vorlage beginnen Allgemeine Vorlagen...	Aktivieren Sie diesen Punkt, gelangen Sie in das Dialogfeld *Vorlagen*.

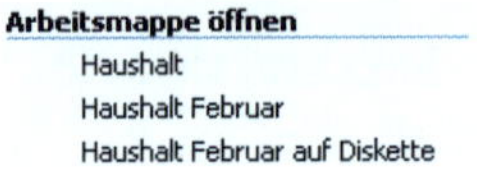

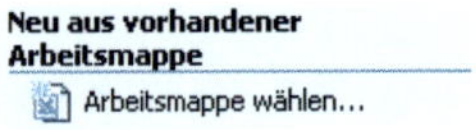

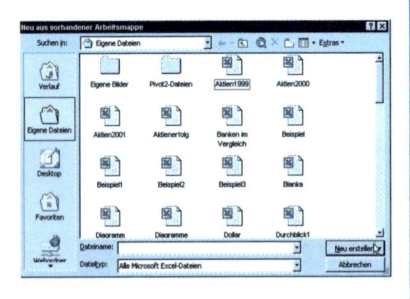

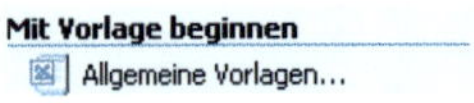

Aufgabenbereich	Erklärung
Vorlagen – Allgemein, Arbeitsblattlösungen, Tabellenvorlagen (Rechnung, Reisekosten-Ab…)	Sie finden u.a. auf der Registerkarte *Arbeitsblattlösungen* so genannte Vorlagen. Das sind vorgefertigte Excel-Lösungen wie eine Rechnung oder Reisekostenabrechnung.

HINWEIS Verfügen Sie über einen Internet-Anschluss? Die Firma Microsoft bietet kostenlos über den Eintrag *Vorlagen auf Microsoft.com* im Aufgabenbereich weitere professionelle Vorlagen im Internet an.

Daten vor fremden Zugriffen schützen

Pst! Nicht weitersagen! Geheim! Es gibt Situationen im Leben, da möchten Sie vielleicht Ihre Daten vor anderen geheim halten.

Dazu müssen Sie sich ein Passwort überlegen.

Beispiel

ACHTUNG Achten Sie bei der Vergabe des Kennwortes auf die **Groß- und Kleinschreibung**.

Die Arbeitsmappe »Haushalt« befindet sich auf Ihrem Bildschirm. Sie möchten diese vor fremdem Zugriff schützen, so dass diese von niemand anders außer von Ihnen gelesen werden kann. Sie geben das Geheimwort »Easy« ein.

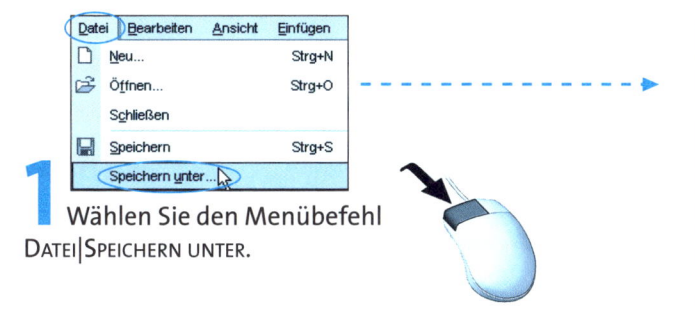

1 Wählen Sie den Menübefehl DATEI|SPEICHERN UNTER.

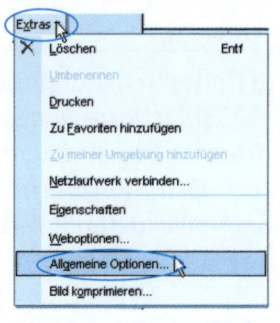

2 Aktivieren Sie im Dialogfeld die Schaltfläche *Extras* und wählen Sie dann den Eintrag *Allgemeine Optionen*.

Im darauffolgenden Dialogfeld *Speicheroptionen* können Sie festlegen, ob Sie ...

1. das **Lesen** (*Lese-/Schreibkennwort*) oder ...

2. das **Beschreiben** bzw. Ändern einer Arbeitsmappe (*Schreibkennwort*) verhindern möchten.

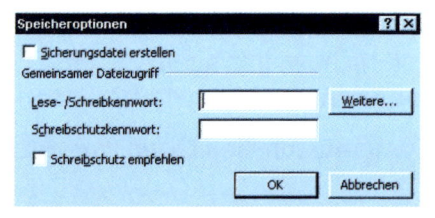

3. Klicken Sie das Kontrollkästchen *Schreibschutz empfehlen* an, erhalten Sie beim jeweiligen Starten der Arbeitsmappe einen entsprechenden **Hinweis**.

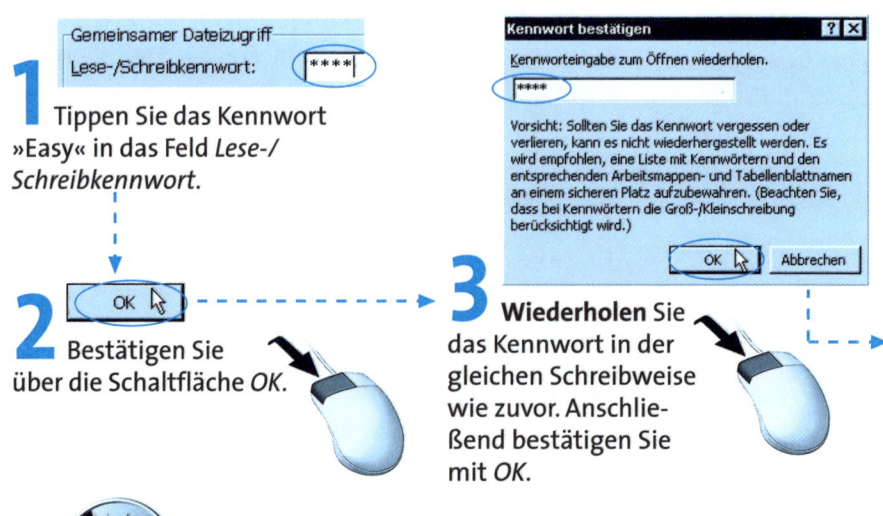

1 Tippen Sie das Kennwort »Easy« in das Feld *Lese-/Schreibkennwort*.

2 Bestätigen Sie über die Schaltfläche *OK*.

3 Wiederholen Sie das Kennwort in der gleichen Schreibweise wie zuvor. Anschließend bestätigen Sie mit *OK*.

DATEN VOR FREMDEN ZUGRIFFEN SCHÜTZEN

WAS IST DAS
Die Endung ».xls« steht für eine Datei aus Excel.

4 **Speichern** Sie die Änderungen der Arbeitsmappe mit der hier gezeigten Schaltfläche.

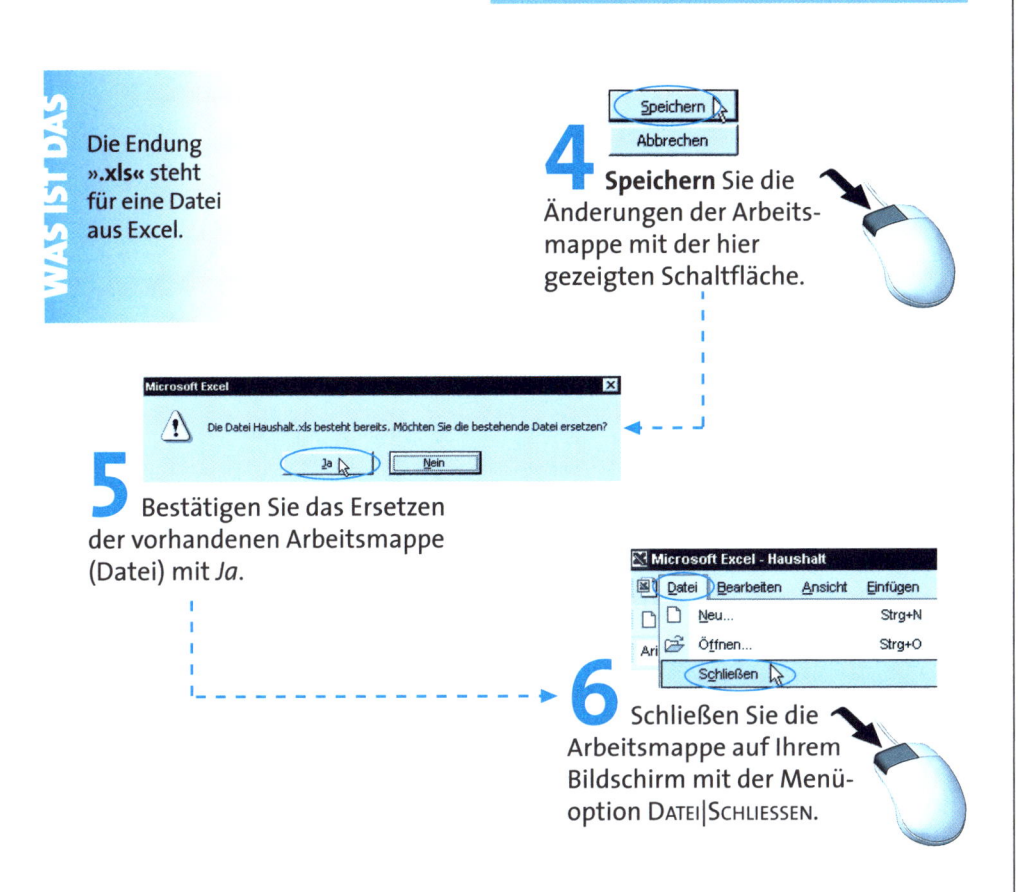

5 Bestätigen Sie das Ersetzen der vorhandenen Arbeitsmappe (Datei) mit *Ja*.

6 Schließen Sie die Arbeitsmappe auf Ihrem Bildschirm mit der Menüoption DATEI|SCHLIESSEN.

Die Arbeitsmappe »Haushalt« kann von nun an nur noch über das Kennwort »Easy« gelesen werden.

Beim nächsten Öffnen der Arbeitsmappe »Haushalt« werden Sie von Excel aufgefordert, das **Kennwort** einzugeben, ansonsten können Sie die Arbeitsmappe auf Ihrem Bildschirm nicht starten.

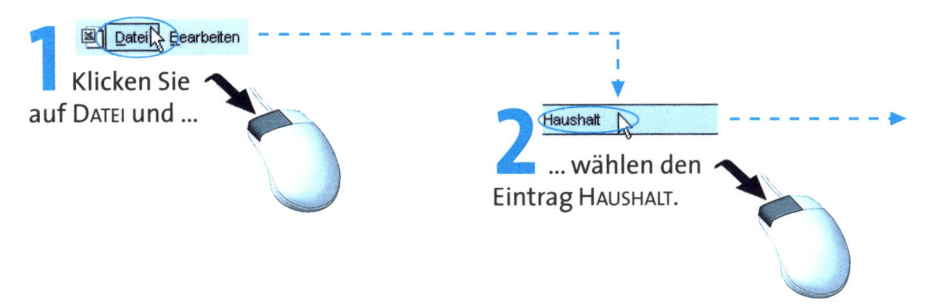

1 Klicken Sie auf DATEI und ...

2 ... wählen den Eintrag HAUSHALT.

105

HINWEIS: Über den Menüpunkt Extras|Schutz erhalten Sie in Excel 2002 noch weitere Möglichkeiten. So können Sie hier ein einzelnes Arbeitsblatt schützen.

3 Sesam öffne Dich! Geben Sie das Kennwort »Easy« ein und bestätigen Sie mit *OK*.

Wie löschen Sie ein Kennwort?

Sie möchten den Lese- und Schreibschutz, der auf der Arbeitsmappe »Haushalt« liegt, wieder **aufheben**? Dazu brauchen Sie nur das Kennwort im Dialogfeld *Speicheroptionen* mit der [Entf]-Taste zu löschen.

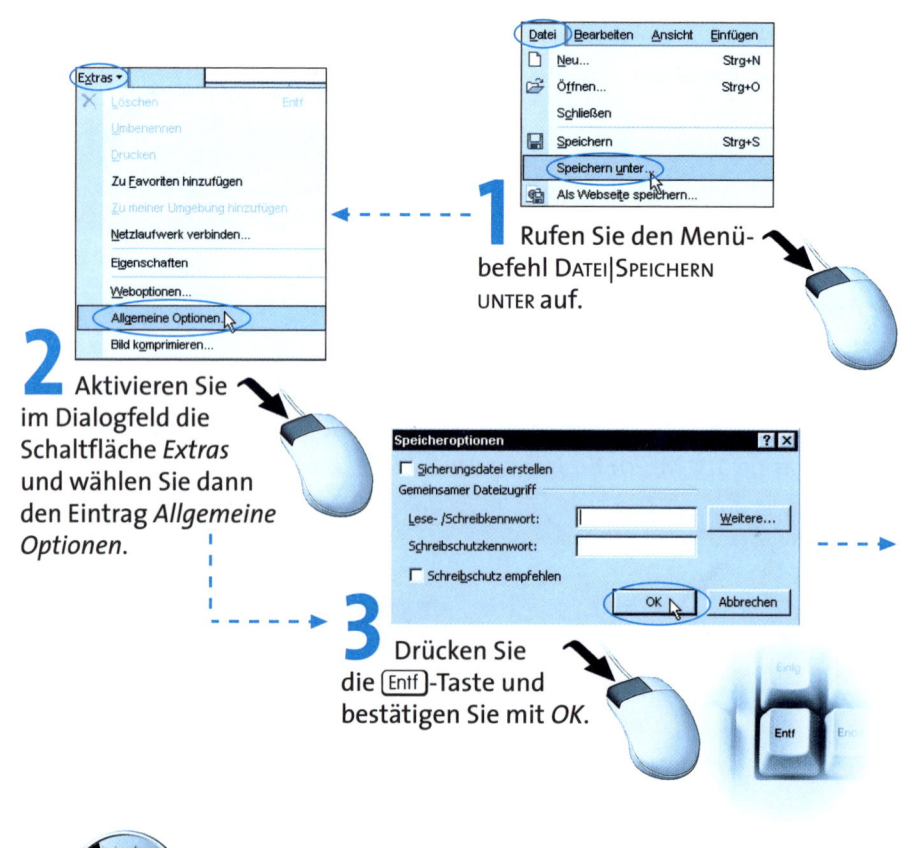

1 Rufen Sie den Menübefehl Datei|Speichern unter auf.

2 Aktivieren Sie im Dialogfeld die Schaltfläche *Extras* und wählen Sie dann den Eintrag *Allgemeine Optionen*.

3 Drücken Sie die [Entf]-Taste und bestätigen Sie mit *OK*.

106

DATEN VOR FREMDEN ZUGRIFFEN SCHÜTZEN

4 Speichern Sie erneut!

5 Bestätigen Sie das Ersetzen mit *Ja*.

6 Schließen Sie die Arbeitsmappe mit DATEI|SCHLIESSEN.

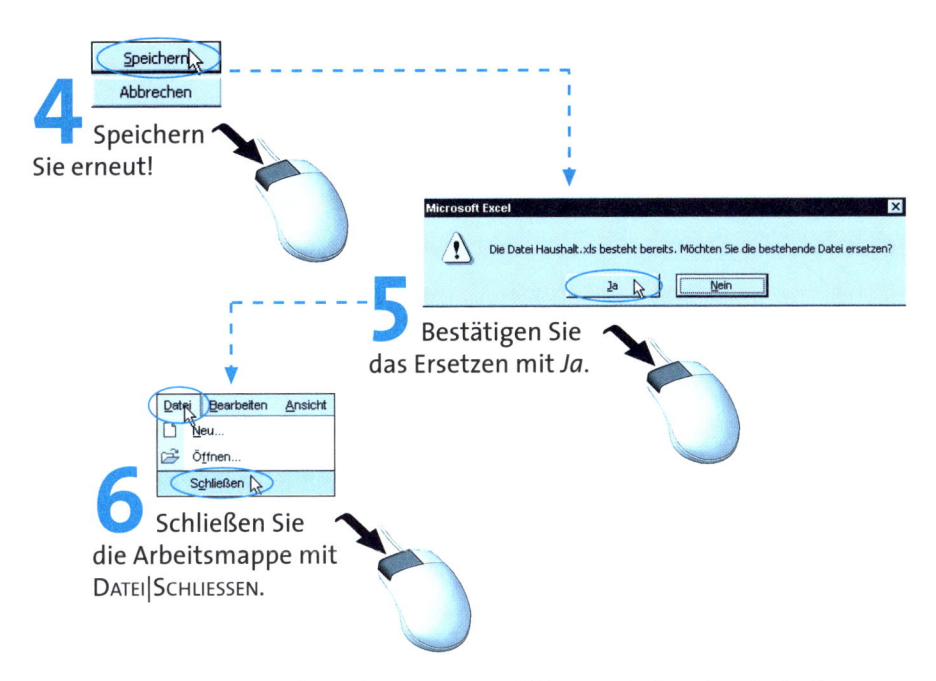

Wenn Sie von nun an die Arbeitsmappe öffnen, wird vorher kein Kennwort mehr angefordert.

1 Wählen Sie im Menü DATEI ...

2 ... den Eintrag HAUSHALT.

Die Arbeitsmappe erscheint auf Ihrem Bildschirm. »Es ist alles beim Alten.«

Kalkulationen löschen

Sie möchten eine Arbeitsmappe entfernen, da Sie diese nicht mehr benötigen. Also – weg damit!

Beispiel

Die Arbeitsmappe »Haushalt Februar« soll gelöscht werden.

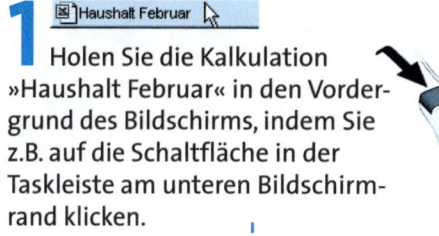

1 Holen Sie die Kalkulation »Haushalt Februar« in den Vordergrund des Bildschirms, indem Sie z.B. auf die Schaltfläche in der Taskleiste am unteren Bildschirmrand klicken.

ACHTUNG
Um eine Arbeitsmappe zu löschen, darf diese nicht auf Ihrem Bildschirm erscheinen bzw. geöffnet sein!

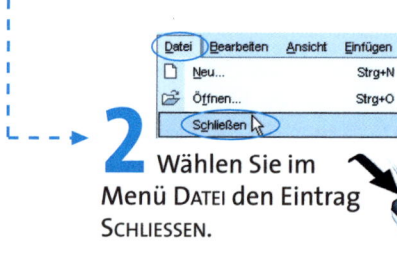

2 Wählen Sie im Menü DATEI den Eintrag SCHLIESSEN.

Sie haben die Qual der Wahl. Sie können entweder das Dialogfeld *Speichern unter* (Menü DATEI| SPEICHERN UNTER) oder das Dialogfeld *Öffnen* (Menü DATEI|ÖFFNEN) wählen. In beiden Fällen können Sie eine bestehende Arbeitsmappe bzw. Datei löschen.

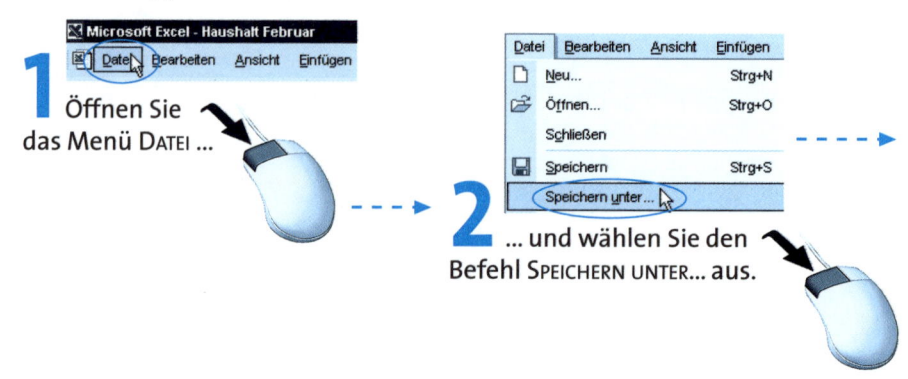

1 Öffnen Sie das Menü DATEI ...

2 ... und wählen Sie den Befehl SPEICHERN UNTER... aus.

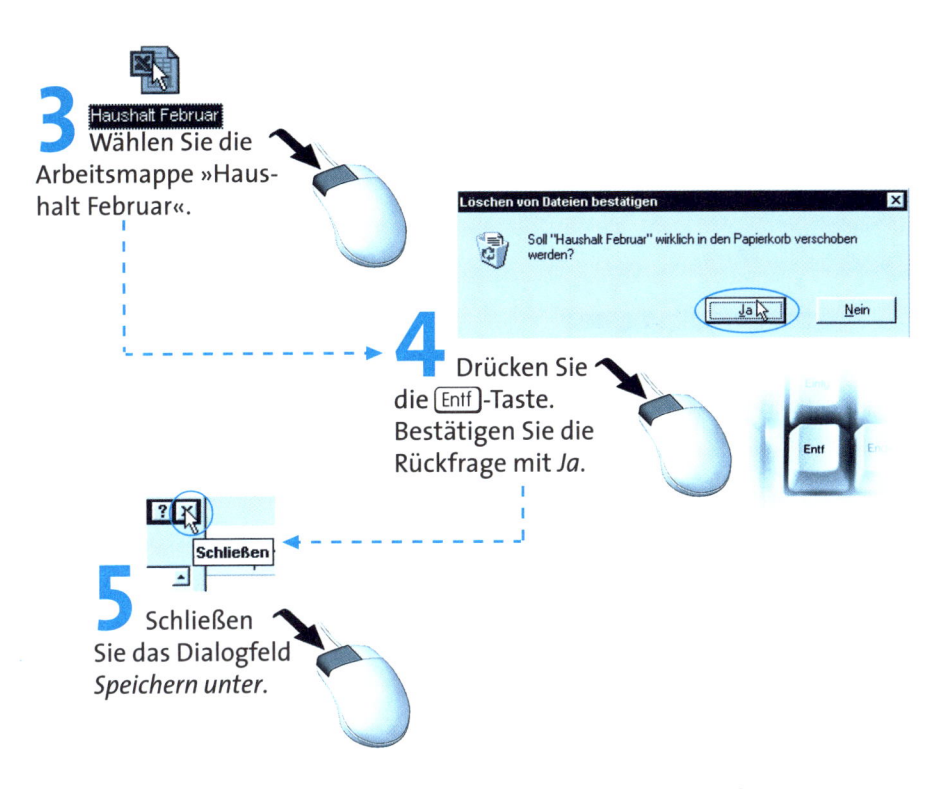

3 Wählen Sie die Arbeitsmappe »Haushalt Februar«.

4 Drücken Sie die ⌊Entf⌋-Taste. Bestätigen Sie die Rückfrage mit *Ja*.

5 Schließen Sie das Dialogfeld *Speichern unter*.

Die Arbeitsmappe wurde von Ihrem Computer – der Festplatte – entsorgt!

Nicht ganz! Keine Sorge, jetzt kommt nicht der »Grüne Punkt«. Sie müssen auch nichts »trennen«, sondern auf dem Windows-Desktop befindet sich ein **Papierkorb**. Hier haben Sie die Möglichkeit, die Datei endgültig zu löschen, aber auch versehentlich gelöschte Dateien wiederherzustellen.

Kalkulationen umbenennen

Möchten Sie Ihrer Datei einen anderen Namen geben? Das geschieht auf einfachste Weise. »Dieses ist ja schließlich ein 'EASY-Buch'.« Wiederum können Sie sich zwischen den Dialogfeldern *Öffnen* und *Speichern unter* entscheiden.

Beispiel

ACHTUNG Möchten Sie eine Datei umbenennen, muss die Datei auf Ihrem Bildschirm geschlossen sein!

Die Datei »Haushalt« soll in »Haushaltsbudget« umbenannt werden.

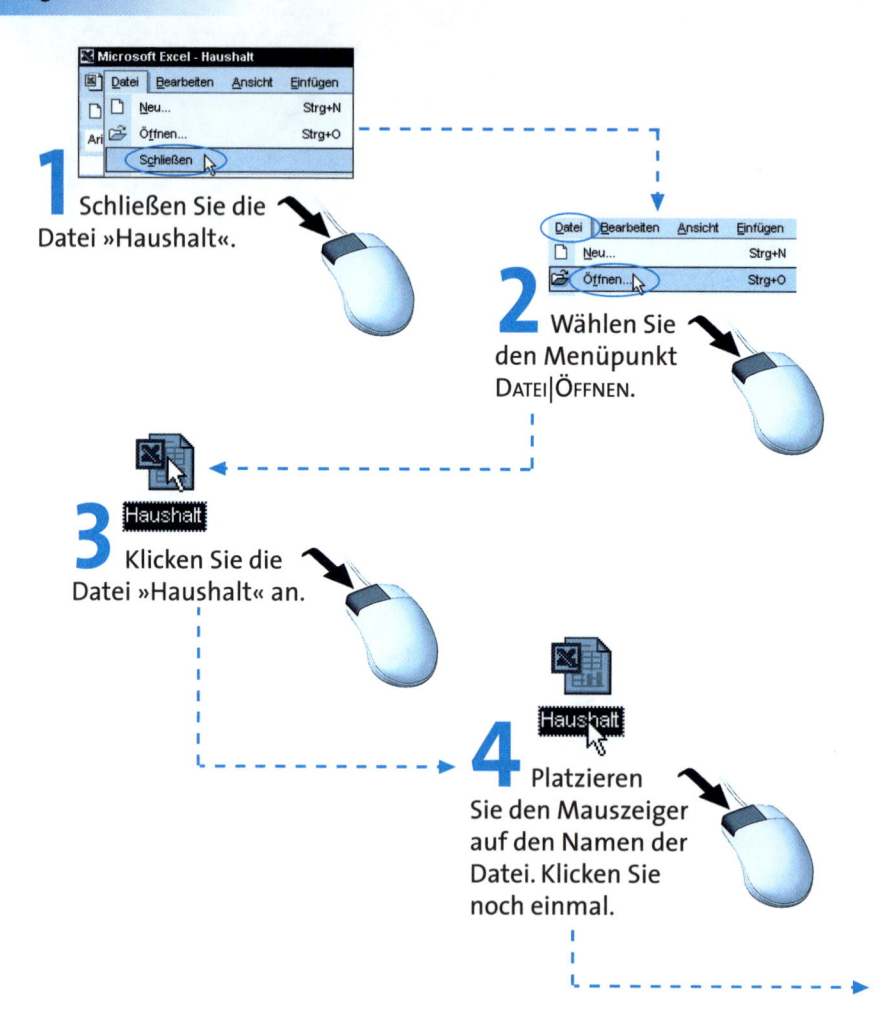

1 Schließen Sie die Datei »Haushalt«.

2 Wählen Sie den Menüpunkt DATEI|ÖFFNEN.

3 Klicken Sie die Datei »Haushalt« an.

4 Platzieren Sie den Mauszeiger auf den Namen der Datei. Klicken Sie noch einmal.

110

Kalkulationen umbenennen

5 Tippen Sie den neuen Namen »Haushaltsbudget«.

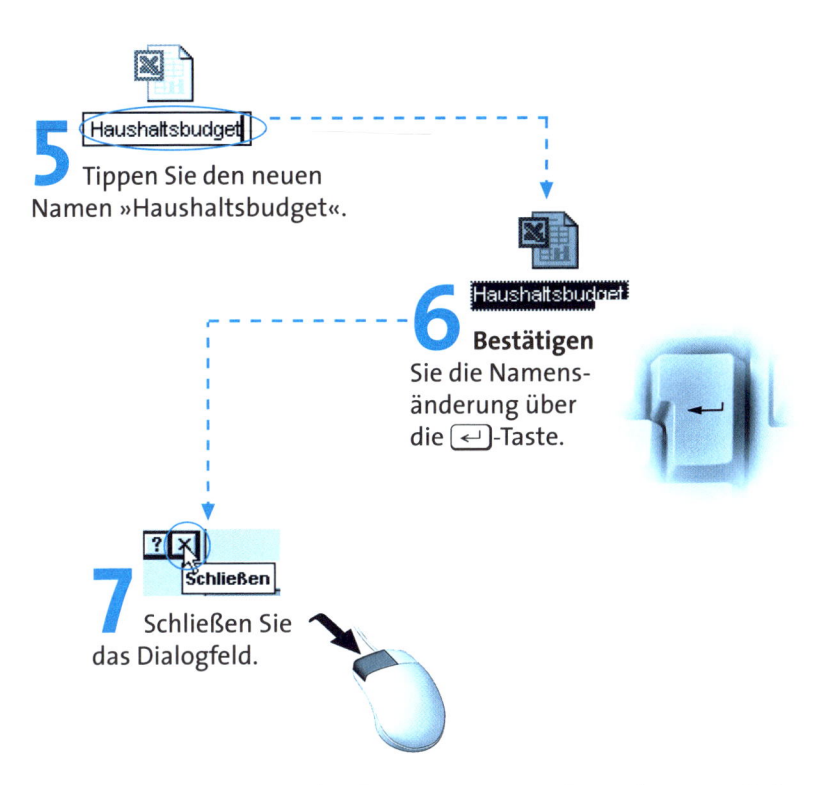

6 Bestätigen Sie die Namensänderung über die ⏎-Taste.

7 Schließen Sie das Dialogfeld.

ACHTUNG
Vergessen Sie nicht, die **Diskette** aus Ihrem Computer zu nehmen!

Die Datei heißt von nun an nicht mehr »Haushalt«, sondern trägt den Namen »Haushaltsbudget«.

7 Zellen kopieren und ausfüllen

Was bringt Ihnen dieses Kapitel?

Eingaben immer wieder neu zu tätigen, ist äußerst lästig und sooo überflüssig. Daher können Sie in Excel 2002 Zelleninhalte schnell kopieren und ausfüllen. Anhand einiger praktischer Beispiele bekommen Sie diese Funktionen des Programms schnell und einfach in den Griff. Mit Hilfe des Mauszeigers vermeiden Sie nicht nur mühelos Wiederholungen, sondern erleichtern sich auch bei Aufzählungen die Arbeit.

Ihr Erfolgsbarometer

Das können Sie schon:

Kalkulationen öffnen	98
Daten vor fremden Zugriffen schützen	103
Eine Kalkulation speichern	78
Das Ausdrucken einer Kalkulation	91
Die Spaltenbreite ändern	62
Texte hervorheben	63
Formate übertragen	67
Zellen verschieben	72
Mit Zahlen rechnen	52

Das lernen Sie neu:

Zellen kopieren	114
Zellen automatisch ausfüllen	119
Aufzählungen erstellen	120
1, 2, 3 ... wie zählt Excel automatisch?	123
1, 3, 5 ... Zählrhythmen	125

Zellen kopieren

Identische Zelleninhalte müssen nicht jedes Mal von Ihnen neu eingegeben werden. Dazu bieten sich in Excel mehrere Möglichkeiten an. Eine finden Sie in der *Standard*-Symbolleiste, indem Sie die Schaltflächen *Kopieren* und dann anschließend *Einfügen* anklicken.

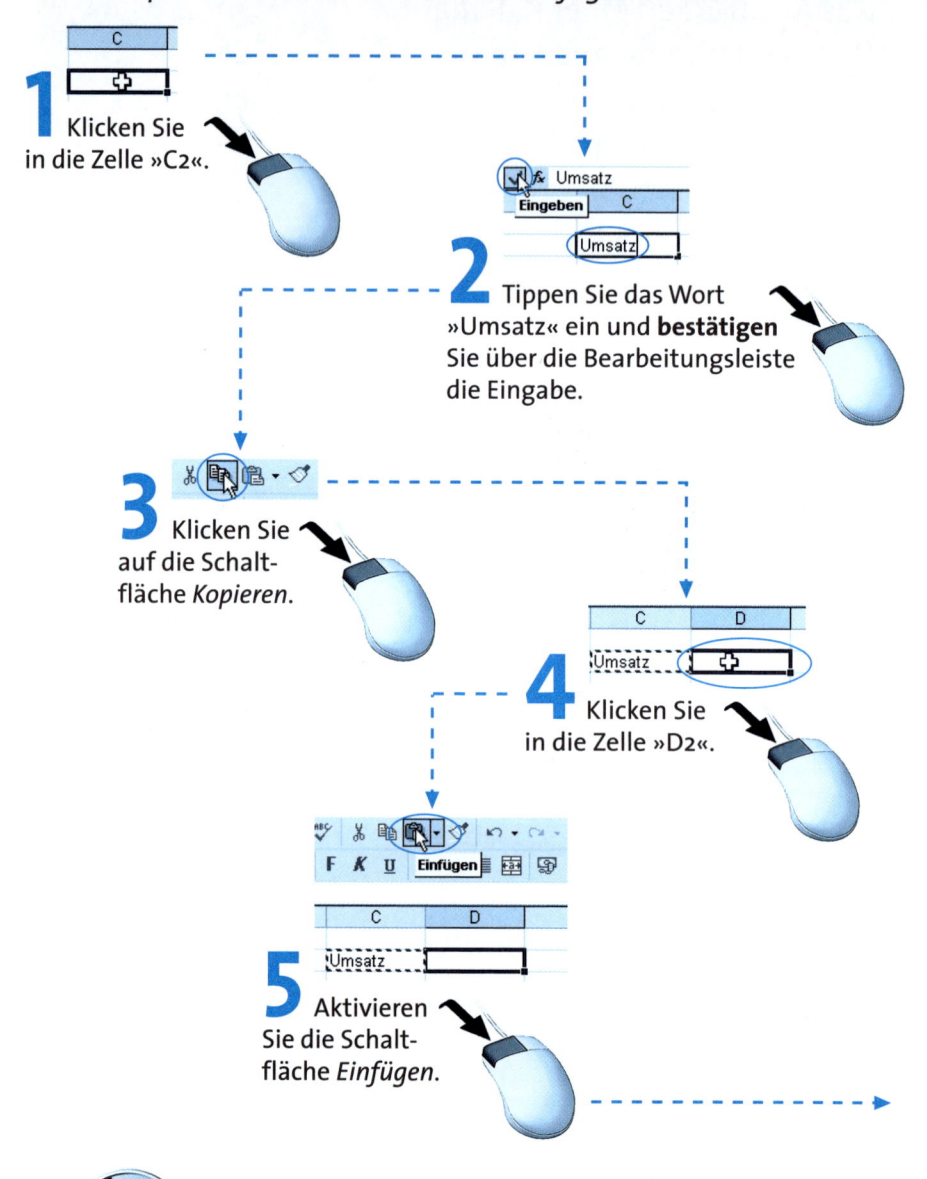

1 Klicken Sie in die Zelle »C2«.

2 Tippen Sie das Wort »Umsatz« ein und **bestätigen** Sie über die Bearbeitungsleiste die Eingabe.

3 Klicken Sie auf die Schaltfläche *Kopieren*.

4 Klicken Sie in die Zelle »D2«.

5 Aktivieren Sie die Schaltfläche *Einfügen*.

HINWEIS: Verfügen Sie über einen Internet-Anschluss, können Sie leicht mit Hilfe der Kopier- und Einfügen-Funktion Daten, wie z.B. aktuelle Aktienkurs-Tabellen, aus dem Internet kopieren.

6 Schalten Sie über die Esc-Taste die Funktion aus.

Der Inhalt der Zelle »C2« wurde in die Zelle »D2« kopiert.

Der Aufgabenbereich

Auf der rechten Seite Ihres Excel-Bildschirms öffnet sich der Aufgabenbereich.

WAS IST DAS: Alles, was Sie kopieren (und ausschneiden) landet im Zwischenspeicher von Windows. Es ist das Kurzzeitgedächtnis des Computers. Sobald Sie den PC ausschalten, sind diese Daten verloren.

Stellen Sie sich den **Zwischenspeicher** im Aufgabenbereich wie einen Kleiderschrank vor, der für 24 Kleidungsstücke Platz hat. Bei Bedarf holen Sie sich das passende heraus. Kaufen Sie ein neues Kleidungsstück verschwindet das älteste. Genauso ist es mit dem Zwischenspeicher. Sie können bis zu 24 Kleidungsstücke – oh, Verzeihung – Elemente wieder einfügen, die Sie selbst einmal z.B. kopiert haben.

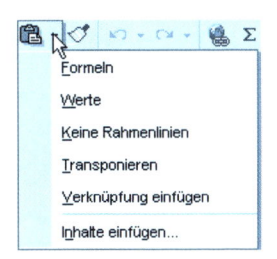

Den Zwischenspeicher im Aufgabenbereich können Sie auch über das Menü BEARBEITEN|OFFICE-ZWISCHENABLAGE einblenden.

Klicken Sie auf den Pfeil neben dem Symbol *Einfügen*, öffnet sich eine Liste. Hier bestimmen Sie genau, was Sie einfügen möchten. Über die Funktionen erfahren Sie im Laufe des Buches mehr.

Smarttag

Beim Kopiervorgang erschien gleichzeitig ein so genanntes **Smarttag**. Das Smarttag verschwindet, sobald Sie – wie im Beispiel – die [Esc]-Taste drücken, also die KOPIEREN-Funktion beenden.

WAS IST DAS

Mit Smarttags erhalten Sie einen Überblick über alle möglichen Aktionen. Ein Smarttag macht Sie **aufgabenorientiert** auf Funktionen in Excel 2002 aufmerksam.

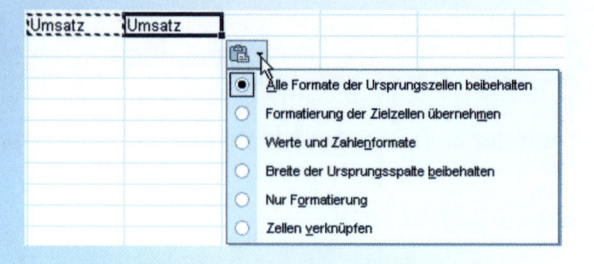

- Alle Formate der Ursprungszellen beibehalten
- Formatierung der Zielzellen übernehmen
- Werte und Zahlenformate
- Breite der Ursprungsspalte beibehalten
- Nur Formatierung
- Zellen verknüpfen

Mit dem Mauszeiger kopieren

HINWEIS

Im Anhang **Der Mauszeiger und sein Aussehen** erhalten Sie detaillierte Informationen über die Funktionen des Mauszeigers!

Doch es geht noch schneller, indem Sie den **Mauszeiger** zur Hilfe nehmen. Dazu müssen Sie ihn genau auf das **Ausfüllkästchen**, das ist das schwarze Kästchen, positionieren.

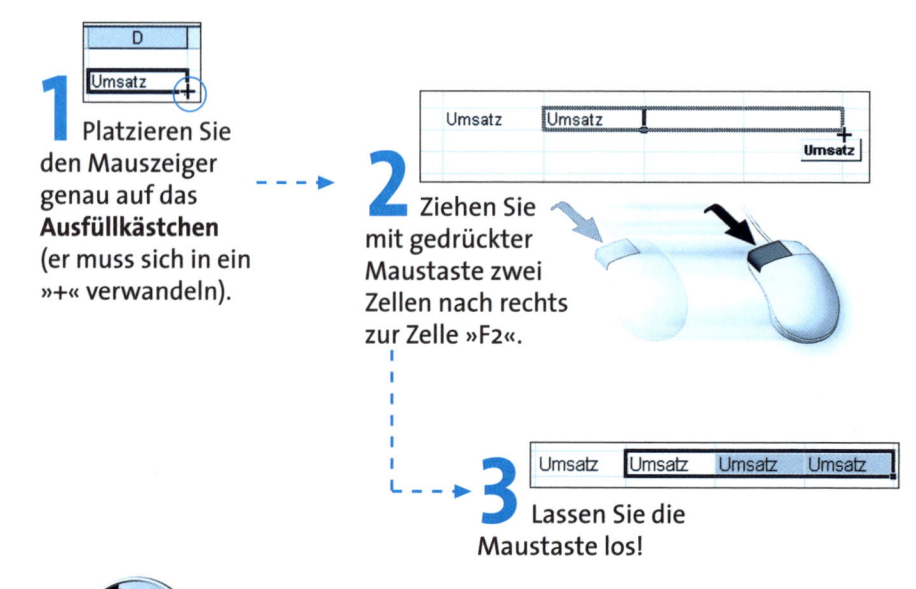

1 Platzieren Sie den Mauszeiger genau auf das **Ausfüllkästchen** (er muss sich in ein »+« verwandeln).

2 Ziehen Sie mit gedrückter Maustaste zwei Zellen nach rechts zur Zelle »F2«.

3 Lassen Sie die Maustaste los!

Mit dem Mauszeiger kopieren

Nach dem Kopiervorgang erkennen Sie wiederum ein **Smarttag**.

Die einzelnen Einträge sollen Ihnen kurz auf einfachste Weise erklärt werden. Nehmen Sie an, die erste Zelle »Umsatz« wäre kursiv, also in der Form »*Umsatz*« dargestellt. Diese Zelle kopieren Sie nun wie oben angeben.

WAS IST DAS
Eine Formatierung besteht z.B. aus einer Fettschrift, Kursivschrift oder Unterstreichung.

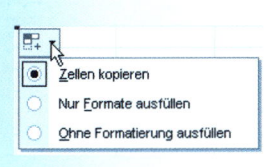

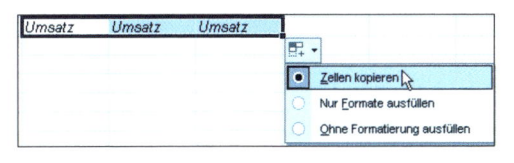

Wie im oben gezeigten Beispiel kopieren Sie Zellen.

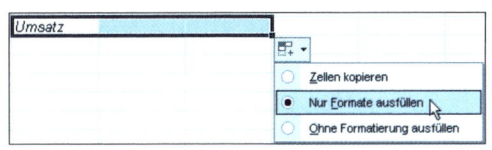

Die Zellen werden nur kursiv ausgefüllt, d.h., der Text »Umsatz« wird nicht kopiert. Sie können natürlich nichts erkennen. Geben Sie nun in den Zellen etwas ein, werden die Inhalte kursiv dargestellt.

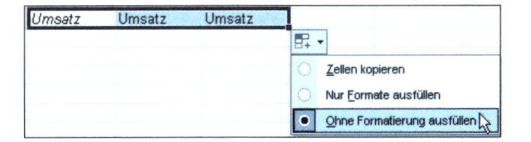

Sie kopieren, allerdings wird die kursive Darstellung nicht übernommen.

HINWEIS
Auf der Registerkarte *Smarttags* über den Menübefehl EXTRAS|AUTOKORREKTUR-OPTIONEN können Sie die Smarttags per Internet erweitern.

Sie kopieren diesmal Zelleninhalte in Zellen, die nicht nebeneinander liegen. Dazu müssen Sie zusätzlich die [Strg]-Taste zur Maustaste drücken. Es erscheint ein kleines Plus (+) am Mauszeiger. Die Kopierfunktion ist aktiviert.

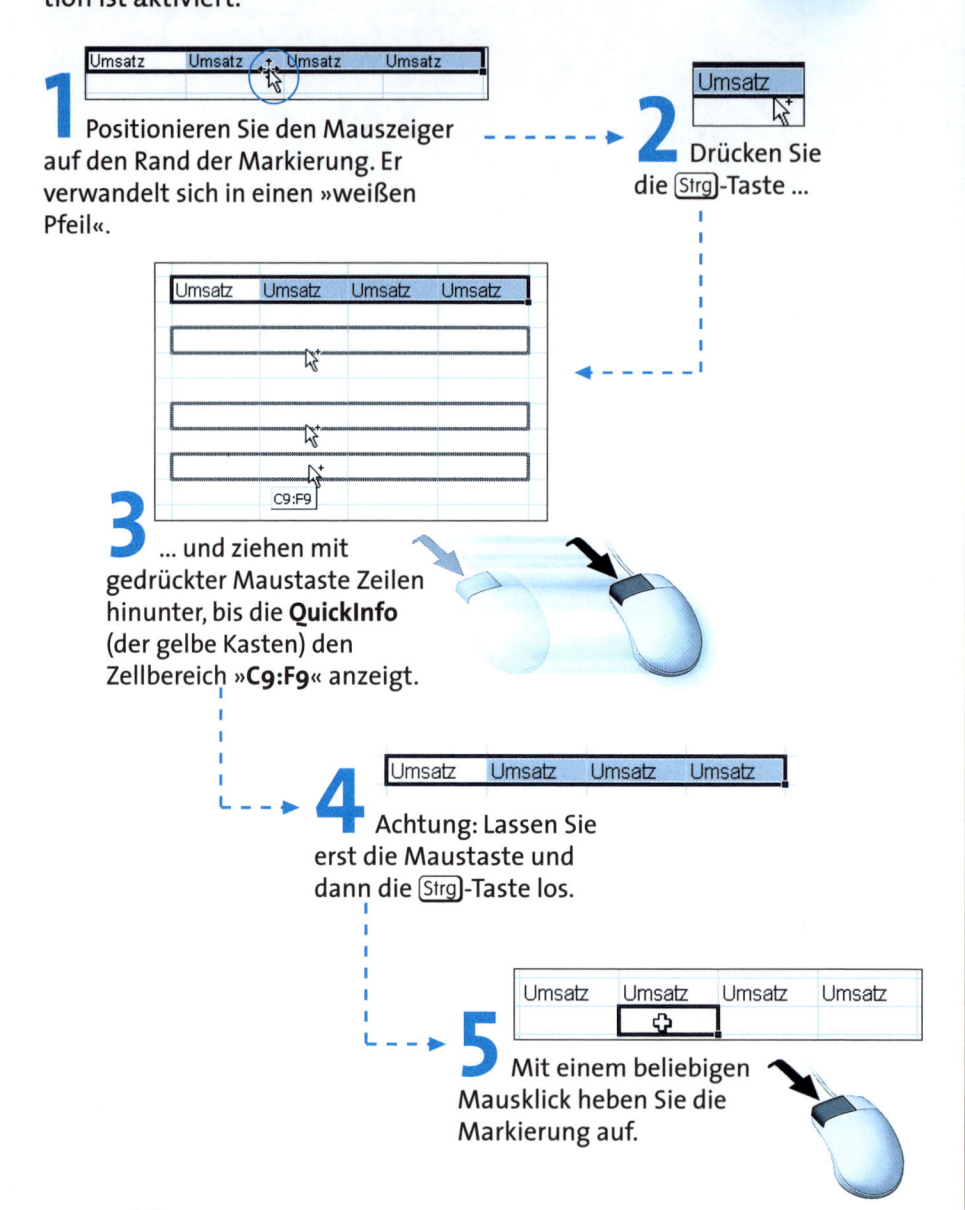

1 Positionieren Sie den Mauszeiger auf den Rand der Markierung. Er verwandelt sich in einen »weißen Pfeil«.

2 Drücken Sie die [Strg]-Taste ...

3 ... und ziehen mit gedrückter Maustaste Zeilen hinunter, bis die **QuickInfo** (der gelbe Kasten) den Zellbereich »**C9:F9**« anzeigt.

4 Achtung: Lassen Sie erst die Maustaste und dann die [Strg]-Taste los.

5 Mit einem beliebigen Mausklick heben Sie die Markierung auf.

Zellen automatisch ausfüllen

Immer diese ständigen lästigen Wiederholungen. Excel bietet eine verkürzte Eingabemöglichkeit an.

Jan	Feb	Mrz	Apr
Januar	Februar	März	April

Möchten Sie die **Monate** des Jahres angeben, brauchen Sie nicht zeitaufwendig jeden einzeln eintippen. Excel kennt auch Kürzel wie »Jan, Feb, Mrz« usw.

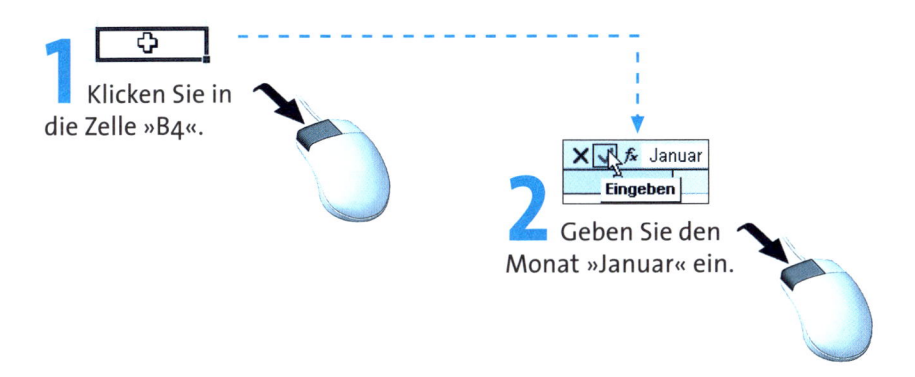

1 Klicken Sie in die Zelle »B4«.

2 Geben Sie den Monat »Januar« ein.

Sie können »Januar« ausschreiben oder sich für das Kürzel »Jan« entscheiden.

Wenn Sie den Mauszeiger auf das **Ausfüllkästchen** positionieren und mit gedrückter Maustaste in andere Zellen ziehen, füllt Excel diese mit den folgenden Monaten automatisch aus.

Fangen Sie beispielsweise mit »April« an und füllen die Zellen nach rechts aus, geht es mit »Mai, Juni, Juli, ...« weiter.

Ziehen Sie dagegen nach links, lautet die Aufzählung: »März, Februar, Januar, Dezember, ... «.

Mo	Di	Mi	Do
Montag	Dienstag	Mittwoch	Donnerstag

Dasselbe funktioniert auch mit oberen und unteren Zellen.

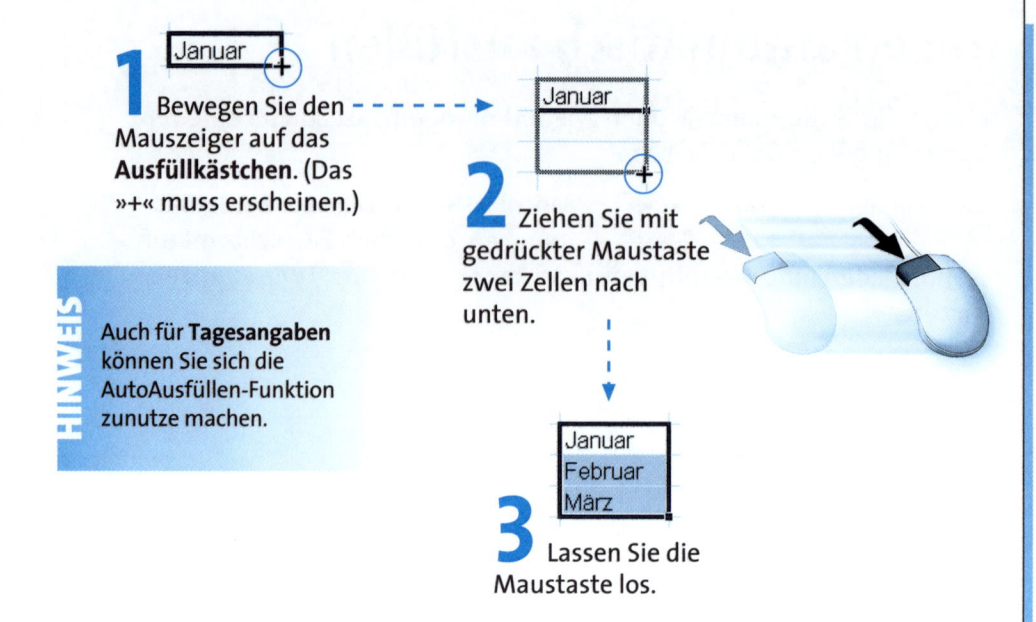

1 Bewegen Sie den Mauszeiger auf das **Ausfüllkästchen**. (Das »+« muss erscheinen.)

2 Ziehen Sie mit gedrückter Maustaste zwei Zellen nach unten.

3 Lassen Sie die Maustaste los.

HINWEIS Auch für **Tagesangaben** können Sie sich die AutoAusfüllen-Funktion zunutze machen.

Welche Aufzählungen gibt es?

Eine Übersicht der vorhandenen **Listen** finden Sie unter der Menüoption EXTRAS|OPTIONEN auf der Registerkarte *Benutzerdefinierte Listen*.

Aufzählungen erstellen

Die Einträge für Monate und Tage sind von Excel bereits vorgegeben. Sie können aber auch von Ihnen verändert bzw. ergänzt werden. Selbst eine eigene Reihenfolge können Sie hier festlegen.

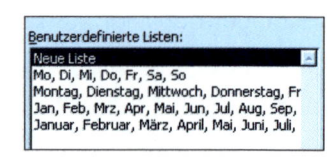

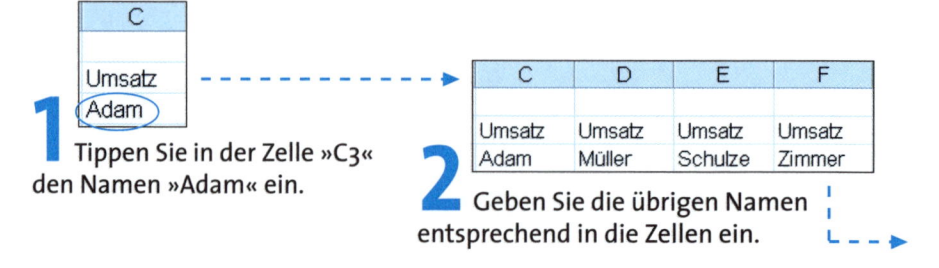

1 Tippen Sie in der Zelle »C3« den Namen »Adam« ein.

2 Geben Sie die übrigen Namen entsprechend in die Zellen ein.

AUFZÄHLUNGEN ERSTELLEN

3 Klicken Sie in die Zelle »C2«.

ACHTUNG
Nur wenn der Mauszeiger als »weißes Kreuz« erscheint, ist das Markieren von mehreren Zellen möglich.

4 Markieren Sie die Zellen mit den Namen.

5 Öffnen Sie das Menü EXTRAS.

6 Wählen Sie den Eintrag OPTIONEN.

7 Holen Sie die Registerkarte *Benutzerdefinierte Listen* in den Vordergrund.

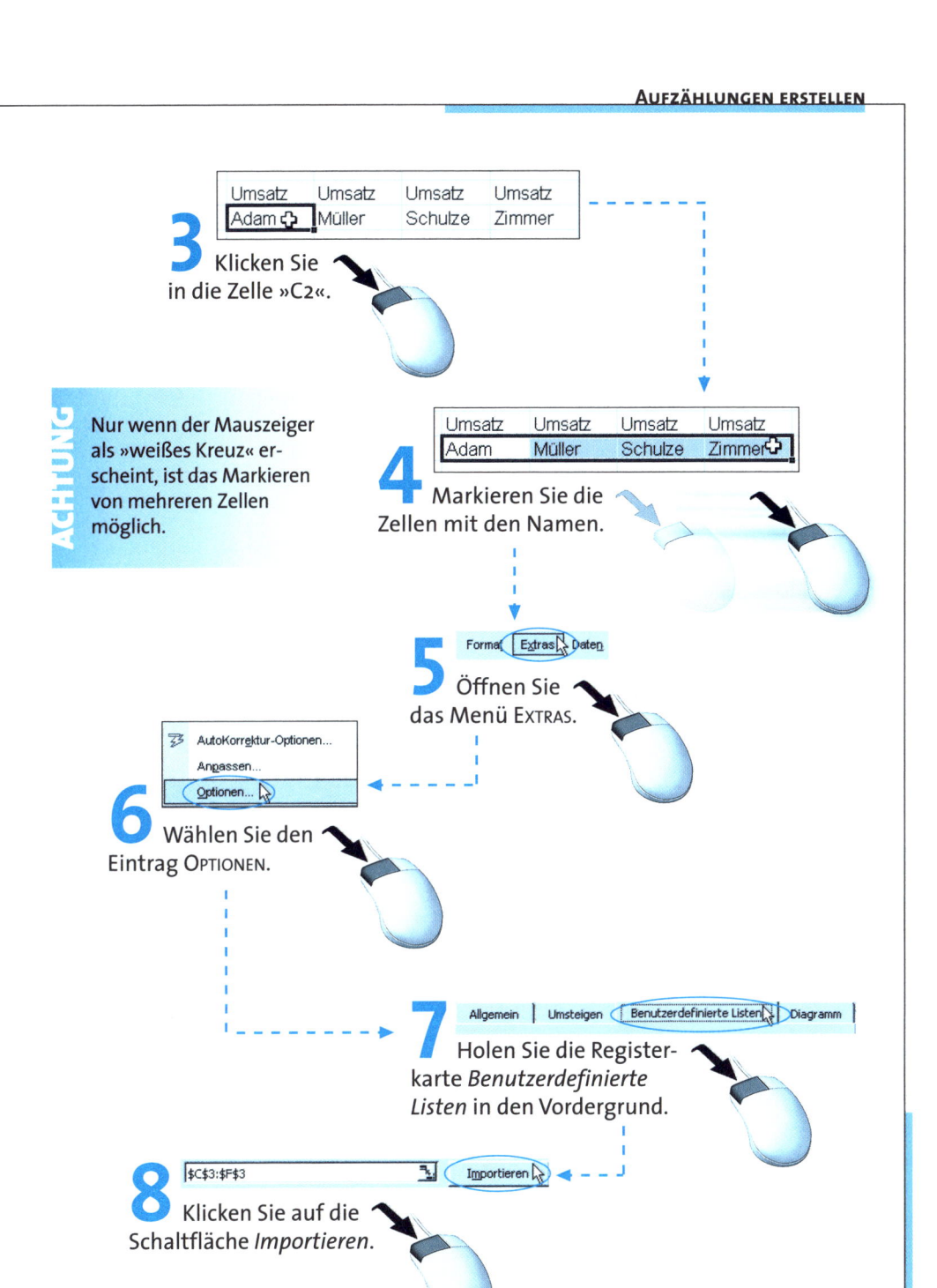

8 Klicken Sie auf die Schaltfläche *Importieren*.

Die neuen Einträge erscheinen in der Liste.

Einträge im Dialogfeld erstellen

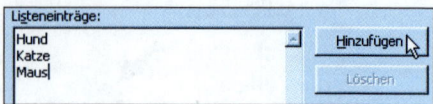

Sie können eine Liste auch auf der Registerkarte *Benutzerdefinierte Listen* anlegen. Dazu klicken Sie auf den Eintrag *Neue Liste* und geben Ihre persönliche Aufzählung unter *Listeneinträge* ein. Um die Einträge zu trennen, drücken Sie die ⏎-Taste. Die Liste wird mit Klick auf die Schaltfläche *Hinzufügen* aufgenommen.

Mit der Schaltfläche *Löschen* können Sie eine Liste wieder entfernen. Dazu muss die zu löschende Liste markiert sein.

Haben Sie alles richtig gemacht? Hat Excel Ihre Liste korrekt aufgenommen? Beim nächsten Schritt werden Sie es erfahren, indem Sie es einfach ausprobieren!

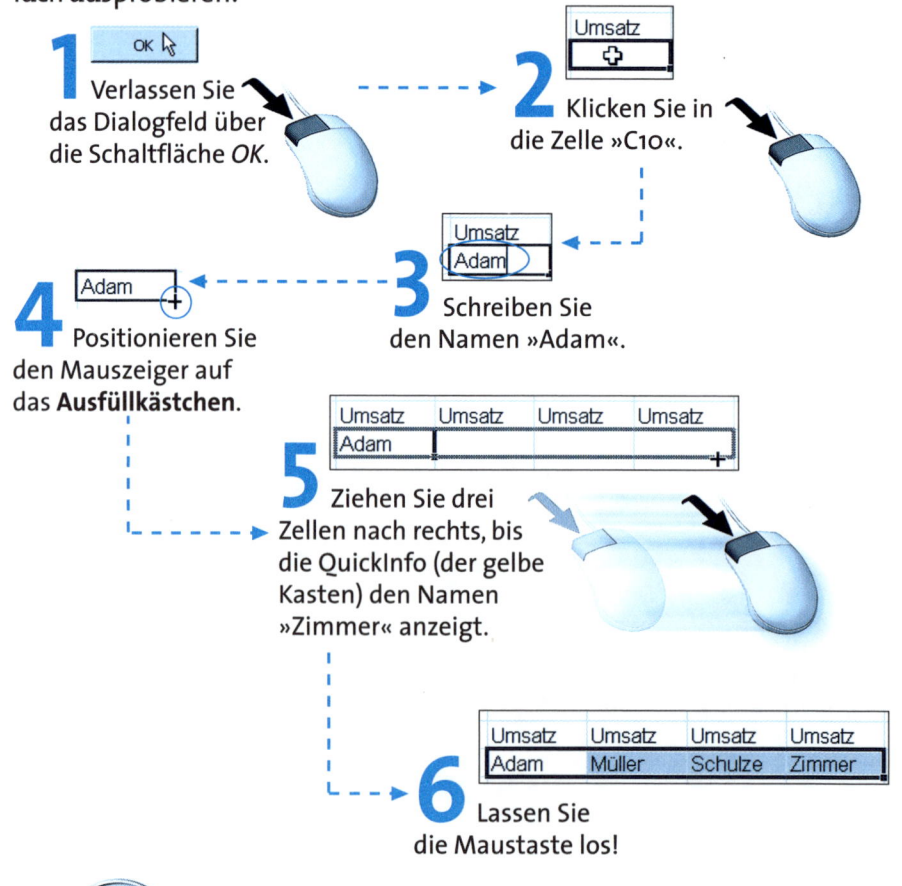

1 Verlassen Sie das Dialogfeld über die Schaltfläche *OK*.

2 Klicken Sie in die Zelle »C10«.

3 Schreiben Sie den Namen »Adam«.

4 Positionieren Sie den Mauszeiger auf das **Ausfüllkästchen**.

5 Ziehen Sie drei Zellen nach rechts, bis die QuickInfo (der gelbe Kasten) den Namen »Zimmer« anzeigt.

6 Lassen Sie die Maustaste los!

1, 2, 3 ... wie zählt Excel automatisch?

ACHTUNG
Sie **müssen** zusätzlich die [Strg]-Taste drücken, ansonsten wird der Wert nur kopiert.

Zahlen für eine laufende Nummerierung müssen nicht jedes Mal extra eingetippt werden. Sie brauchen auch nicht mit der Zahl »1« anzufangen. Excel muss nur den Wert wissen, mit dem das Programm starten soll.

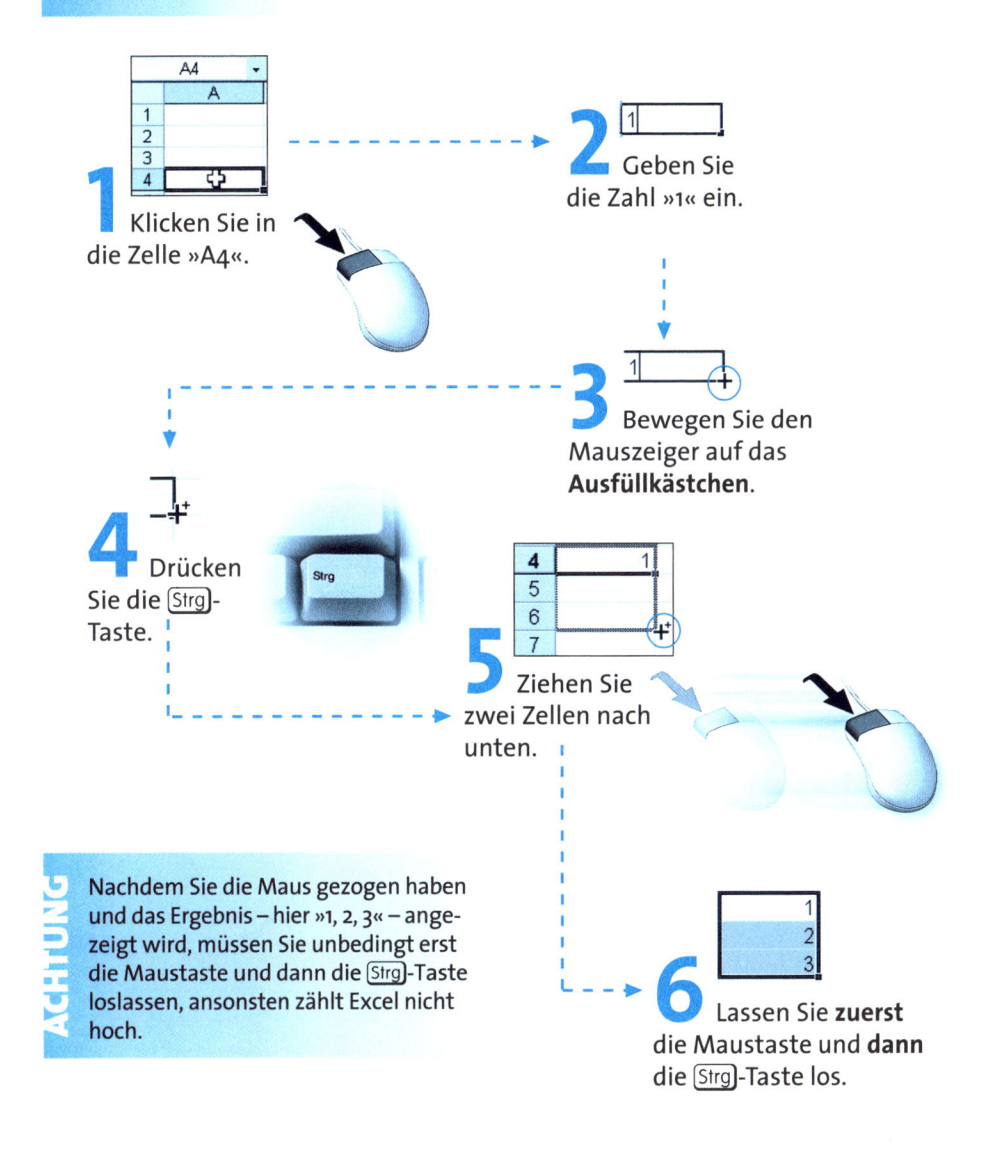

1 Klicken Sie in die Zelle »A4«.

2 Geben Sie die Zahl »1« ein.

3 Bewegen Sie den Mauszeiger auf das **Ausfüllkästchen**.

4 Drücken Sie die [Strg]-Taste.

5 Ziehen Sie zwei Zellen nach unten.

ACHTUNG
Nachdem Sie die Maus gezogen haben und das Ergebnis – hier »1, 2, 3« – angezeigt wird, müssen Sie unbedingt erst die Maustaste und dann die [Strg]-Taste loslassen, ansonsten zählt Excel nicht hoch.

6 Lassen Sie **zuerst** die Maustaste und **dann** die [Strg]-Taste los.

123

Klappt es beim ersten Mal nicht sofort, wiederholen Sie einfach den Vorgang oder verwenden das **Smarttag**.

Anstelle der Strg-Taste können Sie nämlich auch das Smarttag verwenden.

Sie öffnen die Auswahl und wählen für dieses Beispiel *Datenreihe ausfüllen*.

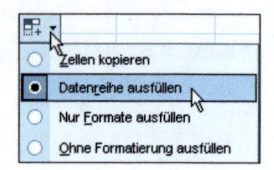

Aufzählung 1, Aufzählung 2, Aufzählung 3 ...

Excel 2002 bietet Ihnen noch weitere Möglichkeiten der Aufzählung. So gilt die Funktion *AutoAufzählen* nicht nur für nummerische Werte, sondern auch für Eingaben wie:

- Fahrzeug 1, Fahrzeug 2, Fahrzeug 3 ...
- Bezirk 1, Bezirk 2, Bezirk 3 ...
- 1. Verkäuferin, 2. Verkäuferin, 3. Verkäuferin ...
- Wahlkreis 1, Wahlkreis 2, Wahlkreis 3 ...
- 1. Jahr, 2. Jahr, 3. Jahr, ...

Ein Drücken der Strg-Taste ist nicht nötig!

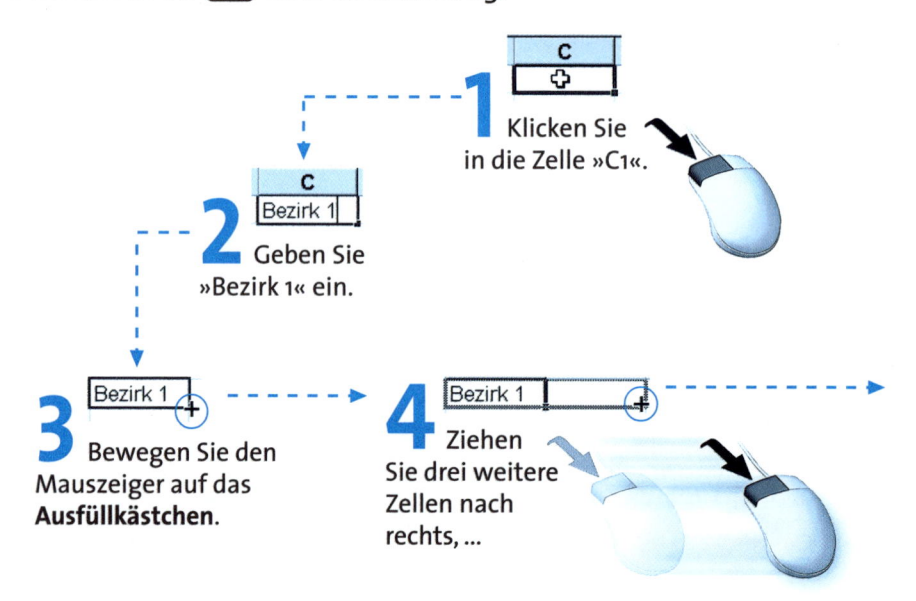

1 Klicken Sie in die Zelle »C1«.

2 Geben Sie »Bezirk 1« ein.

3 Bewegen Sie den Mauszeiger auf das **Ausfüllkästchen**.

4 Ziehen Sie drei weitere Zellen nach rechts, ...

1, 3, 5 ... ZÄHLRHYTHMEN

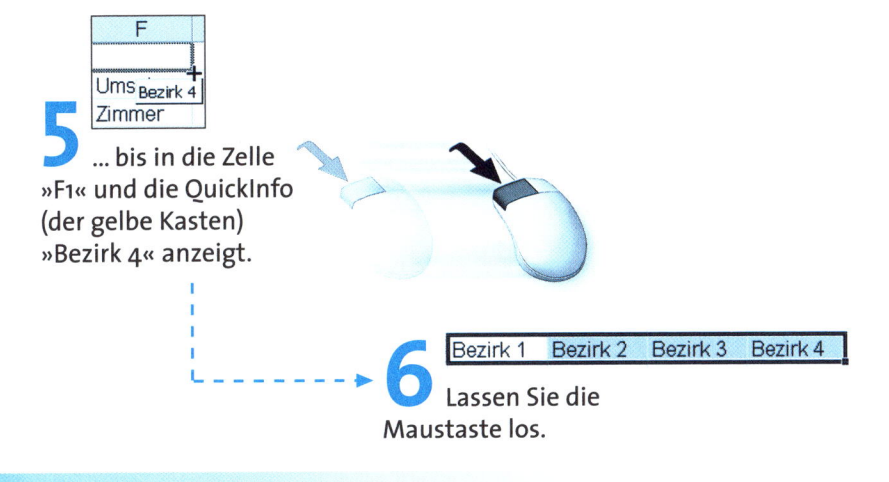

5 ... bis in die Zelle
»F1« und die QuickInfo
(der gelbe Kasten)
»Bezirk 4« anzeigt.

6 Lassen Sie die
Maustaste los.

> **ACHTUNG**
>
> Speichern Sie die Kalkulation mit Hilfe der Schaltfläche oder dem Menüpunkt DATEI|SPEICHERN UNTER... ab. Vergeben Sie den Namen »Umsatz«.
>
> Die Arbeitsmappe können Sie im nächsten Kapitel verwenden. Dort lernen Sie das **Kopieren von Formeln** kennen!

1, 3, 5 ... Zählrhythmen

Sie lernen noch andere Möglichkeiten des Kopierens mit Hilfe der **Ausfüllen-Funktion** kennen.

Beispiel

Sie möchten sich die Schaltjahre (alle vier Jahre wieder!) seit dem Jahr 1960 bis ins Jahr 2000 anzeigen lassen.

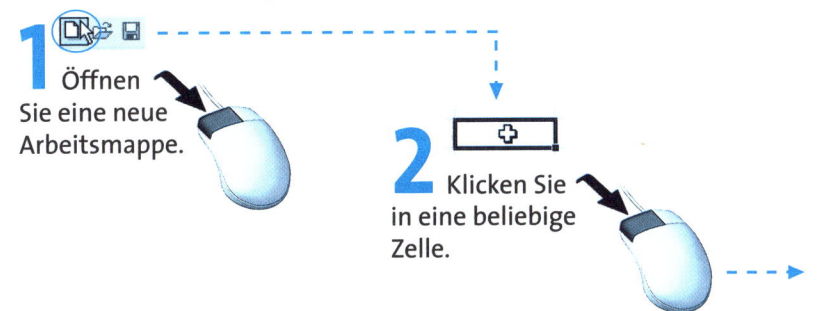

1 Öffnen Sie eine neue Arbeitsmappe.

2 Klicken Sie in eine beliebige Zelle.

125

3 Geben Sie das Jahr »1960« ein.

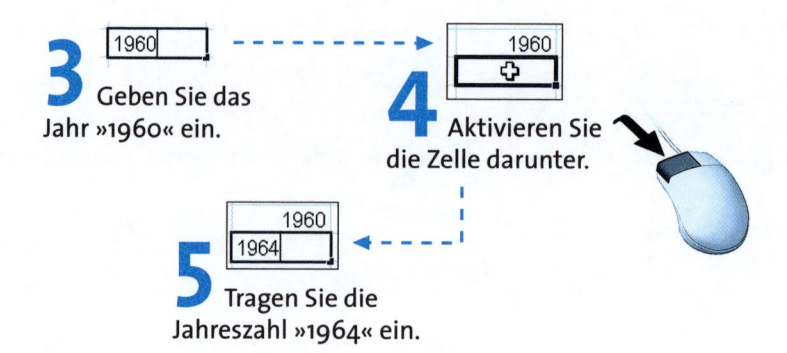

4 Aktivieren Sie die Zelle darunter.

5 Tragen Sie die Jahreszahl »1964« ein.

Um eine eigene Aufzählung zu erhalten, müssen Sie Excel mitteilen, was Sie aufzählen möchten. Hier eine Aufzählung mit einem Abstand von vier (Jahren).

ACHTUNG
Möchten Sie Excel einen **Zählrhythmus** wie »1, 3, 5, ...«, »4, 8, 12, ...« oder »1960, 1964, 1968,...« mitteilen, müssen Sie in mindestens zwei Zellen eine Zahl eintragen und diese **markieren**, bevor Sie mit Hilfe der Ausfüllen-Funktion zählen.

Sie müssen zunächst beide Zellen **markieren**.

Ein zusätzliches Drücken der (Strg)-Taste ist **nicht** erforderlich, dann würden Sie die beiden Zellen nämlich nur kopieren.

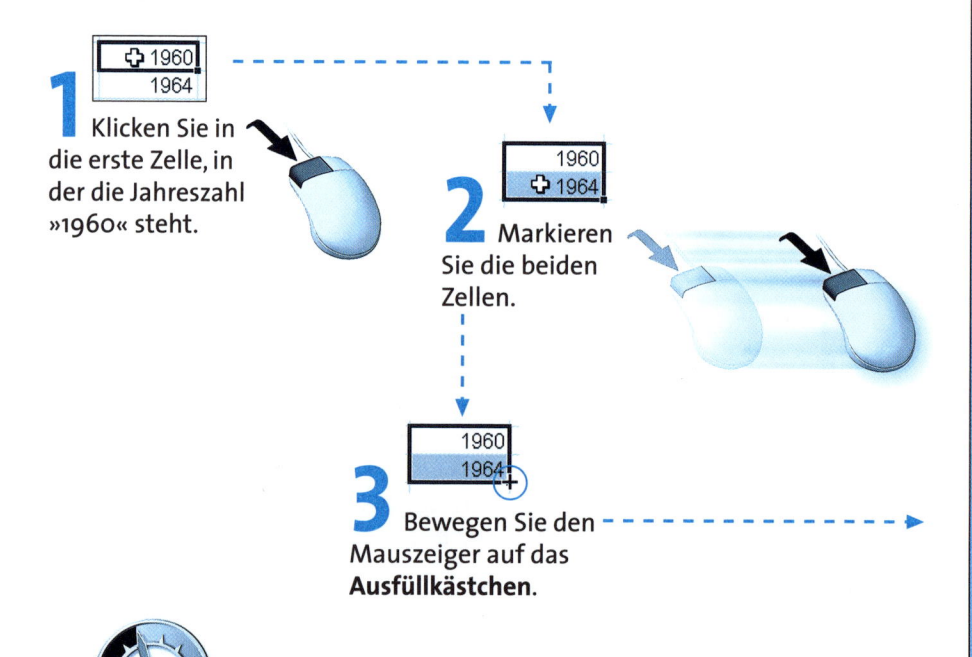

1 Klicken Sie in die erste Zelle, in der die Jahreszahl »1960« steht.

2 Markieren Sie die beiden Zellen.

3 Bewegen Sie den Mauszeiger auf das **Ausfüllkästchen**.

1, 3, 5 ... ZÄHLRHYTHMEN

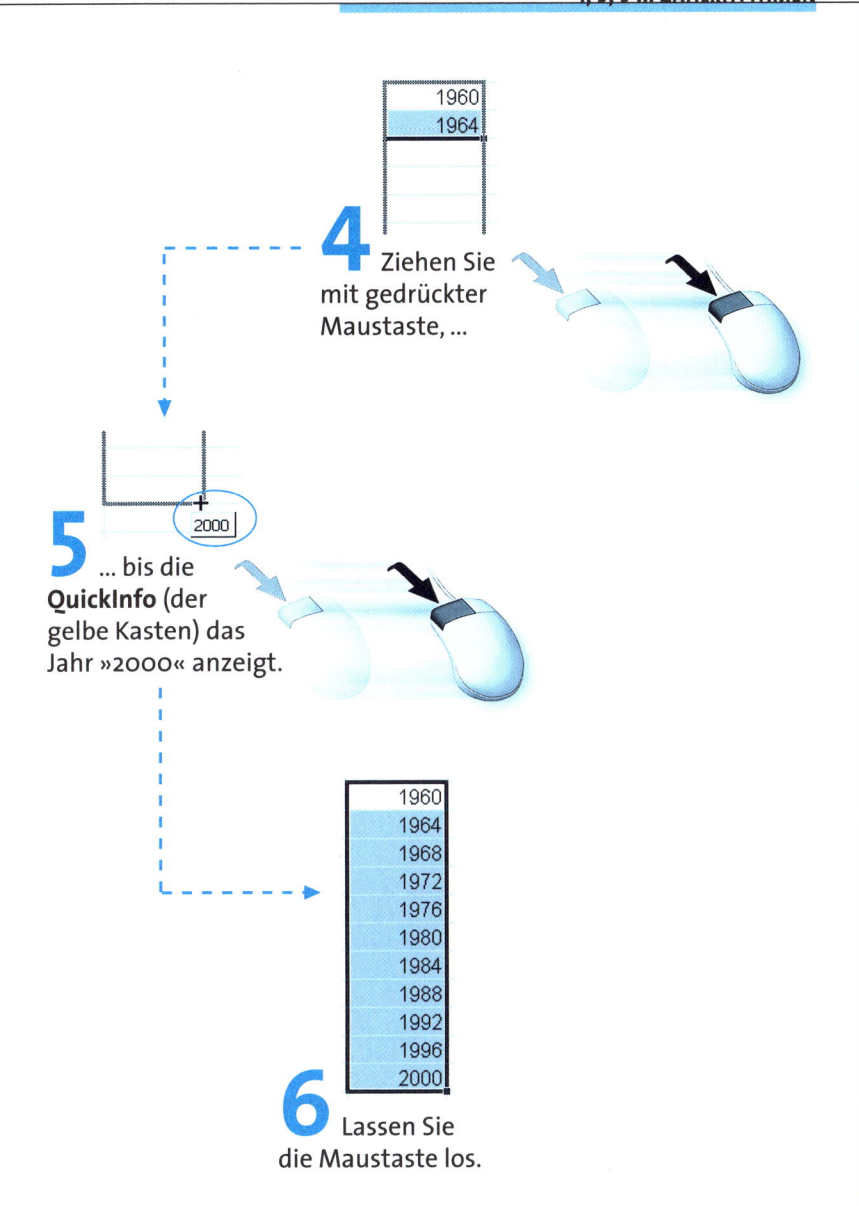

4 Ziehen Sie mit gedrückter Maustaste, ...

5 ... bis die **QuickInfo** (der gelbe Kasten) das Jahr »2000« anzeigt.

6 Lassen Sie die Maustaste los.

127

8 Berechnungen einfach kopieren

Was bringt Ihnen dieses Kapitel?

Stellen Sie eine neue Berechnung auf, geben Sie jedes Mal die entsprechende Formel in Excel 2002 ein, um das korrekte Ergebnis zu erhalten.
Warum wollen Sie sich das Leben so schwer machen? Dabei kann doch alles ganz EASY sein! Sie kopieren einfach eine Formel für mehrere Berechnungen.

Das können Sie schon:

Zellen kopieren	114
Zellen automatisch ausfüllen	119
Aufzählungen erstellen	120
Kalkulationen öffnen	98
Eine Kalkulation speichern	78
Das Ausdrucken einer Kalkulation	91
Die Spaltenbreite ändern	62
Formate übertragen	67
Zellen verschieben	72

Das lernen Sie neu:

Formeln kopieren	130
Formeln in andere Zellbereiche kopieren	133

Formeln kopieren

HINWEIS Sollten Sie das Kapitel übersprungen haben, tragen Sie die entsprechenden Angaben einfach nachträglich ein.

Verwenden Sie die Kalkulation »Umsatz« aus dem vorherigen Kapitel.

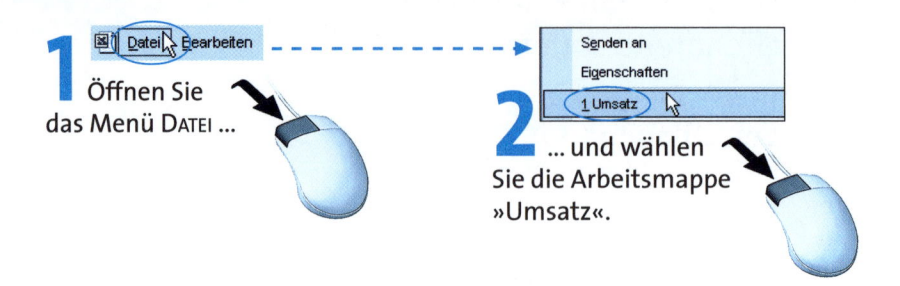

1 Öffnen Sie das Menü DATEI ...

2 ... und wählen Sie die Arbeitsmappe »Umsatz«.

Die nachfolgenden Zahlen müssen nicht exakt von Ihnen übernommen werden. Es geht um die Funktion »Formeln kopieren«.

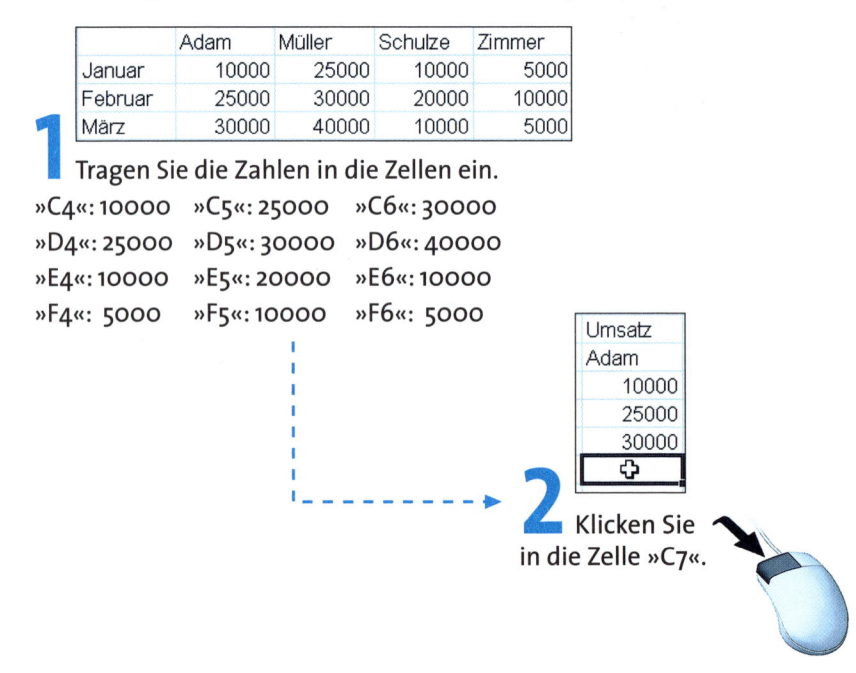

	Adam	Müller	Schulze	Zimmer
Januar	10000	25000	10000	5000
Februar	25000	30000	20000	10000
März	30000	40000	10000	5000

1 Tragen Sie die Zahlen in die Zellen ein.

»C4«: 10000 »C5«: 25000 »C6«: 30000
»D4«: 25000 »D5«: 30000 »D6«: 40000
»E4«: 10000 »E5«: 20000 »E6«: 10000
»F4«: 5000 »F5«: 10000 »F6«: 5000

2 Klicken Sie in die Zelle »C7«.

Formeln kopieren

Als Nächstes ermitteln Sie die **Summe** der ersten Spalte »Adam«.

1 Aktivieren Sie die Schaltfläche *AutoSumme*.

2 Bestätigen Sie die Formel über die Bearbeitungsleiste.

Die erste Berechnung ist erfolgt. Doch Excel kann noch mehr: Formeln kopieren.

Sie bewegen den Mauszeiger auf das **Ausfüllkästchen**.

Mit gedrückter, linker Maustaste **kopieren** Sie die Formeln in die anderen Zellen.

Adam	Müller	Schulze	Zimmer
10000	25000	10000	5000
25000	30000	20000	10000
30000	40000	10000	5000
65000	95000	40000	20000

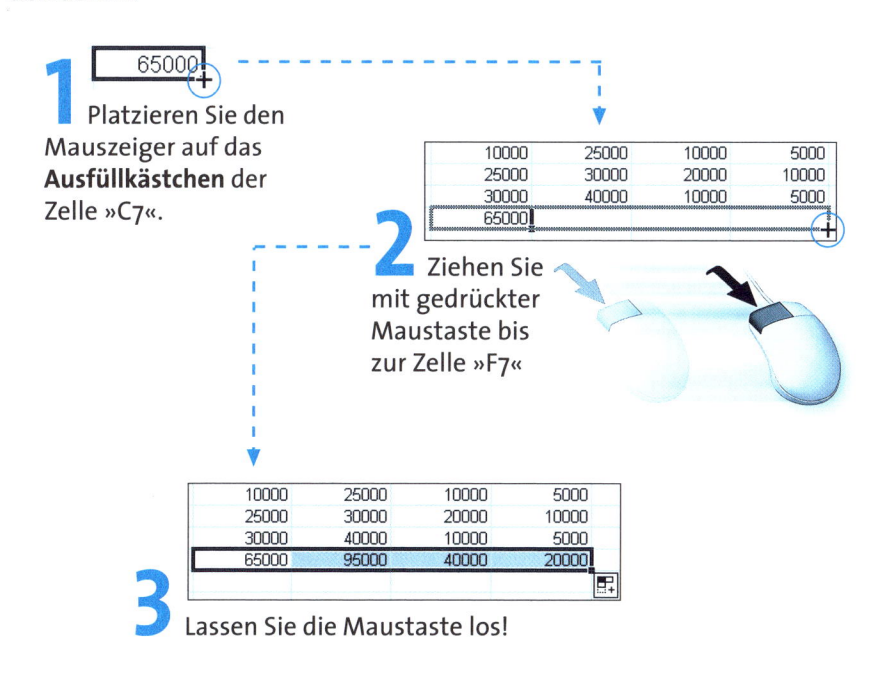

Das Programm weiß, dass die obigen Zellen bis zum Text berechnet werden sollen.

1 Platzieren Sie den Mauszeiger auf das **Ausfüllkästchen** der Zelle »C7«.

2 Ziehen Sie mit gedrückter Maustaste bis zur Zelle »F7«

3 Lassen Sie die Maustaste los!

Das Gleiche gilt nicht nur für waagerechte, sondern auch für senkrechte Berechnungen.

In diesem Beispiel errechnen Sie die Umsätze für die Monate Januar, Februar und März. Dazu ermitteln Sie zunächst die Summe für den Monat Januar.

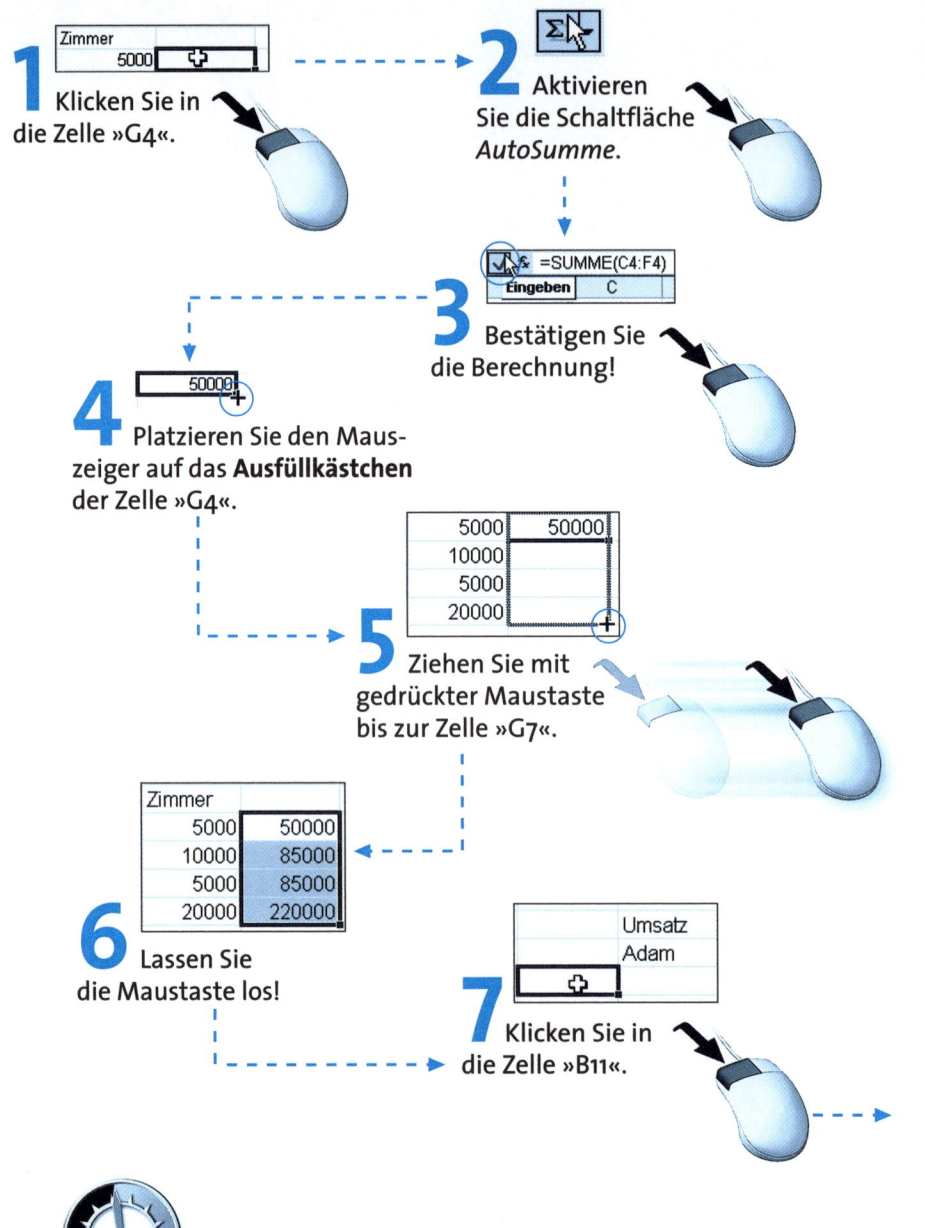

1 Klicken Sie in die Zelle »G4«.

2 Aktivieren Sie die Schaltfläche *AutoSumme*.

3 Bestätigen Sie die Berechnung!

4 Platzieren Sie den Mauszeiger auf das **Ausfüllkästchen** der Zelle »G4«.

5 Ziehen Sie mit gedrückter Maustaste bis zur Zelle »G7«.

6 Lassen Sie die Maustaste los!

7 Klicken Sie in die Zelle »B11«.

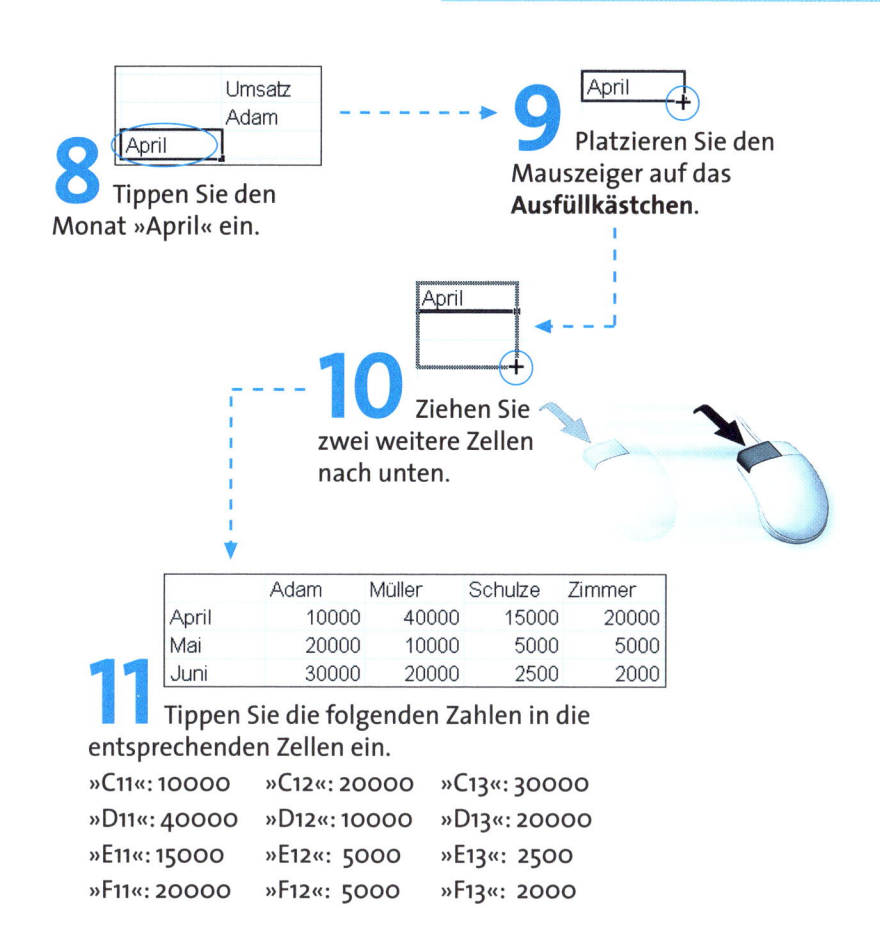

Formeln in andere Zellbereiche kopieren

8 Tippen Sie den Monat »April« ein.

9 Platzieren Sie den Mauszeiger auf das **Ausfüllkästchen**.

10 Ziehen Sie zwei weitere Zellen nach unten.

11 Tippen Sie die folgenden Zahlen in die entsprechenden Zellen ein.

»C11«: 10000   »C12«: 20000   »C13«: 30000
»D11«: 40000   »D12«: 10000   »D13«: 20000
»E11«: 15000   »E12«: 5000   »E13«: 2500
»F11«: 20000   »F12«: 5000   »F13«: 2000

Formeln in andere Zellbereiche kopieren

Sie können auch Formeln in Zellen kopieren, die nicht nebeneinander liegen. Dazu verwenden Sie beispielsweise die Schaltflächen *Kopieren* und anschließend *Einfügen* (mit der [Esc]-Taste schalten Sie die Funktion wieder aus).

Aber auch mit der Maus geht's, indem Sie die Zellen mit den Formeln **markieren** und in den entsprechenden Bereich ziehen.

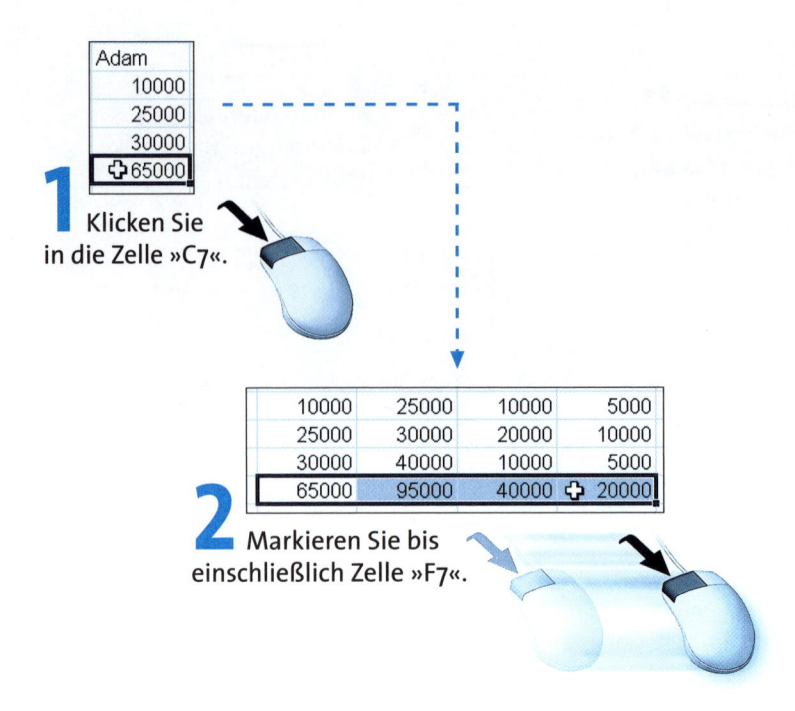

Adam	
	10000
	25000
	30000
	✥ 65000

1 Klicken Sie in die Zelle »C7«.

10000	25000	10000	5000
25000	30000	20000	10000
30000	40000	10000	5000
65000	95000	40000 ✥	20000

2 Markieren Sie bis einschließlich Zelle »F7«.

Sie bewegen den Mauszeiger auf den **Rand der Markierung**, bis er sich in einen Pfeil ändert, und **ziehen** mit gedrückter Maustaste in die neuen Zellen.

Zusätzlich müssen Sie die ⸤Strg⸥-Taste drücken.

FORMELN IN ANDERE ZELLBEREICHE KOPIEREN

1 Platzieren Sie den Mauszeiger auf den Rand der Markierung und halten die [Strg]-Taste gedrückt.

	Umsatz Adam	Umsatz Müller	Umsatz Schulze	Umsatz Zimmer
April	10000	40000	15000	20000
Mai	20000	10000	5000	5000
Juni	30000	20000	2500	2000

2 Ziehen Sie mit gedrückter, linker Maustaste in den Zellbereich »C14 bis F14«.

ACHTUNG

Nachdem Sie mit der Maus gezogen haben, müssen Sie **erst** die Maustaste und **dann** die [Strg]-Taste loslassen, ansonsten kopiert Excel nicht die Formel, sondern verschiebt diese lediglich.

	Umsatz Adam	Umsatz Müller	Umsatz Schulze	Umsatz Zimmer
April	10000	40000	15000	20000
Mai	20000	10000	5000	5000
Juni	30000	20000	2500	2000

3 Lassen Sie **zuerst** die Maustaste und **dann** die [Strg]-Taste los!

9 Zellenformate

Was bringt Ihnen dieses Kapitel?

Währungen ahoi – Kursberechnungen! Möchten Sie verreisen? Dann wäre es doch interessant zu wissen: Wie viel Euro gibt's für einen Dollar, Franc, 100 Yen oder 1.000 Lire? Nach der nächsten Kalkulation sind Sie ständig informiert, wie viel der Euro wert ist. Ändert sich der Kurs, müssen Sie nicht jedes Mal neu rechnen, was Sie für Ihr Geld bekommen.

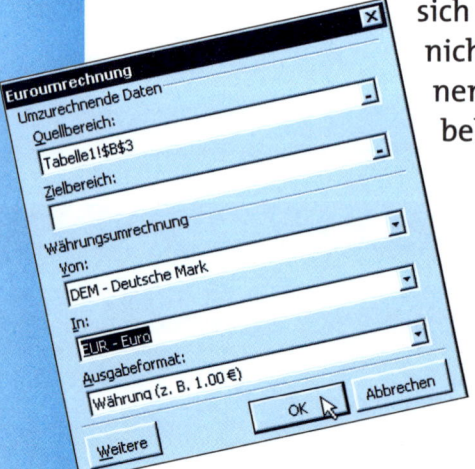

Das können Sie schon:

Formeln kopieren	130
Zellen kopieren	114
Zellen automatisch ausfüllen	119
Aufzählungen erstellen	120
Kalkulationen öffnen	98
Eine Kalkulation speichern	78
Das Ausdrucken einer Kalkulation	91
Die Spaltenbreite ändern	62
Formate übertragen	67

Das lernen Sie neu:

DM und Euro	138
Währungen eingeben	142
Nachkommastellen angeben	145
Absolute Bezüge	148
Zahlenformate löschen	152
Datumsformate	153

DM und Euro

WAS IST DAS
Add-Ins sind Zusatzprogramme, die Excel 2002 um Funktionen erweitern.

Die Mark geht, der Euro kommt. Excel bietet Ihnen dazu für die Übergangszeit Hilfen an. Diese müssen Sie über die Menüoption EXTRAS|ADD-INS nachinstallieren.

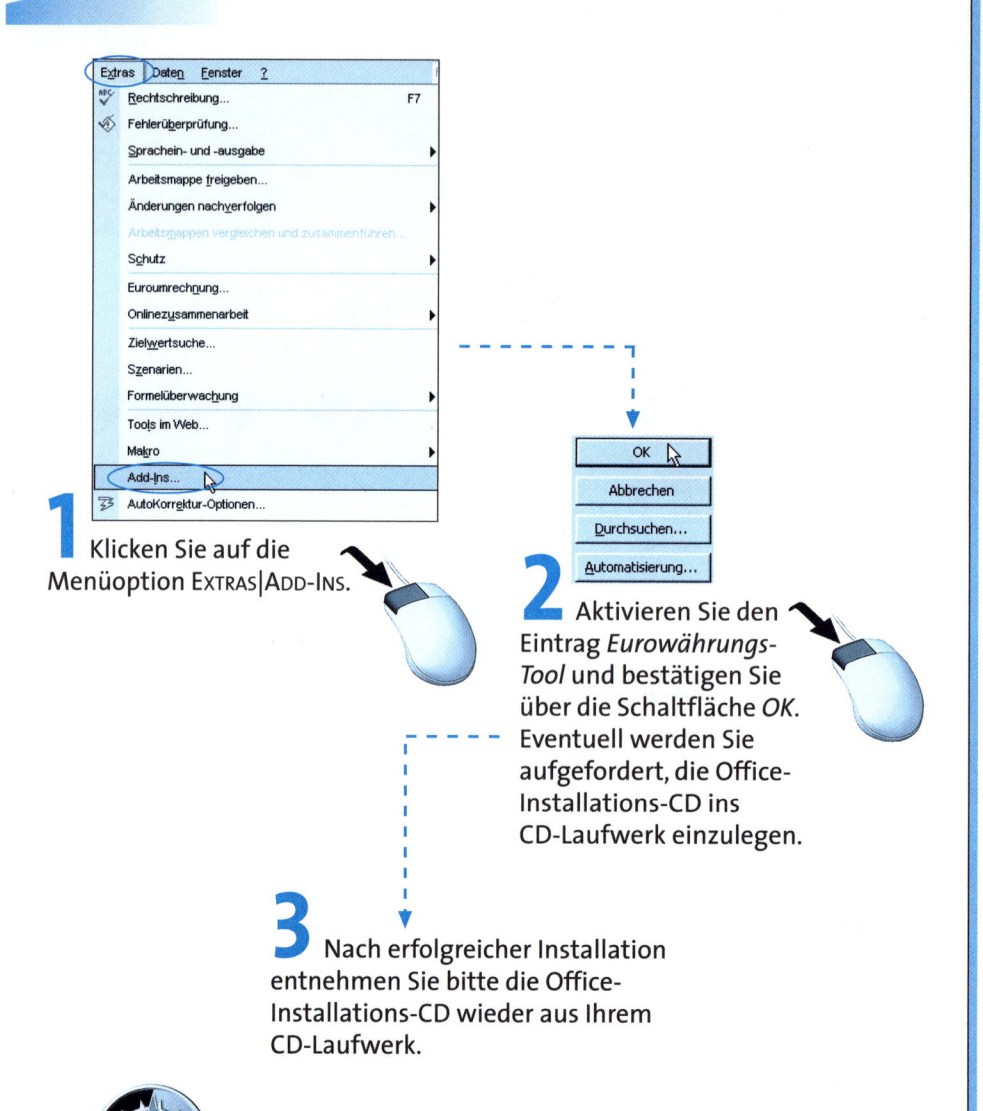

1 Klicken Sie auf die Menüoption EXTRAS|ADD-INS.

2 Aktivieren Sie den Eintrag *Eurowährungs-Tool* und bestätigen Sie über die Schaltfläche *OK*. Eventuell werden Sie aufgefordert, die Office-Installations-CD ins CD-Laufwerk einzulegen.

3 Nach erfolgreicher Installation entnehmen Sie bitte die Office-Installations-CD wieder aus Ihrem CD-Laufwerk.

DM UND EURO

Sie werden auf einfachste Weise die neuen Funktionen kennen lernen.

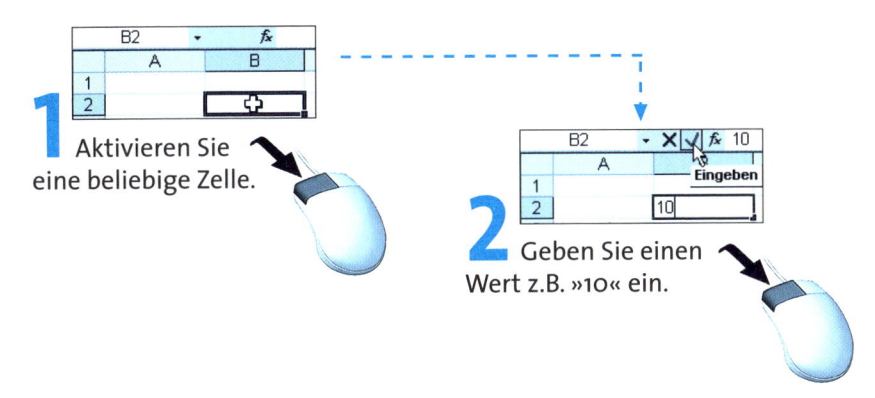

1 Aktivieren Sie eine beliebige Zelle.

2 Geben Sie einen Wert z.B. »10« ein.

Sie möchten wissen, wie viel der Euro in den unterschiedlichen Ländern wert ist. Kein Problem. In diesem Beispiel lassen Sie sich zunächst den Wert von 10 DM in Euro umrechnen.

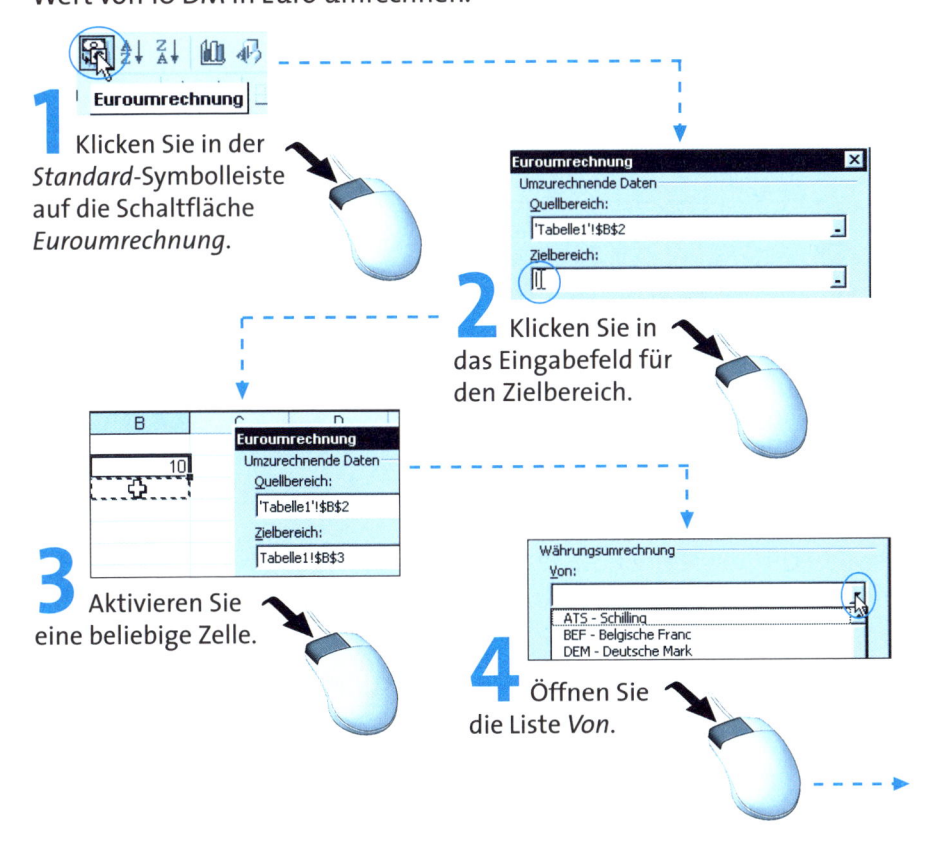

1 Klicken Sie in der *Standard*-Symbolleiste auf die Schaltfläche *Euroumrechnung*.

2 Klicken Sie in das Eingabefeld für den Zielbereich.

3 Aktivieren Sie eine beliebige Zelle.

4 Öffnen Sie die Liste *Von*.

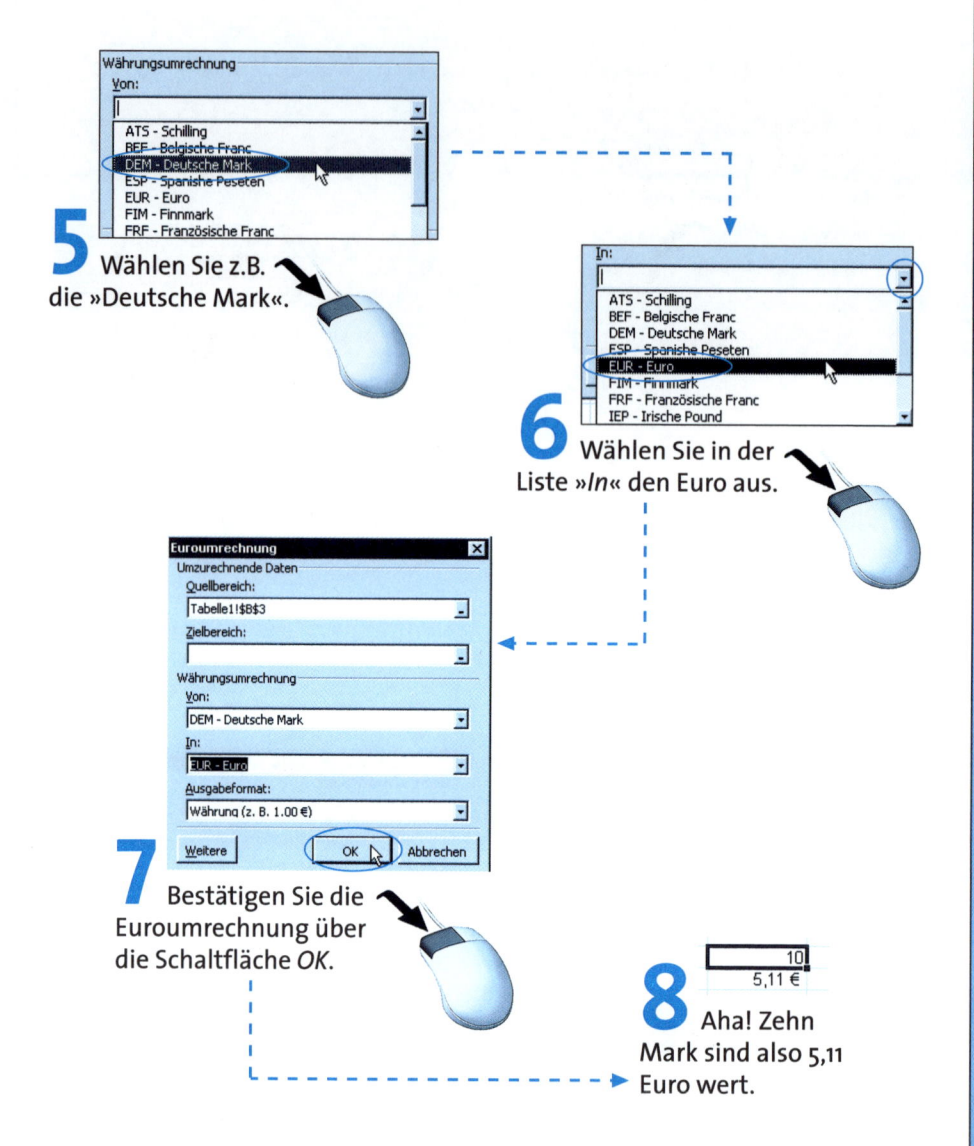

5 Wählen Sie z.B. die »Deutsche Mark«.

6 Wählen Sie in der Liste »*In*« den Euro aus.

7 Bestätigen Sie die Euroumrechnung über die Schaltfläche *OK*.

8 Aha! Zehn Mark sind also 5,11 Euro wert.

Diese Berechnung können Sie nun auch für andere Währungen durchführen. Der Euro ist eine feste Größe (1 Euro = 1,95583 DM). Auf diesem fixen Wert erfolgen die Währungsumrechnungen.

Eine weitere Möglichkeit bietet die *Euro*-Symbolleiste. Falls diese auf Ihrem Bildschirm noch nicht eingeblendet ist, aktiveren Sie diese.

DM UND EURO

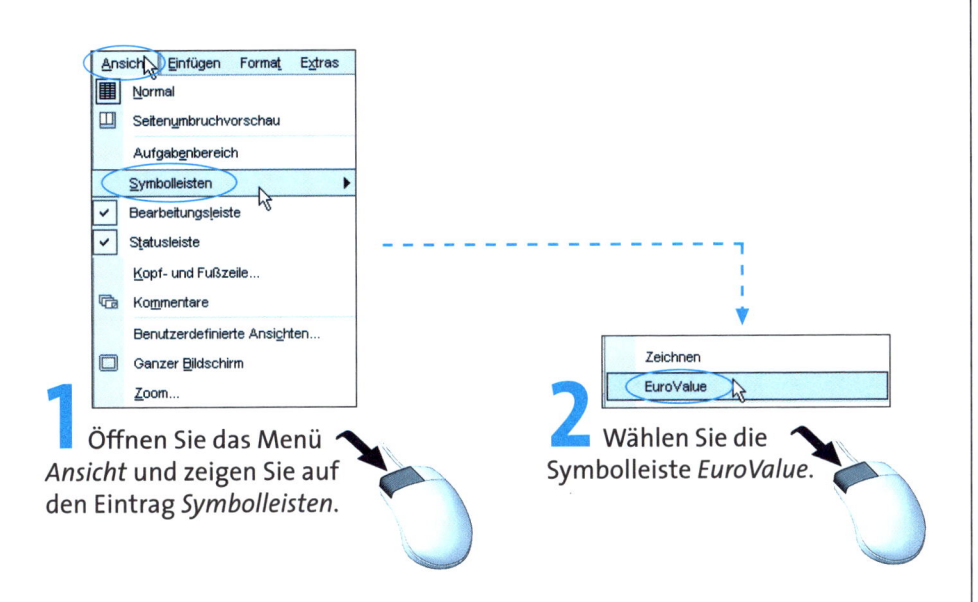

1 Öffnen Sie das Menü *Ansicht* und zeigen Sie auf den Eintrag *Symbolleisten*.

2 Wählen Sie die Symbolleiste *EuroValue*.

Sie möchten wissen, wie viel der Euro in den unterschiedlichen Ländern wert ist? Kein Problem!

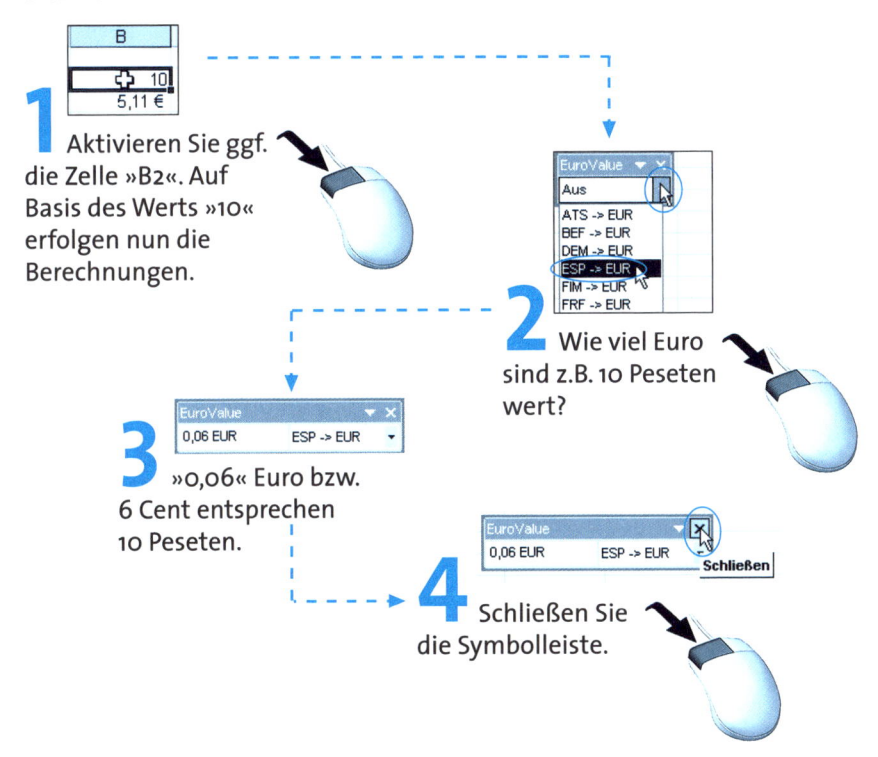

1 Aktivieren Sie ggf. die Zelle »B2«. Auf Basis des Werts »10« erfolgen nun die Berechnungen.

2 Wie viel Euro sind z.B. 10 Peseten wert?

3 »0,06« Euro bzw. 6 Cent entsprechen 10 Peseten.

4 Schließen Sie die Symbolleiste.

141

Im Juli 2002 heißt es: »Auf Wiedersehen Deutsche Mark«. Wenn die DM endgültig vom Markt verschwunden ist, lassen Sie einfach die Schaltfläche *Währung* verschwinden. Ganz einfach so! Dazu können Sie z.B. die Schaltfläche *Optionen für Symbolleisten* verwenden. Wählen Sie dann *Schaltflächen hinzufügen oder entfernen|Format* und deaktivieren die Schaltfläche *Währung*.

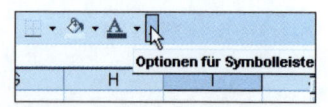

Währungen eingeben

Die nächste Kalkulation ermittelt, wie viel US-Dollar Sie für Ihr Geld erhalten. Sie wissen sicherlich noch, dass Sie mit **Texten** nicht rechnen können.

ACHTUNG: Zellen mit Devisen müssen als Währungen formatiert werden.

Geben Sie »1$« für einen Dollar über die Tastatur ein, richtet sich der Inhalt der Zelle nach **links** aus. Das bedeutet: Die Eingabe ist für Excel keine Zahl zum Rechnen, sondern »lediglich« ein **Text**.

Die Zelle muss auf Dollar quasi umgestellt – **formatiert** – werden. Klicken Sie die Schaltfläche *Währung* oder *Euro* an, erhalten Sie die bekannte Abkürzung für Deutsche Mark und Euro. Doch was ist mit den anderen Währungen? Um diese anzugeben, rufen Sie den Menübefehl FORMAT|ZELLEN auf.

HINWEIS: Anstatt den mühsamen Weg über die Menüoption FORMAT|ZELLEN zu gehen, um zum Dialogfeld *Zellen formatieren* zu gelangen, können Sie ebenso die wesentlich schnellere Tastenkombination [Strg] + [1] wählen. Zuerst drücken Sie die [Strg]-Taste, halten diese fest, dann tippen Sie die »1«. Anschließend lassen Sie beide Tasten los.

Da Sie mit Zahlen arbeiten, aktivieren Sie die Registerkarte *Zahlen*. Unter *Kategorie* sehen Sie eine Auswahl. Sie kalkulieren in der Übung mit **Währungsbeträgen**, daher benötigen Sie den Eintrag *Währung*.

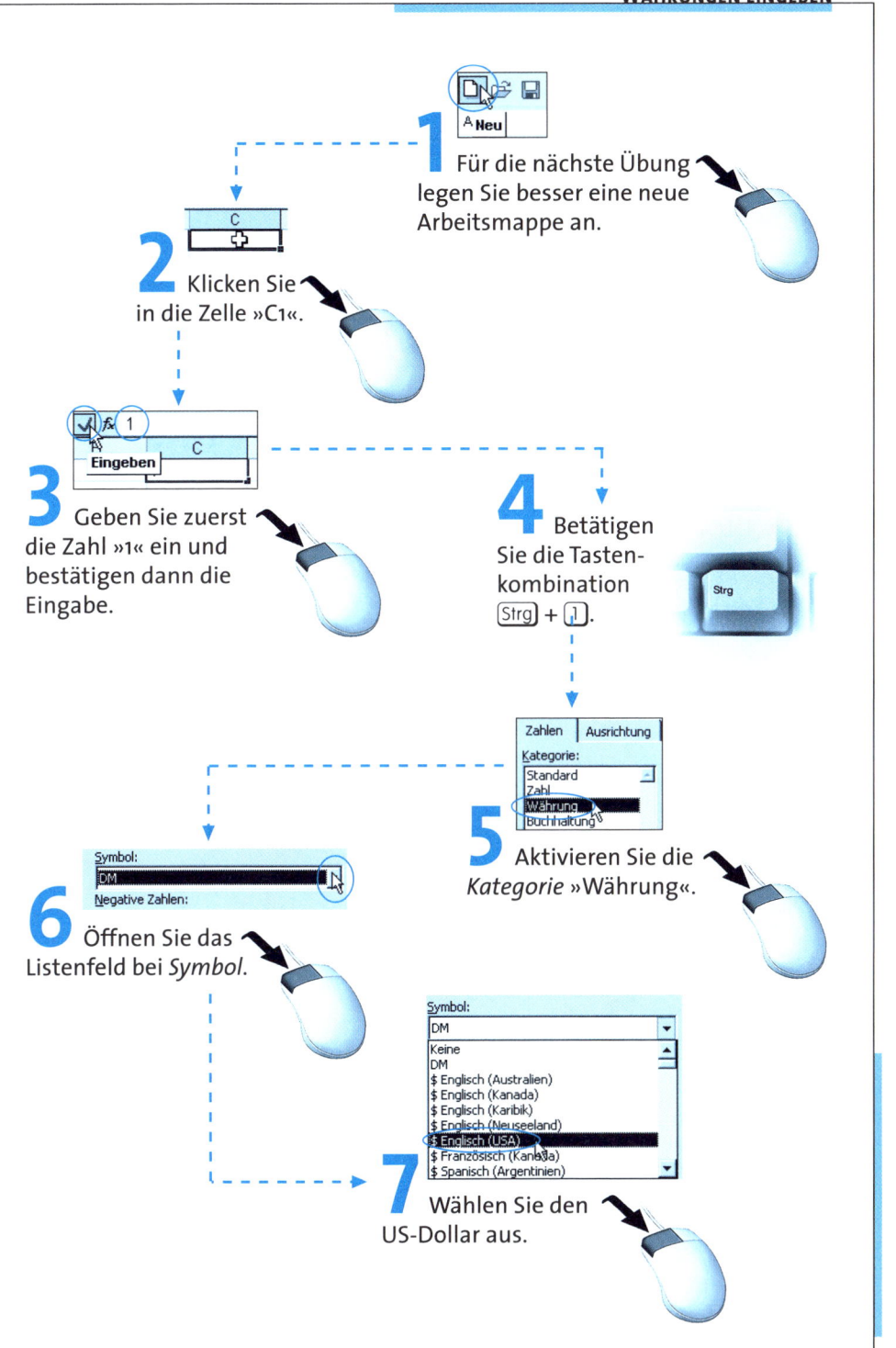

Währungen eingeben

1 Für die nächste Übung legen Sie besser eine neue Arbeitsmappe an.

2 Klicken Sie in die Zelle »C1«.

3 Geben Sie zuerst die Zahl »1« ein und bestätigen dann die Eingabe.

4 Betätigen Sie die Tastenkombination [Strg] + [1].

5 Aktivieren Sie die *Kategorie* »Währung«.

6 Öffnen Sie das Listenfeld bei *Symbol*.

7 Wählen Sie den US-Dollar aus.

143

Aufs Komma genau

HINWEIS: Eine große Hilfe bietet das **Beispielfenster**. Hier erkennen Sie bereits, wie Ihre Zahl aussieht, sobald Sie Ihre Formate mit *OK* bestätigen.

Auf der Registerkarte *Zahlen* legen Sie die **Nachkommastellen** fest. Da Sie für die Berechnung des Dollars keine verwenden, ändern Sie diese zunächst auf »0« um.

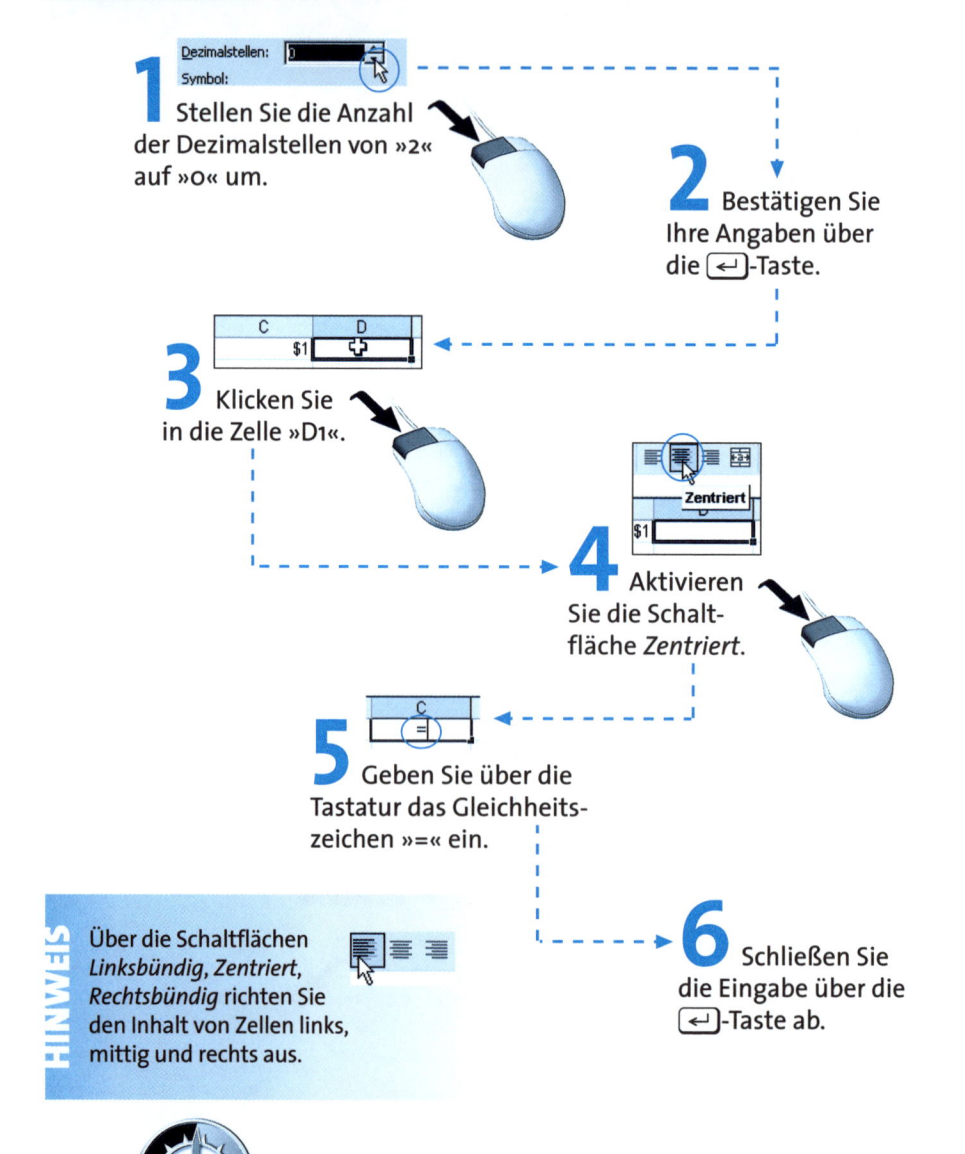

1 Stellen Sie die Anzahl der Dezimalstellen von »2« auf »0« um.

2 Bestätigen Sie Ihre Angaben über die ⏎-Taste.

3 Klicken Sie in die Zelle »D1«.

4 Aktivieren Sie die Schaltfläche *Zentriert*.

5 Geben Sie über die Tastatur das Gleichheitszeichen »=« ein.

6 Schließen Sie die Eingabe über die ⏎-Taste ab.

HINWEIS: Über die Schaltflächen *Linksbündig*, *Zentriert*, *Rechtsbündig* richten Sie den Inhalt von Zellen links, mittig und rechts aus.

Nachkommastellen angeben

Die eingegebene Zahl verfügt automatisch über **zwei Nachkommastellen** (z.B. 1,50).

Sie wissen aber aus den Nachrichten, dass der Dollar mit **drei** Dezimalstellen nach dem Komma im Devisenhandel (1,503) fixiert wird. Sie könnten den längeren Weg über das Menü FORMAT|ZELLEN|Registerkarte *Zahlen* wählen und bei *Dezimalstellen* »3« angeben.

Schneller und bequemer geht's über die Schaltflächen. Sie haben hier zwei zur Auswahl. Mit der einen entfernen Sie Nachkommastellen, mit der anderen fügen Sie welche hinzu.

Da zwei Dezimalstellen (1,50) nach dem Komma dargestellt werden, geben Sie noch eine an (1,503).

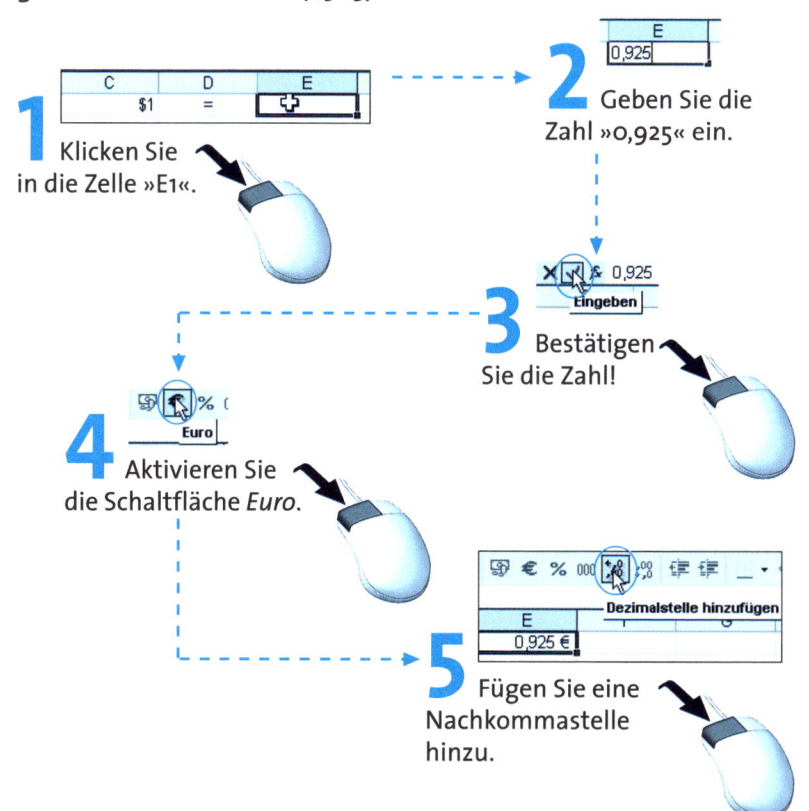

1 Klicken Sie in die Zelle »E1«.

2 Geben Sie die Zahl »0,925« ein.

3 Bestätigen Sie die Zahl!

4 Aktivieren Sie die Schaltfläche *Euro*.

5 Fügen Sie eine Nachkommastelle hinzu.

Formate übertragen

Zuerst tragen Sie die Dollarwerte ein. Um das Format Dollar bei den Zahlen anzugeben, wählen Sie nicht den längeren Menüweg, sondern verwenden die Schaltfläche *Format übertragen*. Mit dieser können Sie das **Währungsformat übertragen** und sparen Zeit. Das Symbol »$« ist bereits in einer Zelle vorhanden. Diese muss aktiviert sein. Ein Klick auf die Schaltfläche *Format übertragen*, und Sie »überstreichen« die Zellen, die ebenfalls Dollar ausweisen sollen.

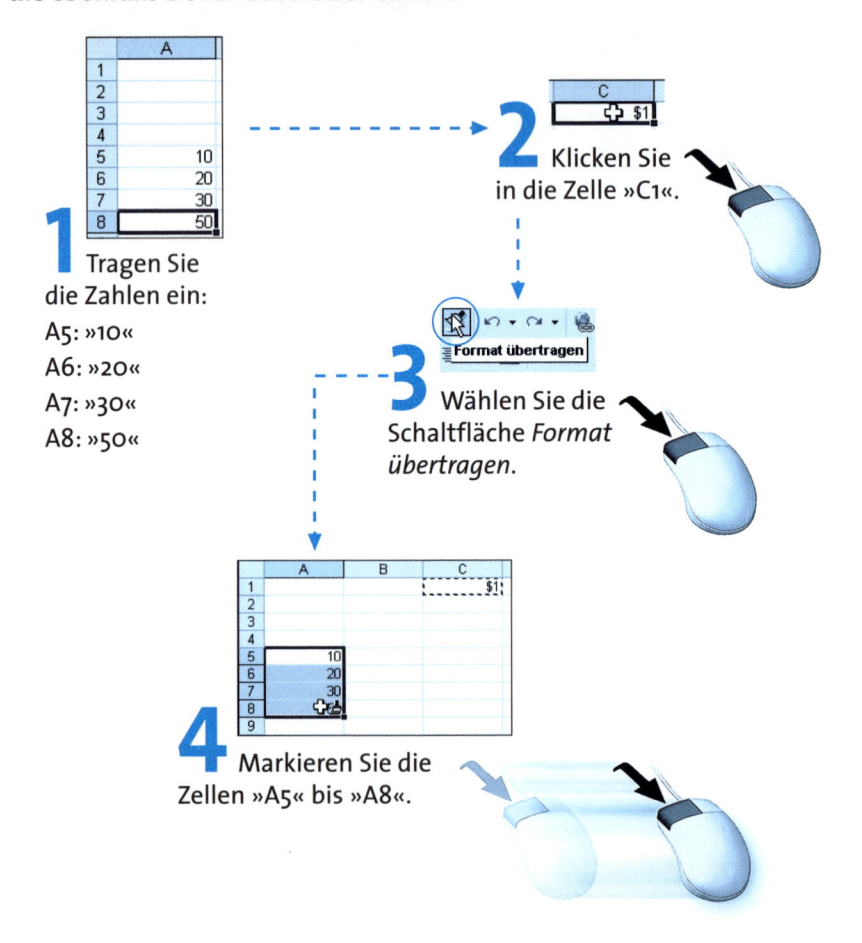

1 Tragen Sie die Zahlen ein:
A5: »10«
A6: »20«
A7: »30«
A8: »50«

2 Klicken Sie in die Zelle »C1«.

3 Wählen Sie die Schaltfläche *Format übertragen*.

4 Markieren Sie die Zellen »A5« bis »A8«.

Die Funktion schaltet sich automatisch aus. Doppelklicken Sie dagegen auf die Schaltfläche *Format übertragen*, können Sie die Funktion beliebig oft verwenden, bis Sie z.B. die [Esc]-Taste betätigen oder die Schaltfläche erneut anklicken.

NACHKOMMASTELLEN ANGEBEN

Das Gleichheitszeichen »=« benötigen Sie insgesamt viermal. Es könnte ja noch mehr sein! Sie können es nacheinander eintragen. Doch warum sich so viel Mühe machen, wenn's doch soooo einfach geht! Sie **kopieren** von der Zelle, in der bereits das zentrierte Gleichheitszeichen steht, in eine andere. Danach verwenden Sie das **Ausfüllkästchen,** und sämtliche Zellen beinhalten das (zentrierte) Gleichheitszeichen.

$10	=
$20	=
$30	=
$50	=

WAS IST DAS
Das Kopieren ist ähnlich wie das Ausschneiden. Beim Ausschneiden verschwindet das Original, beim Kopieren dagegen bleibt es bestehen.

Die **Drag&Drop-Methode** ist sicherlich der **schnellste** Kopiervorgang. Das Kopieren von Zelleninhalten erfolgt bei Drag&Drop fast wie die Funktion *Ausschneiden.* Zusätzlich muss die [Strg]-Taste gedrückt werden.

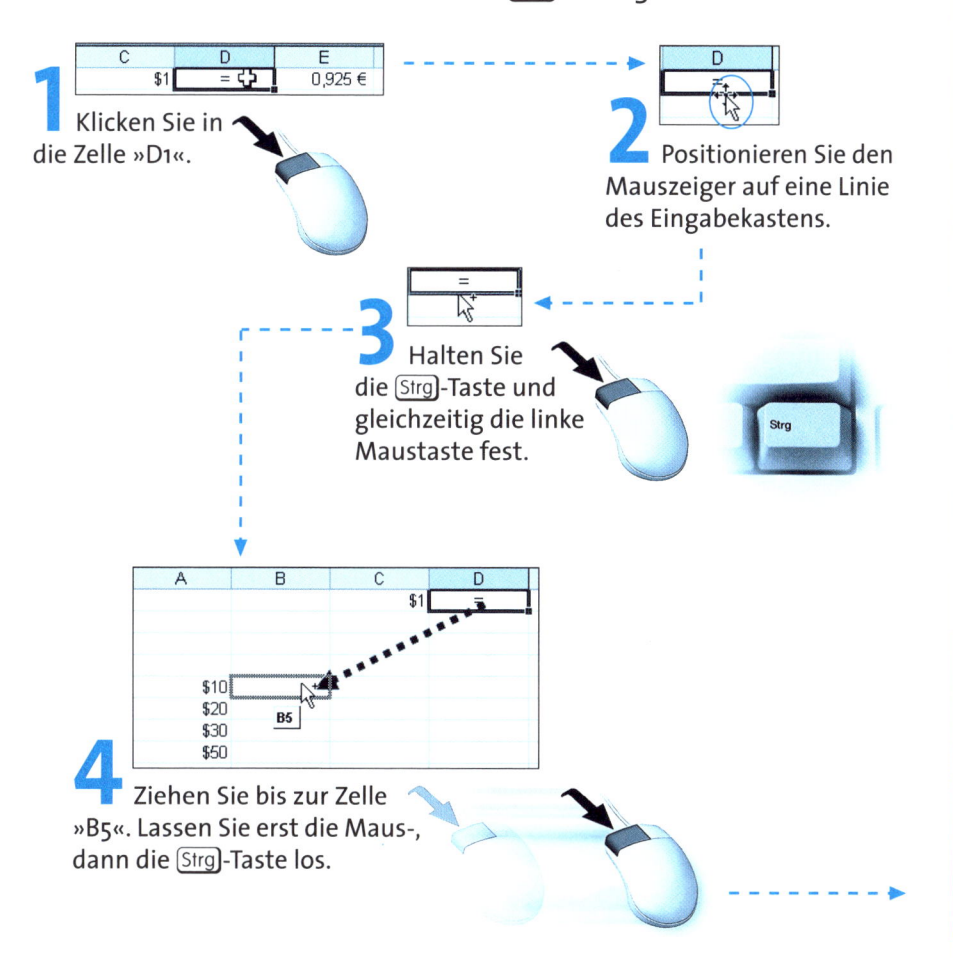

1 Klicken Sie in die Zelle »D1«.

2 Positionieren Sie den Mauszeiger auf eine Linie des Eingabekastens.

3 Halten Sie die [Strg]-Taste und gleichzeitig die linke Maustaste fest.

4 Ziehen Sie bis zur Zelle »B5«. Lassen Sie erst die Maus-, dann die [Strg]-Taste los.

147

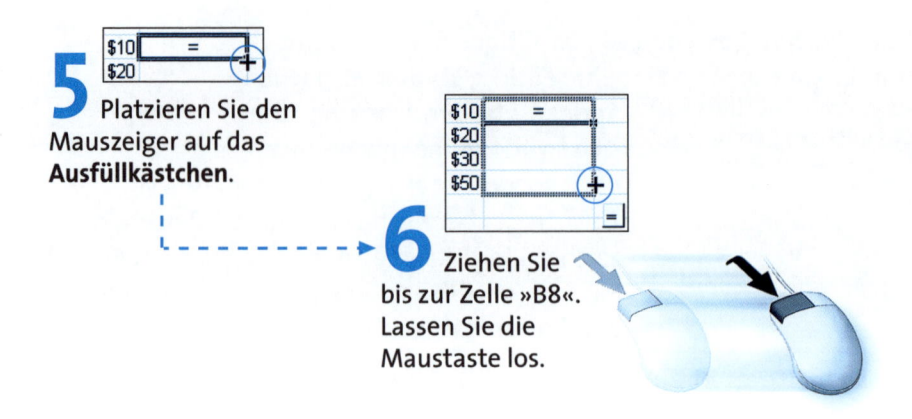

5 Platzieren Sie den Mauszeiger auf das **Ausfüllkästchen**.

6 Ziehen Sie bis zur Zelle »B8«. Lassen Sie die Maustaste los.

Absolute Bezüge

Fehlt noch die **Formel** für die Berechnung. Wenn ein Dollar 0,925 Euro wert ist, dann ergeben 10 DM, 20 DM, 30 DM oder 50 DM dementsprechend das 10, 20, 30 oder 50fache davon.

Da Sie in Excel nicht nur mit Zahlen rechnen, sondern auch mit Zellen, lauten die Formeln:

C5 = E1 * A5

C6 = E1 * A6

C7 = E1 * A7

C8 = E1 * A8

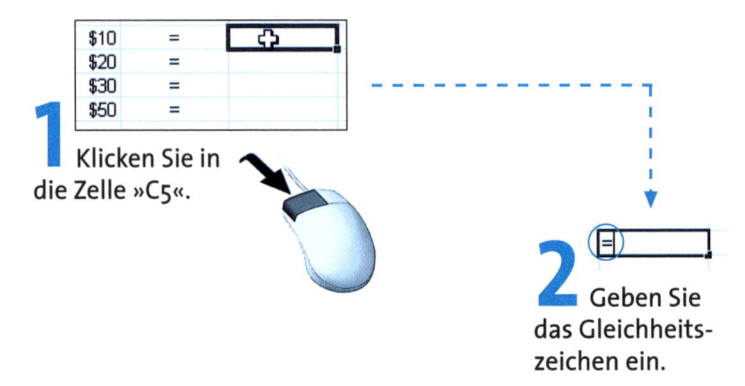

1 Klicken Sie in die Zelle »C5«.

2 Geben Sie das Gleichheitszeichen ein.

Formeln kopieren

... und weiter geht's mit der Kalkulation. Sie geben die oben erwähnte Formel ein. Sie lautet für die erste Zeile:

C5 = E1 * A5

Da die **Formel** für alle Zellen **identisch** ist (= relative Bezüge), kopieren Sie mit Hilfe des **Ausfüllkästchens** in die unteren Zellen.

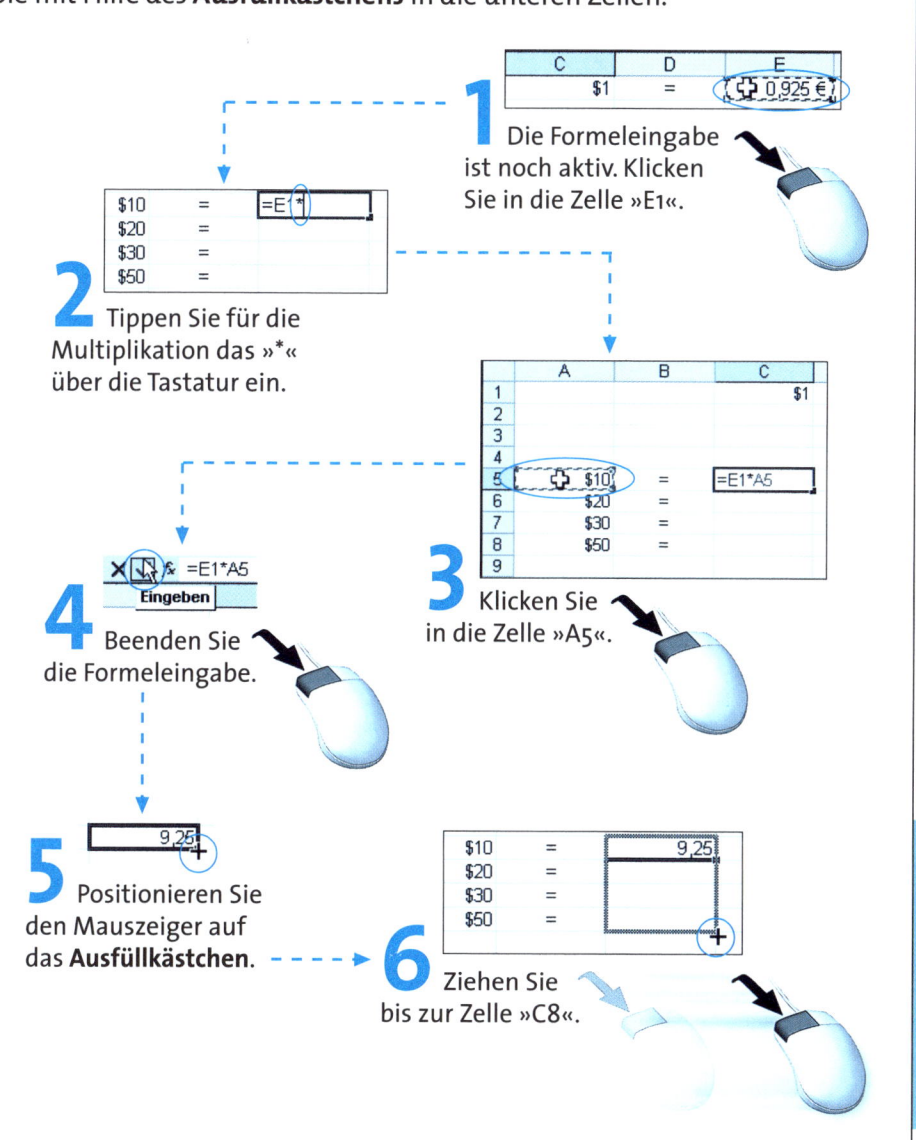

1 Die Formeleingabe ist noch aktiv. Klicken Sie in die Zelle »E1«.

2 Tippen Sie für die Multiplikation das »*« über die Tastatur ein.

3 Klicken Sie in die Zelle »A5«.

4 Beenden Sie die Formeleingabe.

5 Positionieren Sie den Mauszeiger auf das **Ausfüllkästchen**.

6 Ziehen Sie bis zur Zelle »C8«.

Keine oder falsche Werte?

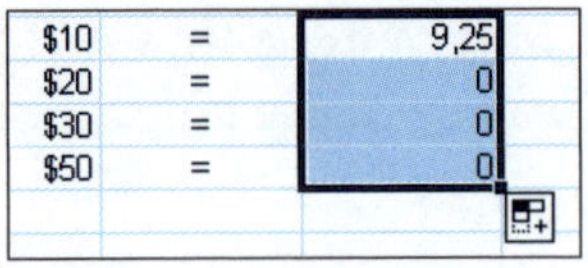

Doch was geschieht? Für drei Zellen erscheint kein Wert beziehungsweise eine »0«. Das kann nicht richtig sein! Nur der Wert in der ersten Zelle ist korrekt. Woran liegt's?

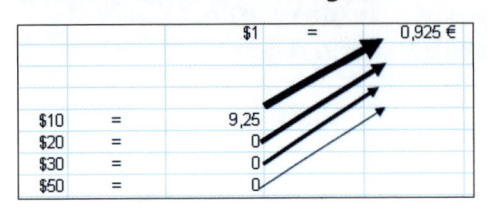

Beim Kopieren von Formeln **zählt** Excel immer »eins drauf«.

So **beziehen** sich die nachfolgenden Zellen auf falsche Angaben.

Zellenbezüge

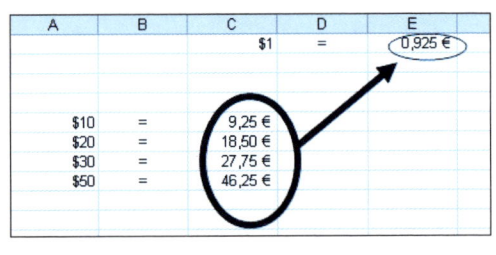

Der Wert für einen Dollar steht immer nur in ein und der**selben Zelle** (hier »E1«). Jede kopierte Formel bezieht sich hierauf. Ein »Draufzählen« wäre hier also falsch. Dem Programm muss mitgeteilt werden, dass es sich immer nur den Wert aus einer **bestimmten Zelle** holen soll.

ACHTUNG: Beziehen sich beim Kopieren mehrere Formeln immer nur auf ein und dieselbe Zelle, muss sie mit Dollarzeichen $$ angegeben werden. Bitte nicht mit der Währung Dollar verwechseln!

WAS IST DAS: Wenn sich kopierte Formeln auf eine bestimmte Zelle beziehen, lautet der Fachausdruck in Excel dafür: absoluter Bezug bzw. absolute Bezüge.

Das geschieht mit Hilfe des **Dollarzeichens**, das in dem Zusammenhang nichts mit der Währung zu tun hat. »E1« bedeutet, dass der gesuchte Wert immer in Zelle E1 steht. Beim Kopieren von Formeln wird dadurch nicht mehr »eins draufgezählt«.

Die Dollarzeichen können Sie vor oder nach der Eingabe angeben. Haben Sie bereits den Zellennamen eingetragen, brauchen Sie nur die F4-Taste zu drücken.

Absolute Bezüge

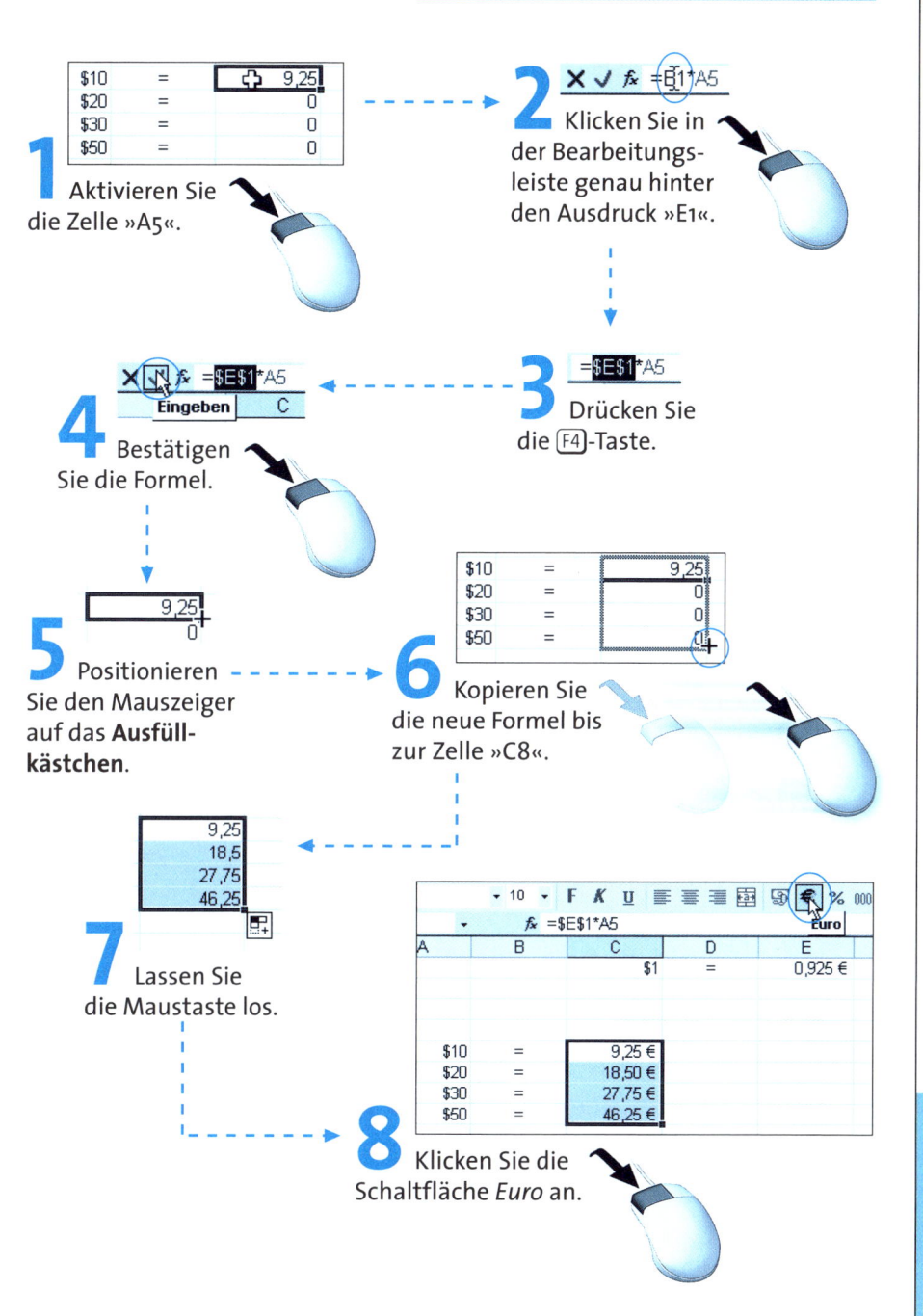

1 Aktivieren Sie die Zelle »A5«.

2 Klicken Sie in der Bearbeitungsleiste genau hinter den Ausdruck »E1«.

3 Drücken Sie die F4-Taste.

4 Bestätigen Sie die Formel.

5 Positionieren Sie den Mauszeiger auf das **Ausfüllkästchen**.

6 Kopieren Sie die neue Formel bis zur Zelle »C8«.

7 Lassen Sie die Maustaste los.

8 Klicken Sie die Schaltfläche *Euro* an.

Sollte sich der Kurs ändern, geben Sie einfach die neue Zahl in die Zelle ein.

Zahlenformate löschen

Sie benötigen das Dialogfeld *Zellen formatieren* und die Registerkarte *Zahlen*. Unter *Kategorie* wählen Sie entweder *Standard* oder *Zahl*. Dann aktivieren Sie ein »normales« Zahlenformat. Sobald Sie Ihre Angaben über die Schaltfläche *OK* oder der ⏎-Taste bestätigen, erhalten die Zellen das neue Format.

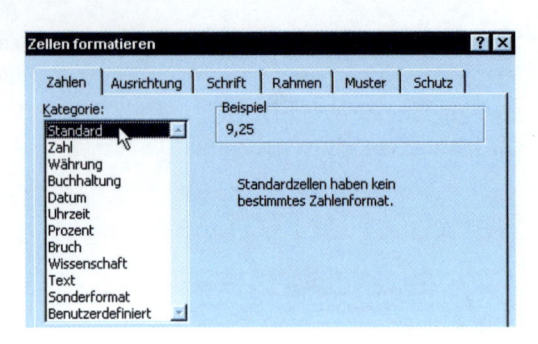

ACHTUNG: Zahlenformate können nicht, wie es bei Zelleninhalten ist, mit der Entf-Taste gelöscht werden. Das Format bleibt so lange in einer Zelle bestehen, bis ein anderes gewählt wurde.

ACHTUNG: Zahlenformate können nur über das Dialogfeld *Zellen formatieren* auf der Registerkarte *Zahlen* entfernt werden.

Beispiele für Zahlenformate im Überblick:

Format	Begriff	Zahl
0	Ganze Zahl	7
0,00	Zwei feste Nachkommastellen	7,77
#.##0	Ganze Zahl mit Tausenderpunkt	7.777
- #.##0	Negative, ganze Zahl mit Tausenderpunkt	-7.777
#.##0,00	Ganze Zahl mit Tausenderpunkt und zwei Nachkommastellen	7.777,77

HINWEIS: **Eigene Zahlenformate** legen Sie nach Aufruf des Menübefehls FORMAT|ZELLEN auf der Registerkarte *Zahlen* in der Kategorie *Benutzerdefiniert* fest.

Datumsformate

Sie können in Excel das aktuelle Datum einfügen, dazu brauchen Sie den Funktions-Assistenten nicht extra zu starten. Die Formel ist relativ EASY, so dass Sie diese selbst in Handarbeit erstellen können. Sie geben das **Gleichheitszeichen** an, damit Excel weiß, dass eine Formel folgt.

Heute ist der Wievielte?

ACHTUNG
Wichtig sind die Klammern (). Sie gehören dazu, wie die Schale zur Banane. Ohne »()« erkennt die Software die Formel nicht an.

Möchten Sie das aktuelle Datum und die Uhrzeit erhalten, tragen Sie »**jetzt()**« ein.

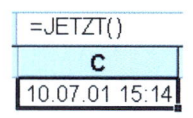

=JETZT( )
C
10.07.01 15:14

Mit der Eingabe »**heute()**« erhalten Sie das aktuelle Tagesdatum.

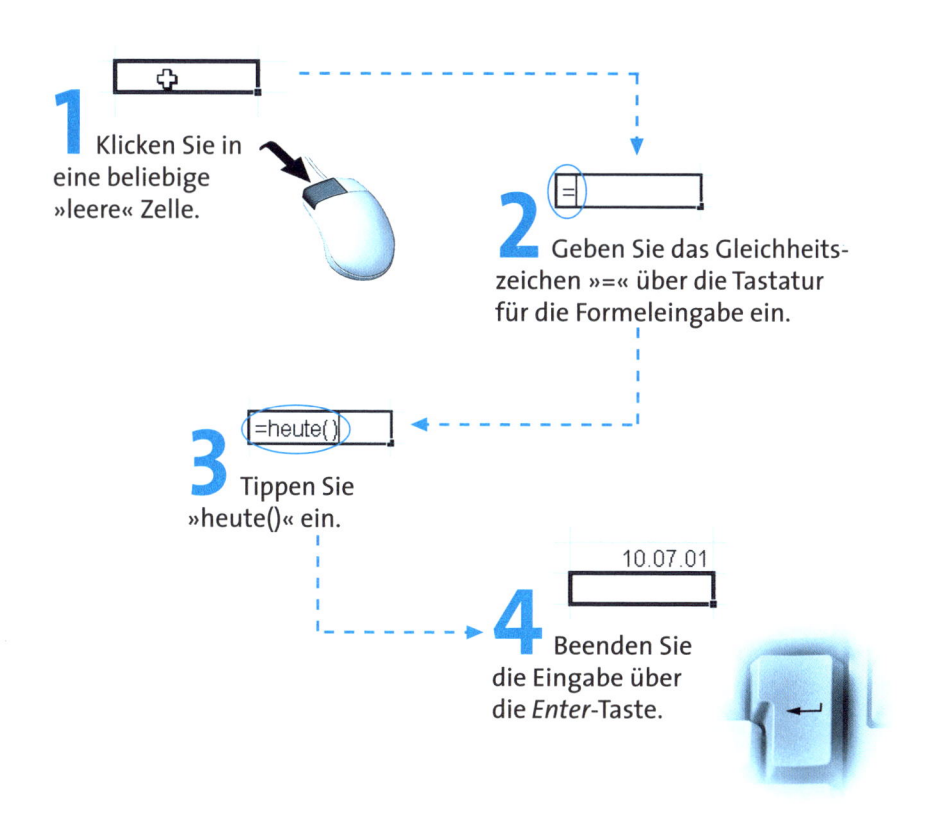

1 Klicken Sie in eine beliebige »leere« Zelle.

2 Geben Sie das Gleichheitszeichen »=« über die Tastatur für die Formeleingabe ein.

3 Tippen Sie »heute()« ein.

=heute()

10.07.01

4 Beenden Sie die Eingabe über die *Enter*-Taste.

Doch Excel bietet noch mehr an. Möchten Sie beispielsweise in einer Rechnung angeben, dass diese in 30 Tagen gezahlt werden soll, geben Sie »=heute()+30« ein.

Formel	Ergebnis
=jetzt()	Tagesdatum und aktuelle Uhrzeit
=heute()+7	Nächste Woche
=heute()+30	Tagesdatum plus 30 Tage
=heute()-7	Vorige Woche
=heute()-30	Tagesdatum minus 30 Tage

Wie ändern sich die Zeiten?

Ihr Computer sollte stets auf dem neuesten Stand des Datums und der Uhrzeit sein. Als Benutzer von Windows sind Sie immer darüber informiert, was die Zeit schlägt. Sie erkennen es unten in der **Taskleiste**. Ist Ihr Computer nicht gerade an eine Funkuhr angeschlossen, gibt es natürlich keine Garantie, ob die angezeigte Uhrzeit oder das Datum auch stimmen. Positionieren Sie den Mauszeiger auf die **Uhrenanzeige**, und klicken Sie doppelt. Auf der Registerkarte *Datum und Uhrzeit* stellen Sie das korrekte Datum und die Uhrzeit ein.

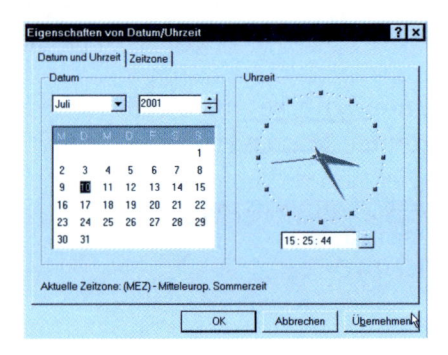

Ein Datum mit Format

Die Darstellungsform des Datums lautet: »10.07.01«. Sie können es auch anders anzeigen lassen. So verwandeln Sie beispielsweise die Angabe in »10. Juli 2001« um. Auch andere Datumsanzeigen sind möglich. Sie brauchen nur das **Format** zu ändern.

DATUMSFORMATE

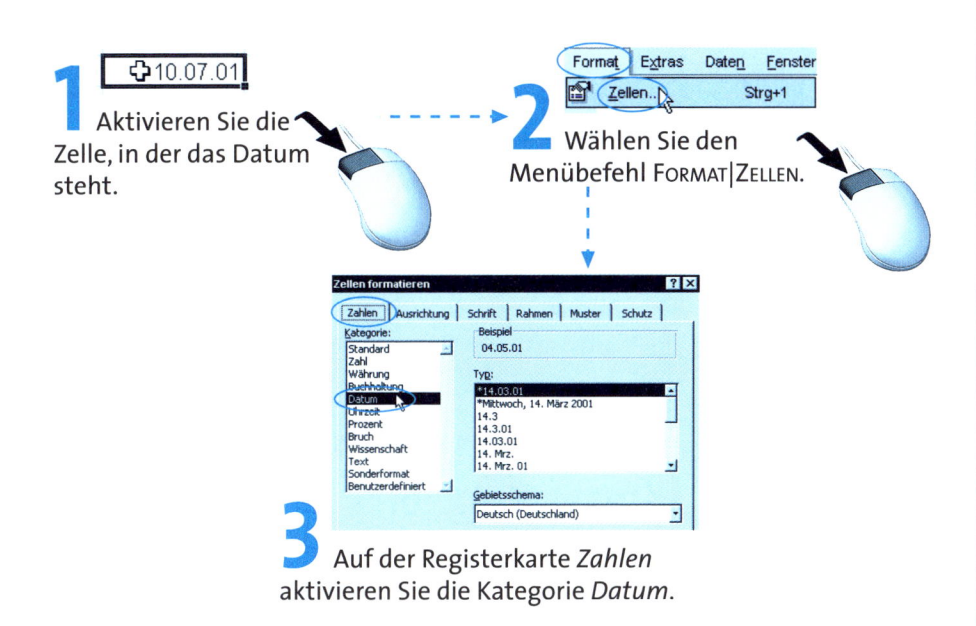

1 ✚10.07.01
Aktivieren Sie die Zelle, in der das Datum steht.

2 Wählen Sie den Menübefehl FORMAT|ZELLEN.

3 Auf der Registerkarte *Zahlen* aktivieren Sie die Kategorie *Datum*.

Unter *Typ* erkennen Sie die unterschiedlichen Formen, die Sie aussuchen können. Klicken Sie eine an, sehen Sie die Darstellungsform unter *Beispiel*. Lassen Sie sich von dem angegebenen Datum – hier »14. März 2001« – nicht verwirren.

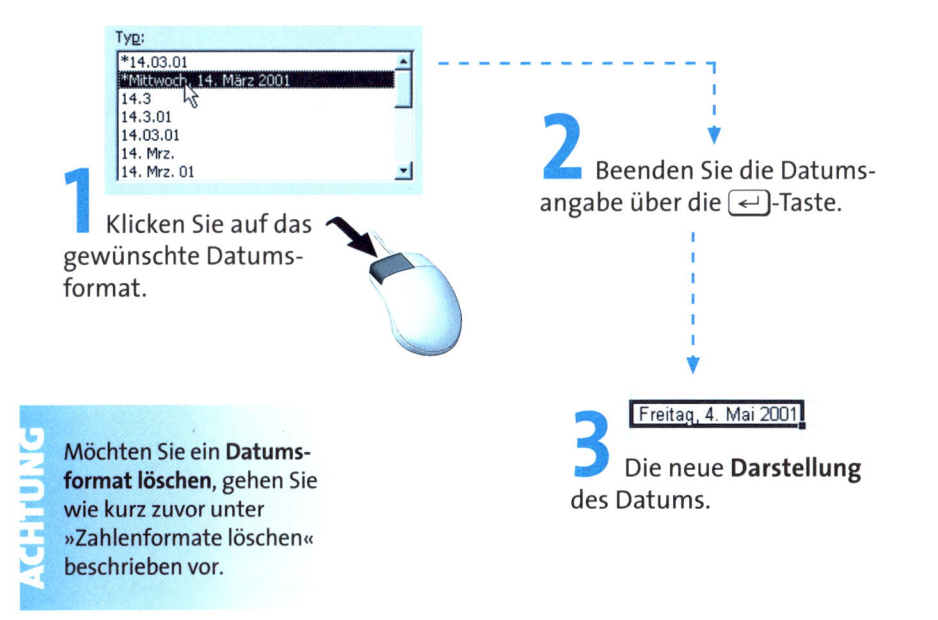

1 Klicken Sie auf das gewünschte Datumsformat.

2 Beenden Sie die Datumsangabe über die ⏎-Taste.

3 Die neue **Darstellung** des Datums.
Freitag, 4. Mai 2001

ACHTUNG
Möchten Sie ein **Datumsformat löschen**, gehen Sie wie kurz zuvor unter »Zahlenformate löschen« beschrieben vor.

155

10

Alles in Prozent!

Was bringt Ihnen dieses Kapitel?

Ob bei Geschäftszahlen, Wahlen, auf Verpackungen für Lebensmittel oder bei Alkohol, Prozente gehören zum täglichen Leben wie die Promille zur Polizeikontrolle. Bei einer Verteilung erkennen Sie die jeweiligen Anteile besser. Was ist mehr? 1.800 Euro Taschengeld von insgesamt 4.500 Euro oder 3.120 Euro von insgesamt 7.800 Euro? Klar, mit 3.120 Euro können Sie bei Tante Emma mehr einkaufen, doch prozentual sind die Beträge jeweils gleich (40 %)! Doch wie auf die Prozente kommen? Excel bietet eine schnelle Möglichkeit. Aber hundertprozentig!

Betrag	Prozent
1.000,00 €	9%
500,00 €	4%
300,00 €	3%
2.300,00 €	20%
4.500,00 €	39%
2.800,00 €	
Gesamt: ########	100%

Ihr Erfolgsbarometer

Das können Sie schon:

Währungen eingeben	142
Formeln kopieren	130
Zellen kopieren	114
Zellen automatisch ausfüllen	119
Kalkulationen öffnen	98
Eine Kalkulation speichern	78
Das Ausdrucken einer Kalkulation	91
Die Spaltenbreite ändern	62

Das lernen Sie neu:

Zellen benennen	158
Zahlen in Prozent	161
Nullwerte ausblenden	164
Mehr Platz für »große« Zahlen	166

Zellen benennen

In diesem Kapitel führen Sie eine einfache Rechnung ohne jeglichen »Schnickschnack« durch. Sie listen Zahlen auf, ermitteln die Summe und geben die einzelnen Werte in Prozent an. Die Summe ist immer 100 %. Das ist EASY, doch wie viel % ergeben die anderen Beträge? Zunächst benötigen Sie Zahlen, mit denen gerechnet werden kann.

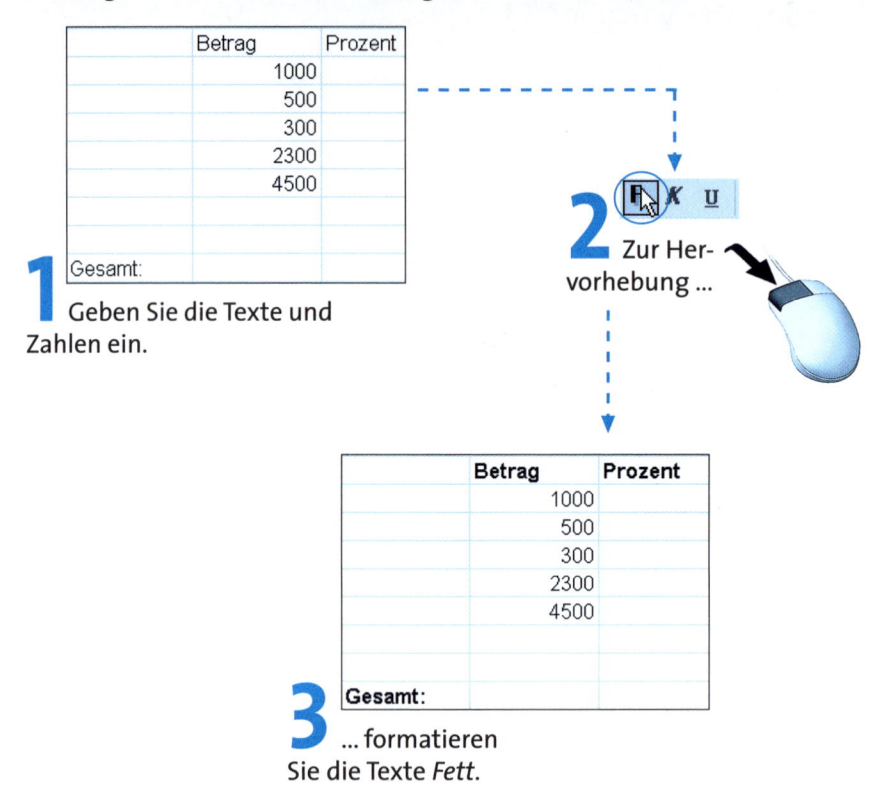

	Betrag	Prozent
	1000	
	500	
	300	
	2300	
	4500	
Gesamt:		

1 Geben Sie die Texte und Zahlen ein.

2 Zur Hervorhebung ...

	Betrag	Prozent
	1000	
	500	
	300	
	2300	
	4500	
Gesamt:		

3 ... formatieren Sie die Texte *Fett*.

Die Übersicht kann eine Umsatzpräsentation, Kostenanalyse usw. sein. Hier geben Sie den Euro an.

Es können aber auch Stückzahlen (bei der Produktion, am Fließband, gelegte Eier im Hühnerstall), Maßzahlen (Liter beim Bier- oder Benzinverbrauch, Meter beim Straßenbau) eingetragen werden.

1 Markieren Sie die Zellen.

2 Klicken Sie auf die Schaltfläche *Euro*.

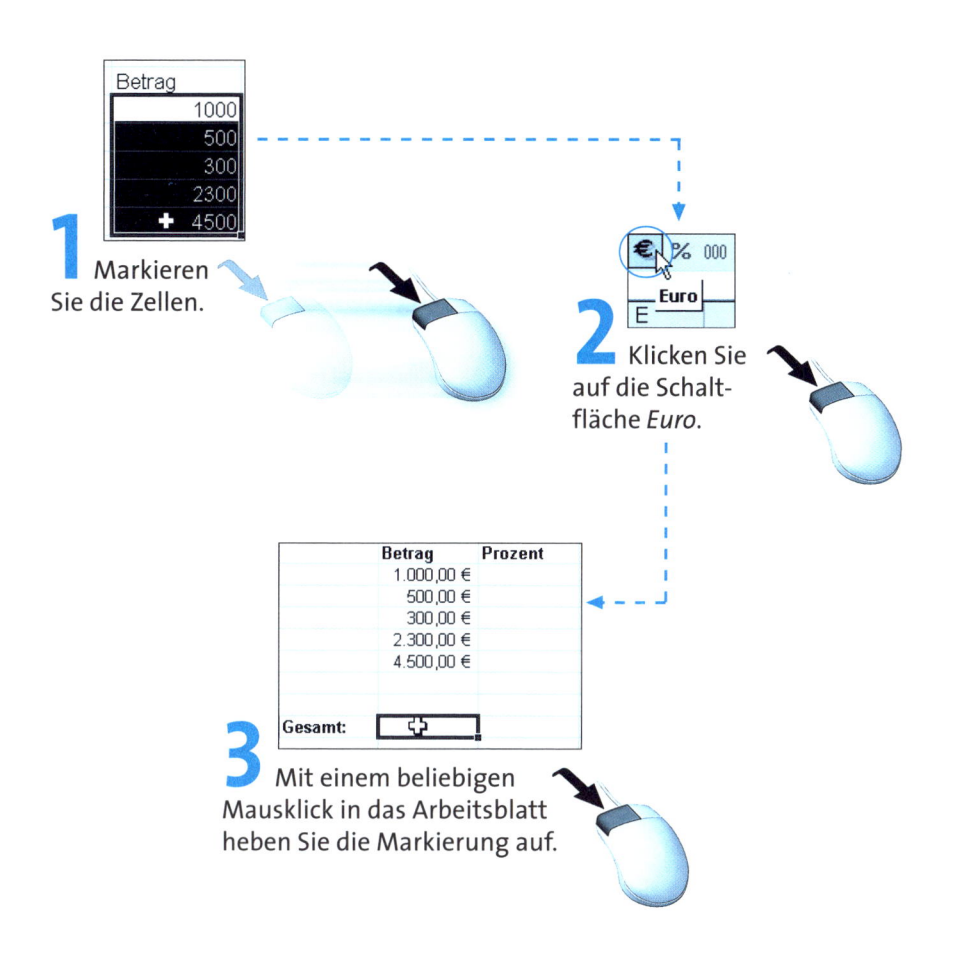

3 Mit einem beliebigen Mausklick in das Arbeitsblatt heben Sie die Markierung auf.

Summieren

Um Prozente zu ermitteln, benötigen Sie den Gesamtwert, also die **Summe** der Zahlen.

Sie aktivieren die Zelle, in der das Resultat stehen soll. Ein Mausklick auf die Schaltfläche *AutoSumme* und Excel markiert mit einer gestrichelten Linie die Zellen oberhalb. Einmal die ⏎-Taste gedrückt und das Ergebnis ist eingefügt (siehe auch Kapitel 3).

1 Klicken Sie in die Zelle, in der das Ergebnis erscheinen soll.

2 Aktivieren Sie die Schaltfläche *AutoSumme*.

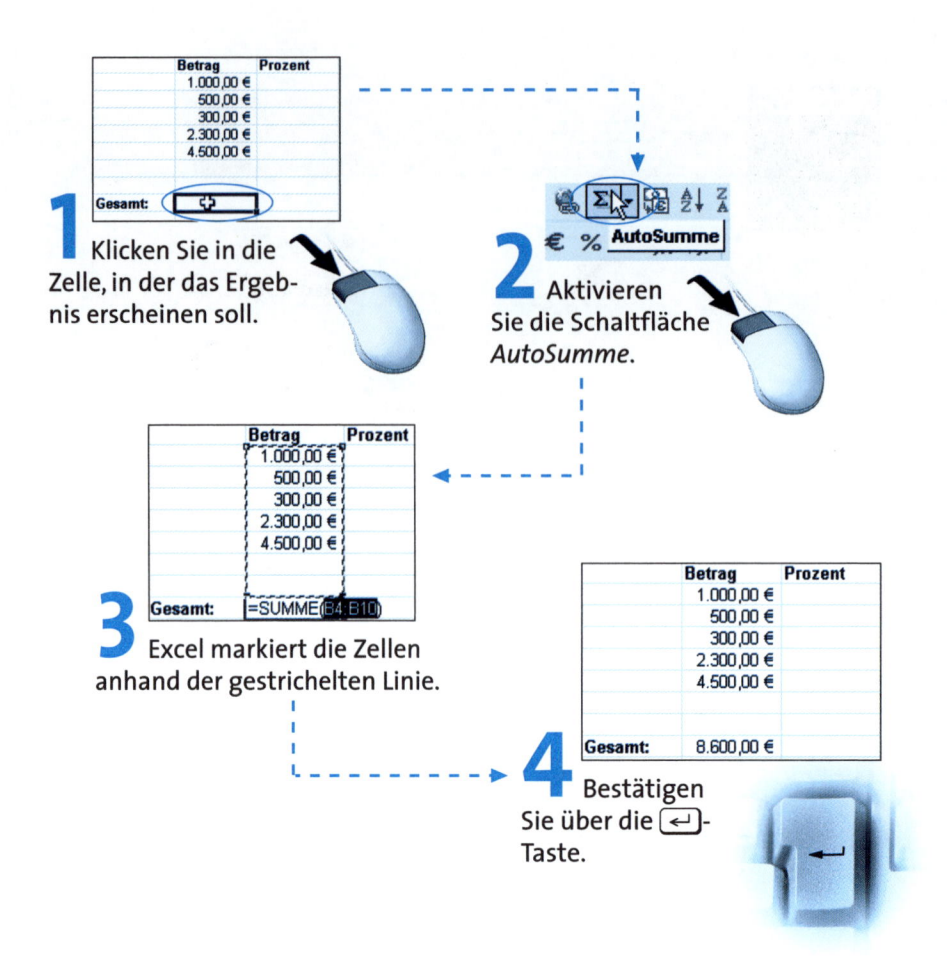

3 Excel markiert die Zellen anhand der gestrichelten Linie.

4 Bestätigen Sie über die ⏎-Taste.

Der Name einer Zelle

Um die einzelnen Prozente zu ermitteln, benötigen Sie die **Summe der Beträge** (= 100%).

Diese Zelle zu benennen, vereinfacht die ganze Angelegenheit erheblich. Um eine Zelle mit einem **Namen** zu versehen, muss sie angeklickt sein.

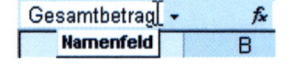

Danach setzen Sie den Cursor oben in das *Namenfeld*. Hier schreiben Sie Ihre Bezeichnung. Das hat später den Vorteil, dass Sie sich beim Rechnen immer auf die **Zelle** »Gesamtbetrag« **beziehen** können.

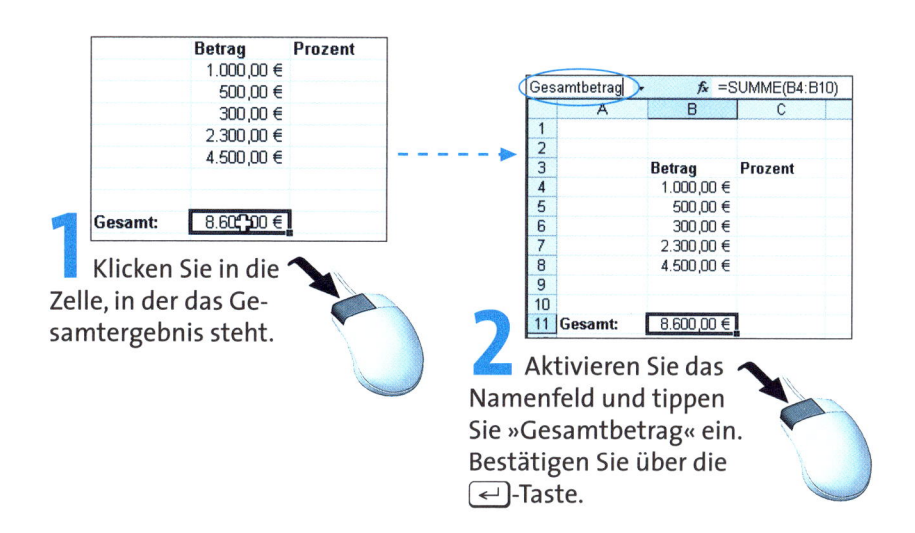

1 Klicken Sie in die Zelle, in der das Gesamtergebnis steht.

2 Aktivieren Sie das Namenfeld und tippen Sie »Gesamtbetrag« ein. Bestätigen Sie über die ⏎-Taste.

Zahlen in Prozent

Jetzt muss nur noch die richtige **Formel** von Ihnen eingegeben werden, um die Prozente der einzelnen Zahlen zu ermitteln. Dazu erinnern Sie sich an Ihre Schulzeit (oder gehen Sie noch zur Schule?).

Sie benötigen den **Dreisatz** aus der Mathestunde. Verfahren Sie wie bei der Aussage aus dem Spielfilm Feuerzangenbowle »Wat is'n Dampfmaschin'? Da stellen wir uns mal ganz dumm!« und ändern sie um in »Wat is'n Dreisatz?«

Ein Prozent sind ???

Sie nehmen das Ergebnis, im Beispiel die Summe aller Zahlen, hier »8.600«.

Um **1 %** von »8.600« zu ermitteln, müssen »8.600« durch »100 %« dividiert werden.

$$1\% = \frac{8.600}{100}$$

1.000 Euro sind wie viel Prozent ???

Möchten Sie wissen, wie viel Prozent »1.000 Euro« von »8.600 Euro« sind, lautet die Formel wie abgebildet.

Für die »1.000« steht der **Euro-Betrag**.

Die »8.600« unter dem Bruchstrich stehen stellvertretend für den »**Gesamtbetrag**«. Die Zelle dazu haben Sie bereits dementsprechend benannt.

In der Formatleiste finden Sie die Schaltfläche *Prozentformat*. Sie geben an, dass in einer oder mehreren Zellen **Prozente** erscheinen sollen.

$$? \% = \frac{100 \times \text{Betrag}}{\text{Gesamtbetrag}}$$

Das bedeutet: Sie müssen nicht mit »100« multiplizieren.

> **ACHTUNG**
> Klicken Sie auf die Schaltfläche *Prozentformat*, **multipliziert** Excel den Wert einer Zelle automatisch mit »**100**«.

Das Ergebnis

> **ACHTUNG**
> Um Anteile in Prozent zu ermitteln, brauchen Sie nur die Schaltfläche *Prozentformat* anzuklicken und den Einzel- durch den Gesamtwert zu teilen.

Sie brauchen in diesem Beispiel also lediglich den Euro-Betrag durch den Gesamtbetrag zu teilen und die Schaltfläche mit dem Prozentsymbol (%) zu betätigen.

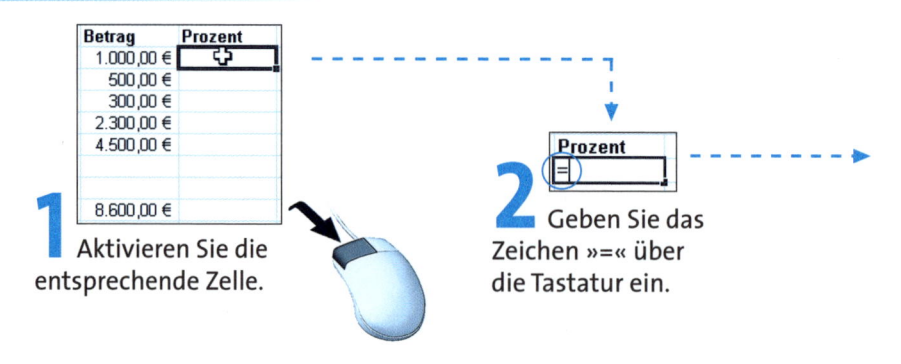

Betrag	Prozent
1.000,00 €	
500,00 €	
300,00 €	
2.300,00 €	
4.500,00 €	
8.600,00 €	

1 Aktivieren Sie die entsprechende Zelle.

2 Geben Sie das Zeichen »=« über die Tastatur ein.

ZAHLEN IN PROZENT

3 Klicken Sie links – wie hier abgebildet – in die Zelle.

4 Tippen Sie über die Tastatur den Schrägstrich »/« für die Division ein.

5 Aktivieren Sie die Zelle »Gesamtbetrag«.

6 Bestätigen Sie die Formel.

7 Klicken Sie das *Prozentformat* über die Schaltfläche an.

> **ACHTUNG**
>
> Excel **rundet** die Prozentzahlen (hier: 11,62 % = 12 %) automatisch. Daher kann es gelegentlich in Berechnungen – durch das Auf- und Abrunden – vorkommen, dass Sie beim Gesamtergebnis nicht auf die 100 % kommen.

Formeln kopieren

Für eine Zelle haben Sie die Prozente ermittelt. Alle Berechnungen beziehen sich bisher auf den »Euro-Betrag« und auf »Gesamtbetrag«.

Die Formel der einen Zelle muss für die anderen Zellen lediglich **kopiert** werden.

Sie bewegen den Mauszeiger auf das **Ausfüllkästchen**, bis der Mauszeiger sich zu einem Plus (+) ändert und ziehen mit gedrückter Maustaste hinunter.

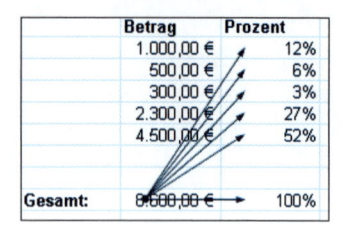

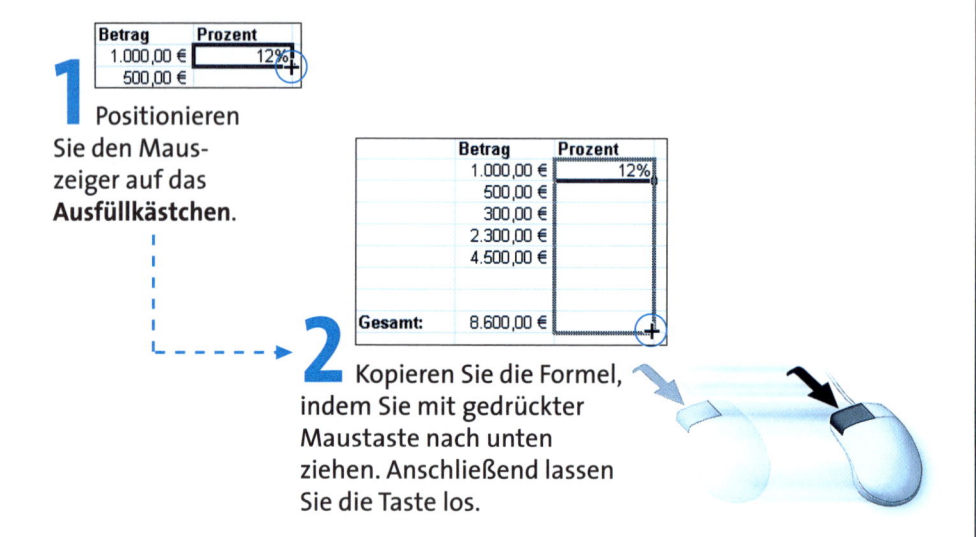

	Betrag	Prozent
	1.000,00 €	12%
	500,00 €	6%
	300,00 €	3%
	2.300,00 €	27%
	4.500,00 €	52%
Gesamt:	8.600,00 €	100%

1 Positionieren Sie den Mauszeiger auf das **Ausfüllkästchen**.

2 Kopieren Sie die Formel, indem Sie mit gedrückter Maustaste nach unten ziehen. Anschließend lassen Sie die Taste los.

Die Nullwerte ausblenden

Die Prozente sind ermittelt. Neben der Zelle »Gesamtbetrag« erscheinen »100 %«. Es ist also alles korrekt.

Beim Anblick der Rechenaufgabe stört lediglich eines: Sie erkennen neben den Leerzeilen »0%«. Weg mit den Nullen! Nullen gehören zum täglichen Leben, doch sie müssen nicht immer sein!

	Betrag	Prozent
	1.000,00 €	12%
	500,00 €	6%
	300,00 €	3%
	2.300,00 €	27%
	4.500,00 €	52%
		0%
		0%
Gesamt:	8.600,00 €	100%

DIE NULLWERTE AUSBLENDEN

In Excel besteht die Möglichkeit, **Nullen** auszublenden.

Enthält eine Zelle den Wert »0«, wird diese weder am Bildschirm noch beim späteren Ausdruck angezeigt.

Rufen Sie den Menübefehl EXTRAS|OPTIONEN auf. Auf der Registerkarte *Ansicht* blenden Sie bei *Fensteroptionen* die »Nullwerte« aus, indem Sie im Kontrollkästchen das Häkchen entfernen.

Das gilt nicht nur für Prozentzahlen, sondern auch für sämtliche Zahlenangaben.

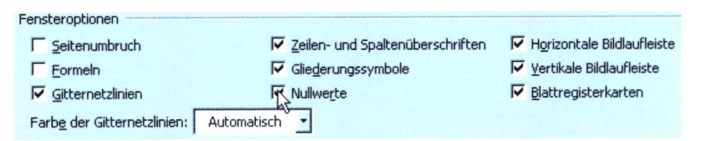

Die Nullen bleiben so lange ausgeblendet, bis Sie wieder den gleichen Menüweg wählen und die »Nullwerte« auf der Registerkarte *Ansicht* aktivieren.

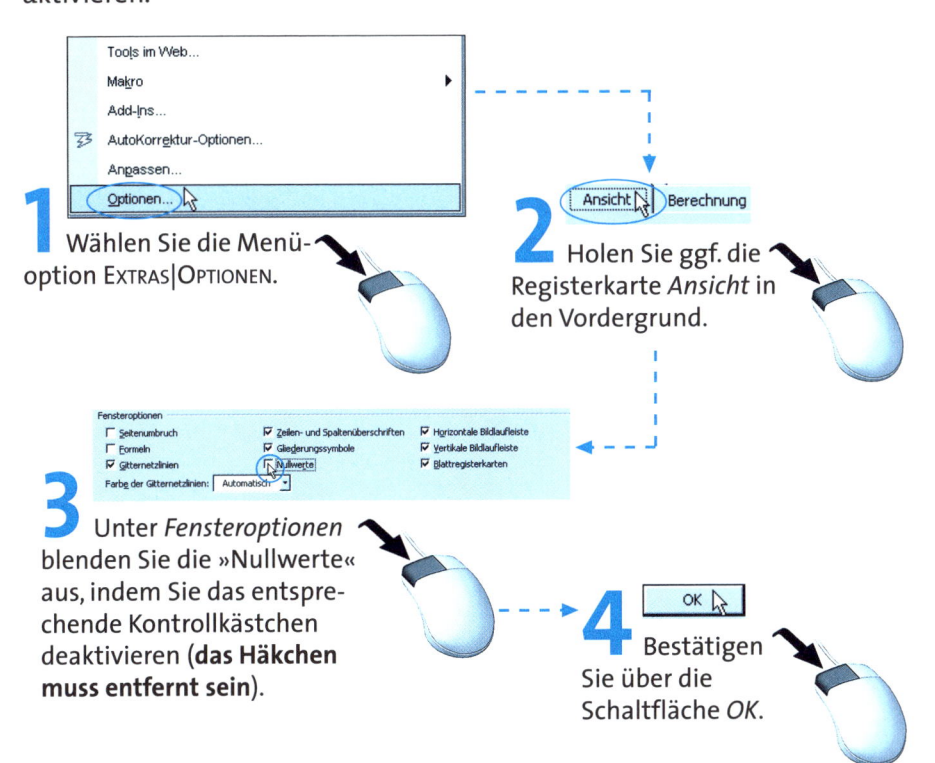

1 Wählen Sie die Menüoption EXTRAS|OPTIONEN.

2 Holen Sie ggf. die Registerkarte *Ansicht* in den Vordergrund.

3 Unter *Fensteroptionen* blenden Sie die »Nullwerte« aus, indem Sie das entsprechende Kontrollkästchen deaktivieren (**das Häkchen muss entfernt sein**).

4 Bestätigen Sie über die Schaltfläche *OK*.

Mehr Platz für »große« Zahlen!

Fertig ist die kleine prozentuale Berechnung, die Sie auch für größere verwenden können.

Tragen Sie neue Beträge ein, passt Excel die Prozentzahlen automatisch an.

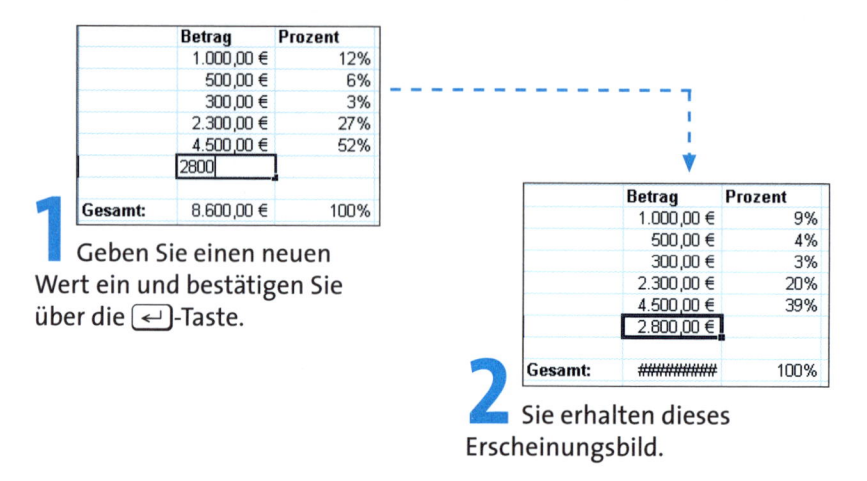

1 Geben Sie einen neuen Wert ein und bestätigen Sie über die ⏎-Taste.

2 Sie erhalten dieses Erscheinungsbild.

Geben Sie weitere oder größere Zahlenwerte wie in diesem Beispiel ein, kann es passieren, dass Sie in der Zelle »Gesamtbetrag« nur Rauten (##########) und keine Zahlen erkennen.

ACHTUNG
Rauten ######## zeigen an, dass die Spalte zu schmal ist, um den Zelleninhalt darzustellen.

Die Zeichen bedeuten nicht, dass etwas falsch ist. Da Sie eine weitere Zahl eingegeben haben, reicht der **Platz** in der Zelle »Gesamtwert« nicht aus.

Sie müssen die **Breite** der Zelle bzw. der gesamten Spalte lediglich vergrößern. Dazu setzen Sie den Mauszeiger nach oben auf die Trennlinie zwischen den Spaltennamen.

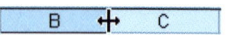

MEHR PLATZ FÜR »GROSSE« ZAHLEN!

Betrag	Prozent
1.000,00 €	9%
500,00 €	4%
300,00 €	3%
2.300,00 €	20%
4.500,00 €	39%
2.800,00 €	
Gesamt 11.400,00 €	100%

Sie können die Spaltenbreite vergrößern, indem Sie mit gedrückter Maustaste ziehen. Noch schneller geht's per **Doppelklick**. So passt Excel die Spalte entsprechend der Breite des größten Wertes automatisch an.

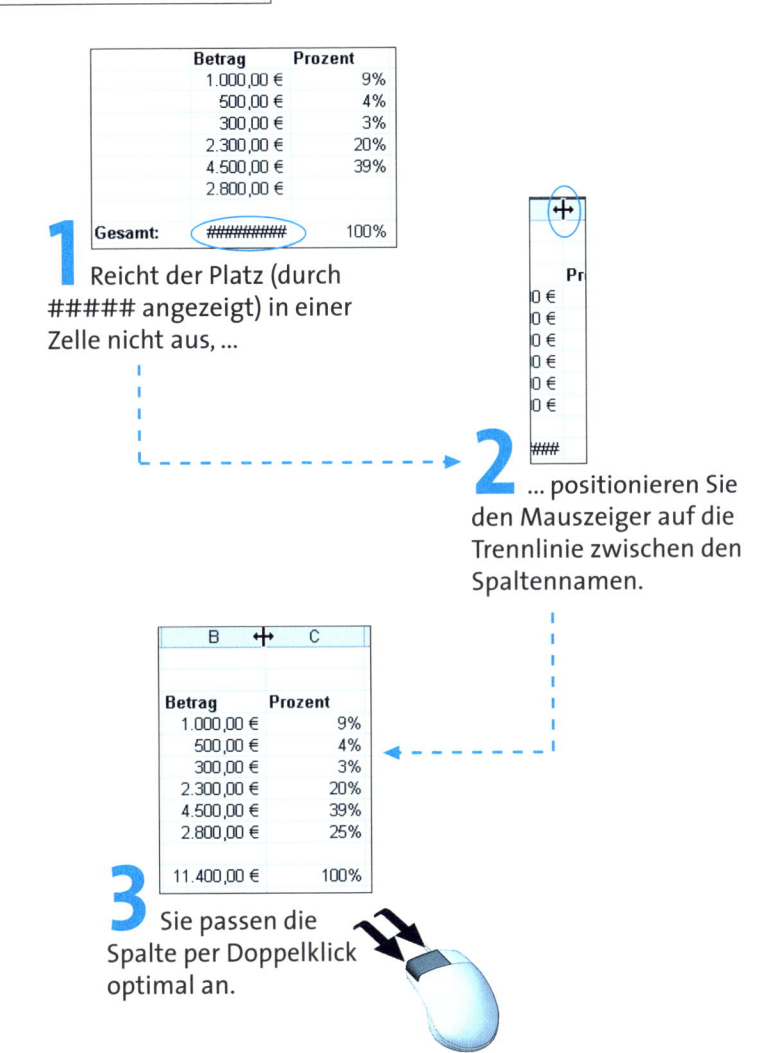

1 Reicht der Platz (durch ##### angezeigt) in einer Zelle nicht aus, ...

2 ... positionieren Sie den Mauszeiger auf die Trennlinie zwischen den Spaltennamen.

3 Sie passen die Spalte per Doppelklick optimal an.

167

11 Diagramme

Was bringt Ihnen dieses Kapitel?

Ein Bild sagt mehr als tausend Worte. Zahlen prägen sich besser ein, wenn diese ein wenig »aufgepäppelt« sind. Wo Fakten nichts aussagen, kommen bei Excel die Diagramme ins Spiel und bieten etwas fürs Auge. Sie dienen als Blickfang für den Leser und unterstützen die Auswertungen. Ein Blick, und man weiß Bescheid. So werden nüchterne Geschäftszahlen repräsentativ dargestellt und benötigen kaum noch weitere Erklärungen. Ändern sich die Fakten, ist es EASY, die Zahlen zu ändern. Mit den Worten einer großen Deutschen Bank ausgedrückt: Peanuts!

Ihr Erfolgsbarometer

Das können Sie schon:

Zellen benennen	158
Währungen eingeben	142
Formeln kopieren	130
Zellen kopieren	114
Zellen automatisch ausfüllen	119
Kalkulationen öffnen	98
Eine Kalkulation speichern	78
Das Ausdrucken einer Kalkulation	91

Das lernen Sie neu:

Ein Diagramm einfügen	170
Ein Diagramm bearbeiten	175
Ein Diagramm verschieben	176
Die Größe eines Diagramms ändern	177
Die Zahlen für ein Diagramm ändern	178
Neues in ein altes Diagramm einfügen	179
Zellen von A bis Z sortieren	182
3D-Diagramme	183
Werte anzeigen	185

169

Ein Diagramm einfügen

ACHTUNG: Damit Excel weiß, wofür ein Diagramm erstellt werden soll, muss eine **Zelle innerhalb der Tabelle** angeklickt sein.

Sie verwenden für die kleine Umsatzpräsentation ein Diagramm. Vielfältig sind die Möglichkeiten, deren Beschreibungen mehr als ein Kapitel umfassen würden.

In der *Standard*-Symbolleiste finden Sie den **Diagramm-Assistenten** (ebenfalls im Menü unter der Menüoption EINFÜGEN|DIAGRAMM). Klicken Sie ihn an, kann's mit dem Diagramm sofort losgehen.

	Jan	Feb	Mrz
Adam	1000	5000	2500
Kohl	3400	4000	3500
Zimmermann	2000	3000	4500

1 Erstellen Sie diese »Mini«-Tabelle:

»B3«: 1000
»B4«: 3400
»B5«: 2000
»C3«: 5000
»C4«: 4000
»C5«: 3000
»D3«: 2500
»D4«: 3500
»D5«: 4500

2 **Klicken** Sie eine beliebige **Zelle** innerhalb der Tabelle an. Starten Sie den **Diagramm-Assistenten** über die Schaltfläche.

ACHTUNG: Um Tabellen in Diagrammen auszuwerten, muss **eine Zelle innerhalb der Tabelle** angeklickt sein.

Ein Diagramm einfügen

Der Diagramm-Assistent

Der **Diagramm-Assistent** erscheint auf dem Bildschirm.

Diagramm-Assistent - Schritt 1 von 4 -

WAS IST DAS

Der Diagramm-Assistent führt und hilft beim Erstellen von Diagrammen.

Oben in der Titelleiste im Dialogfeld erkennen Sie, dass er aus vier einzelnen **Schritten** besteht und in welcher Bearbeitungsphase Sie sich gerade befinden.

Bei *Diagrammtyp* können Sie die verschiedensten Darstellungsformen auswählen.

Hier gibt es Säulen, Linien, Kreise, Punkte usw.

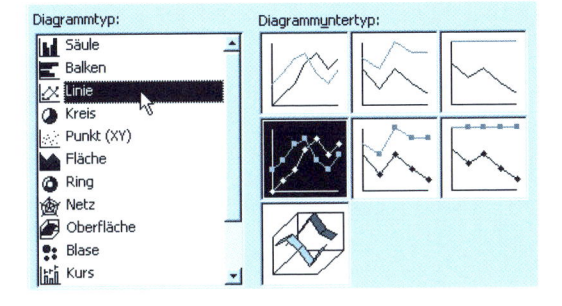

Für diese sind wiederum *Diagrammuntertypen* vorhanden. Bei *Linie* beispielsweise können Sie mehrere Variationen wählen.

Einige Diagramm-Typen in der Übersicht:

Diagramm-Typ	Anwendung
Säule	Vergleicht die einzelnen Werte durch die unterschiedlichen Größenanordnungen.
Balken	Wie beim Säulendiagramm, nur die Reihen werden vertikal dargestellt.
Linie	Führt Trends und Entwicklungen über einen bestimmten Zeitraum auf und eignet sich hauptsächlich für die Darstellung zeitlicher Abläufe.
Kreis	Zeigt die Verteilung der einzelnen Daten auf eine Gesamtheit an.

Diagramm-Typ	Anwendung
Punkt (XY)	Verwenden Sie, wenn die Zahlen in einer Abhängigkeit zueinander stehen (Geschwindigkeit:Benzinverbrauch; Umsätze:Kosten).
Fläche	Ähnlich dem Liniendiagramm dient es zur Darstellung zeitlicher Entwicklungen. Hier wird das Volumen der Änderungen deutlicher hervorgehoben.
Kurs	Bietet sich für »Börsenfreunde« an und führt die Kursentwicklungen eines Wertpapiers auf.

HINWEIS Durch einen Mausklick auf *Schaltfläche gedrückt halten für Beispiel* wird Ihnen angezeigt, wie die Zahlen im vormarkierten Diagramm aussehen.

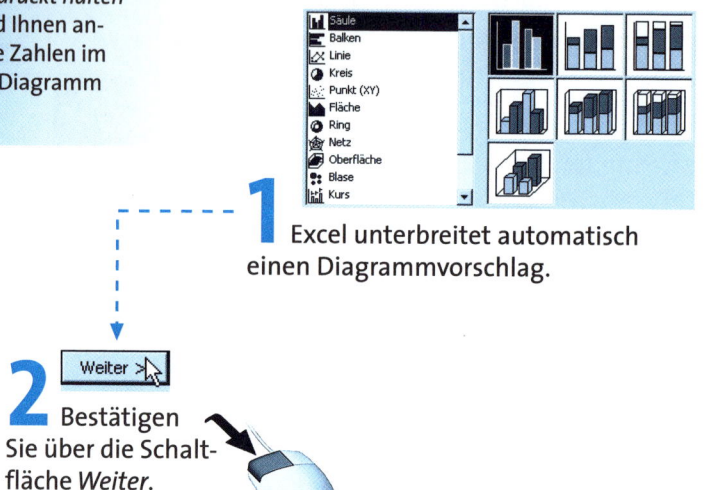

1 Excel unterbreitet automatisch einen Diagrammvorschlag.

2 Bestätigen Sie über die Schaltfläche *Weiter*.

Worauf beziehen?

Beim zweiten Schritt im Diagramm-Assistenten bestimmen Sie, welche **Reihen** – hier sind es die »Vertreter« oder »Monate« – berücksichtigt werden sollen.

Reihe in Zeilen

Aktivieren Sie die Option *Zeilen*, erkennen Sie die Umsätze der Monate bezogen auf einen Vertreter.

(Würden Sie dagegen die Option *Spalten* wählen, würde das Diagramm mit den einzelnen Vertretern für einen Monat dargestellt.)

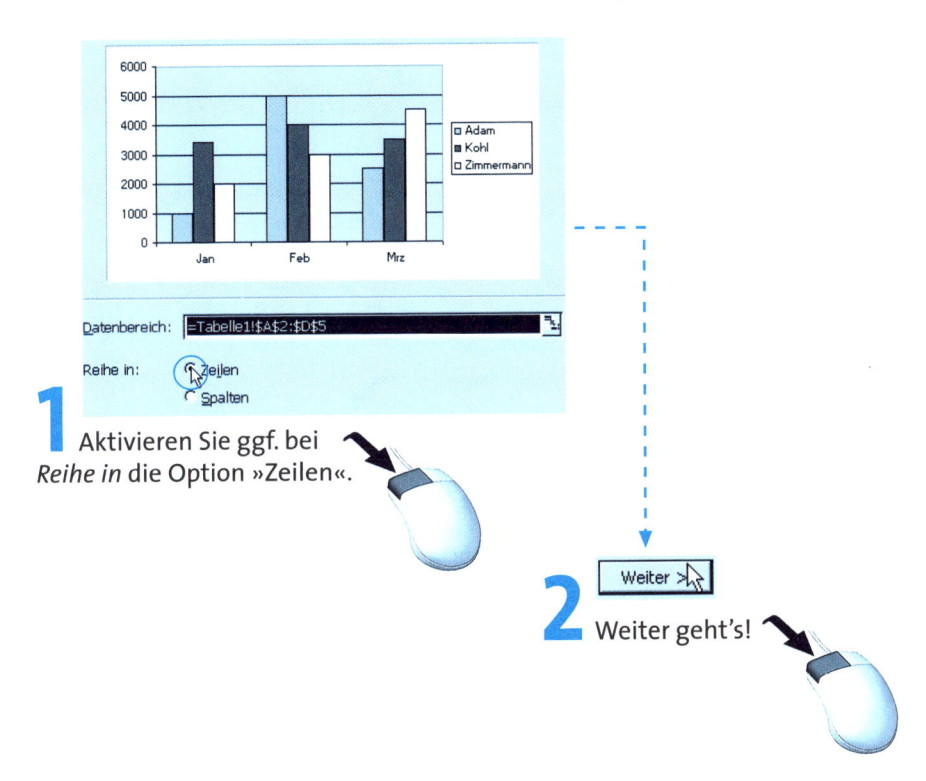

1 Aktivieren Sie ggf. bei *Reihe in* die Option »Zeilen«.

2 Weiter geht's!

Informationen zum Diagramm

WAS IST DAS
Eine Legende enthält die Erklärungen zu den Flächen innerhalb eines Diagramms.

Hier geben Sie u.a. an, wo eine **Legende** beim Diagramm erscheinen soll.

1 Holen Sie die Registerkarte *Legende* in den Vordergrund.

2 Positionieren Sie die Legende nach *Unten*.

3 Gehen Sie zum nächsten Schritt im Diagramm-Assistenten über.

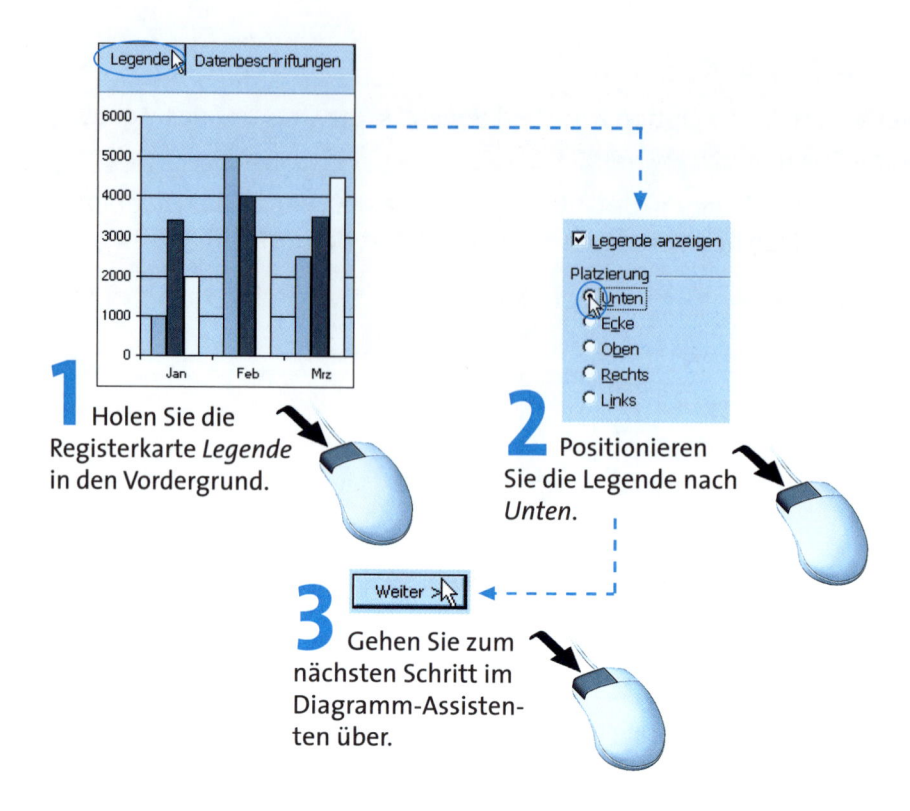

Wohin mit dem Diagramm?

Im letzten Schritt legen Sie fest, wo das Diagramm erscheinen soll. Das kann bei größeren Tabellen auf einem separaten Blatt sein.

Da die Beispieltabelle keinen so großen Umfang hat, binden Sie das Diagramm auf dem aktuellen Tabellenblatt ein.

Welche Schaltfläche?

Mit der Schaltfläche *Zurück* gelangen Sie wieder in die vorherigen Schritte des Diagramm-Assistenten und können, falls Sie es wünschen, noch ein paar Änderungen durchführen.

Die Schaltfläche *Abbrechen* unterbricht den Diagramm-Assistenten und Sie kehren ohne Diagramm, als ob nichts gewesen wäre, zum Arbeitsblatt zurück. Wenn Sie die Schaltfläche *Fertig stellen* betätigen, fügt Excel das ausgewählte Diagramm ein.

Ein Diagramm bearbeiten

1 Aktivieren Sie ggf. *Als Objekt in*.

2 Beenden Sie Ihre Angaben über die Schaltfläche *Fertig stellen*.

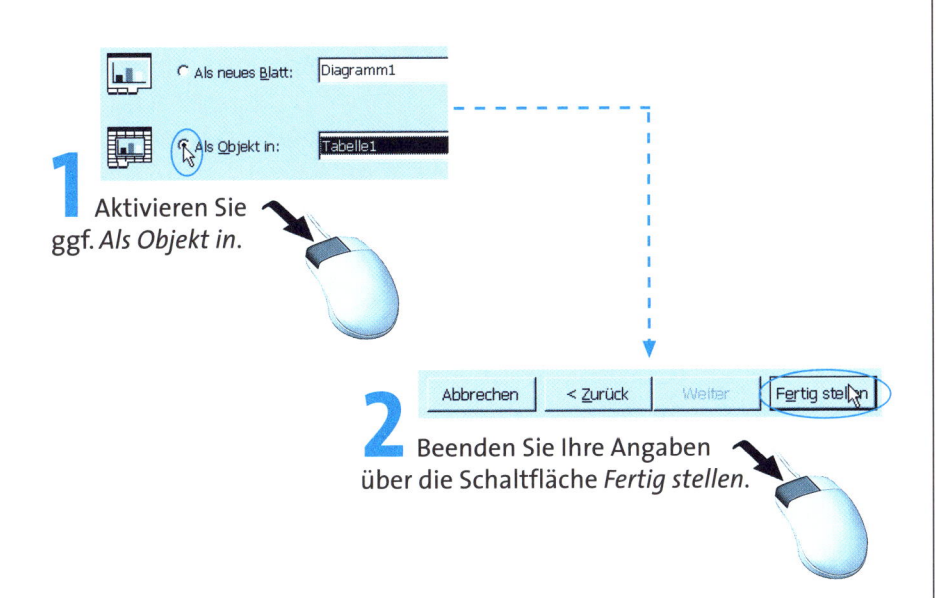

Ein Diagramm bearbeiten

Excel fügt das ausgewählte Diagramm im Blatt ein. Um es zu sehen, kann es durchaus sein, dass Sie die Bildlaufleisten betätigen müssen. Klicken Sie in die Grafik hinein, erscheinen die kleinen, schwarzen Quadrate. Sie erkennen daran die Größe Ihres Diagramms.

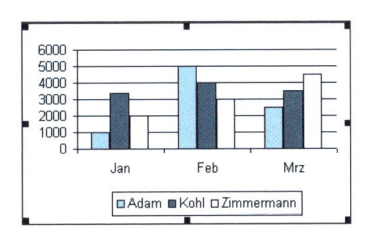

ACHTUNG
Um ein Diagramm zu ändern, müssen Sie es anklicken.

Nur wenn Sie die Quadrate erkennen, können Sie das Diagramm bearbeiten.

Bewegen Sie den Mauszeiger auf eine Säule, erscheint dazu eine **Information** über die dazugehörigen Daten. (Hier: Vertreter Kohl, Umsatz 4000). Lassen Sie so einmal den Mauszeiger im Diagramm »umherwandern« und sich die unterschiedlichen Informationen anzeigen.

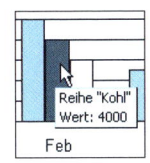

Ein Diagramm verschieben

Das Diagramm können Sie innerhalb des Arbeitsblatts von einem Ort zum anderen bewegen.

Sie platzieren den Mauszeiger innerhalb der Grafik. Das Infofeld zeigt »**Diagrammfläche**« an.

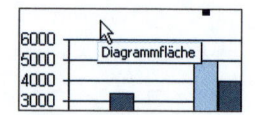

Wenn Sie die linke Maustaste drücken und festhalten, verwandelt sich der Mauszeiger in eine Art von »Fadenkreuz«.

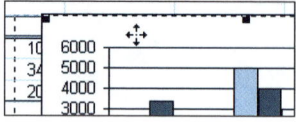

Mit gedrückter Maustaste positionieren Sie das Diagramm im Blatt dorthin, wo Sie es wünschen.

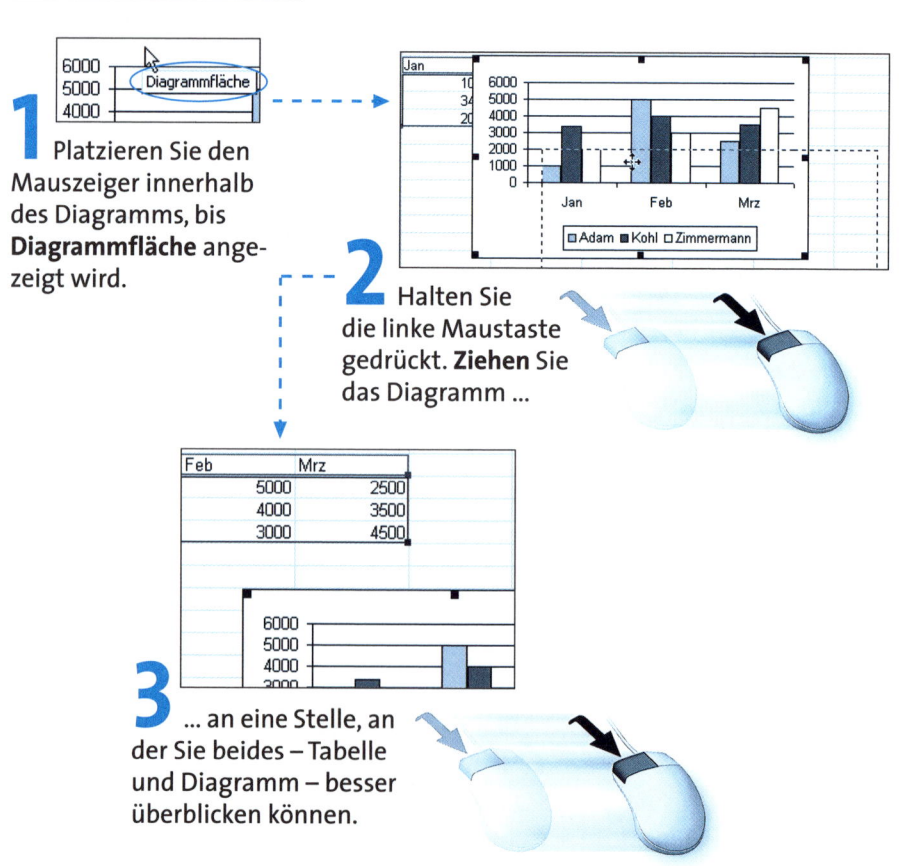

1 Platzieren Sie den Mauszeiger innerhalb des Diagramms, bis **Diagrammfläche** angezeigt wird.

2 Halten Sie die linke Maustaste gedrückt. **Ziehen** Sie das Diagramm ...

3 ... an eine Stelle, an der Sie beides – Tabelle und Diagramm – besser überblicken können.

Die Größe des Diagramms ändern

Bewegen Sie den Mauszeiger auf die schwarzen Quadrate am Rande der Grafik, können Sie das Diagramm entsprechend der Pfeilrichtung vergrößern oder verkleinern. Die Quadrate werden daher als **Ziehpunkte** bezeichnet.

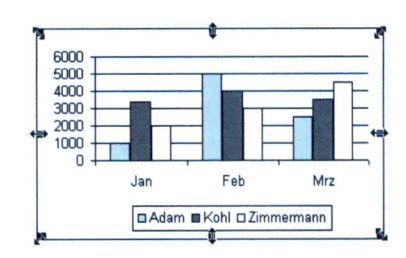

HINWEIS
Anhand der Ziehpunkte innerhalb der Grafik können Sie die Größe des Diagramms analog zur Pfeilrichtung mit gedrückter Maustaste ändern.

In diesem Beispiel wählen Sie den unteren, rechten Ziehpunkt. Um ihn zu erreichen, nehmen Sie – falls nötig – die Bildlaufleiste zur Hilfe. Mit gedrückter linker Maustaste ändern Sie die Größe des Diagramms.

ACHTUNG
Nur wenn Sie den Mauszeiger **genau** auf einen **Ziehpunkt** setzen, können Sie ein Diagramm vergrößern oder verkleinern.

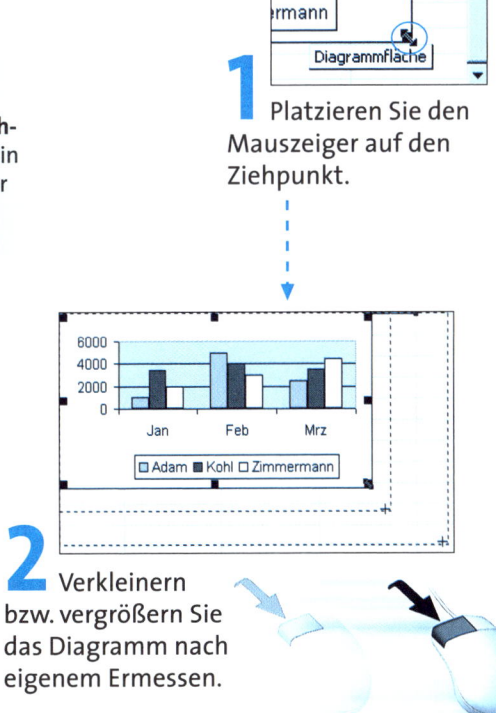

1 Platzieren Sie den Mauszeiger auf den Ziehpunkt.

2 Verkleinern bzw. vergrößern Sie das Diagramm nach eigenem Ermessen.

Die Zahlen für ein Diagramm ändern

Doppelklicken Sie in das Diagramm, unterlegt Excel die dazugehörige Tabelle farbig. Das Programm teilt Ihnen dadurch mit, dass die Grafik sich auf diese Zahlenwerte bezieht. Die einzelnen Angaben können von hier aus aber auch bearbeitet werden.

Beispiel:

Herr Adam meldet sich aufgeregt zu Wort. Es sei bei seinen Umsatzzahlen im Januar ein Fehler unterlaufen. Er habe nicht 1.000, sondern 4.000 Mark umgesetzt.

Um Zahlen in einem Diagramm nachträglich einzutragen, müssen Sie nicht extra eine neue Grafik erstellen. Sie ändern einfach die entsprechende Zahl in der Tabelle. Excel passt automatisch das Diagramm – hier die Säule – an.

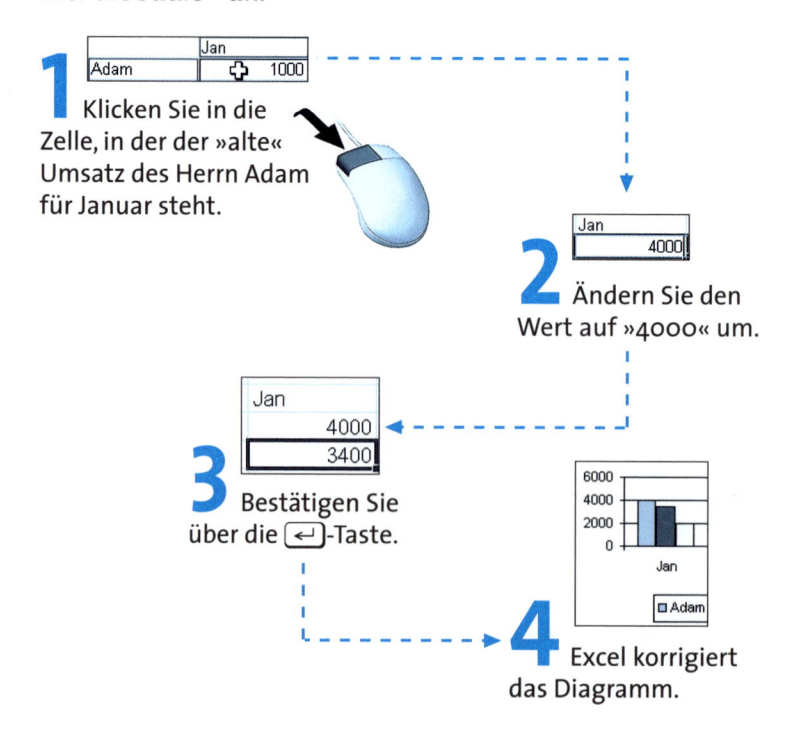

1 Klicken Sie in die Zelle, in der der »alte« Umsatz des Herrn Adam für Januar steht.

2 Ändern Sie den Wert auf »4000« um.

3 Bestätigen Sie über die ⏎-Taste.

4 Excel korrigiert das Diagramm.

Wie Sie erkennen, nimmt Excel den neuen Umsatz sofort zur Kenntnis.

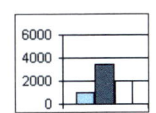

Links sehen Sie das Diagramm vor, rechts nach der Änderung.

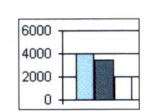

Die Säule des Herrn Adam vergrößerte sich von 1.000 auf 4.000 Mark.

Aber auch der umgekehrte Weg ist möglich. Sie können die Zahlen innerhalb eines Diagramms ändern. Dazu müssen Sie nur die entsprechende Säule anklicken. Mit gedrückter Maustaste ziehen Sie den Umsatz größer. Der Wert in der Tabelle wird automatisch von Excel angepasst.

Neues in ein altes Diagramm einfügen

Umsätze gehen sicherlich über die drei vorgegebenen Monate hinaus. Die neuen Zahlen für den Monat April liegen vor.

Verwenden Sie die **AutoAusfüllen-Funktion**. Sie klicken auf den Monat »Mrz« und ziehen das Ausfüllkästchen in die nächste Zelle.

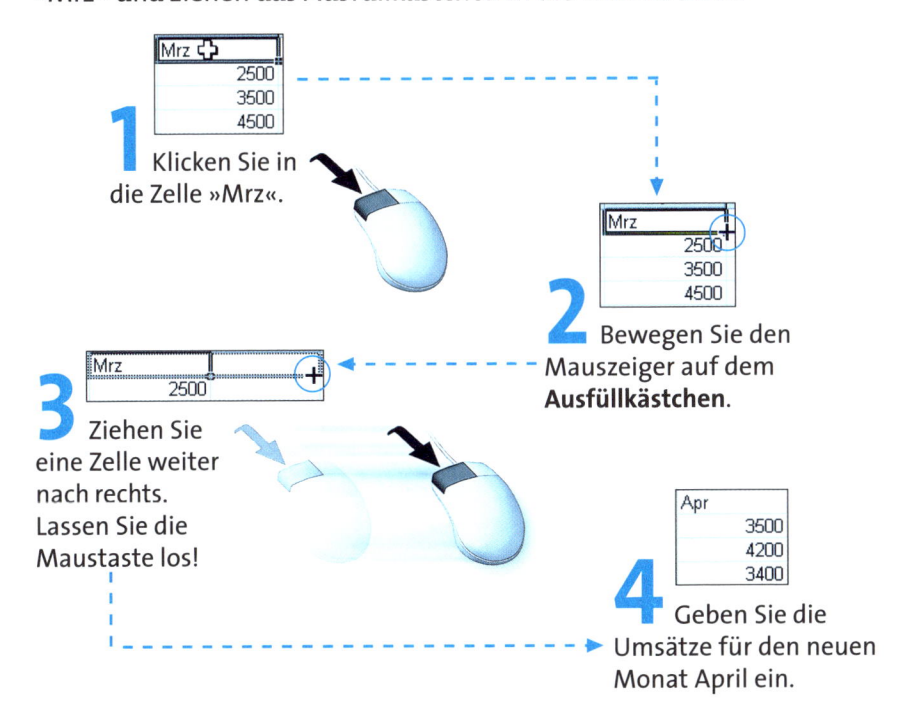

1 Klicken Sie in die Zelle »Mrz«.

2 Bewegen Sie den Mauszeiger auf dem **Ausfüllkästchen**.

3 Ziehen Sie eine Zelle weiter nach rechts. Lassen Sie die Maustaste los!

4 Geben Sie die Umsätze für den neuen Monat April ein.

Neue Umsatzzahlen liegen vor. Muss ein neues Diagramm angelegt werden? Nein! Sie ziehen die Informationen einfach in die Grafik hinein.

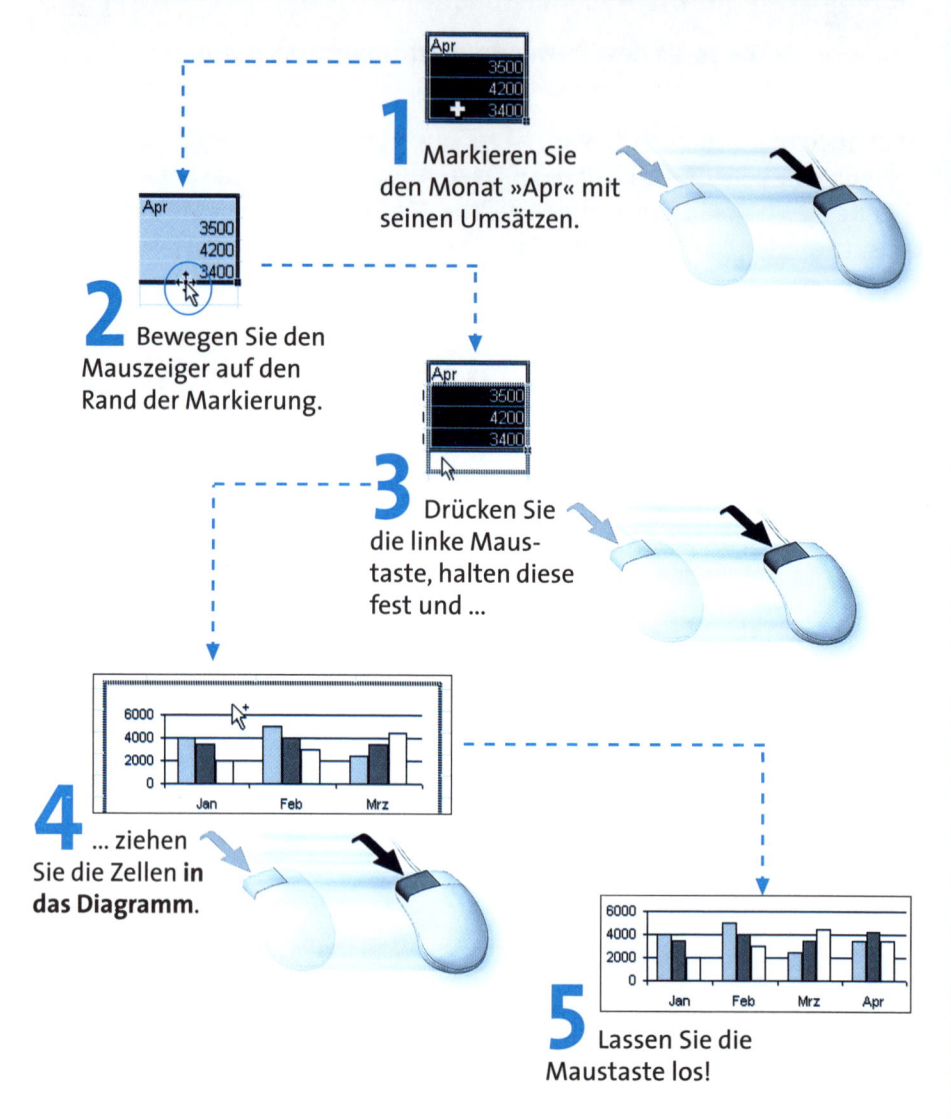

1 Markieren Sie den Monat »Apr« mit seinen Umsätzen.

2 Bewegen Sie den Mauszeiger auf den Rand der Markierung.

3 Drücken Sie die linke Maustaste, halten diese fest und ...

4 ... ziehen Sie die Zellen **in das Diagramm**.

5 Lassen Sie die Maustaste los!

Ein neuer Mann

Analog zu »Ein neuer Monat« fügen Sie einen neuen Vertreter hinzu. Sie geben zunächst die Daten an, markieren und ziehen die Angaben mit der linken Maustaste ins Diagramm.

Neues in ein altes Diagramm einfügen

1 Klicken Sie in die Zelle unter »Zimmermann«.

2 Tippen Sie die neuen Angaben des Herrn »Meier« ein.

	Jan	Feb	Mrz	Apr
Adam	4000	5000	2500	3500
Kohl	3400	4000	3500	4200
Zimmermann	2000	3000	4500	3400
Meier				2300

3 Markieren Sie.

4 Setzen Sie den Mauszeiger auf den Rand der Markierung.

5 Ziehen Sie mit linker, gedrückter Maustaste in die Grafik. Lassen Sie anschließend die Maustaste los!

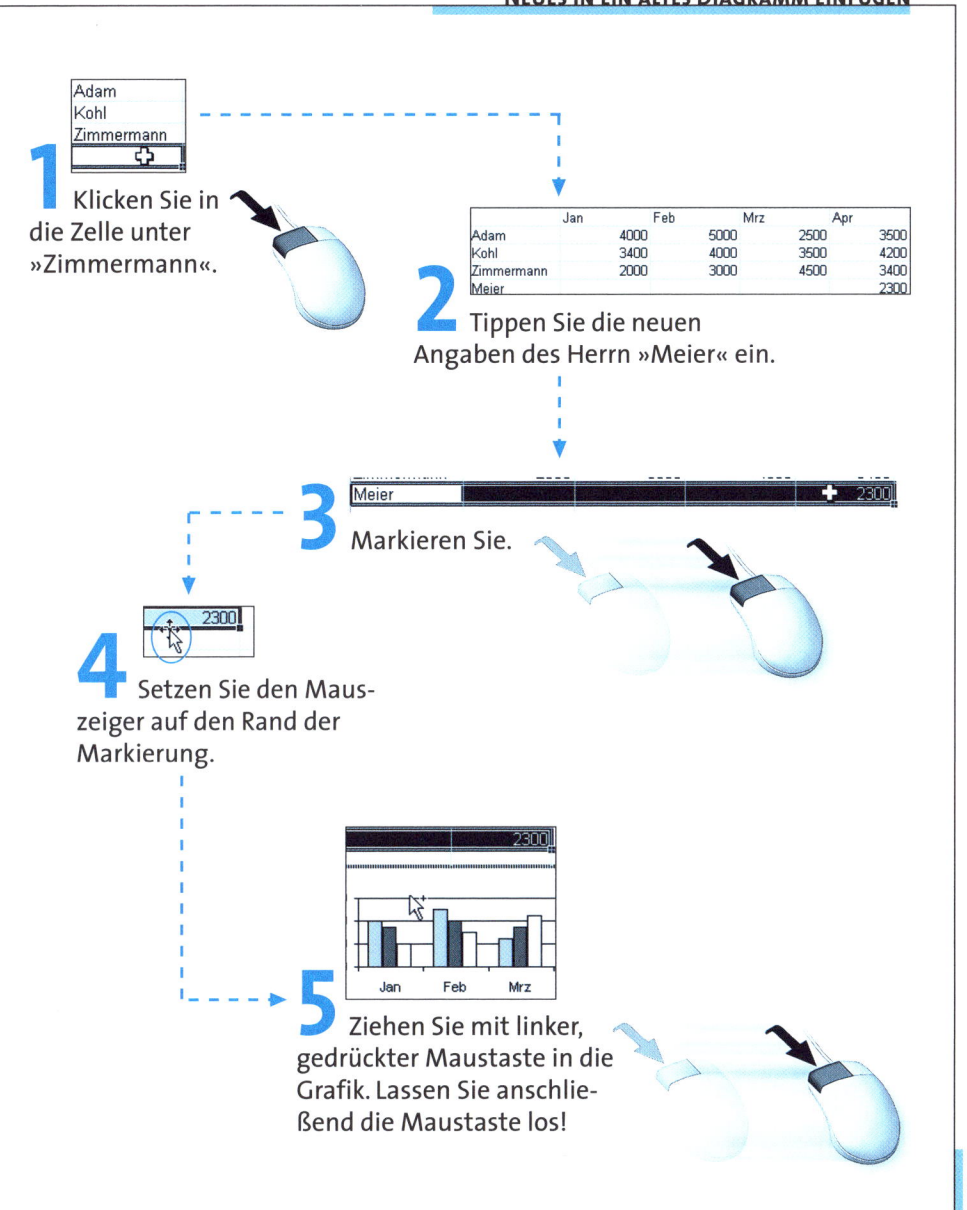

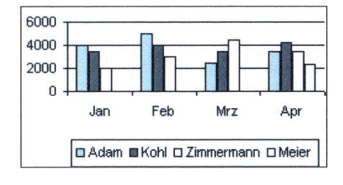

Ein neuer Mann ist geboren! Auf gleiche Art und Weise ergänzen Sie Ihre Tabelle und damit das Diagramm immer wieder.

181

Zellen von A bis Z sortieren

Ein kleines Tohuwabohu kann entstehen, wenn Sie neue Vertreter eingeben. Die Liste ist nicht mehr von A bis Z aufgeführt.

Sie sehen in der *Standard*-Symbolleiste die entsprechenden Schaltflächen. Mit *AZ* sortieren Sie **aufsteigend**, mit *ZA* **absteigend**.

Von A bis Z

Sie markieren die gesamte Tabelle. Excel weiß dadurch, dass Sie diese sortieren möchten.

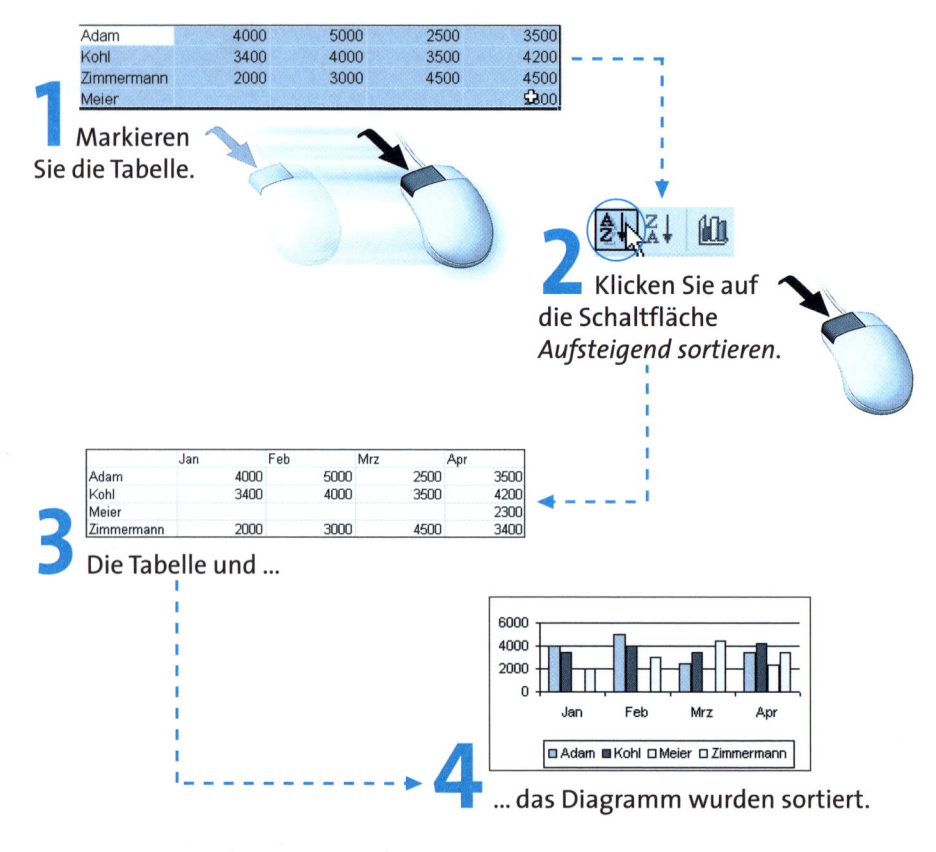

1 Markieren Sie die Tabelle.

2 Klicken Sie auf die Schaltfläche *Aufsteigend sortieren*.

3 Die Tabelle und ...

4 ... das Diagramm wurden sortiert.

Auch die dazugehörigen Umsätze zu den Personen wurden berücksichtigt!

Eine andere Darstellung des Diagramms

ACHTUNG

Um die Menüoption DIAGRAMM|
DIAGRAMMTYP auszuführen, müssen Sie darauf achten, dass die
Grafik per Mausklick **aktiv** ist, d.h.
die Ziehpunkte zu sehen sind.

Möchten Sie
den **Typ** des Diagramms (Säulen, Balken, Kreise) im
Nachhinein **ändern**, wählen Sie im
Menü DIAGRAMM den Eintrag DIAGRAMMTYP.

3D-Diagramme

Fast alle Diagrammtypen sind in dreidimensionalen Varianten verfügbar. Dazu können Sie die Perspektiven (= Ansicht) ändern.

1 Klicken Sie in das Diagramm.

2 Wählen Sie über die Menüoption
Diagramm|Diagrammtyp die 3D-Darstellung.
Bestätigen Sie über die Schaltfläche *OK*.

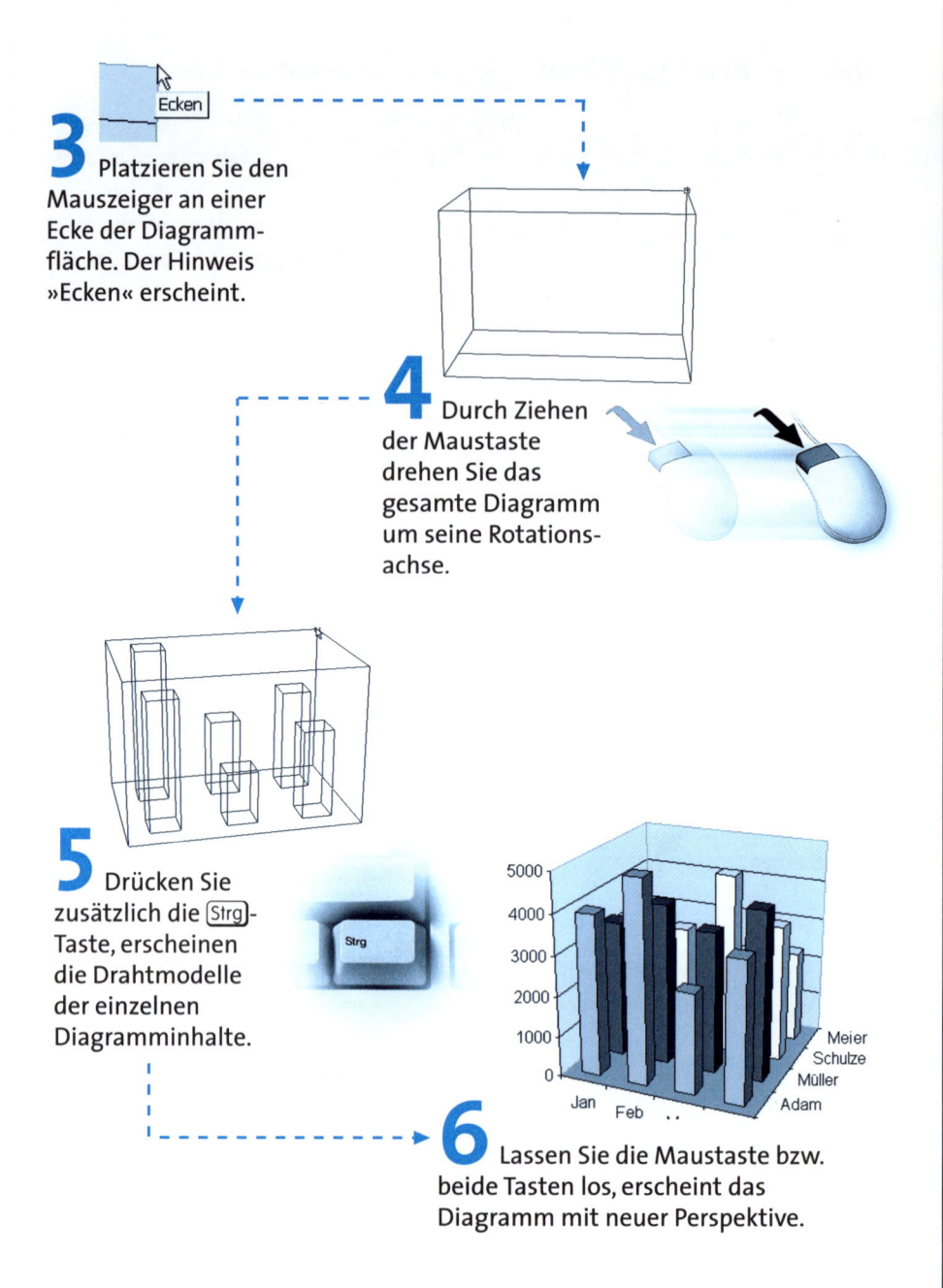

3 Platzieren Sie den Mauszeiger an einer Ecke der Diagrammfläche. Der Hinweis »Ecken« erscheint.

4 Durch Ziehen der Maustaste drehen Sie das gesamte Diagramm um seine Rotationsachse.

5 Drücken Sie zusätzlich die [Strg]-Taste, erscheinen die Drahtmodelle der einzelnen Diagramminhalte.

6 Lassen Sie die Maustaste bzw. beide Tasten los, erscheint das Diagramm mit neuer Perspektive.

Eine weitere Möglichkeit zur Änderung der Perspektive erhalten Sie unter der Menüoption *Diagramm/3D-Ansicht*.

Werte anzeigen

Hier bekommt jeder sein »Fett weg«! Es geht um die prozentualen Anteile eines Lebensmittels. (Hinweis: Es ist kein Bier!) Der Diagrammtyp ist ein Kreis. Die Anteile werden prozentual angezeigt.

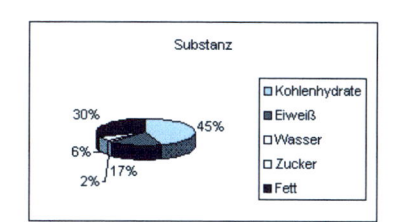

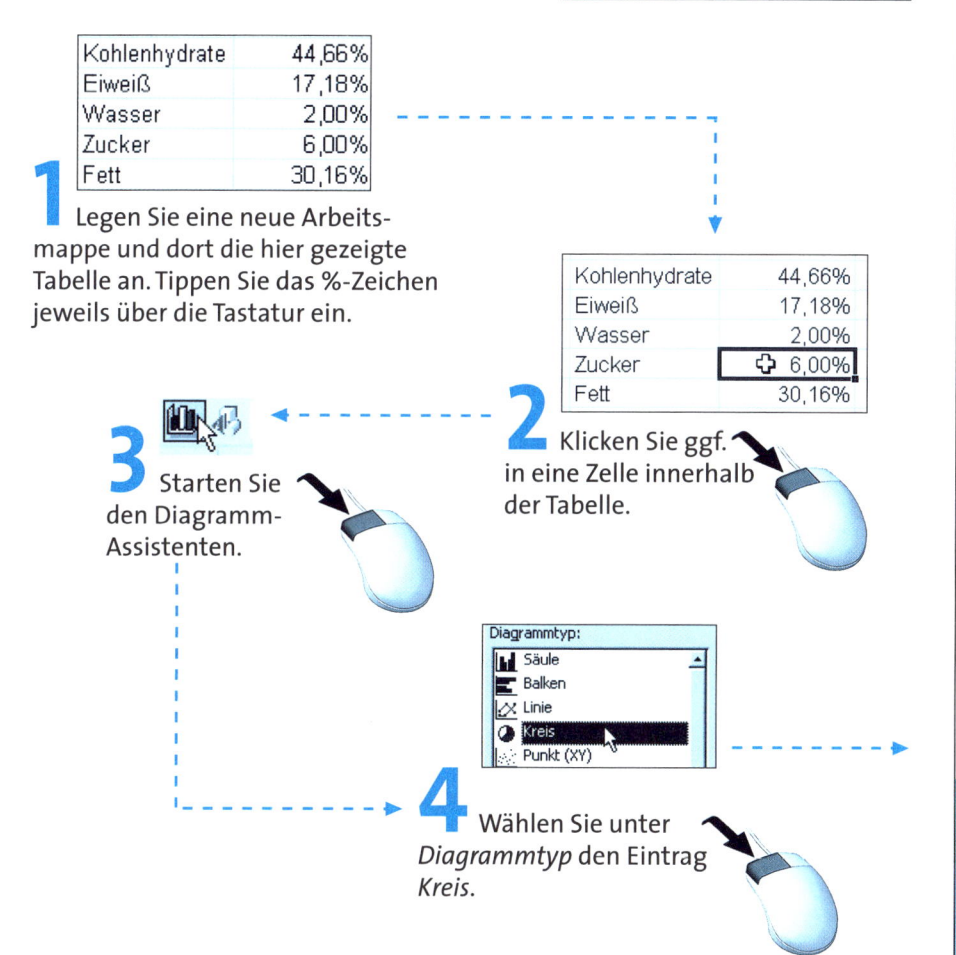

Kohlenhydrate	44,66%
Eiweiß	17,18%
Wasser	2,00%
Zucker	6,00%
Fett	30,16%

1 Legen Sie eine neue Arbeitsmappe und dort die hier gezeigte Tabelle an. Tippen Sie das %-Zeichen jeweils über die Tastatur ein.

2 Klicken Sie ggf. in eine Zelle innerhalb der Tabelle.

3 Starten Sie den Diagramm-Assistenten.

4 Wählen Sie unter *Diagrammtyp* den Eintrag *Kreis*.

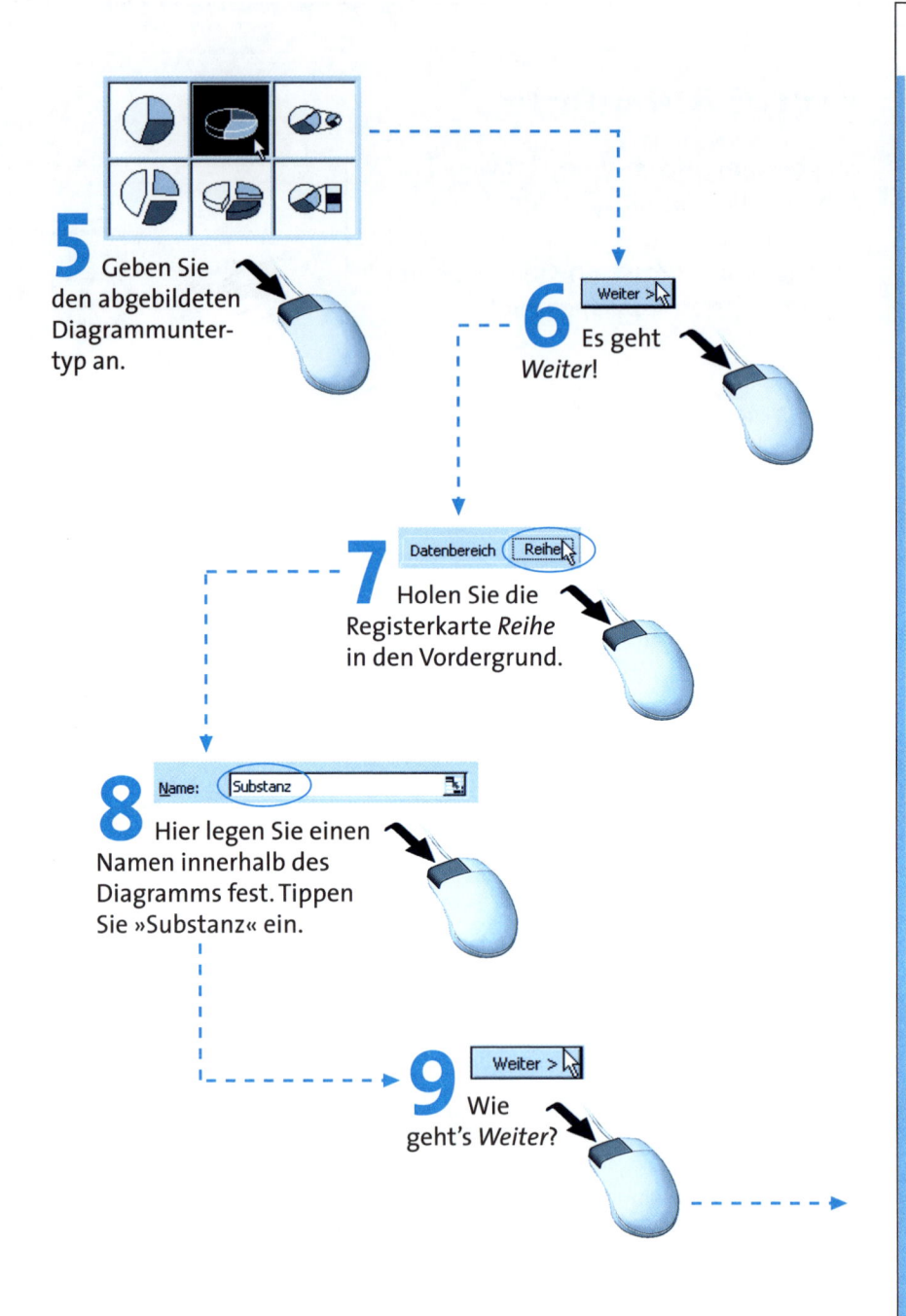

5 Geben Sie den abgebildeten Diagrammuntertyp an.

6 Es geht *Weiter*!

7 Holen Sie die Registerkarte *Reihe* in den Vordergrund.

8 Hier legen Sie einen Namen innerhalb des Diagramms fest. Tippen Sie »Substanz« ein.

9 Wie geht's *Weiter*?

WERTE ANZEIGEN

10 Aktivieren Sie die Registerkarte *Datenbeschriftungen*.

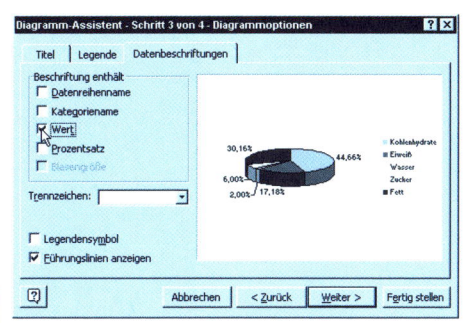

11 Hätten Sie in der Tabelle keine Prozente angegeben, könnten Sie bei Datenbeschriftungen *Prozentsatz* aktivieren. In dieser Übung wählen Sie *Wert*.

Tipp: Probieren Sie die einzelnen Optionen aus. Sie erhalten in der Vorschau das jeweilige Aussehen angezeigt.

12 Sie brauchen in diesem Beispiel den Diagramm-Assistenten nicht Schritt für Schritt durchzugehen, sondern können Ihre Angaben bereits hier beenden.

> **HINWEIS**
>
> Für Eilige gibt es einen Tipp für die schnelle Erstellung eines Diagramms. Sie brauchen nur eine Zelle innerhalb einer Tabelle zu aktivieren und die Taste F11 drücken. Schon fertigt Excel 2002 ein Diagramm für Sie an. Dieses befindet sich auf einem separaten Tabellenblatt. Am unteren Bildschirmrand erkennen Sie die Blattregister. Per Mausklick wechseln Sie das Tabellenblatt. Mehr zu den Blattregistern erfahren Sie im Kapitel 13.

12 Funktionen

Was bringt Ihnen dieses Kapitel?

Es gibt Leute, die machen aus irgendetwas irgendwelche Statistiken. Was aber ist Statistik? Wenn Sie jetzt denken, es sind die Leute in einem Film, die nichts sagen, liegen Sie falsch. Das sind Statisten.

Statistik ist beispielsweise, wenn ein Mann in einem Restaurant drei Flaschen Wein leert. Davon haben Sie und ich eigentlich nichts. Doch laut Statistik tranken der Mann, Sie und ich jeweils eine Flasche Wein. Prost – Auf Ihr Wohl!

Ihr Erfolgsbarometer

Das können Sie schon:

Ein Diagramm einfügen	170
Zellen benennen	158
Währungen eingeben	142
Formeln kopieren	130
Zellen kopieren	114
Zellen automatisch ausfüllen	119
Kalkulationen öffnen	98
Eine Kalkulation speichern	78

Das lernen Sie neu:

Funktionen einfügen	190
Der Funktions-Assistent	194
Zahlen mit Dezimalstellen	199
Die ZählenWenn-Funktion	200
Funktionen nachträglich ändern	202

Funktionen einfügen

Wer hat den größten, wer hat den niedrigsten Umsatz? In Excel führen Sie unter anderem statistische Auswertungen durch.

In diesem Kapitel setzen wir dies exemplarisch auf Fußballvereine und die Torerfolge um. Natürlich lässt sich die Technik auch auf andere Bereiche übertragen: Produktion, Verkaufszahlen, Kostenanalysen usw.

Zunächst geben Sie die Vereine ein.

Sollte Ihr Lieblingsverein nicht dabei sein, tragen Sie ihn ruhig ein. Der Ablauf wird dadurch nicht beeinflusst.

ACHTUNG Reicht der Platz in einer Spalte nicht aus, passen Sie die Breite optimal an.

Sie bewegen den Mauszeiger auf die Trennlinie der Spaltennamen und führen einen Doppelklick aus. Excel passt die Spalten automatisch dem längsten Eintrag an.

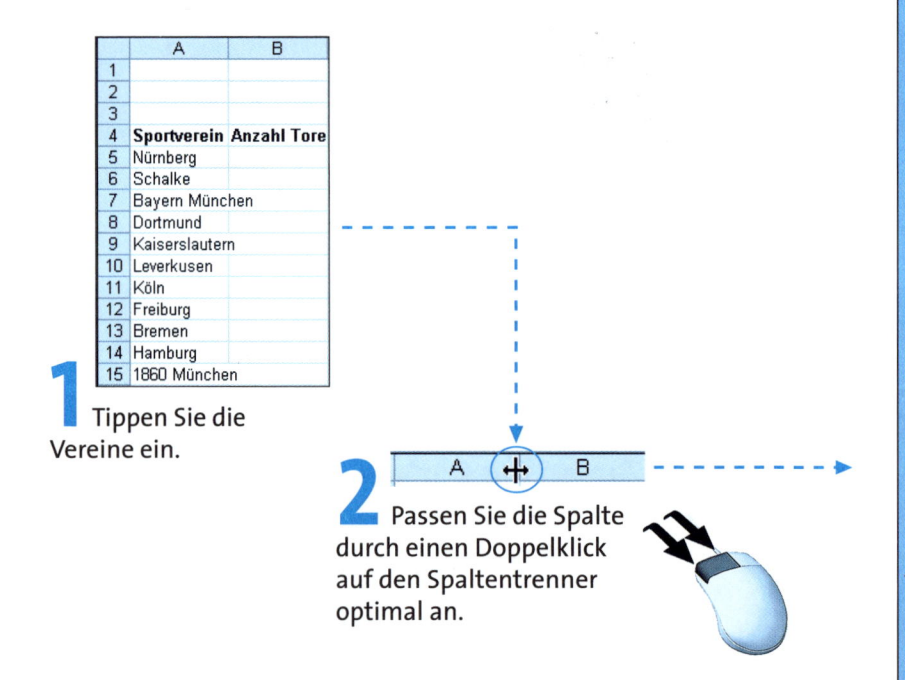

1 Tippen Sie die Vereine ein.

2 Passen Sie die Spalte durch einen Doppelklick auf den Spaltentrenner optimal an.

FUNKTIONEN EINFÜGEN

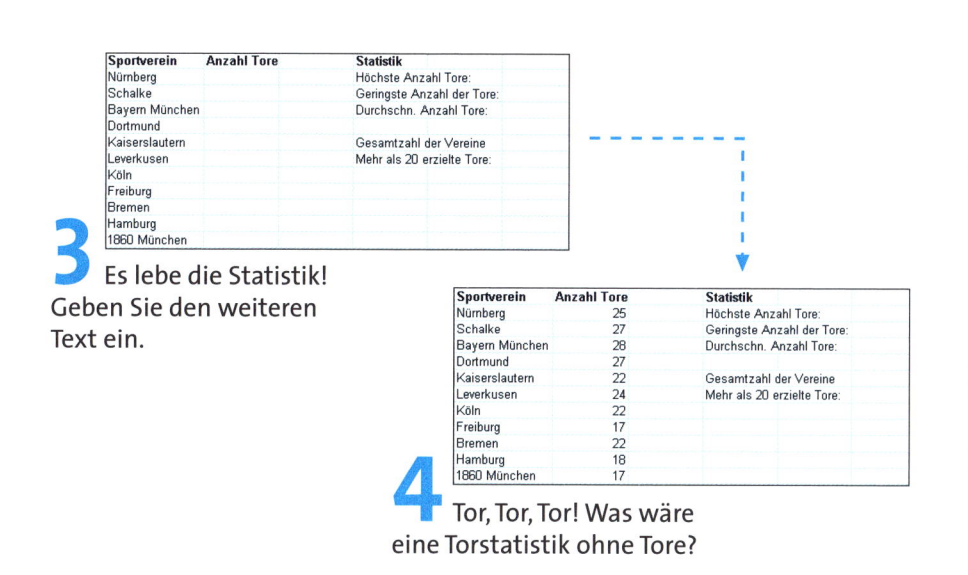

Sportverein	Anzahl Tore	Statistik
Nürnberg		Höchste Anzahl Tore:
Schalke		Geringste Anzahl der Tore:
Bayern München		Durchschn. Anzahl Tore:
Dortmund		
Kaiserslautern		Gesamtzahl der Vereine
Leverkusen		Mehr als 20 erzielte Tore:
Köln		
Freiburg		
Bremen		
Hamburg		
1860 München		

3 Es lebe die Statistik! Geben Sie den weiteren Text ein.

Sportverein	Anzahl Tore	Statistik
Nürnberg	25	Höchste Anzahl Tore:
Schalke	27	Geringste Anzahl der Tore:
Bayern München	28	Durchschn. Anzahl Tore:
Dortmund	27	
Kaiserslautern	22	Gesamtzahl der Vereine
Leverkusen	24	Mehr als 20 erzielte Tore:
Köln	22	
Freiburg	17	
Bremen	22	
Hamburg	18	
1860 München	17	

4 Tor, Tor, Tor! Was wäre eine Torstatistik ohne Tore?

Ein Name für mehrere Zellen

Fürs weitere Arbeiten mit Excel in diesem Beispiel ist es sinnvoll, den Bereich, der ausgewertet werden soll, zu benennen. Das wäre der Torbereich, den Sie »Tore« nennen. Es vereinfacht die Sache später! So braucht man bei den statistischen Auswertungen nur »Tore« anzugeben und keine Zellen.

Sie markieren dazu den **Zellbereich**, klicken in das *Namenfeld* und tragen den Namen ein.

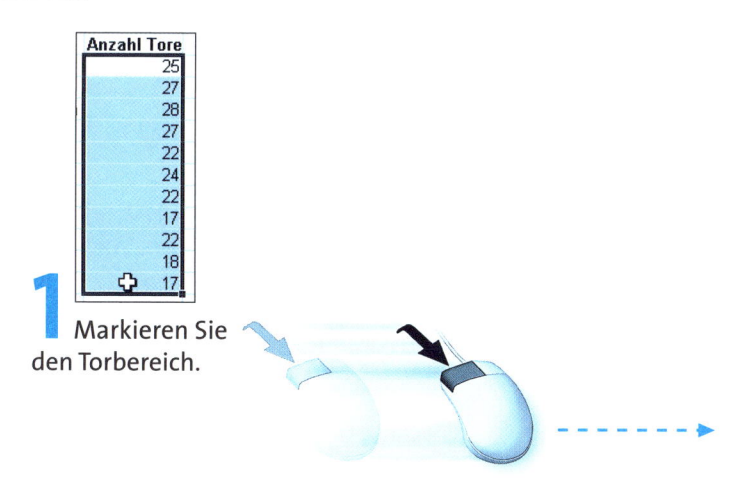

Anzahl Tore
25
27
28
27
22
24
22
17
22
18
17

1 Markieren Sie den Torbereich.

191

2 Setzen Sie den Cursor links oben ...

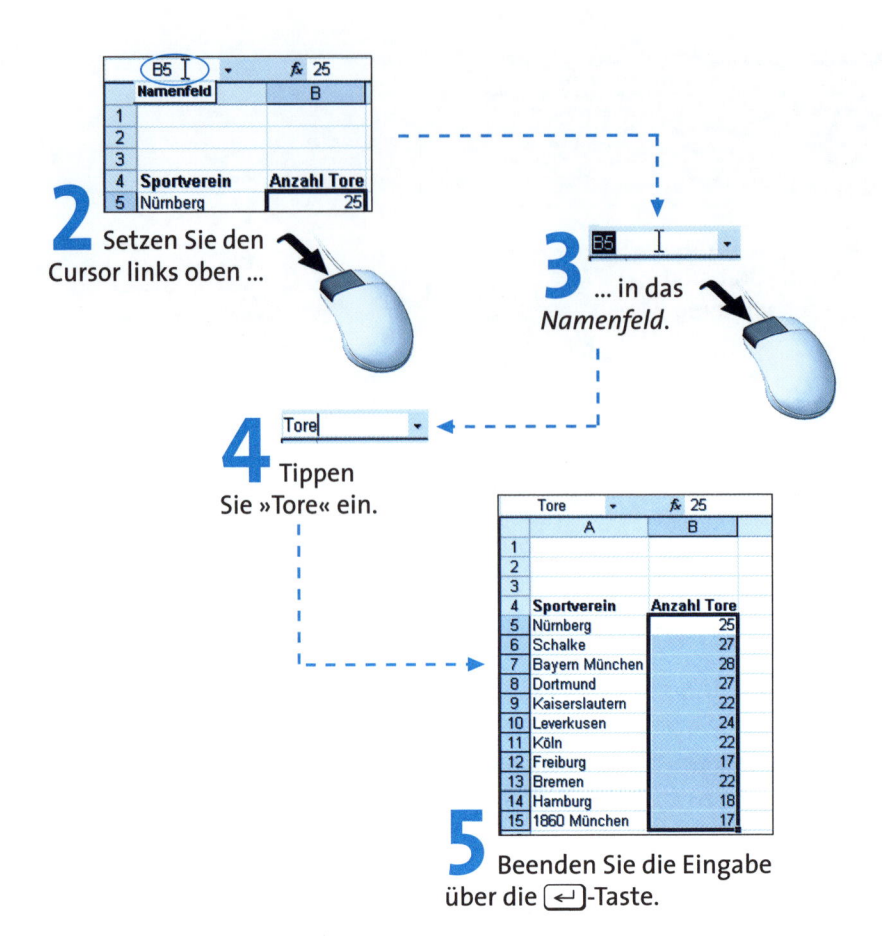

3 ... in das *Namenfeld*.

4 Tippen Sie »Tore« ein.

5 Beenden Sie die Eingabe über die ⏎-Taste.

Wozu Funktionen?

WAS IST DAS — Eine Funktion ist eine vorgefertigte Formel. Eine Formel führt bestimmte Berechnungen in den entsprechenden Zellen durch.

In Excel stehen Ihnen unterschiedliche Funktionen zur Verfügung.

Zunächst soll die höchste Anzahl der geschossenen Tore ermittelt werden. Statt »höchste Anzahl« kann man »Maximum« sagen. So heißt die Funktion, die Sie benötigen, in Excel **MAX**.

Klicken Sie auf die Liste neben der Schaltfläche *AutoSumme*, erhalten Sie eine Auswahl.

Funktionen einfügen

1 Öffnen Sie die Liste neben der Schaltfläche *AutoSumme*.

2 Klicken Sie auf den Eintrag *Max*.

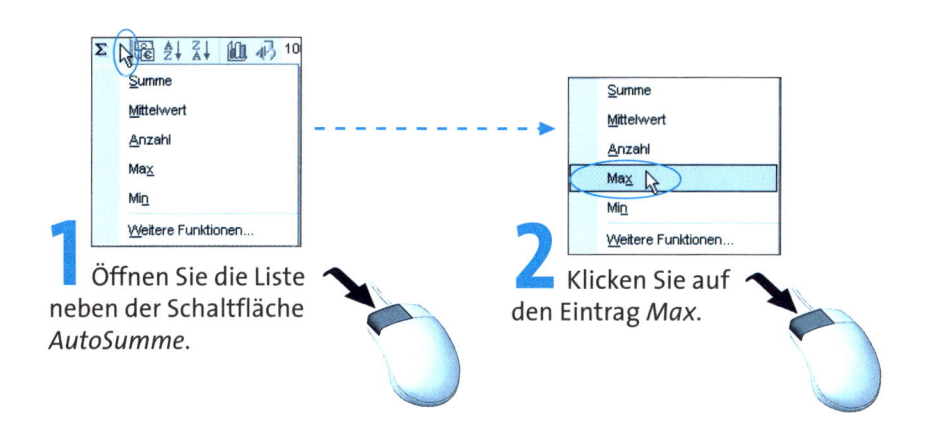

Klicken Sie in die Zelle, in der das MAX steht, erkennen Sie in der **Bearbeitungsleiste** die Formel: »MAX(Tore)«. Übersetzt heißt das, hier steht das Maximum aus dem Zellbereich »Tore«.

Der Nachteil: Das Ergebnis steht nicht dort, wo es stehen soll. Das Ergebnis befindet sich unter den Zahlen. Eine Lösung: Sie verschieben einfach die Zelle mit dem Ergebnis.

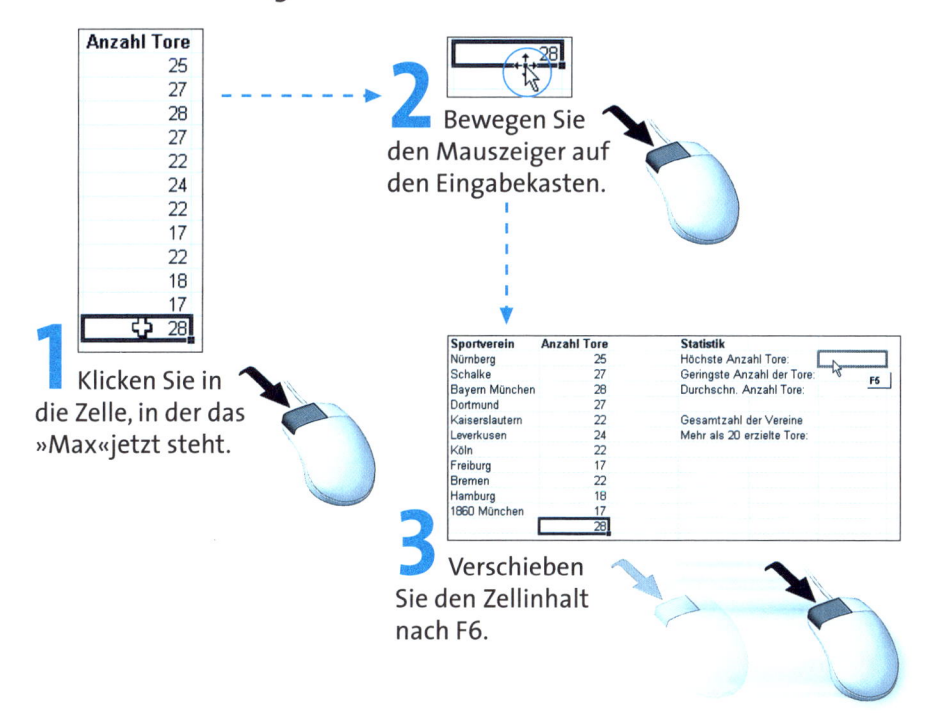

1 Klicken Sie in die Zelle, in der das »Max« jetzt steht.

2 Bewegen Sie den Mauszeiger auf den Eingabekasten.

3 Verschieben Sie den Zellinhalt nach F6.

193

Das Minimum

Wenn es ein Maximum gibt, existiert bestimmt auch ein Minimum. Sie möchten die geringste Anzahl der Tore ermitteln. Fast analog könnte die Vorgehensweise wie bei Maximum sein, doch es gibt noch einen anderen Weg.

Der Funktions-Assistent

Sämtliche Funktionen befinden sich im **Funktions-Assistenten**.

1 Aktivieren Sie die Zelle, in der das Minimum erscheinen soll.

WAS IST DAS

Der Funktions-Assistent führt und hilft beim Erstellen von Funktionen.

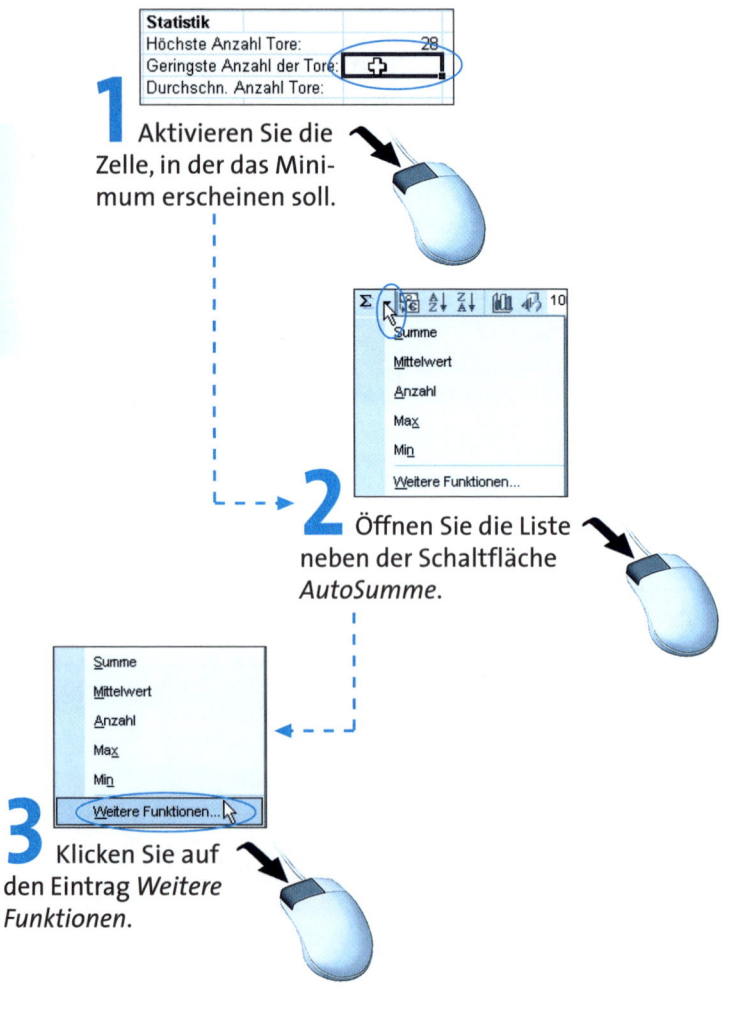

2 Öffnen Sie die Liste neben der Schaltfläche *AutoSumme*.

3 Klicken Sie auf den Eintrag *Weitere Funktionen*.

Der Funktions-Assistent

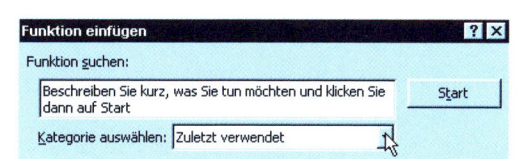

Sie erkennen bei *Kategorie auswählen* als erstes *Zuletzt verwendet*. Hier finden Sie die Funktionen wieder, mit denen Sie **zuletzt gearbeitet** haben.

Unter dem Punkt *Alle* sind sämtliche Funktionen vorhanden. Diesen Bereich können Sie also immer verwenden.

Danach erkennen Sie Begriffe wie »Finanzmathematik, Datum & Zeit, Math. & Trigonom.«.

Je nach Auswirkung einer Funktion finden Sie diese auch in den einzelnen Fachkategorien vor.

Leider weiß man nicht immer, welche Funktion zu welcher Kategorie gehört. Die Funktion MIN für Minimum finden Sie im Bereich »Statistik«.

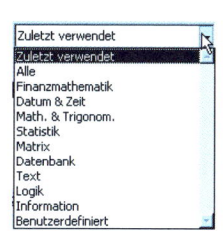

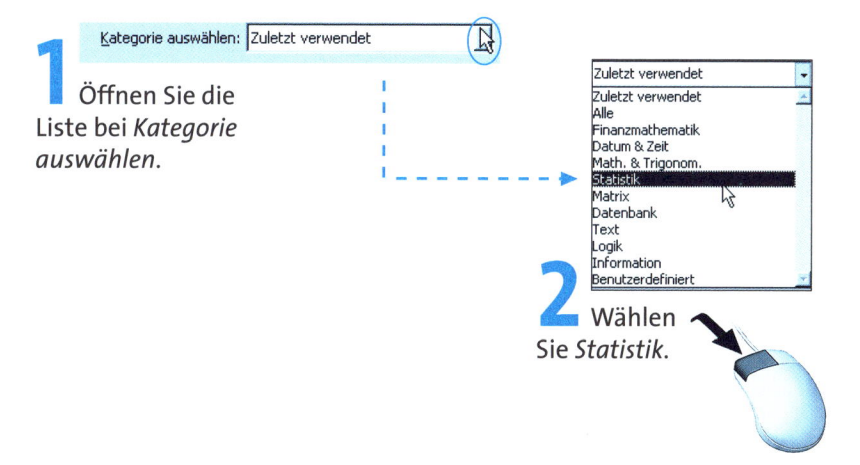

1 Öffnen Sie die Liste bei *Kategorie auswählen*.

2 Wählen Sie *Statistik*.

Haben Sie die Kategorie ausgewählt, widmen Sie sich der Auswahl der richtigen Funktion.

Eine Vielzahl gibt es hier! Nun könnten Sie sich alle mit Hilfe der Laufleiste ansehen. Doch es geht einfacher!

> **HINWEIS**
> Um Funktionen schneller zu finden, brauchen Sie lediglich den **Anfangsbuchstaben** einzugeben. Die Groß- und Kleinschreibung spielt dabei keine Rolle.

Klicken Sie die erste Funktion an, erkennen Sie eine gelbe, gestrichelte Linie.

195

Die Funktion **MIN** fängt mit dem Buchstaben »M« an.

Tippen Sie den Buchstaben »m« (Die Groß- und Kleinschreibung spielt hier keine Rolle) über die Tastatur ein, springt die blaue Markierung bei *Funktion auswählen* automatisch auf den ersten Ausdruck, der mit »M« beginnt und der ist zufälligerweise das MAX, das Sie für dieses Beispiel nicht suchen.

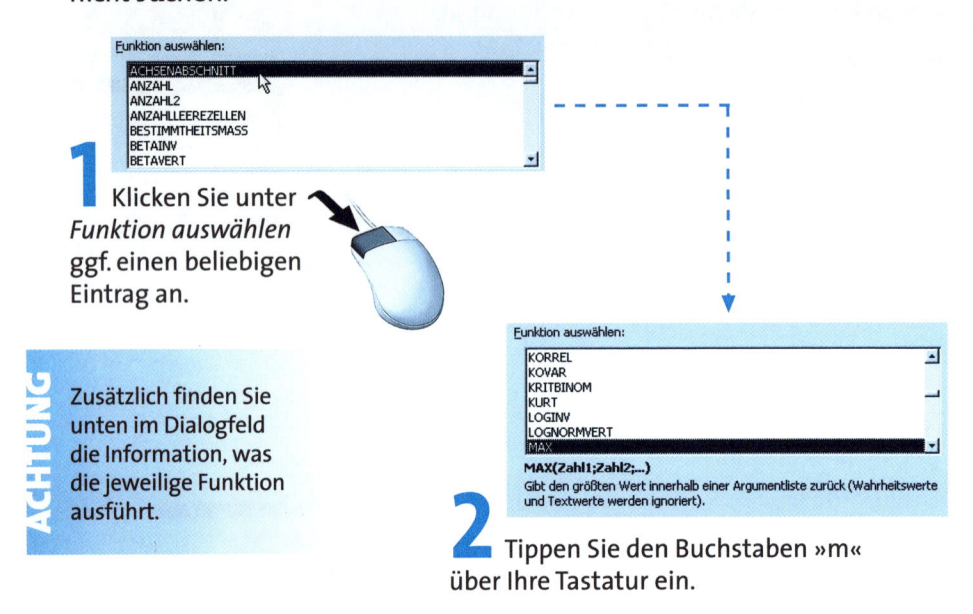

1 Klicken Sie unter *Funktion auswählen* ggf. einen beliebigen Eintrag an.

ACHTUNG Zusätzlich finden Sie unten im Dialogfeld die Information, was die jeweilige Funktion ausführt.

2 Tippen Sie den Buchstaben »m« über Ihre Tastatur ein.

Bewegen Sie einfach die Laufleiste ein wenig nach unten oder drücken die Taste ⬇, bis die Funktion MIN angezeigt wird.

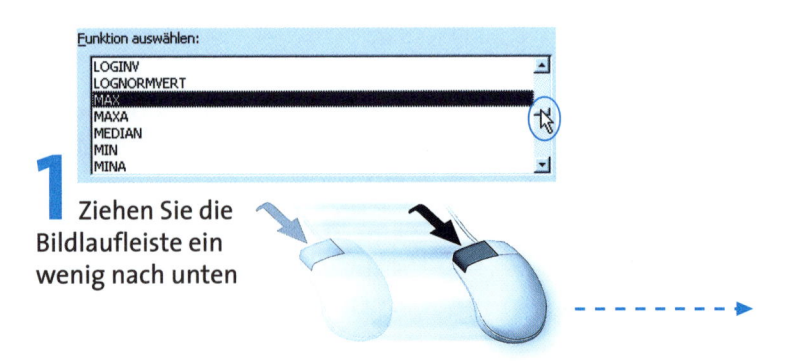

1 Ziehen Sie die Bildlaufleiste ein wenig nach unten

2 Wählen Sie MIN und starten Sie die Funktion mit einem Doppelklick.

3 Tippen Sie bei *Zahl1* den Zellbereich »Tore« ein.

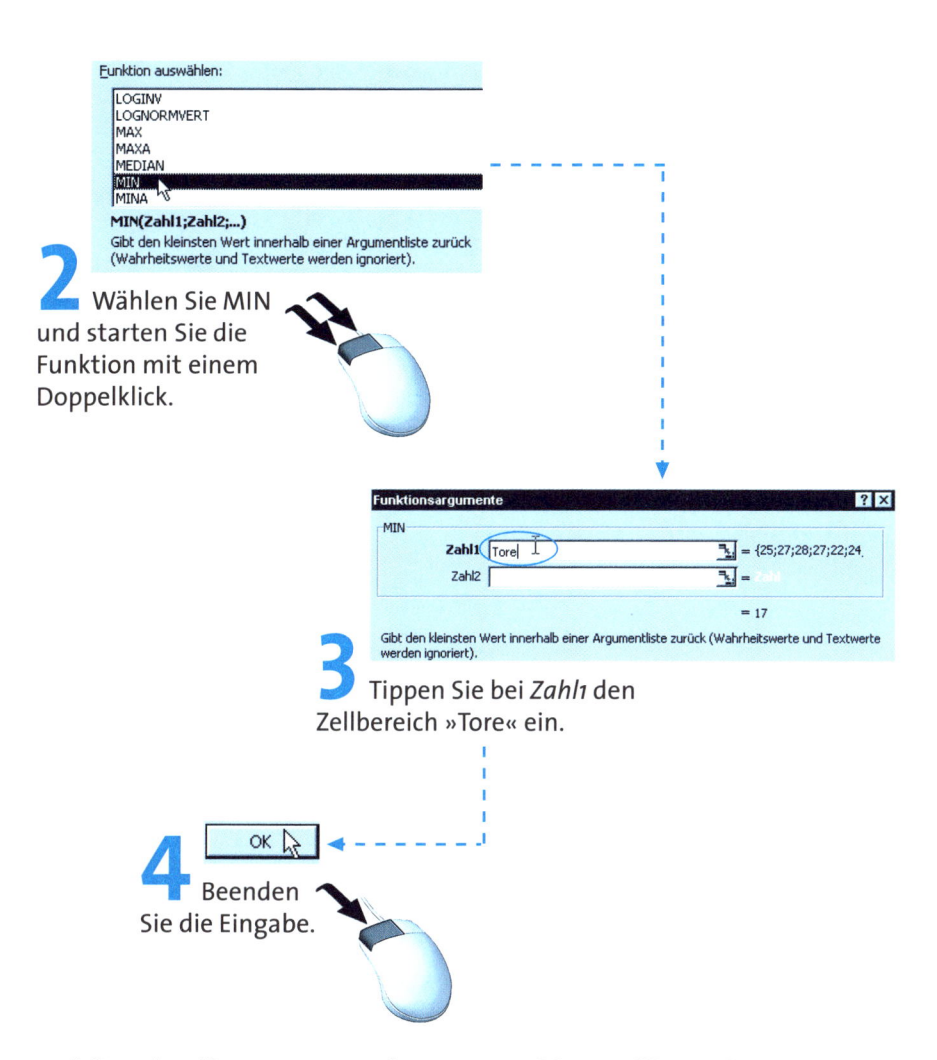

4 Beenden Sie die Eingabe.

Excel fügt den kleinsten Wert des ausgewählten Zellbereichs ein.

Wie geht's? Durchschnittlich!

In der nächsten Zelle soll der Tordurchschnitt ermittelt werden. Die Vorgehensweise ist wiederum dieselbe wie beim Maximum und Minimum. Nicht ganz. In Excel 2002 erhalten Sie die Möglichkeit, Funktionen zu suchen.

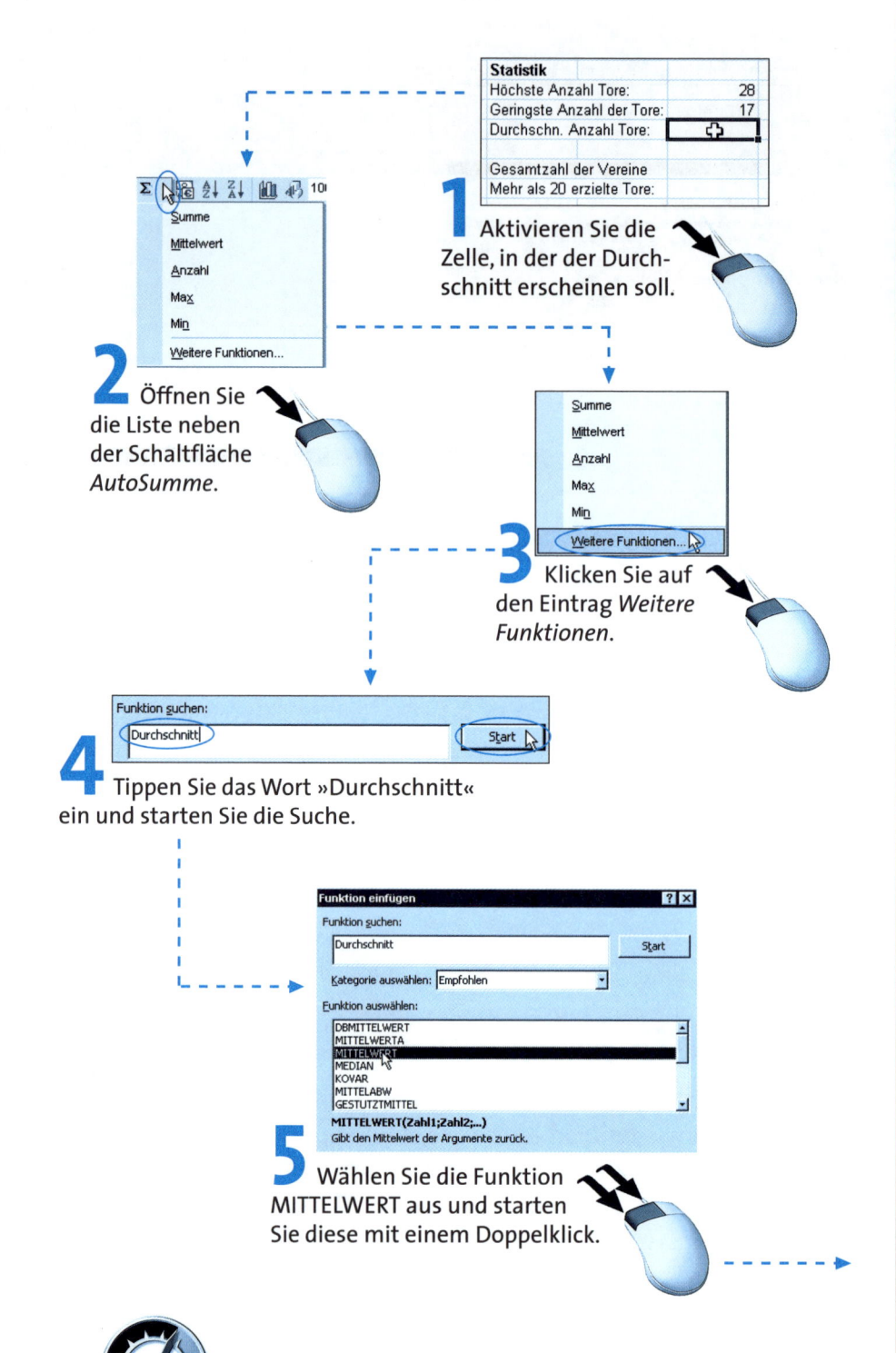

Statistik	
Höchste Anzahl Tore:	28
Geringste Anzahl der Tore:	17
Durchschn. Anzahl Tore:	
Gesamtzahl der Vereine	
Mehr als 20 erzielte Tore:	

1 Aktivieren Sie die Zelle, in der der Durchschnitt erscheinen soll.

2 Öffnen Sie die Liste neben der Schaltfläche *AutoSumme*.

3 Klicken Sie auf den Eintrag *Weitere Funktionen*.

4 Tippen Sie das Wort »Durchschnitt« ein und starten Sie die Suche.

5 Wählen Sie die Funktion MITTELWERT aus und starten Sie diese mit einem Doppelklick.

ZAHLEN MIT DEZIMALSTELLEN

6 Geben Sie »Tore« ein.

7 Bestätigen Sie über die Schaltfläche *OK*.

Zahlen mit Dezimalstellen

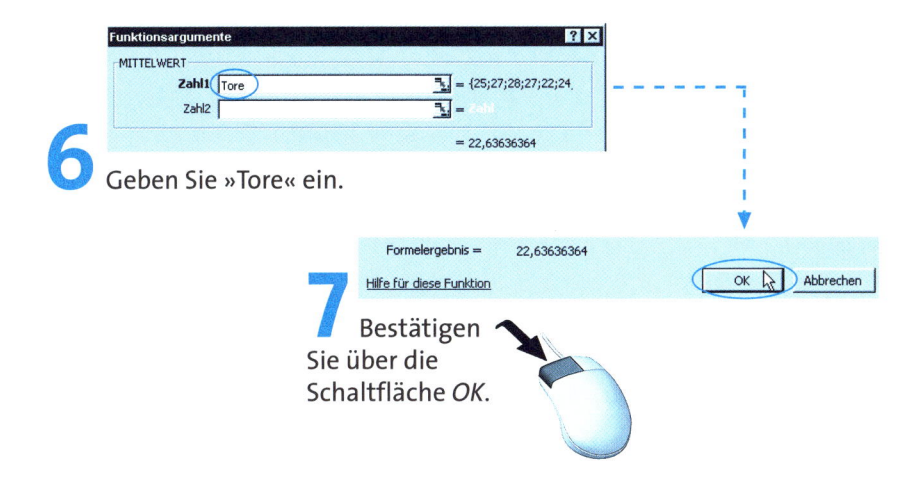

Nullkommanix! Beim Errechnen des Durchschnitts kann es sein, dass der ermittelte Wert über Nachkommastellen bzw. **Dezimalstellen** verfügt. Diese können Sie mit der Schaltfläche *Dezimalstelle löschen* schrittweise entfernen. Pro Mausklick verschwindet eine Dezimalstelle und **Excel rundet** dementsprechend auf oder ab.

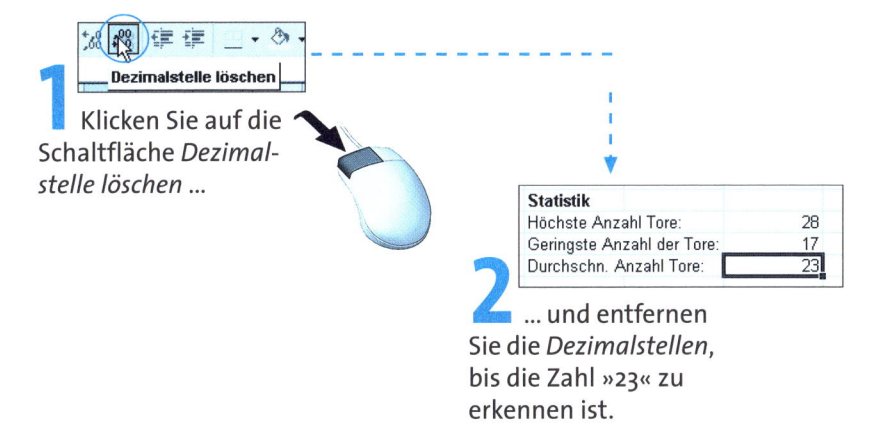

1 Klicken Sie auf die Schaltfläche *Dezimalstelle löschen* ...

2 ... und entfernen Sie die *Dezimalstellen*, bis die Zahl »23« zu erkennen ist.

Möchten Sie andererseits Nachkommastellen hinzufügen, betätigen Sie die Schaltfläche *Dezimalstelle hinzufügen*.

199

Zählen mit Funktionen

ACHTUNG
Mit der Funktion ANZAHL werden nur Zellen gezählt, deren Inhalt **Zahlen** sind. Sie müssen also den Zellbereich »Tore« angeben.

Die Funktion ANZAHL ermittelt, wie viele Vereine angegeben sind.

Ein kleine Übung dazu!

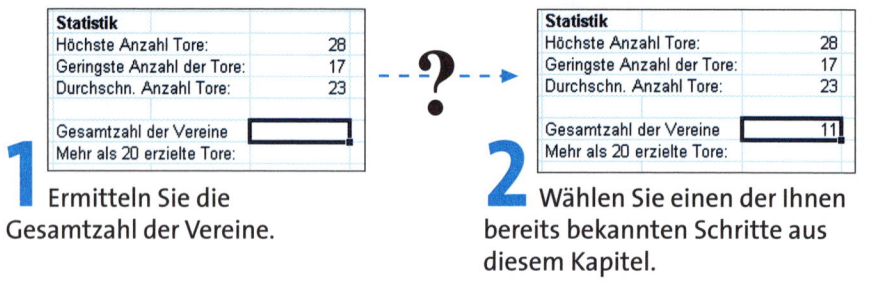

Statistik	
Höchste Anzahl Tore:	28
Geringste Anzahl der Tore:	17
Durchschn. Anzahl Tore:	23
Gesamtzahl der Vereine	
Mehr als 20 erzielte Tore:	

--- ? --->

Statistik	
Höchste Anzahl Tore:	28
Geringste Anzahl der Tore:	17
Durchschn. Anzahl Tore:	23
Gesamtzahl der Vereine	11
Mehr als 20 erzielte Tore:	

1 Ermitteln Sie die Gesamtzahl der Vereine.

2 Wählen Sie einen der Ihnen bereits bekannten Schritte aus diesem Kapitel.

Die ZählenWenn-Funktion

Wenn das Wörtchen »Wenn« nicht wäre! In diesem Beispiel wird die Angabe ein wenig spezifischer.

Sie suchen die Anzahl der Tore, die über »20« betragen. Excel soll also dann **zählen**, **wenn** dieses Kriterium erfüllt ist.

Der Bereich ist derselbe geblieben (»Tore«). Nun geben Sie bei Suchkriterien »>20« ein. Excel zählt alle Zellen, deren Inhalt größer als »20« (also 21, 22, 23, ...) ist.

Hier die Zeichen der Abfragemöglichkeiten anhand der Zahl »20« in der Übersicht:

Suchkriterium	Zeichen	Ergebnis
Größer »20«	>20	21, 22, 23, ...
Größer gleich »20«	>=20	20, 21, 22, ...
Kleiner »20«	<20	19, 18, 17, ...
Kleiner gleich »20«	<=20	20, 19, 18, ...

DIE ZÄHLENWENN-FUNKTION

Auch hier gilt wiederum die gleiche Vorgehensweise, die Sie bereits von den anderen Funktionen her kennen. Mit einer Ausnahme!

Über die Schaltfläche *Funktion einfügen* in der **Bearbeitungsleiste** können Sie ebenfalls den Funktions-Assistenten starten.

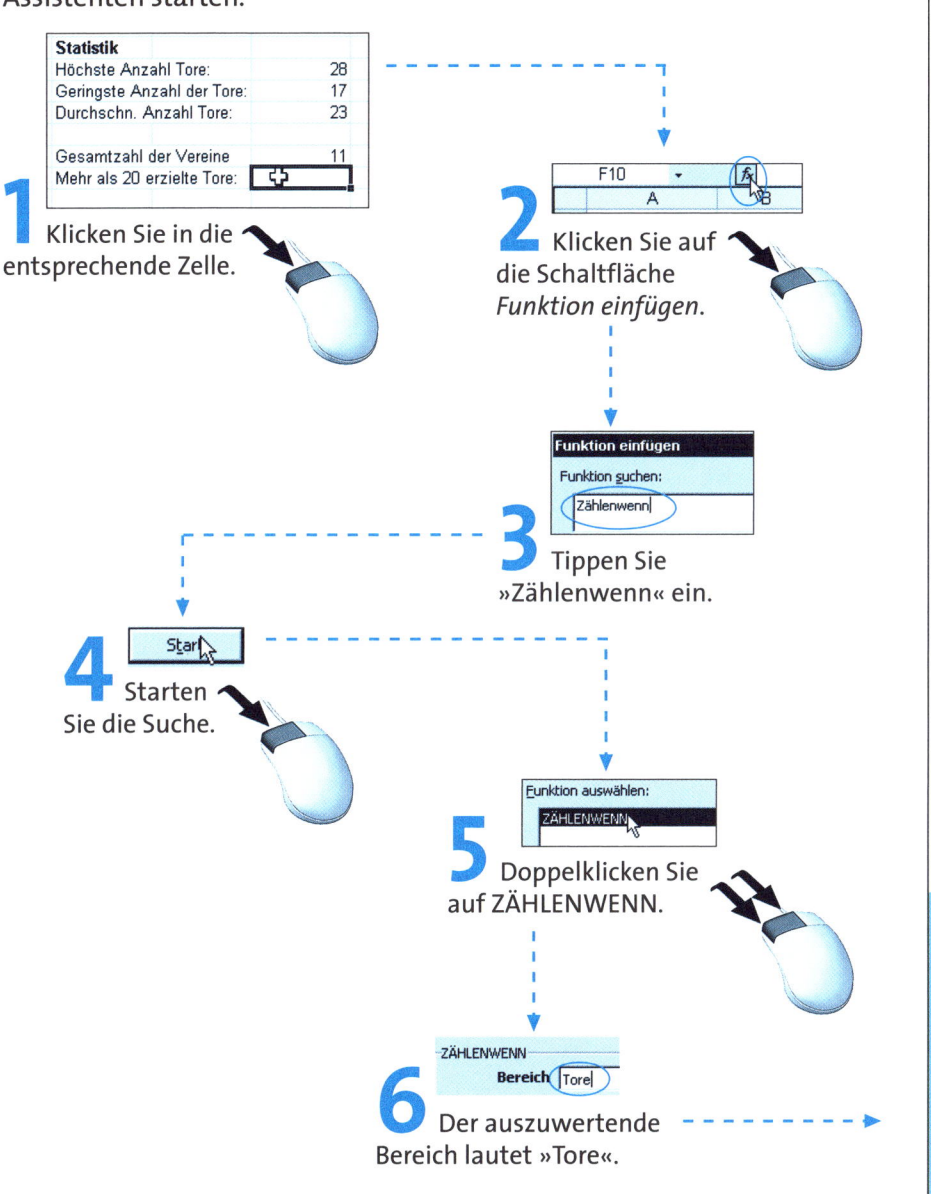

1 Klicken Sie in die entsprechende Zelle.

2 Klicken Sie auf die Schaltfläche *Funktion einfügen*.

3 Tippen Sie »Zählenwenn« ein.

4 Starten Sie die Suche.

5 Doppelklicken Sie auf ZÄHLENWENN.

6 Der auszuwertende Bereich lautet »Tore«.

201

7 Bei Suchkriterien geben Sie »>20« an.

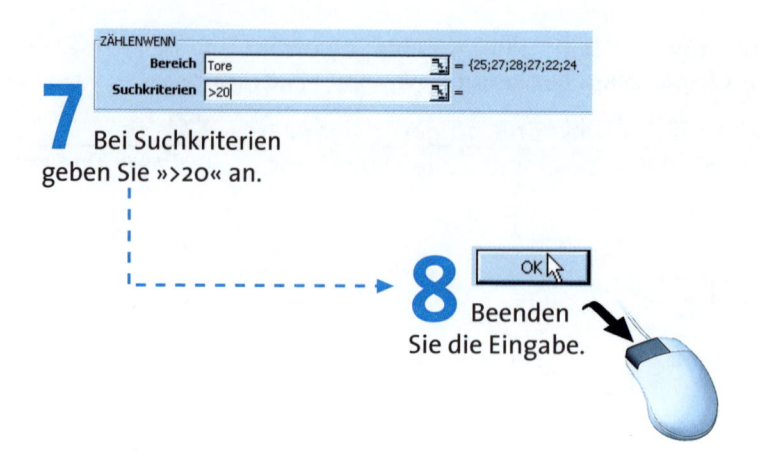

8 Beenden Sie die Eingabe.

Eine Formel nachträglich ändern

Fertig sind die kleinen statistischen Auswertungen.

Kommt ein neuer Spieltag, ändern Sie einfach die Zahlen. Sie sehen, wie die Statistik von selbst angepasst wird. Möchten Sie einen Punkt ändern, so geht das ganz *EASY*. Als Beispiel nehmen Sie die Funktion ZÄHLENWENN.

Mit einem Mausklick auf die entsprechende Zelle erkennen Sie die Formel in der Bearbeitungsleiste.

Klicken Sie mit der linken Maustaste doppelt, zeigt Excel Ihnen in blauer Schrift an, aus welchem Bereich die Auswertungen stammen.

Bisher galt »ZÄHLENWENN(Tore;">20")«. Das ändern Sie auf »>25« um.

Eine Formel nachträglich ändern

Dazu brauchen Sie den Funktions-Assistenten nicht extra zu starten, sondern Sie führen die Änderungen in der **Bearbeitungsleiste** durch. Sie ersetzen die »0« durch die »5«.

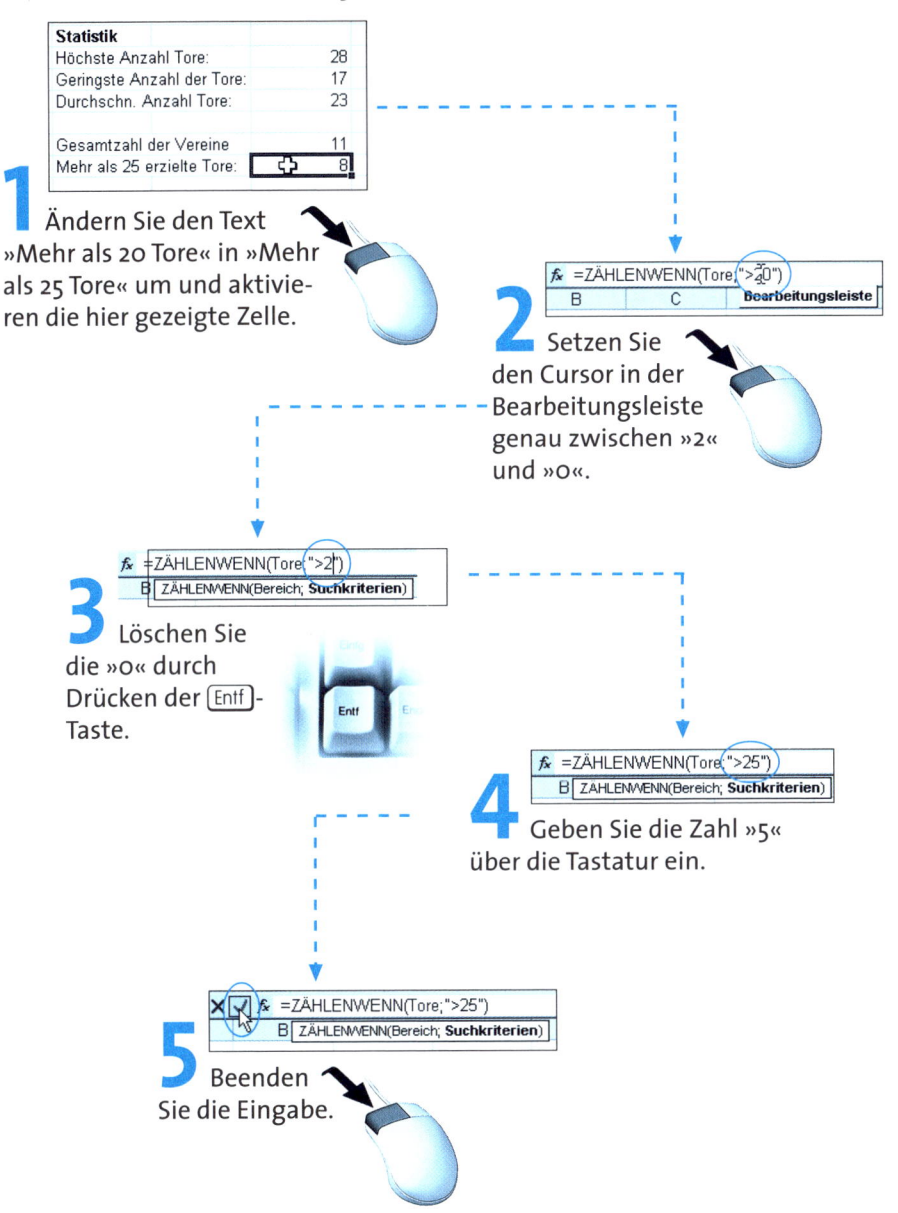

Statistik	
Höchste Anzahl Tore:	28
Geringste Anzahl der Tore:	17
Durchschn. Anzahl Tore:	23
Gesamtzahl der Vereine	11
Mehr als 25 erzielte Tore:	8

1 Ändern Sie den Text »Mehr als 20 Tore« in »Mehr als 25 Tore« um und aktivieren die hier gezeigte Zelle.

=ZÄHLENWENN(Tore;">20")

2 Setzen Sie den Cursor in der Bearbeitungsleiste genau zwischen »2« und »0«.

=ZÄHLENWENN(Tore;">2")

3 Löschen Sie die »0« durch Drücken der Entf-Taste.

=ZÄHLENWENN(Tore;">25")

4 Geben Sie die Zahl »5« über die Tastatur ein.

=ZÄHLENWENN(Tore;">25")

5 Beenden Sie die Eingabe.

Ein anderer Weg – das gleiche Ziel

ACHTUNG

Um Formeln einzufügen, ist es nicht unbedingt nötig, Daten im Funktions-Assistenten einzugeben. Auch die Vergabe von Namen für Zellenbereiche entfällt hier.

Statistik	
Höchste Anzahl Tore:	
Geringste Anzahl der Tore:	
Durchschn. Anzahl Tore:	

`fx =MAX(B5:B15)` Nehmen Sie an, die Statistik müsste noch einmal von Ihnen ausgewertet werden! Wiederum wird z.B. das Maximum, also die Funktion MAX angegeben.

Sie klicken in die Zelle, starten wie gewohnt die Funktion MAX.

Eine Formel nachträglich ändern

Es fehlt lediglich die Angabe der Zellen, die ausgewertet werden sollen.

Sportverein	Anzahl Tore
Nürnberg	25
Schalke	27
Bayern München	28
Dortmund	27
Kaiserslautern	22
Leverkusen	24
Köln	22
Freiburg	17
Bremen	22
Hamburg	18
1860 München	17

Statistik	
Höchste Anzahl Tore:	=MAX(Tore)
Geringste Anzahl der Tore:	MAX(**Zahl1**; [Zahl2]; ...)
Durchschn. Anzahl Tore:	

11Z x 1S

Mit gedrückter Maustaste markieren Sie den **Bereich**, der berücksichtigt werden soll. Sie erkennen dabei eine gestrichelte Linie um die Zellen.

> **HINWEIS**
> Klicken Sie in eine Zelle mit einer Formel und anschließend auf die Schaltfläche *Funktion einfügen* in der Bearbeitungsleiste, gelangen Sie sofort in das entsprechende Dialogfeld.

Haben Sie alle erfasst, bestätigen Sie die Formel.

Das Verfahren funktioniert nicht nur bei MAX, sondern auch bei den anderen Formeln.

13 Wenn ..., dann macht Excel das!

Was bringt Ihnen dieses Kapitel?

Ohne Moos »nix« los. Blicken Sie in Ihre Kasse, was sehen Sie? Nichts!?! »Aber da war doch gestern noch was drin gewesen!« wundern Sie sich und reiben die verweinten Augen. Wo ist nur alles geblieben? Zum Kuckuck mit dem Durcheinander. Anhand einer übersichtlichen Kasse halten Sie immer fest, wofür Sie Ihr Geld ausgegeben haben. Sie stellen die Einnahmen den Ausgaben gegenüber und ermitteln so den aktuellen Kassenbestand. Excel addiert bzw. subtrahiert den Betrag automatisch und das nicht nur einmal, sondern auch von Tag zu Tag, Monat zu Monat und von Jahr zu Jahr.

Das können Sie schon:

Funktionen einfügen	190
Ein Diagramm einfügen	170
Zellen benennen	158
Währungen eingeben	142
Formeln kopieren	130
Zellen kopieren	114
Zellen automatisch ausfüllen	119
Kalkulationen öffnen	98
Eine Kalkulation speichern	78

Das lernen Sie neu:

Zellen durch Rahmenlinien hervorheben	210
Zellen für spätere Eingaben vorbereiten	213
Zellen für spätere Zahlen formatieren	216
Unterschiedliche Schriftfarben	219
Wenn ... Dann ... Sonst	220
Arbeitsblätter benennen	230
Von Arbeitsblatt zu Arbeitsblatt kopieren	231
Von Arbeitsblatt zu Arbeitsblatt rechnen	232
Einnahmen oder Ausgaben eintragen	234

Texte hervorheben

Als Erstes legen Sie fest, worum es geht. Sie entwerfen ein »Kassenbuch« und dieser Begriff sollte im Arbeitsblatt erscheinen.

Sie heben den Ausdruck »Kassenbuch« hervor, indem Sie eine andere **Schriftgröße** wählen.

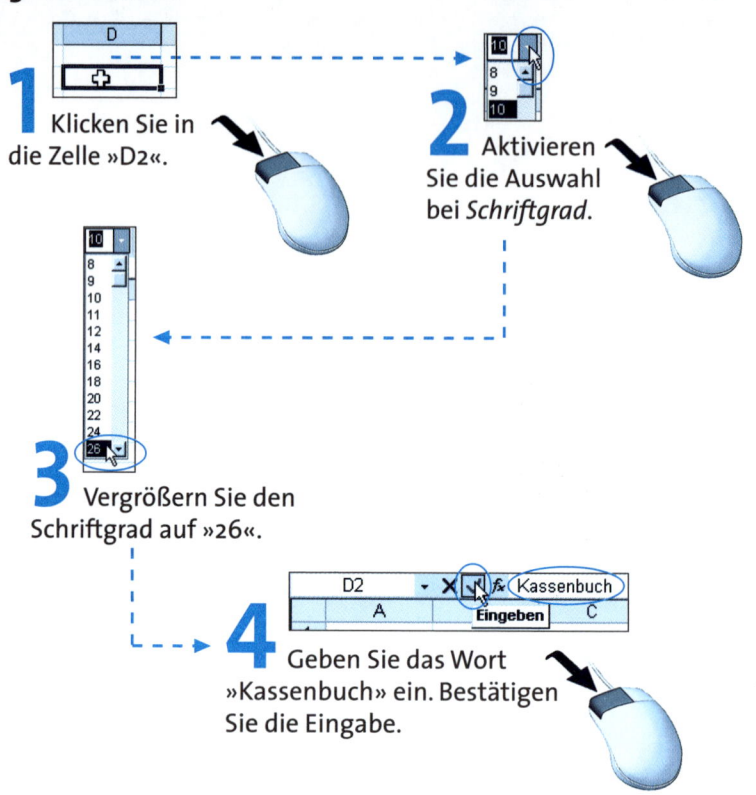

1 Klicken Sie in die Zelle »D2«.

2 Aktivieren Sie die Auswahl bei *Schriftgrad*.

3 Vergrößern Sie den Schriftgrad auf »26«.

4 Geben Sie das Wort »Kassenbuch« ein. Bestätigen Sie die Eingabe.

Der Aufbau des Kassenbuchs

Was soll das Kassenbuch alles aufzeigen? Sie könnten sich die einzelnen Mehrwertsteuerbeträge von Excel errechnen lassen. Ferner kann das Belegdatum angegeben werden.

Aus Gründen der Übersicht wurden in diesem Kapitel nur die **Einnahmen** den **Ausgaben** gegenübergestellt, sonst würden Sie als Einsteiger den »Wald vor lauter Bäumen« nicht sehen. Wie Sie Ihre Kasse anlegen,

TEXTE HERVORHEBEN

bleibt sicherlich Ihnen selbst überlassen! In diesem Kapitel stellen Sie das Gerüst dazu auf. Das »Kassenhäuschen« können Sie anschließend nach Ihren persönlichen Anforderungen aufstellen.

HINWEIS: Für den Aufbau des Kassenbuches sollten Sie die gleichen Zellen wählen, wie Sie in diesem Kapitel vorgegeben sind!

In diesem Beispiel ermitteln Sie ebenfalls den aktuellen Kassenbestand. Die Werte in den entsprechenden Zellen folgen später, wenn Sie die tatsächlichen Einnahmen und Ausgaben in Zahlen eintragen.

Was fehlt noch bei einem »richtigen« Kassenbuch? Der Name der Firma! Sie geben ihn in der Zelle »B4« ein.

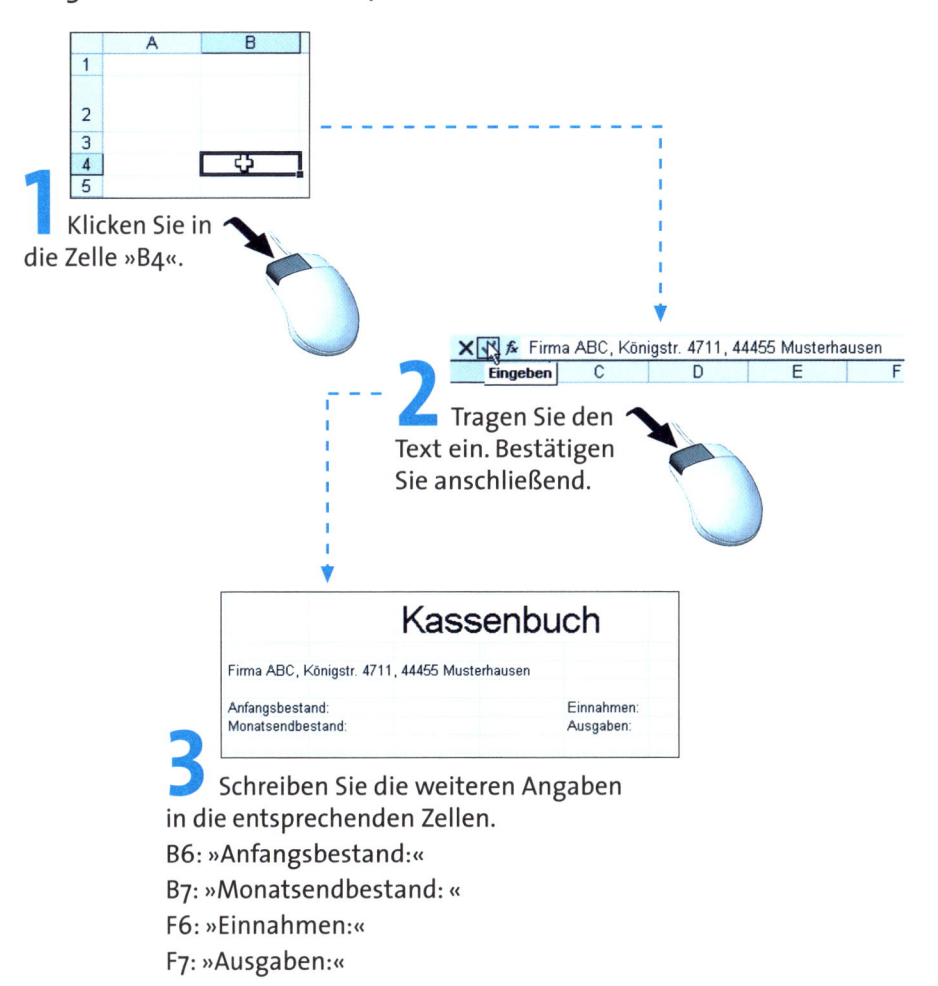

1 Klicken Sie in die Zelle »B4«.

2 Tragen Sie den Text ein. Bestätigen Sie anschließend.

(Firma ABC, Königstr. 4711, 44455 Musterhausen)

Kassenbuch

Firma ABC, Königstr. 4711, 44455 Musterhausen

Anfangsbestand: Einnahmen:
Monatsendbestand: Ausgaben:

3 Schreiben Sie die weiteren Angaben in die entsprechenden Zellen.
B6: »Anfangsbestand:«
B7: »Monatsendbestand: «
F6: »Einnahmen:«
F7: »Ausgaben:«

Zellen durch Rahmenlinien hervorheben

Wie bereits erwähnt, ermitteln Sie die Zahlen später. Die Beträge erscheinen dann neben den betreffenden Texten.

Um die Zellen noch mehr hervorzuheben, **rahmen** Sie diese ein. Das sind hier die Striche um die Zellen herum.

> **HINWEIS**
> Sie müssen in die Zelle klicken, in der Sie einen Rahmen setzen möchten.

Sie klicken rechts neben der Schaltfläche *Rahmen* auf den **Pfeil**. Daraufhin wird Ihnen eine Auswahl gezeigt, wie Sie Rahmenlinien um eine Zelle setzen können.

Sie erkennen, dass einige Striche in den Abbildungen schwarz gekennzeichnet sind. Genauso würden Sie den Rahmen festlegen.

Sie sehen eine schwarze Linie links oder rechts, unten oder oben, teilweise gemischt, von jedem etwas. Mit der Fläche, auf die hier der Mauszeiger zeigt, rahmen Sie mehr als zwei Zellen ein. Es werden also alle markierten Zellen eingerahmt.

Im Beispiel Kasse heben Sie die Zellen für den Anfangsbestand und den Monatsendbestand ebenso hervor.

> **HINWEIS**
> Möchten Sie für zwei oder mehrere Zellen Rahmenlinien setzen, müssen die Zellen markiert sein.
>
> **Rahmenlinien** können Sie nicht mit der ⌊Entf⌋-Taste **löschen**. Dazu müssen Sie die Rahmenauswahl noch einmal aktivieren. Sie wählen »Kein Rahmen«.

Zellen durch Rahmenlinien hervorheben

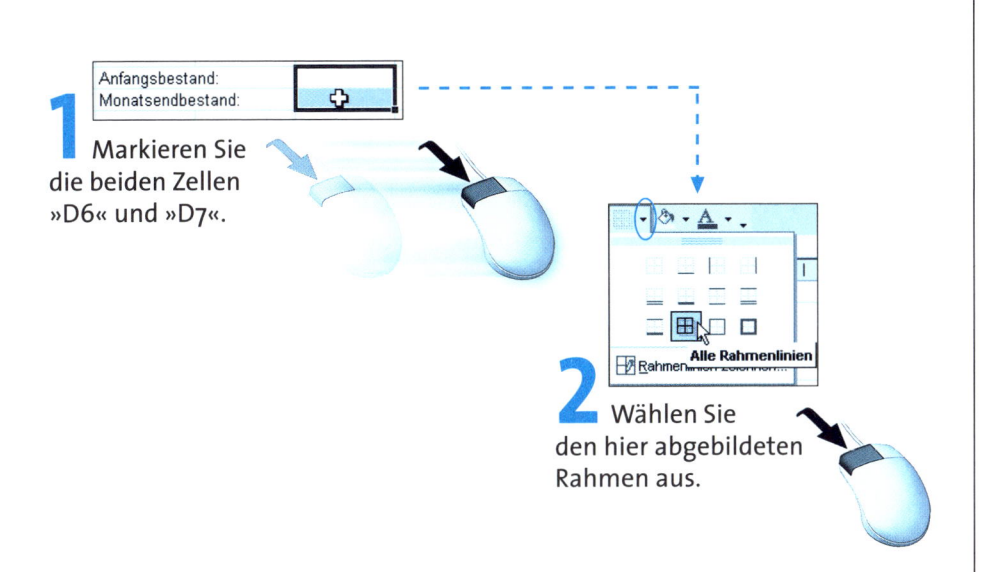

1 Markieren Sie die beiden Zellen »D6« und »D7«.

2 Wählen Sie den hier abgebildeten Rahmen aus.

> **ACHTUNG**
> In Excel werden immer die **zuletzt** verwendete **Rahmenlinien** aufgeführt. Möchten Sie diese wieder anwenden, brauchen Sie nicht die gesamte Auswahl zu aktivieren, sondern nur die Schaltfläche anzuklicken. Dieser Rahmen wird so lange angezeigt, bis Sie einen anderen wählen.

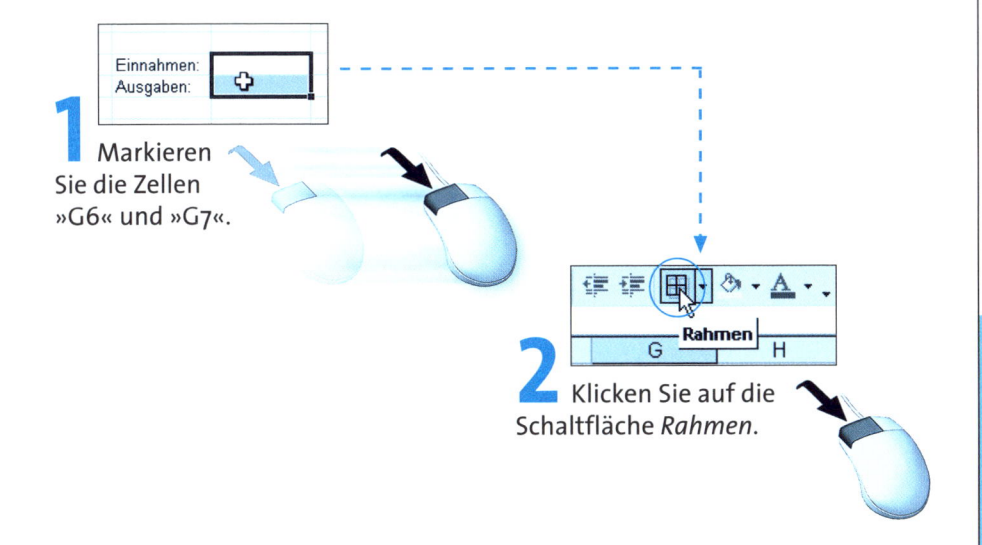

1 Markieren Sie die Zellen »G6« und »G7«.

2 Klicken Sie auf die Schaltfläche *Rahmen*.

Der »Kassenkopf« ist beendet. Es folgen die Einnahmen und Ausgaben.

Eine ganze Zeile »einrahmen«

Um die einzelnen Bereiche voneinander zu trennen, verwenden Sie wiederum eine Rahmenform, wobei der Ausdruck »Rahmen« vielleicht ein wenig verwirrend erscheint, denn Sie wählen eine Darstellung, bei der nur die **untere Linie** von Zellen doppelt unterstrichen wird.

> **ACHTUNG**
> Um eine ganze Zeile zu markieren, klicken Sie links am Bildschirm die entsprechende Zeilennummer an. Sie können auf diese Art und Weise natürlich auch mehrere Zeilen gleichzeitig markieren. Sie brauchen nur den Mauszeiger mit gedrückter, linker Maustaste nach oben oder nach unten zu bewegen.

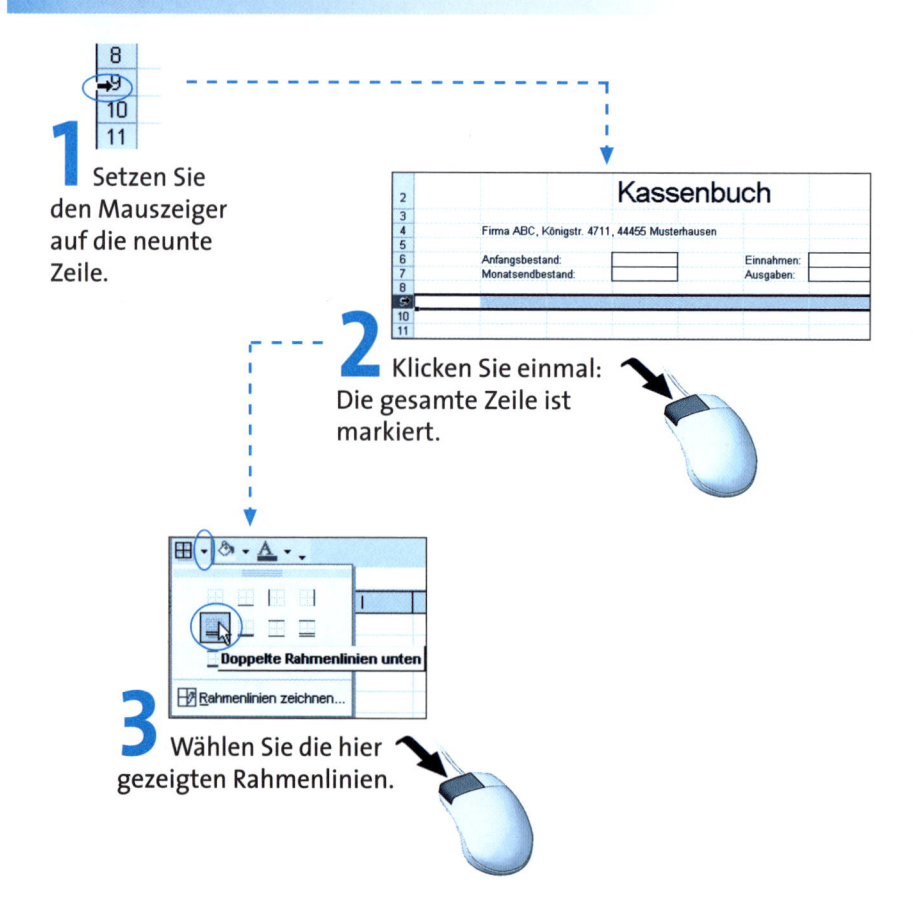

1 Setzen Sie den Mauszeiger auf die neunte Zeile.

2 Klicken Sie einmal: Die gesamte Zeile ist markiert.

3 Wählen Sie die hier gezeigten Rahmenlinien.

212

Zellen für spätere Eingaben vorbereiten

In den nächsten Schritten bereiten Sie die Zellen für das Kassenformular vor. So brauchen Sie später nur die Vorgänge mit den Einnahmen bzw. Ausgaben einzutragen.

Die Spaltenbreite ändern

Zum unteren Teil des Kassenbuches! Sie wählen die Texte:

»lfd. Nr., Text, Einnahmen, Ausgaben, Kasse«

Um später mit den Zellen komfortabler arbeiten zu können, werden Sie vorab die einzelnen **Spaltenbreiten** verändern. Bei »lfd. Nr.« wird lediglich eine Zahl eingegeben. So groß braucht die Spalte also nicht zu sein. Deshalb werden Sie diese verkleinern. Die Spalte »Text« dagegen benötigt später bestimmt mehr Platz. Diese werden Sie vergrößern.

Sie bewegen den Mauszeiger zwischen zwei Spalten, und präziser ausgedrückt: oben, zwischen den Spaltennamen. Der Mauszeiger verändert sein Aussehen. Sobald er dieses »Outfit« hat, können Sie mit gedrückter Maustaste die jeweilige Spaltenbreite ändern.

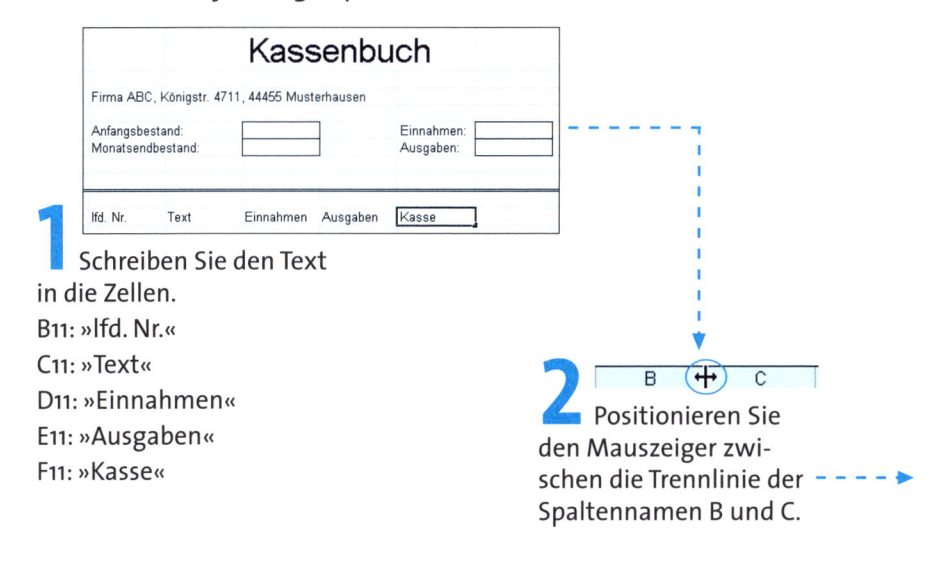

1 Schreiben Sie den Text in die Zellen.
B11: »lfd. Nr.«
C11: »Text«
D11: »Einnahmen«
E11: »Ausgaben«
F11: »Kasse«

2 Positionieren Sie den Mauszeiger zwischen die Trennlinie der Spaltennamen B und C.

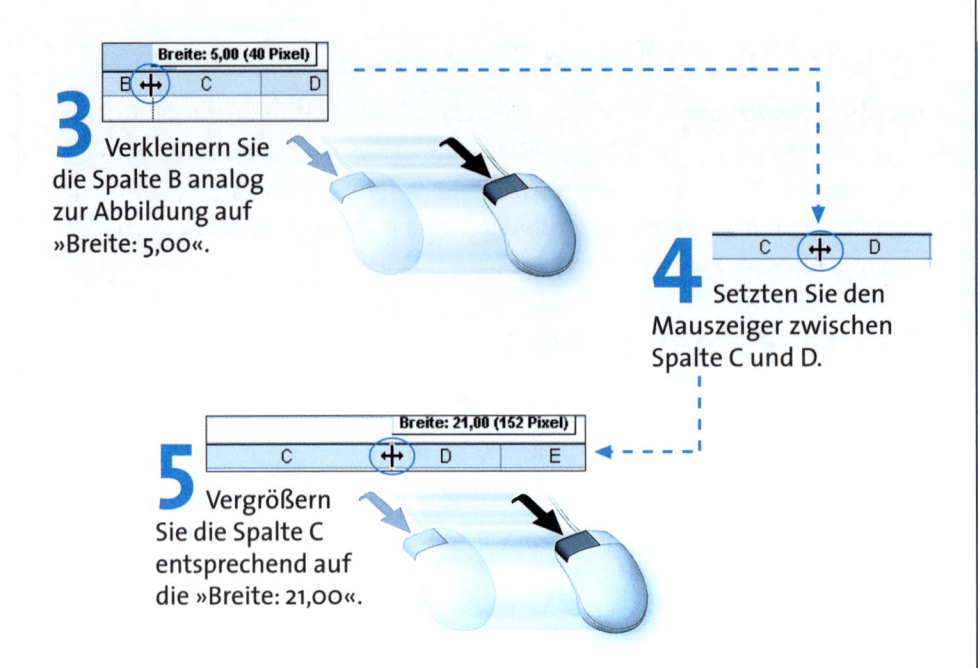

3 Verkleinern Sie die Spalte B analog zur Abbildung auf »Breite: 5,00«.

4 Setzten Sie den Mauszeiger zwischen Spalte C und D.

5 Vergrößern Sie die Spalte C entsprechend auf die »Breite: 21,00«.

Sie markieren wiederum die Zellen und klicken auf die entsprechenden Rahmenlinien.

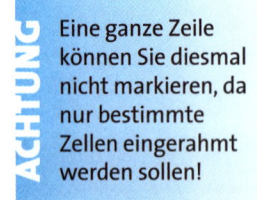

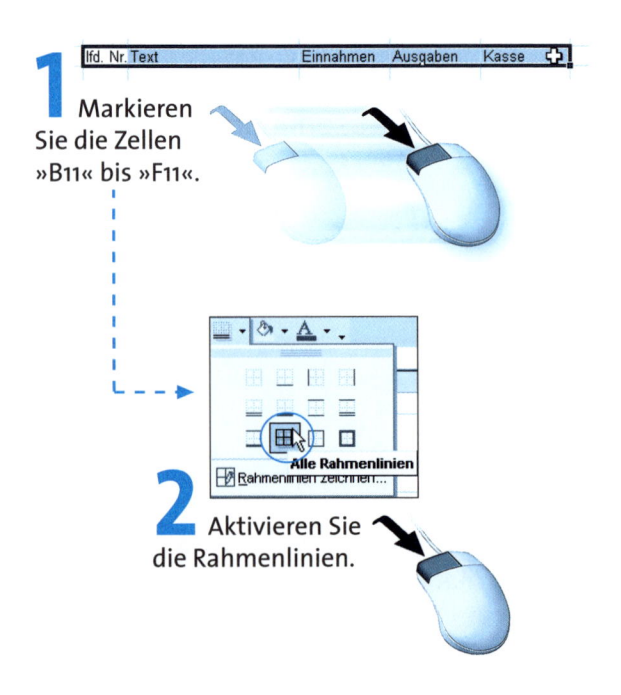

1 Markieren Sie die Zellen »B11« bis »F11«.

ACHTUNG Eine ganze Zeile können Sie diesmal nicht markieren, da nur bestimmte Zellen eingerahmt werden sollen!

2 Aktivieren Sie die Rahmenlinien.

Zwei Rahmen in einer Zelle

Auch die unteren Bereiche sollen durch zwei Rahmenlinien voneinander getrennt werden. Eine mit Strich links und eine mit Strich rechts. Schade, beide zusammen in einem werden von Excel leider nicht angeboten!

Nun könnten Sie die Zellen markieren und die entsprechenden Rahmen wählen. Aber SIE wären kein EASY-Anwender, wenn Sie nicht einen neuen Weg beschreiten würden. Beide Methoden dauern zeitlich gleich lang und führen zum selben Ziel!

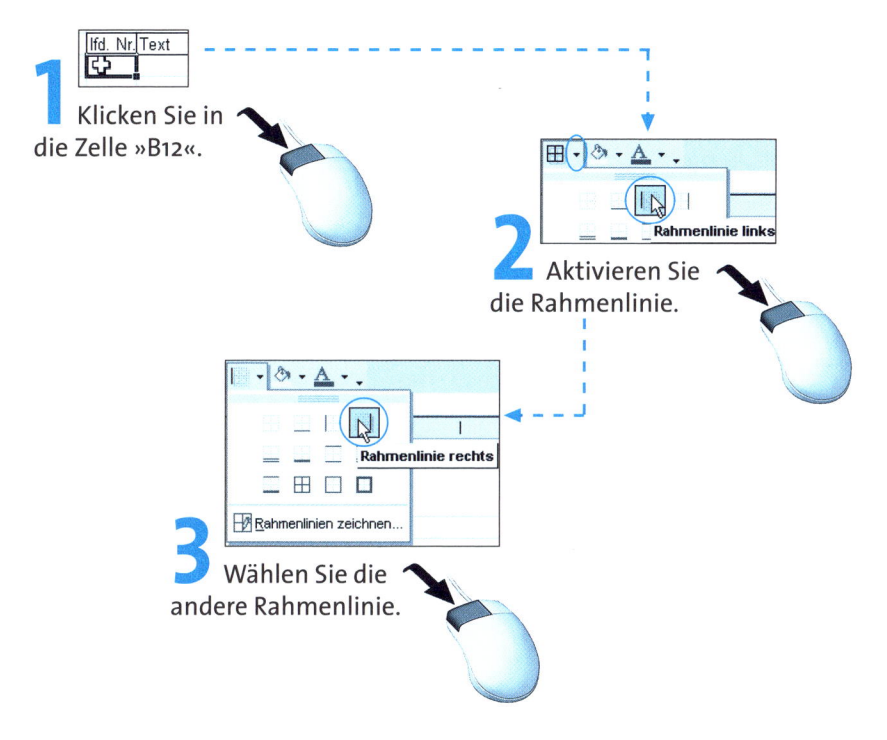

1 Klicken Sie in die Zelle »B12«.

2 Aktivieren Sie die Rahmenlinie.

3 Wählen Sie die andere Rahmenlinie.

Die Rahmen sind gewählt. (Gleichgültig: Sie können natürlich auch erst rechts und dann links ansteuern).

Rahmen kopieren

Bewegen Sie den Mauszeiger auf das **Ausfüllkästchen** und ziehen mit gedrückter Maustaste in die übrigen Zellen. So werden die vorhandenen Rahmenlinien **kopiert**.

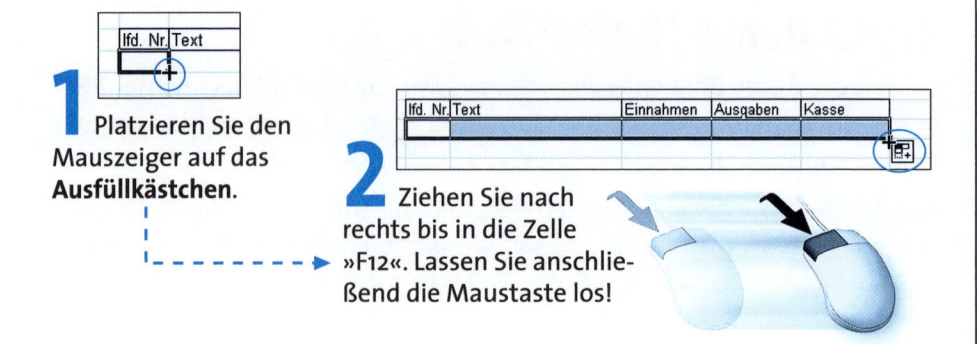

1 Platzieren Sie den Mauszeiger auf das **Ausfüllkästchen**.

2 Ziehen Sie nach rechts bis in die Zelle »F12«. Lassen Sie anschließend die Maustaste los!

Zellen für spätere Zahlen formatieren

Haben Sie ein wenig Geduld! Tragen Sie noch keine weiteren Texte und Zahlen ein. Warum, erfahren Sie später!

In Euro und Cents

Würden Sie Zahlen eintragen, stünden sie »nackend« da. Niemand sähe, welchen Wert die Zahlen hätten. Eier, Birnen, Äpfel oder was? Bei einem deutschen Kassenbuch geben Sie den Euro an.

HINWEIS Um eine Zelle zu formatieren, müssen Sie diese zuvor angeklickt haben. Wollen Sie zwei oder mehrere Zellen formatieren, markieren Sie den entsprechenden Zellbereich.

Möchten Sie lieber die Deutsche Mark verwenden, klicken Sie einfach statt auf die Schaltfläche *Euro* auf die Schaltfläche *Währung*.

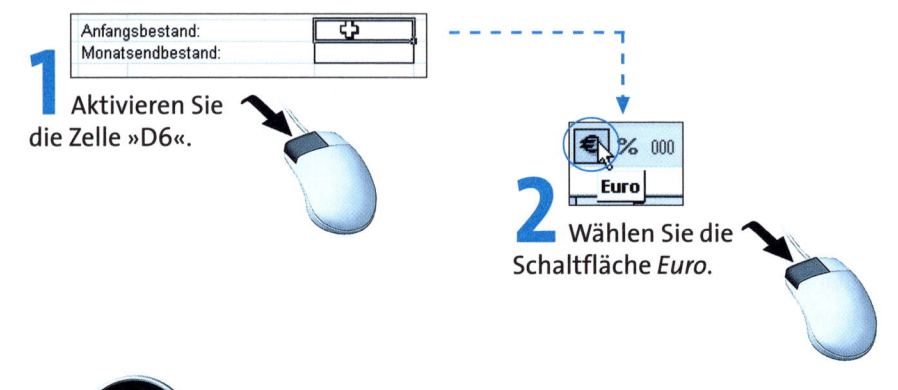

1 Aktivieren Sie die Zelle »D6«.

2 Wählen Sie die Schaltfläche *Euro*.

Vorhandene Formate übertragen

Tragen Sie noch keine Zahlen ein! Würden Sie welche eintragen, weiß Excel: Aha, in diese Zelle kommt das Währungsformat »Euro« mit zwei Dezimalstellen hin.

Aber dies ist nicht die einzige Zelle, die mit diesem Format angegeben werden muss. Die Zelle unter »Einnahmen« wäre noch »nackig«.

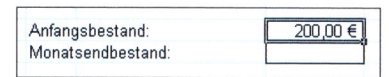

Auch die Zellen für »Ausgaben« und »Kasse« sollten noch formatiert werden. Nun brauchen Sie dieselbe Prozedur nicht immer wieder durchzuführen. Einmal reicht vollkommen aus. Das Leben ist EASY.

Mit der Schaltfläche *Format übertragen* können Sie das Währungsformat (einschließlich der zwei Dezimalstellen) in den anderen Zellen angeben. Mit einem Mausklick **übertragen** Sie das **Format** nur einmal. Da aber mehrere Zellen damit auszustatten sind, klicken Sie das Pinselsymbol mit einem **Doppelklick** der linken Maustaste an. So können Sie das Format beliebig oft übertragen.

Schaltfläche *Format übertragen*	Auswirkung
1 x anklicken	Das vorhandene Format ist nur **einmal** übertragbar.
2 x anklicken (**Doppelklick**)	Das vorhandene Format ist **beliebig oft** übertragbar.

ACHTUNG
Sie können nur dann bereits vorhandene Formate übertragen, wenn »der Pinsel« zusätzlich am Mauszeiger erscheint.

Der Mauszeiger bekommt »Zuwachs«. Es erscheint daneben ein Pinsel auf der Bildschirmoberfläche. Die Funktion ist aktiviert.

Die Funktion bleibt so lange aktiviert, bis Sie noch einmal auf die Schaltfläche klicken oder die (Esc)-Taste drücken. Der Pinsel am Mauszeiger verschwindet.

1 Klicken Sie ggf. in die Zelle »D6«.

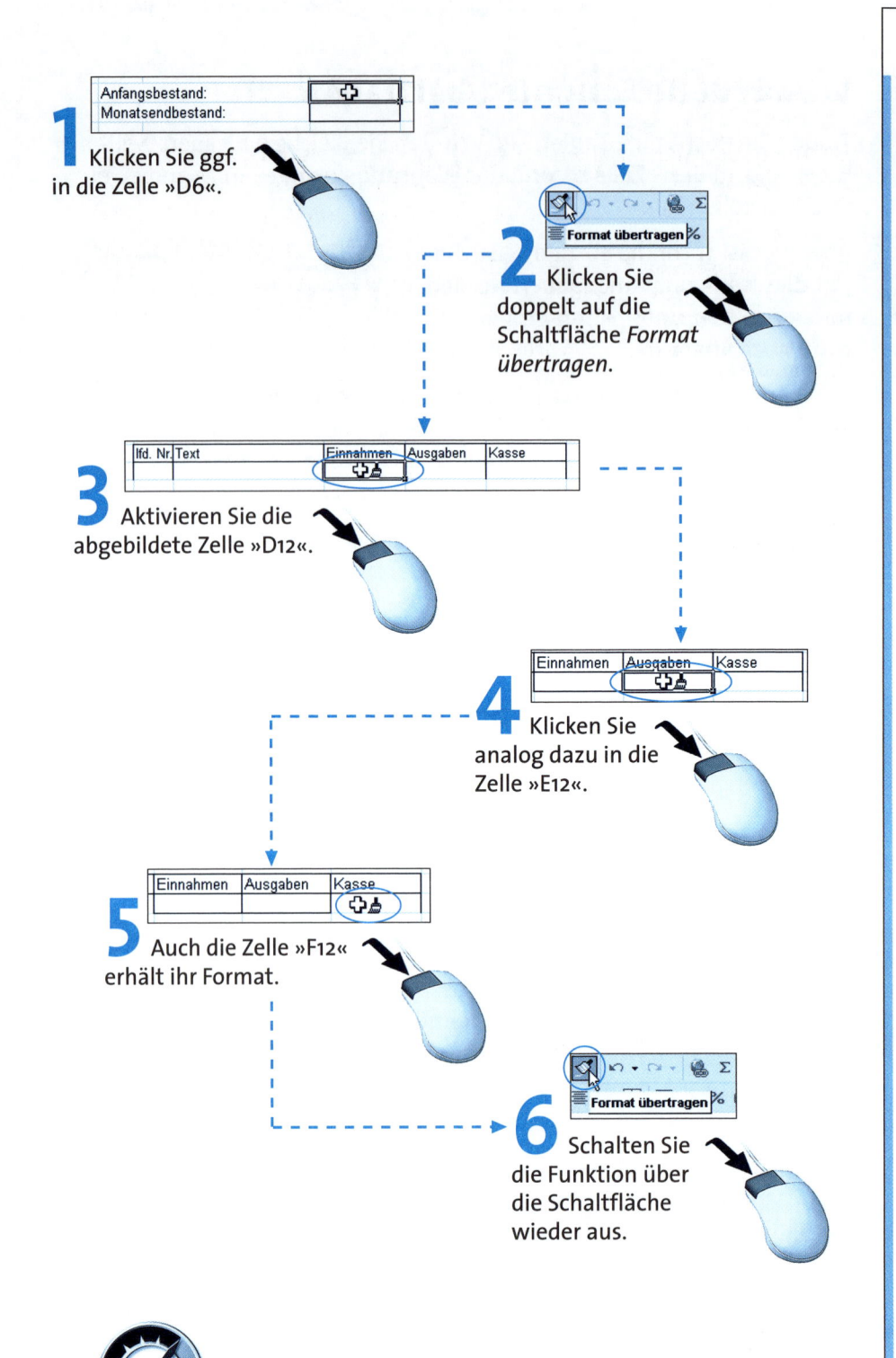

2 Klicken Sie doppelt auf die Schaltfläche *Format übertragen*.

3 Aktivieren Sie die abgebildete Zelle »D12«.

4 Klicken Sie analog dazu in die Zelle »E12«.

5 Auch die Zelle »F12« erhält ihr Format.

6 Schalten Sie die Funktion über die Schaltfläche wieder aus.

218

Unterschiedliche Schriftfarben

Bei Ausgaben sieht man »rot«! Was liegt näher, als die Zahlen für die Ausgaben in der Farbe Rot darzustellen. Es stehen aber noch weitere **Farben** zur Auswahl. Klicken Sie auf den Pfeil neben der Schaltfläche *Schriftfarbe*, erhalten Sie eine **Palette** verschiedenster Farben angezeigt. So könnten Sie bei Postsachen »Gelb« wählen. Mit einem Mausklick auf die gewünschte Farbe – hier Rot – formatieren Sie die aktivierte Zelle.

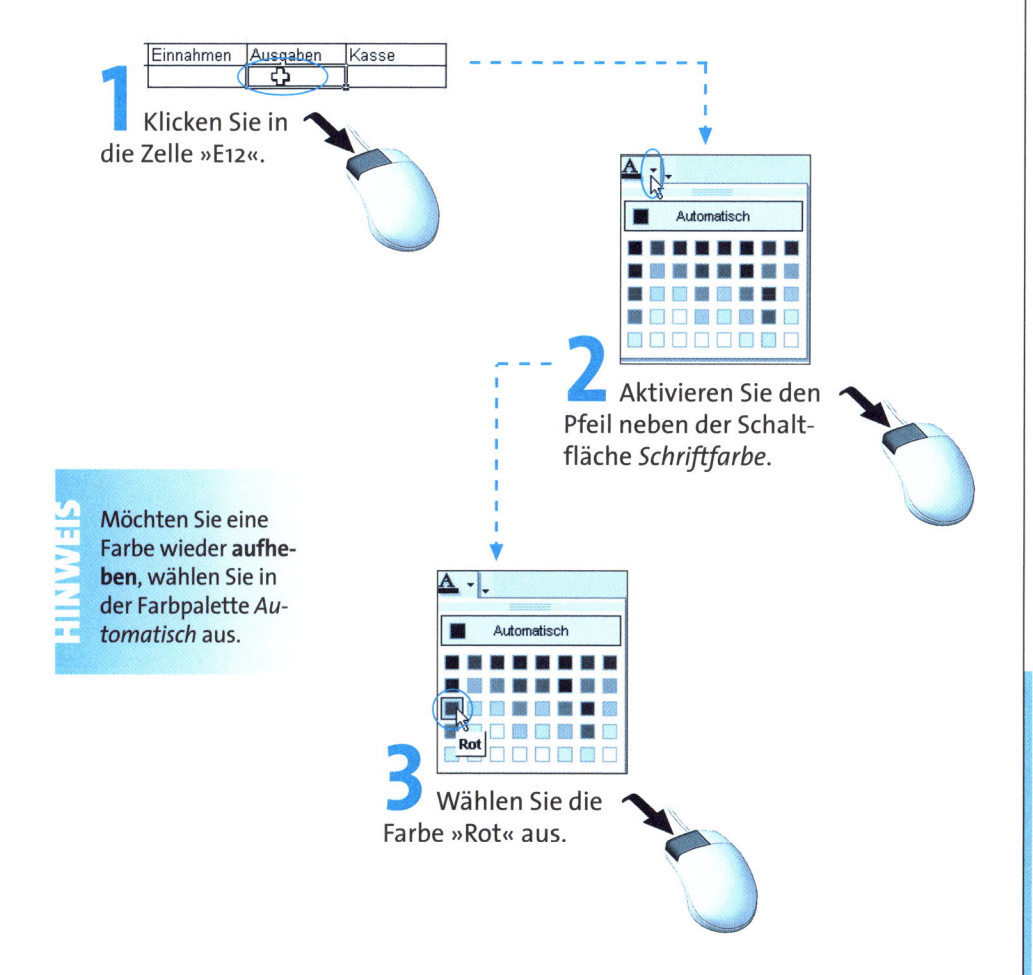

> **HINWEIS:** Die zuletzt ausgesuchte Farbe erscheint in der Schaltfläche *Schriftfarbe* so lange, bis Sie eine andere auswählen.

1 Klicken Sie in die Zelle »E12«.

2 Aktivieren Sie den Pfeil neben der Schaltfläche *Schriftfarbe*.

> **HINWEIS:** Möchten Sie eine Farbe wieder **aufheben**, wählen Sie in der Farbpalette *Automatisch* aus.

3 Wählen Sie die Farbe »Rot« aus.

Wenn ... Dann ... Sonst ...

Würden Sie den ersten Vorgang wie hier eintragen, sähe die Kasse so aus. Doch Sie tragen immer noch keine Zahlen ein. Geduld! Später!

Zellen mit Formeln belegen

Es müssen noch die **Formeln** angegeben werden. Es ist nur eine und zwar für den aktuellen **Kassenbestand**. Im ersten Fall soll der »Anfangsbestand« und die »Einnahme« addiert werden. Da Sie aber nicht wissen, ob der erste Vorgang eine Einnahme oder Ausgabe ist, kann es natürlich auch sein, dass der Kassenbestand sich um die Ausgaben vermindert.

Sie geben Excel in einer Formel an:

Wenn es sich um eine **Einnahme** handelt, soll die Software **addieren**, handelt es sich dagegen um eine **Ausgabe**, muss **subtrahiert** werden.

Wenn ...	Berechnung
Einnahme	Kassenbestand + Einnahme
Ausgabe	Kassenbestand − Ausgabe

Um eine Formel einzugeben, starten Sie den **Funktions-Assistenten**.

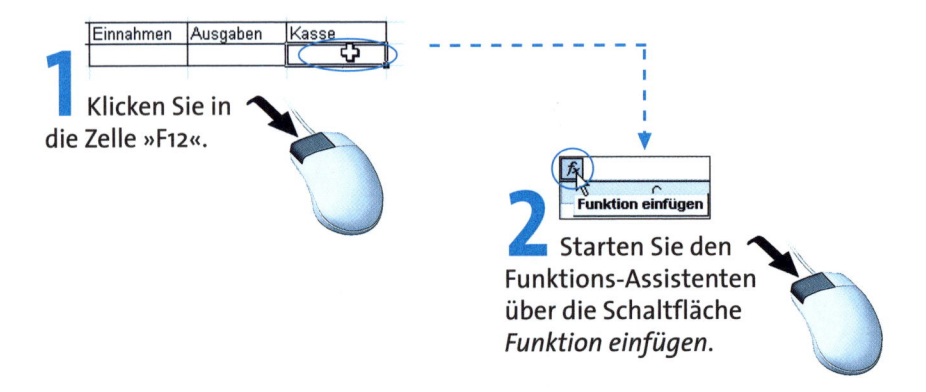

1 Klicken Sie in die Zelle »F12«.

2 Starten Sie den Funktions-Assistenten über die Schaltfläche *Funktion einfügen*.

Sie benötigen die Funktion WENN. Falls Sie nicht wissen, in welcher Kategorie eine bestimmte Funktion zu finden ist, starten Sie einfach die Suche. Diese muss spezifiziert werden. Sie müssen »Wenn, dann« eingeben.

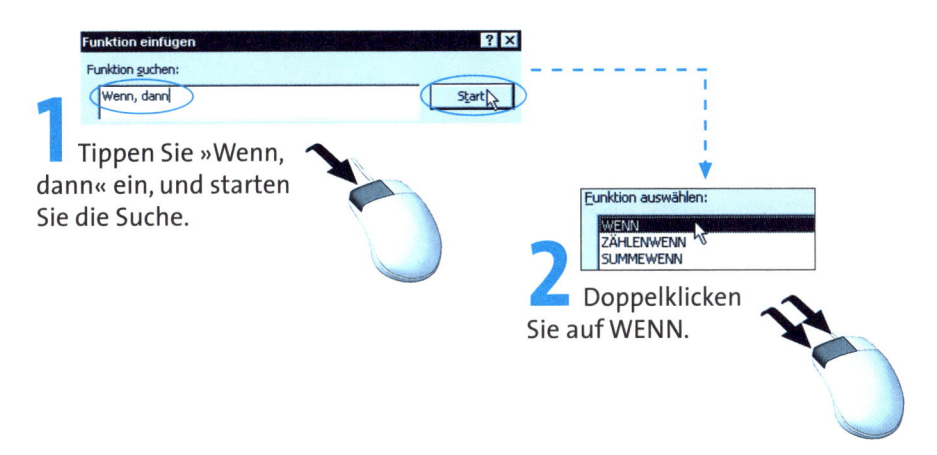

1 Tippen Sie »Wenn, dann« ein, und starten Sie die Suche.

2 Doppelklicken Sie auf WENN.

Eine Eingabefläche verschieben

Sie benötigen die Zellen, die von der Eingabefläche verdeckt werden. Daher positionieren Sie diese in Ihrem Arbeitsblatt anders.

Um das Dialogfeld im Arbeitsblatt zu **bewegen**, klicken Sie einfach eine graue Fläche an und halten die Maustaste gedrückt. Der Mauszeiger verwandelt sich in einen **Pfeil**.

Während des Verschiebens erkennen Sie einen **gestrichelten Kasten**, der die Größe der Eingabefläche hat. Bewegen Sie diesen auf die neue Position innerhalb des Arbeitsblattes. (Wenn Sie den Funktions-Assistenten später wieder starten, erscheint die Eingabefläche wieder an der alten Position. Das Verschieben gilt also nur einmalig.)

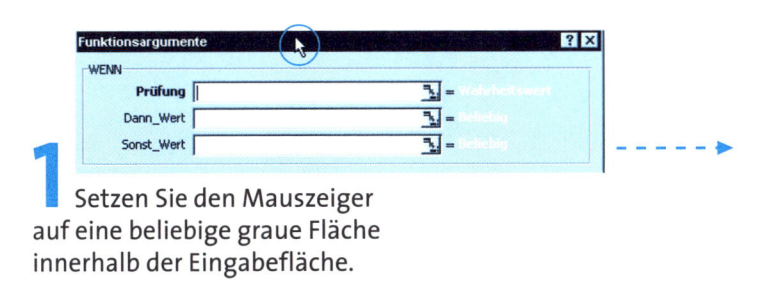

1 Setzen Sie den Mauszeiger auf eine beliebige graue Fläche innerhalb der Eingabefläche.

221

2 Ziehen Sie mit gedrückter Maustaste ...

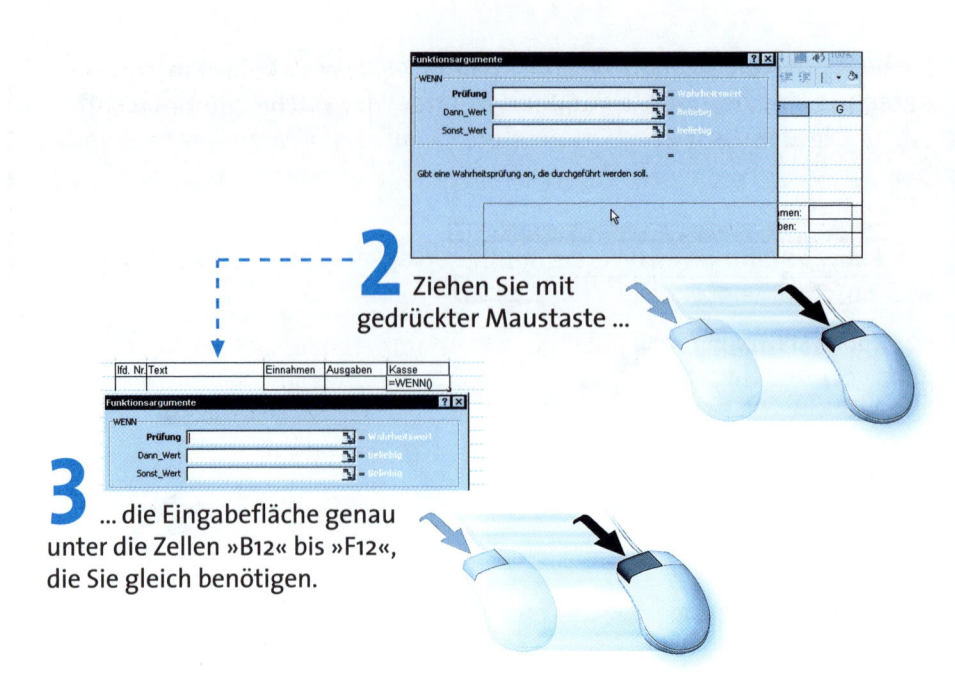

3 ... die Eingabefläche genau unter die Zellen »B12« bis »F12«, die Sie gleich benötigen.

Wenn's nicht gleich beim ersten Mal klappt, verschieben Sie einfach weiter, weiter und weiter ..., bis Sie den Zielort erreicht haben. Natürlich können Sie die Zellennamen auch in die Felder eintippen.

Wenn ...

Wenn das Wörtchen »Wenn« nicht wäre! Der Computer kennt nur zwei Fälle bzw. Zustände:

Ja oder Nein!

Wenn es keine Frau ist, dann ist es für das Programm ein Mann. Eine Mitte gibt es nicht (für die Software).

Bedingung	Bedingung trifft nicht zu
Mann	Frau
Hören	Taub
Sehen	Blind
Tod	Leben
Ein	Aus
Einnahmen	Ausgaben

Wenn ... Dann ... Sonst ...

In diesem Beispiel suchen Sie eine Bedingung. Wenn's **keine Einnahme** ist, dann kann's nur eine **Ausgabe** sein. Etwas dazwischen gibt es nicht!

Sie tragen die Bedingung ein:

»Einnahmen > 0«

Wird bei Einnahmen ein Wert eingetragen, weiß Excel, es ist ein Zugang und muss addiert werden.

Ist es keine Einnahme, weiß Excel, es kann nur eine Ausgabe sein.

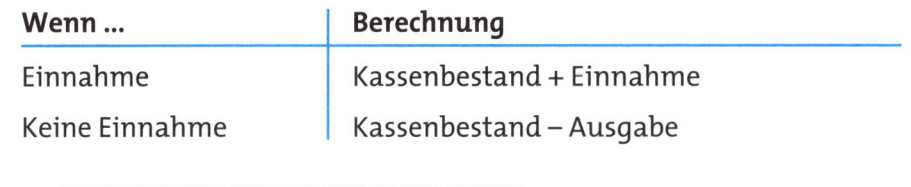

Wenn ...	Berechnung
Einnahme	Kassenbestand + Einnahme
Keine Einnahme	Kassenbestand – Ausgabe

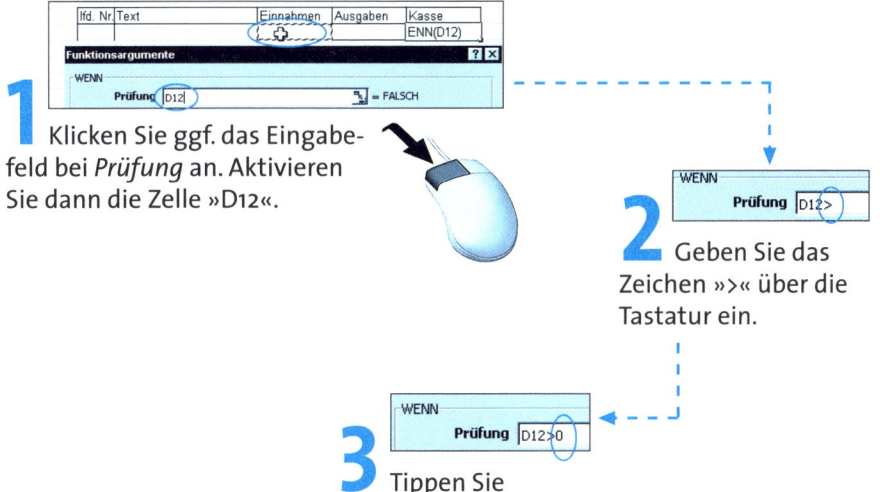

1 Klicken Sie ggf. das Eingabefeld bei *Prüfung* an. Aktivieren Sie dann die Zelle »D12«.

2 Geben Sie das Zeichen »>« über die Tastatur ein.

3 Tippen Sie die Zahl »0« ein.

... Dann ...

Handelt es sich um eine **Einnahme**, soll der Anfangsbestand und die Einnahme addiert werden.

Wenn ...	Berechnung
Einnahme	Kassenbestand + Einnahme

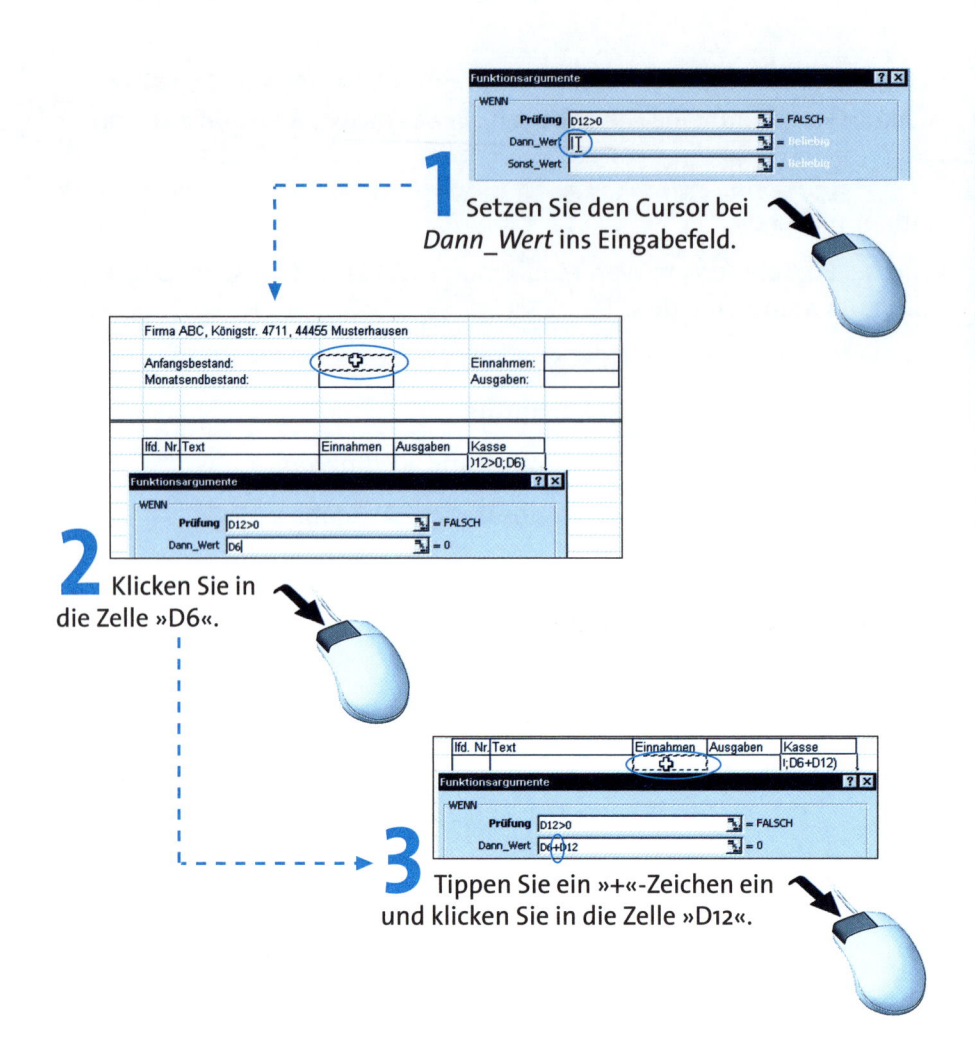

1 Setzen Sie den Cursor bei *Dann_Wert* ins Eingabefeld.

2 Klicken Sie in die Zelle »D6«.

3 Tippen Sie ein »+«-Zeichen ein und klicken Sie in die Zelle »D12«.

... Sonst ...

Wenn es sich nicht um eine Einnahme handelt, so ist es für Excel eine **Ausgabe**. Der Anfangsbestand wird also um die Ausgabe vermindert. Sie klicken nun bei *Sonst_Wert* an und aktivieren die Zellen. Für die Subtraktion verwenden Sie das Zeichen »–«.

Wenn ...	Berechnung
Keine Einnahme	Kassenbestand – Ausgabe

WENN ... DANN ... SONST ...

1 Aktivieren Sie das Feld *Sonst_Wert*.

2 Klicken Sie in die Zelle »D6«.

3 Tippen Sie das Minuszeichen »–« über die Tastatur ein.

4 Klicken Sie in die Zelle »E12«.

5 Beenden Sie die Formeleingabe durch Drücken der ⏎-Taste.

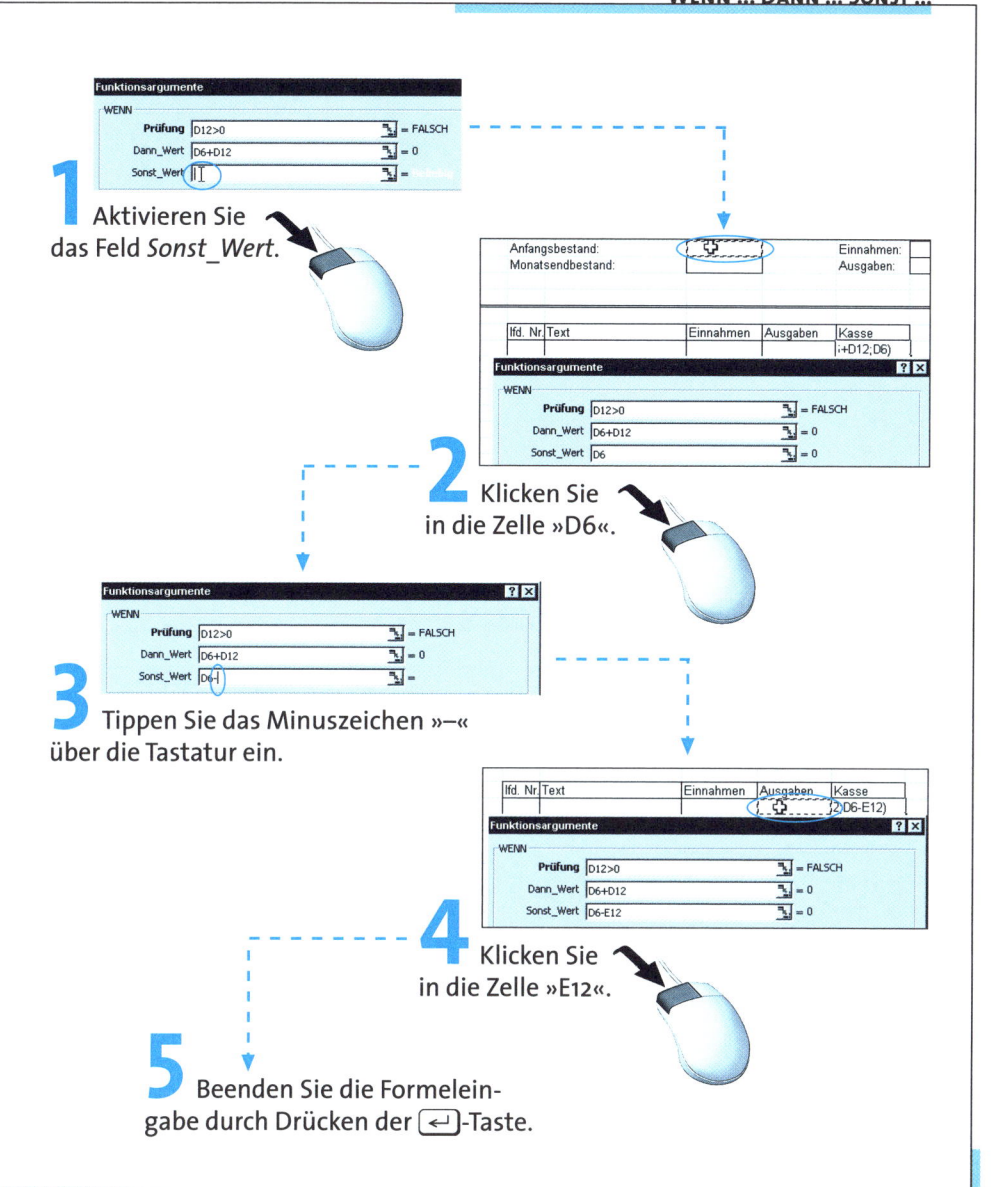

WAS IST DAS

Den **Aufbau einer Formel** bezeichnet man als **Syntax**.

Nachdem Sie die Formel eingetragen haben, erkennen Sie bei Kasse nur das Euro-Zeichen. Das ist korrekt, da Sie bisher noch nichts eingeben haben.

Dass sich in der Zelle eine Formel befindet, erkennen Sie in der Bearbeitungsleiste.

225

Das Semikolon (;) trennt die einzelnen Anweisungen voneinander.

`fx  =WENN(D12>0;D6+D12;D6-E12)`

Ausdruck	Bedeutung
Wenn	Falls ...
D12>0	... die Einnahme (Zelle D12) größer als Null ist; dann ...
D6 + D12	... addiere den Anfangsbestand (Zelle D6) und die Einnahmen (Zelle D12); ansonsten ...
D6 – E12)	... subtrahiere vom Anfangsbestand (D6) die Ausgaben (Zelle E12).

Würden Sie einen Geschäftsgang eintragen, rechnet Excel korrekt. Hier haben Sie einen Anfangsbestand von 200,00 Euro und eine **Einnahme** von 200,00 Euro (200 + 200 = 400).

Bei einer **Ausgabe** erhalten Sie ebenfalls das richtige Ergebnis. Hier verfügen Sie über einen Anfangsbestand von 200,00 Euro und eine Ausgabe in Höhe von 100,00 Euro (200 – 100 = 100). So soll eine Kasse in Excel aussehen, dann klappt's auch mit der Abrechnung.

Aber tragen Sie noch keine Zahlen ein! Sie benötigen das **Blankoformular** der Kasse in diesem Kapitel später.

Die laufende Nummer

Eine Angabe können Sie bereits tätigen. Sie tragen die Zahl »1« unter »lfd. Nr.« ein.

Wenn ... Dann ... Sonst ...

1 Klicken Sie in die Zelle »B12«.

2 Tippen Sie die Zahl »1« ein und bestätigen Sie die Eingabe über die Bearbeitungsleiste.

Markieren Sie die gesamte Zeile und kopieren Sie mit Hilfe des **Ausfüllkästchens** eine Zeile nach unten. Sie werden bemerken, dass Excel die laufende Nummer von »1« automatisch auf »2« hochzählt.

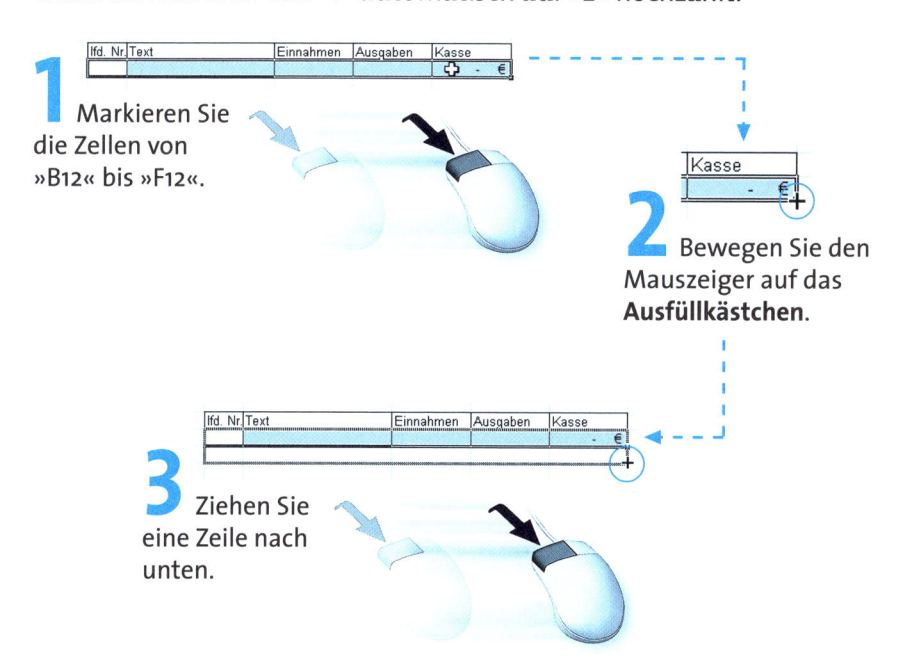

1 Markieren Sie die Zellen von »B12« bis »F12«.

2 Bewegen Sie den Mauszeiger auf das **Ausfüllkästchen**.

3 Ziehen Sie eine Zeile nach unten.

Falls Sie auf die Spalte »lfd. Nr.« verzichten möchten, reicht es vollkommen aus, die Formel aus der Zelle »Kasse« (Zelle »F12«) nach unten zu kopieren.

227

Die Formel ändern

Nur ergibt sich in der Formel ein (Denk-) Fehler. Ab der zweiten Zeile wird der Kassenbestand nicht wie bisher ermittelt. Die erste Zeile ist eigentlich eine Ausnahme, da sie sich als einzige auf den Anfangsbestand bezieht.

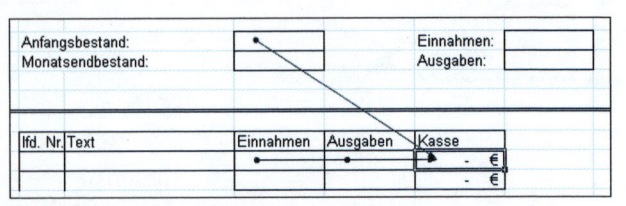

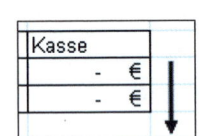

Ab der zweiten Zeile ermittelt sich der aktuelle Kassenbestand immer aus dem vorherigen.

Die Formel muss dementsprechend abgeändert werden. Sie brauchen nur die Zelle anzuklicken, um die Formel zu bearbeiten.

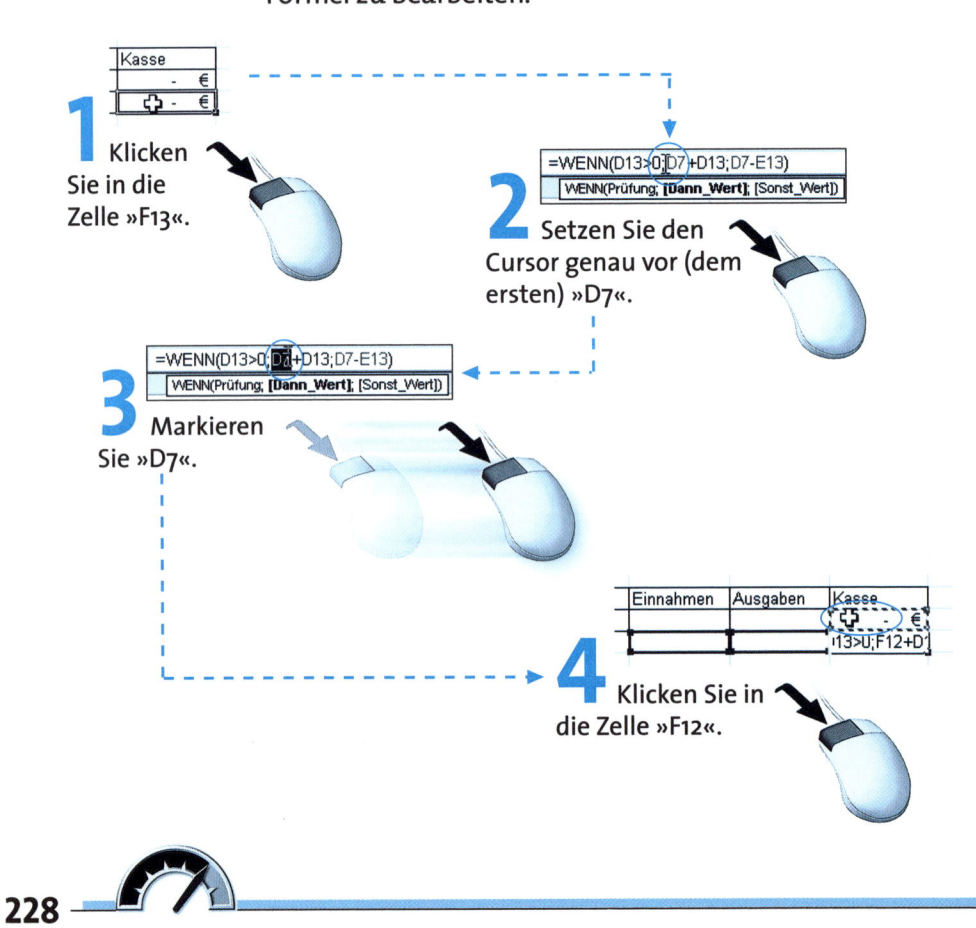

1 Klicken Sie in die Zelle »F13«.

2 Setzen Sie den Cursor genau vor (dem ersten) »D7«.

3 Markieren Sie »D7«.

4 Klicken Sie in die Zelle »F12«.

WENN ... DANN ... SONST ...

Die falsche Zelle »D7« befindet sich noch einmal in der Bearbeitungsleiste. Geben Sie die richtige Zelle für die Formel an.

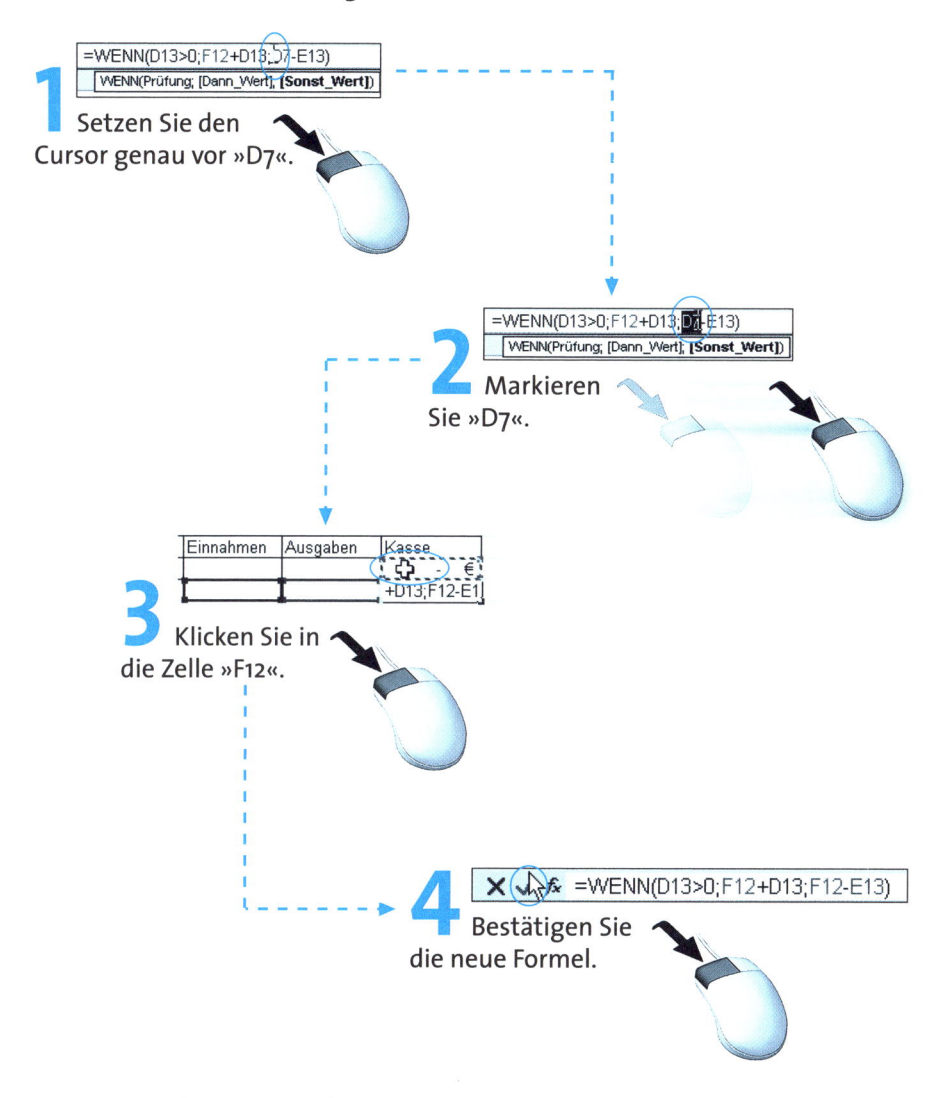

=WENN(D13>0;F12+D13;D7-E13)
WENN(Prüfung; [Dann_Wert]; **[Sonst_Wert]**)

1 Setzen Sie den Cursor genau vor »D7«.

=WENN(D13>0;F12+D13;D7-E13)
WENN(Prüfung; [Dann_Wert]; **[Sonst_Wert]**)

2 Markieren Sie »D7«.

Einnahmen	Ausgaben	Kasse
		€
		+D13;F12-E1

3 Klicken Sie in die Zelle »F12«.

X ✓ fx =WENN(D13>0;F12+D13;F12-E13)

4 Bestätigen Sie die neue Formel.

Von nun an können Sie die Vorgänge eingeben und alles wird korrekt ermittelt. Tragen Sie aber noch keine Zahlen ein! Wir lüften gleich das Geheimnis, warum wir Sie immer wieder darauf hinweisen! Sie haben sich doch daran gehalten?

Arbeitsblätter benennen

WAS IST DAS
Die Blattregister befinden sich am unteren Bildschirmrand und zeigen die Namen der Arbeitsblätter der Mappe an.

Wahrscheinlich möchten Sie Ihre Kasse nicht nur für einen Monat benutzen, sondern für mehrere. Unten erkennen Sie die **Blattregister** von Excel.

Dort können Sie Ihre einzelnen Arbeitsblätter umbenennen. So können Sie eines für »Januar«, eines für »Februar« usw. anlegen.

Das wäre in der Praxis vergleichbar, als hätten Sie einen Aktenordner für die Kasse mit der Beschriftung »Kasse 2002«. Hier heften Sie die einzelnen Kassenblätter »Januar, Februar, März usw.« ab. Genauso funktioniert's in Excel. So können Sie Ihre Einnahmen und Ausgaben über das gesamte Jahr hinweg erfassen.

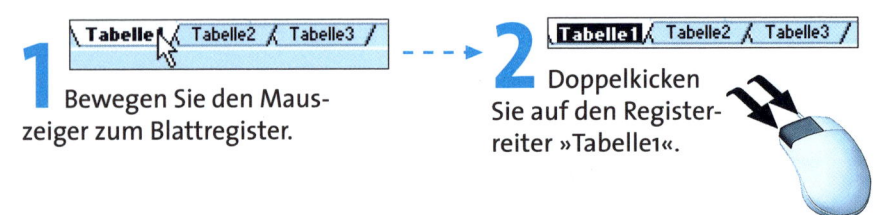

1 Bewegen Sie den Mauszeiger zum Blattregister.

2 Doppelkicken Sie auf den Registerreiter »Tabelle1«.

Es folgt eine schwarze Markierung bei Blattregister »Tabelle1«. Sie müssen nur den Namen – im Beispiel »Januar« – eintippen.

Mit Hilfe des Kontextmenüs können Sie ebenfalls einen Namen vergeben oder auch das Tabellenblatt löschen.

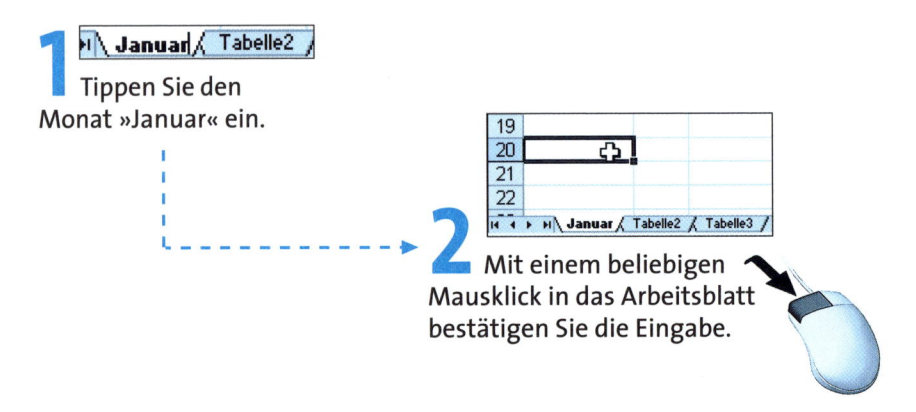

1 Tippen Sie den Monat »Januar« ein.

2 Mit einem beliebigen Mausklick in das Arbeitsblatt bestätigen Sie die Eingabe.

Von Arbeitsblatt zu Arbeitsblatt kopieren

Bisher haben Sie nur eine Art von **Blankoformular** für die Kasse entwickelt. Das hat auch seine Berechtigung! Sie möchten die bisherigen Angaben in ein neues Arbeitsblatt einfügen, das Sie gleich »Februar« benennen werden. So brauchen Sie das vorhandene Kassenbuch nur einmal zu entwerfen und kopieren es in die anderen Monate.

Das Kopieren von einem Arbeitsblatt in das andere geht ganz EASY. Sie positionieren den Mauszeiger auf das Registerblatt – hier ist es »Januar«. Halten Sie die linke Maustaste gedrückt, erscheint am Mauszeiger ein kleines Blatt. Hiermit könnten Sie den Inhalt von Januar ins nächste Arbeitsblatt verschieben. Das möchten Sie aber nicht, sondern Sie wollen kopieren.

Drücken Sie zusätzlich zur linken Maustaste die [Strg]-**Taste**. Es erscheint in diesem kleinen Blatt am Mauszeiger ein Plus (+). Damit können Sie nun **kopieren**. Sie ziehen von einem Blattregister ins nächste.

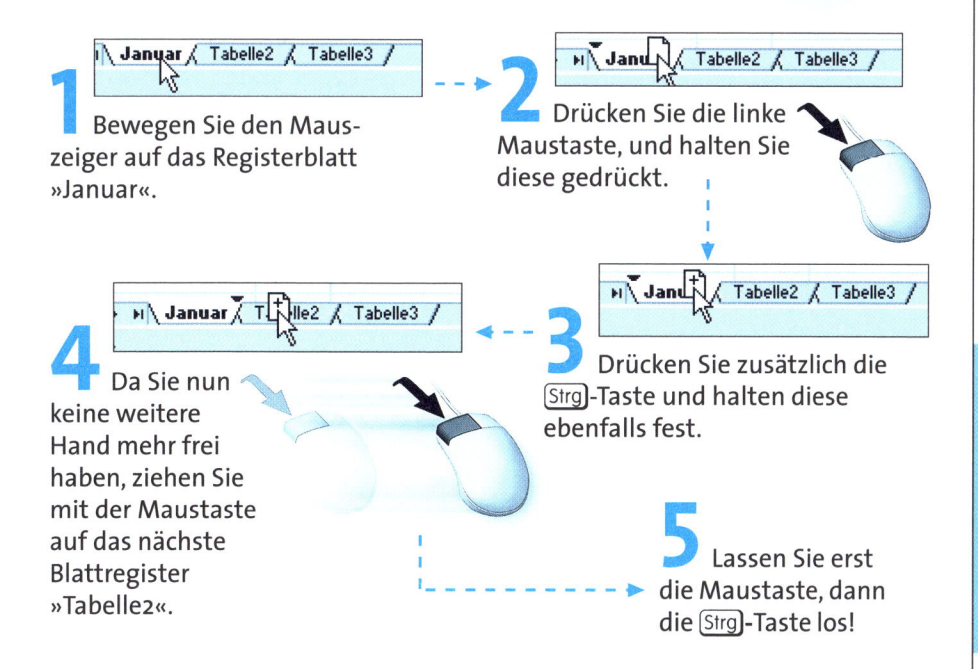

1 Bewegen Sie den Mauszeiger auf das Registerblatt »Januar«.

2 Drücken Sie die linke Maustaste, und halten Sie diese gedrückt.

3 Drücken Sie zusätzlich die [Strg]-Taste und halten diese ebenfalls fest.

4 Da Sie nun keine weitere Hand mehr frei haben, ziehen Sie mit der Maustaste auf das nächste Blattregister »Tabelle2«.

5 Lassen Sie erst die Maustaste, dann die [Strg]-Taste los!

Excel springt automatisch in das andere Arbeitsblatt und zeigt Ihnen dessen Inhalt an.

Sie haben bemerkt, dass ein neues Blattregister angelegt worden ist. Es trägt den Namen »Januar (2)«.

Da das zweite Arbeitsblatt jedoch »**Februar**« heißen soll, nennen Sie es um. Gehen Sie hier genauso vor, wie Sie es bereits beim Blattregister »Januar« kennen gelernt haben.

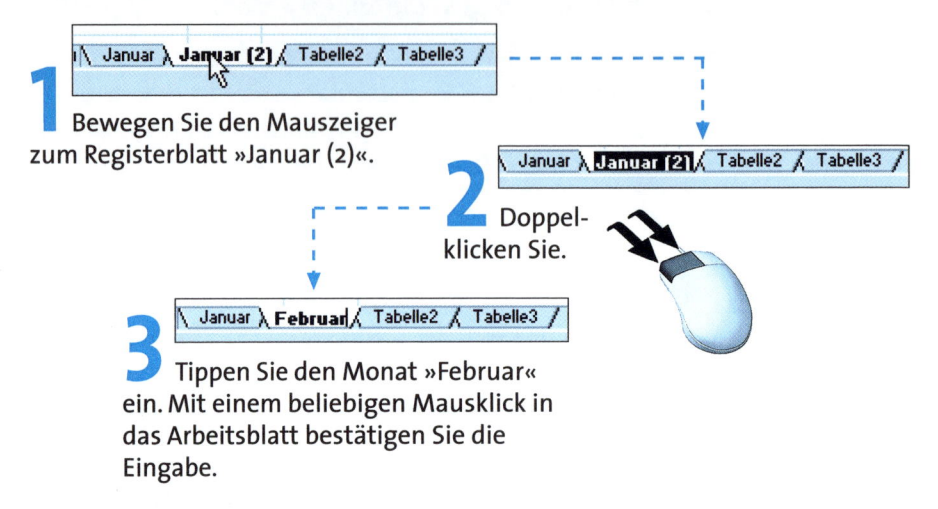

1 Bewegen Sie den Mauszeiger zum Registerblatt »Januar (2)«.

2 Doppelklicken Sie.

3 Tippen Sie den Monat »Februar« ein. Mit einem beliebigen Mausklick in das Arbeitsblatt bestätigen Sie die Eingabe.

Auf diese Art und Weise können Sie Monat für Monat anlegen.

Sie können natürlich nicht nur Monat für Monat eingeben, sondern haben auch andere Ablagemöglichkeiten wie:

Daten für Kunden, Lieferanten, Privatadressen, ...

Tage: Montag, Dienstag, ...

Jahre: 2001, 2002, 2003

Von Arbeitsblatt zu Arbeitsblatt rechnen

Eine Sache müssen Sie aber in dem Arbeitsblatt »Februar« noch angeben. Der **Anfangsbestand** des Monats ergibt sich aus dem **Schlussbestand** des Monats Januar.

Von Arbeitsblatt zu Arbeitsblatt rechnen

Sie klicken den **Anfangsbestand** im Februar an und geben das **Gleichheitszeichen** für eine **Formel** an.

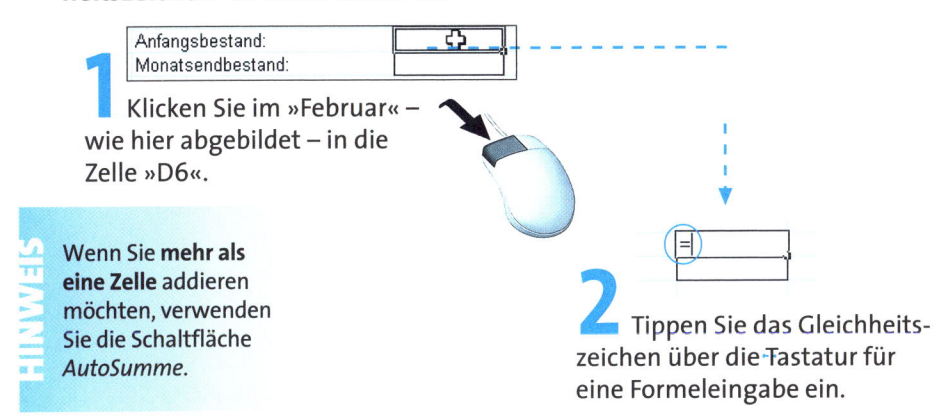

1 Klicken Sie im »Februar« – wie hier abgebildet – in die Zelle »D6«.

> **HINWEIS**
> Wenn Sie **mehr als eine Zelle** addieren möchten, verwenden Sie die Schaltfläche *AutoSumme*.

2 Tippen Sie das Gleichheitszeichen über die Tastatur für eine Formeleingabe ein.

Sie wechseln mit einem Mausklick über das **Blattregister** in den Monat Januar. Hier brauchen Sie nur den Monatsendbestand anzuklicken.

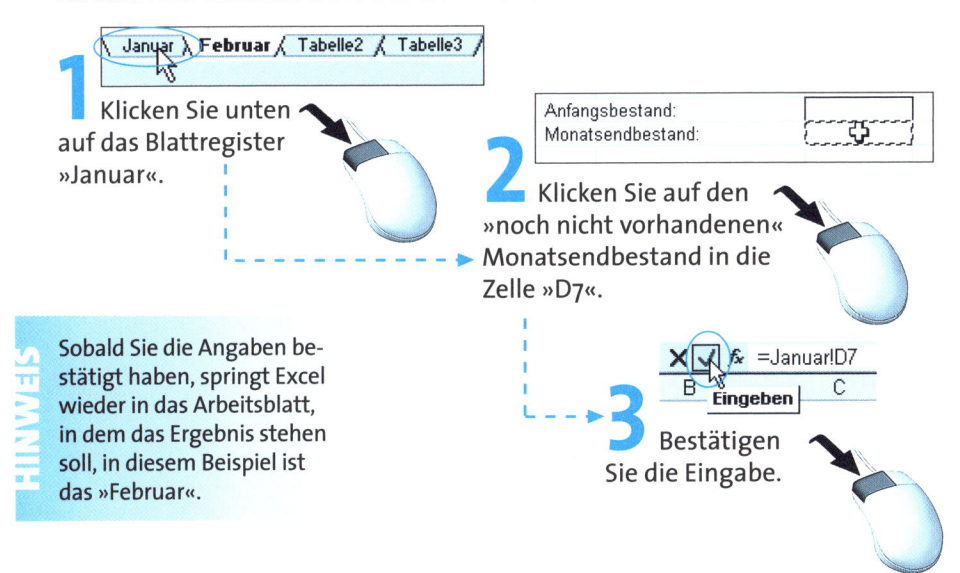

1 Klicken Sie unten auf das Blattregister »Januar«.

2 Klicken Sie auf den »noch nicht vorhandenen« Monatsendbestand in die Zelle »D7«.

> **HINWEIS**
> Sobald Sie die Angaben bestätigt haben, springt Excel wieder in das Arbeitsblatt, in dem das Ergebnis stehen soll, in diesem Beispiel ist das »Februar«.

3 Bestätigen Sie die Eingabe.

Klicken Sie die Zelle an, erkennen Sie in der Bearbeitungsleiste die folgende Formel »=Januar!D7«.

Der Ausdruck »Januar!« bedeutet, die Formel bezieht sich auf das **Arbeitsblatt** »Januar«.

Danach folgt die Angabe der **Zelle** (hier »D7«).

Einnahmen oder Ausgaben eintragen

Endlich folgen die Eingaben! Der Vorteil der bisherigen Vorgehensweise liegt auf der Hand: **Sie brauchen jetzt nur noch die Vorgänge einzugeben.** Den Rest macht das Kassenbuch bzw. erledigen die bereits vorformatierten Zellen.

Beobachten Sie das Kassenbuch, wie die einzelnen Zellen automatisch aufgefüllt werden, während Sie die Zahlen eingeben.

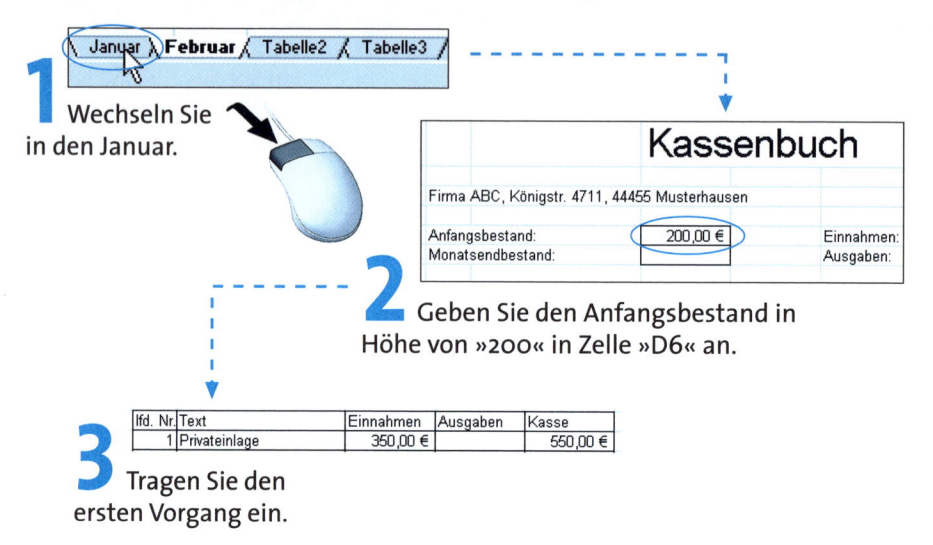

1 Wechseln Sie in den Januar.

2 Geben Sie den Anfangsbestand in Höhe von »200« in Zelle »D6« an.

3 Tragen Sie den ersten Vorgang ein.

Bei dem einen Geschäftsvorfall soll es sicherlich nicht bleiben!

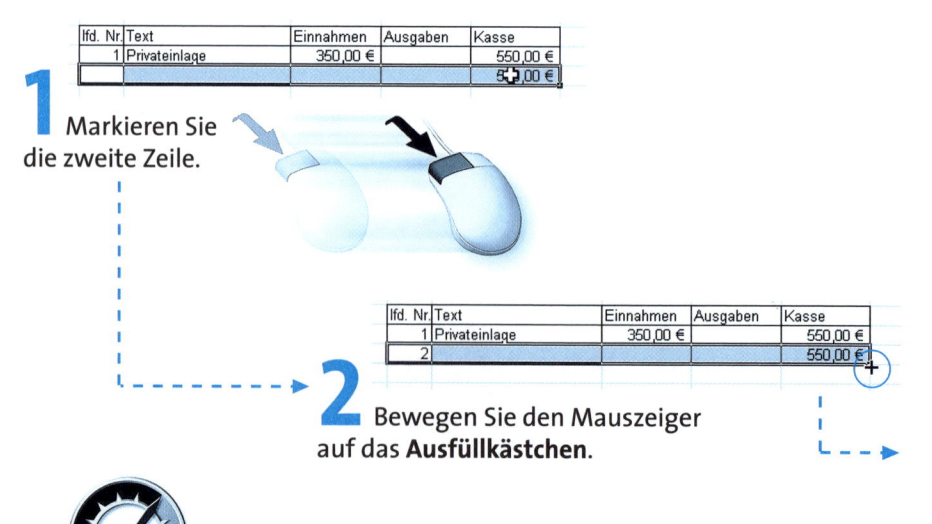

1 Markieren Sie die zweite Zeile.

2 Bewegen Sie den Mauszeiger auf das **Ausfüllkästchen**.

Einnahmen oder Ausgaben eintragen

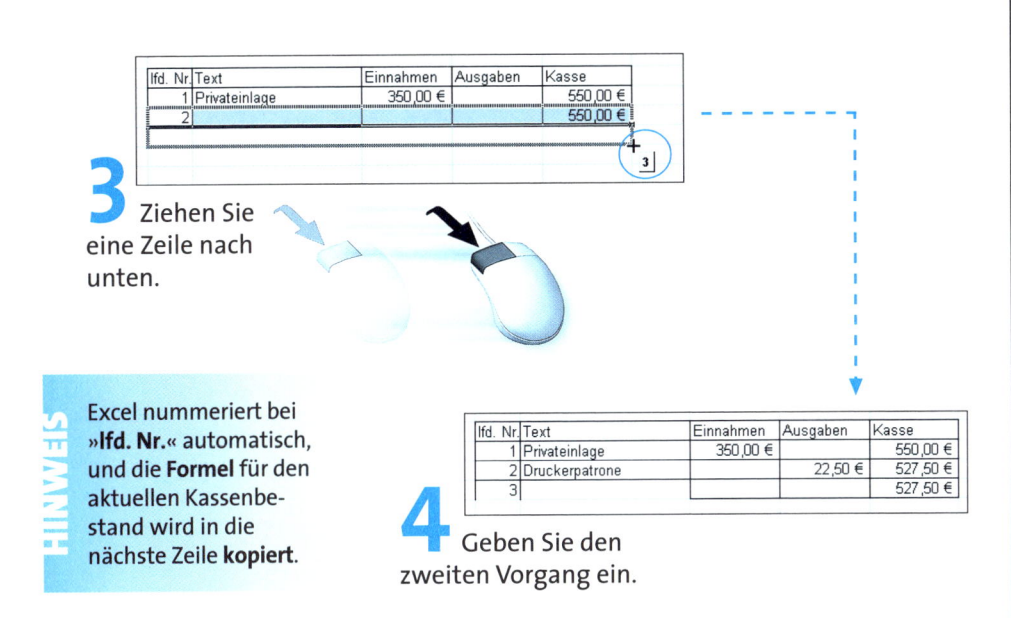

lfd. Nr.	Text	Einnahmen	Ausgaben	Kasse
1	Privateinlage	350,00 €		550,00 €
2				550,00 €
				3

3 Ziehen Sie eine Zeile nach unten.

HINWEIS
Excel nummeriert bei »**lfd. Nr.**« automatisch, und die **Formel** für den aktuellen Kassenbestand wird in die nächste Zeile **kopiert**.

lfd. Nr.	Text	Einnahmen	Ausgaben	Kasse
1	Privateinlage	350,00 €		550,00 €
2	Druckerpatrone		22,50 €	527,50 €
3				527,50 €

4 Geben Sie den zweiten Vorgang ein.

In diesem Stil führen Sie Ihr Kassenbuch weiter. Auch mehrere Vorgänge können gleichzeitig angegeben werden. So vergeht Tag für Tag, Woche für Woche, und der Monat ist bald zu Ende.

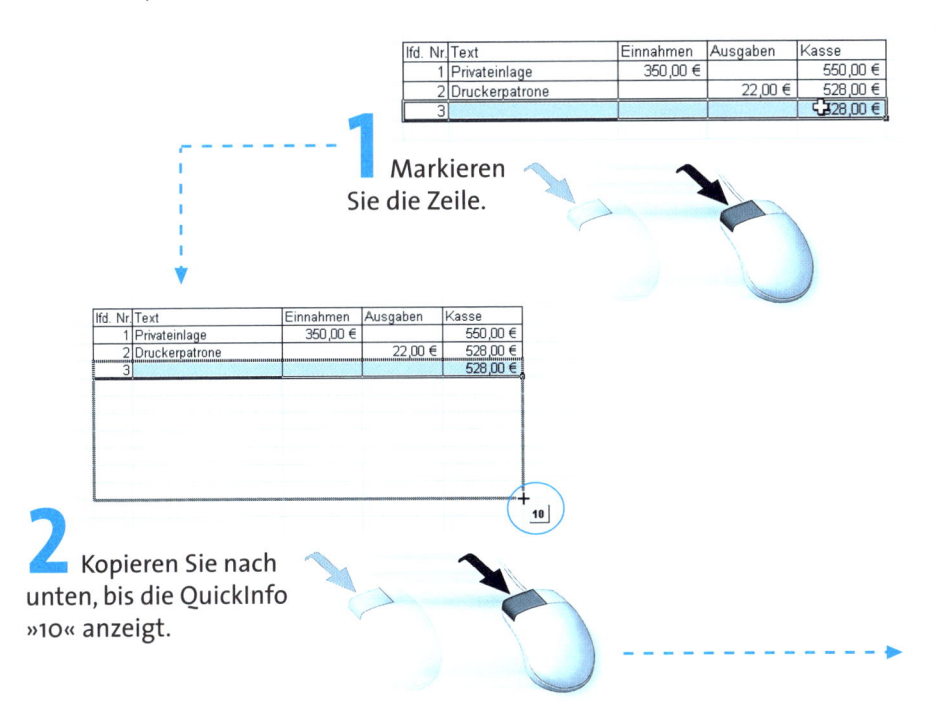

lfd. Nr.	Text	Einnahmen	Ausgaben	Kasse
1	Privateinlage	350,00 €		550,00 €
2	Druckerpatrone		22,00 €	528,00 €
3				528,00 €

1 Markieren Sie die Zeile.

lfd. Nr.	Text	Einnahmen	Ausgaben	Kasse
1	Privateinlage	350,00 €		550,00 €
2	Druckerpatrone		22,00 €	528,00 €
3				528,00 €

2 Kopieren Sie nach unten, bis die QuickInfo »10« anzeigt.

lfd. Nr.	Text	Einnahmen	Ausgaben	Kasse
1	Privateinlage	350,00 €		550,00 €
2	Druckerpatrone		22,00 €	528,00 €
3	Kassenentnahme		50,00 €	478,00 €
4	Büromaterial		51,50 €	426,50 €
5	Bankabhebung	200,00 €		626,50 €
6	Privatentnahme		150,00 €	476,50 €
7	Porto		32,50 €	444,00 €
8	Rg. 125 Bareinzahlung	50,00 €		494,00 €
9	Fachbücher		50,00 €	444,00 €
10				444,00 €

3 Tragen Sie die Einnahmen und Ausgaben ein.

4 Der Monat ist vorbei! Schreiben Sie in die Zelle C21 »Schlussbestand«.

Wie die Zeit doch vergeht. Wie schnell doch ein Monat vorbei ist!

Jetzt müssen nur noch die Zellen für den »Kassenkopf« ermittelt werden:

- Monatsendbestand
- Summe der Einnahmen
- Summe der Ausgaben

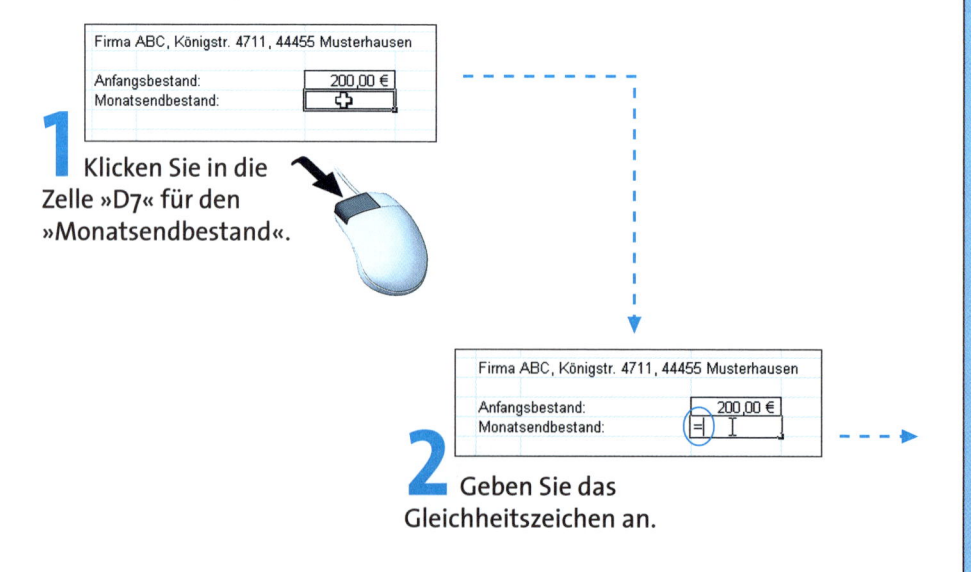

1 Klicken Sie in die Zelle »D7« für den »Monatsendbestand«.

2 Geben Sie das Gleichheitszeichen an.

EINNAHMEN ODER AUSGABEN EINTRAGEN

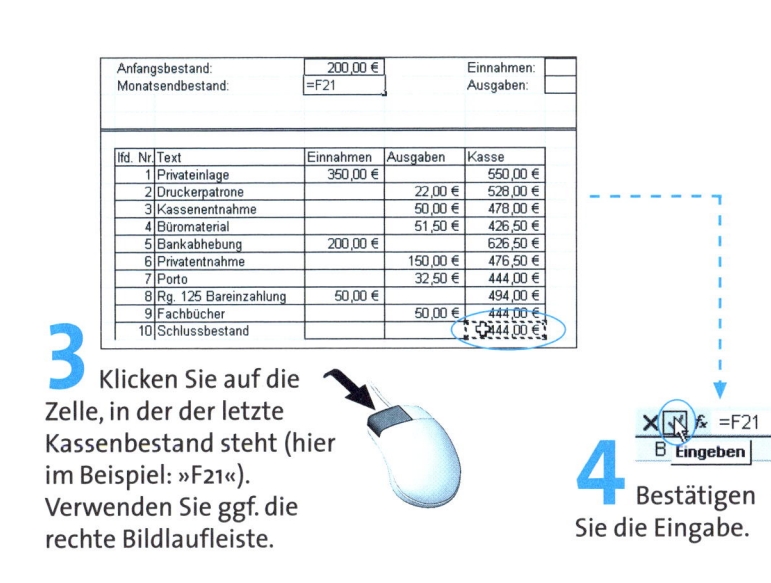

3 Klicken Sie auf die Zelle, in der der letzte Kassenbestand steht (hier im Beispiel: »F21«). Verwenden Sie ggf. die rechte Bildlaufleiste.

4 Bestätigen Sie die Eingabe.

Es gilt, die Summe der **Einnahmen** zu ermitteln!

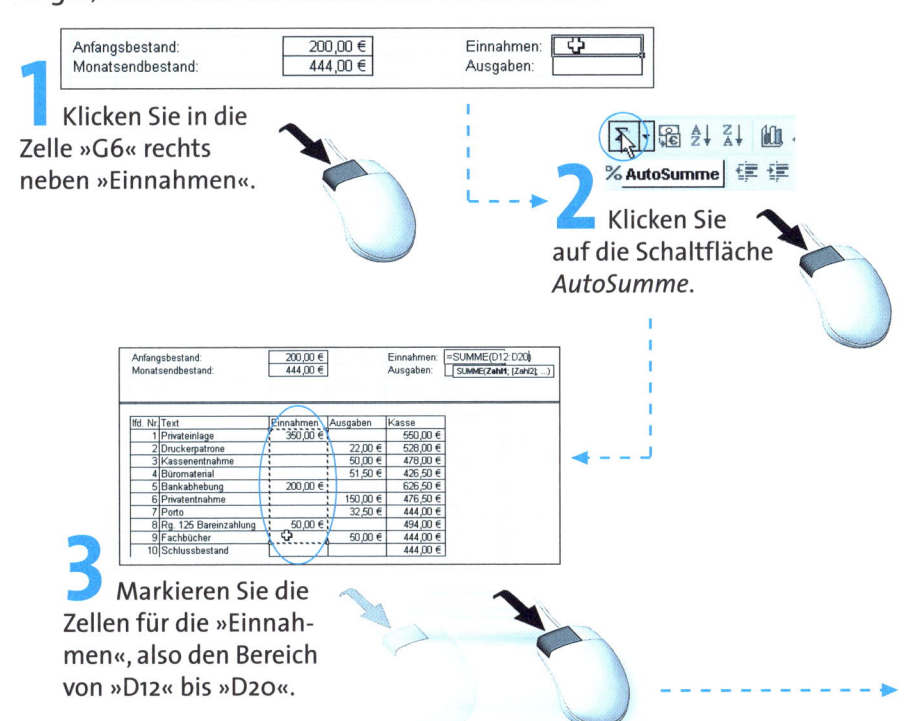

1 Klicken Sie in die Zelle »G6« rechts neben »Einnahmen«.

2 Klicken Sie auf die Schaltfläche *AutoSumme*.

3 Markieren Sie die Zellen für die »Einnahmen«, also den Bereich von »D12« bis »D20«.

237

4 Haben Sie alles markiert? Bestätigen Sie!

Wie bei den Einnahmen verfahren Sie bei den **Ausgaben**: Die Zelle aktivieren, *AutoSumme* angeben und die entsprechenden Zellen markieren.

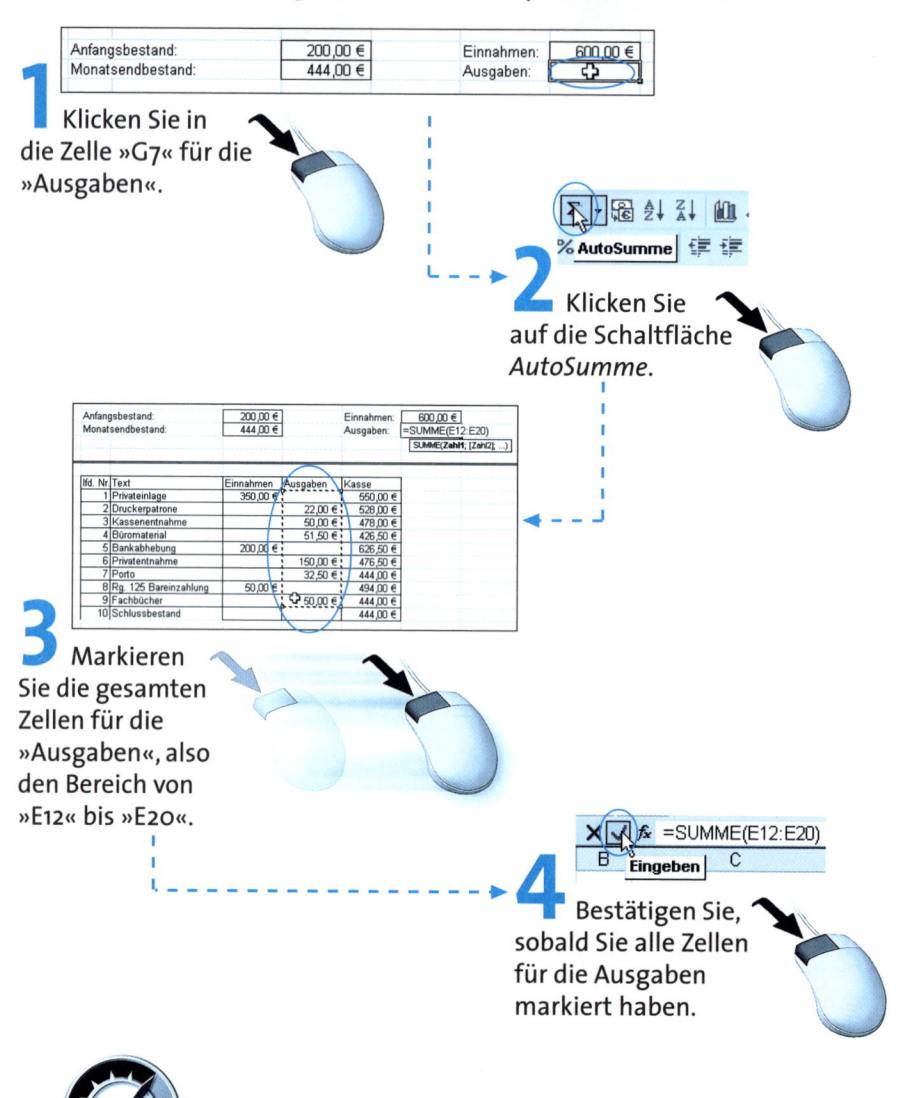

1 Klicken Sie in die Zelle »G7« für die »Ausgaben«.

2 Klicken Sie auf die Schaltfläche *AutoSumme*.

3 Markieren Sie die gesamten Zellen für die »Ausgaben«, also den Bereich von »E12« bis »E20«.

4 Bestätigen Sie, sobald Sie alle Zellen für die Ausgaben markiert haben.

238

EINNAHMEN ODER AUSGABEN EINTRAGEN

Ob Sie's glauben oder nicht – das Kassenbuch ist vollendet! Erledigt und abgeheftet ist der »Januar«, der »Februar« kann kommen.

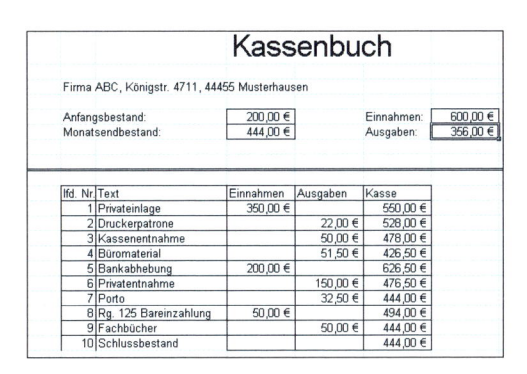

Kassenbuch

Firma ABC, Königstr. 4711, 44455 Musterhausen

Anfangsbestand:	200,00 €	Einnahmen:	600,00 €
Monatsendbestand:	444,00 €	Ausgaben:	356,00 €

lfd. Nr.	Text	Einnahmen	Ausgaben	Kasse
1	Privateinlage	350,00 €		550,00 €
2	Druckerpatrone		22,00 €	528,00 €
3	Kassenentnahme		50,00 €	478,00 €
4	Büromaterial		51,50 €	426,50 €
5	Bankabhebung	200,00 €		626,50 €
6	Privatentnahme		150,00 €	476,50 €
7	Porto		32,50 €	444,00 €
8	Rg. 125 Bareinzahlung	50,00 €		494,00 €
9	Fachbücher		50,00 €	444,00 €
10	Schlussbestand			444,00 €

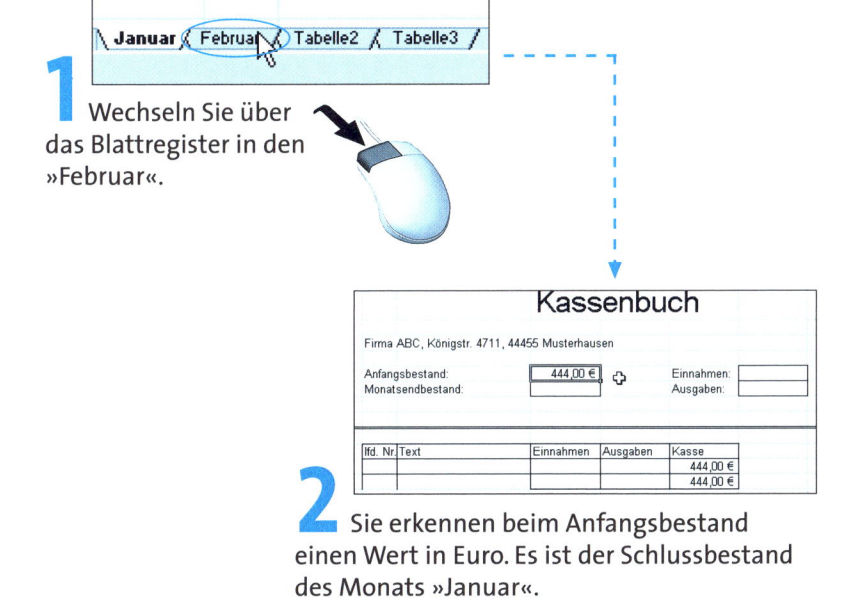

1 Wechseln Sie über das Blattregister in den »Februar«.

Kassenbuch

Firma ABC, Königstr. 4711, 44455 Musterhausen

Anfangsbestand:	444,00 €	Einnahmen:	
Monatsendbestand:		Ausgaben:	

lfd. Nr.	Text	Einnahmen	Ausgaben	Kasse
				444,00 €
				444,00 €

2 Sie erkennen beim Anfangsbestand einen Wert in Euro. Es ist der Schlussbestand des Monats »Januar«.

Na, dann kann's ja mit dem Februar losgehen! Viel Vergnügen! Vergessen Sie aber vorher nicht, es könnte noch irgendwann einmal der März kommen. April, April!

14 Listen für Übersichten

Was bringt Ihnen dieses Kapitel?

Zettelwirtschaft ade! Notieren Sie die Adressen und Telefonnummern Ihrer Lieben, Bekannten und Verwandten mal auf diesem, mal auf dem anderen Zettel? Wie war noch mal die Anschrift von Herrn ABC aus dem Ort XYZ? Vergessen Sie's! Mit Excel legen wir eine übersichtliche Adressenliste an und sortieren diese von A bis Z. In diesem Kapitel filtern Sie viel: AutoFilter, Benutzerdefinierter Filter und Spezialfilter. So viele Filter? Trinken Sie danach eine Tasse Filterkaffee!

Ihr Erfolgsbarometer

Das können Sie schon:

Wenn ... Dann ... Sonst	220
Arbeitsblätter benennen	230
Funktionen einfügen	190
Ein Diagramm einfügen	170
Zellen benennen	158
Währungen eingeben	142
Formeln kopieren	130
Zellen kopieren	114
Zellen automatisch ausfüllen	119
Eine Kalkulation speichern	78

Das lernen Sie neu:

Eine Liste sortieren	242
Eine Liste fixieren	244
Die Datenmaske	245
Der AutoFilter	247
Der Spezialfilter	250

Eine Liste sortieren

WAS IST DAS

Eine Liste ist ein geschlossener Bereich in einer Tabelle.

Um Übersichten wie Adressen, Artikel usw. zu erfassen, legen Sie Listen an. Für die Verwaltung bietet Excel zahlreiche Hilfen.

Sie legen gleich eine Adressenliste an, die Sie auf Wunsch auch umfangreicher beispielsweise mit »Geburtstag, Tel.-Nr.« gestalten können. Damit Sie die Übersicht bewahren, wird die Liste sortiert.

Mit diesen zwei Schaltflächen sortieren Sie jedoch nur nach der **ersten Spalte**. In unserer Liste wäre das die Spalte »Name«.

Da es aber in der Praxis durchaus vorkommen kann, dass Personen denselben Nachnamen haben, muss noch wie bei einem Telefonbuch nach Vornamen sortiert werden.

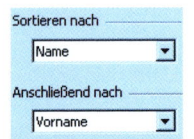

Unter der Menüoption DATEN|SORTIEREN legen Sie mehr **Kriterien** fest. Hier erfolgt das Sortieren zuerst nach »Name«, dann nach »Vorname«. Insgesamt können Sie drei Auswahlen treffen.

Sortieren nach	Beispiel
Name	Adam, Peter, Oberhausen
	Adam, Horst, Düsseldorf
	Adam, Horst, Aachen
	Bangel, Petra, München
Vorname	Adam, Horst, Düsseldorf
	Adam, Horst, Aachen
	Adam, Peter, Oberhausen
Wohnort	Adam, Horst, Aachen
	Adam, Horst, Düsseldorf

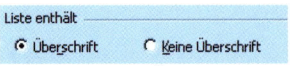

Beachten Sie beim Sortiervorgang, ob die Option »Überschrift« aktiviert ist. Die Liste enthält eine **Überschrift**, ansonsten würde diese von Excel mit einsortiert werden.

Eine Liste sortieren

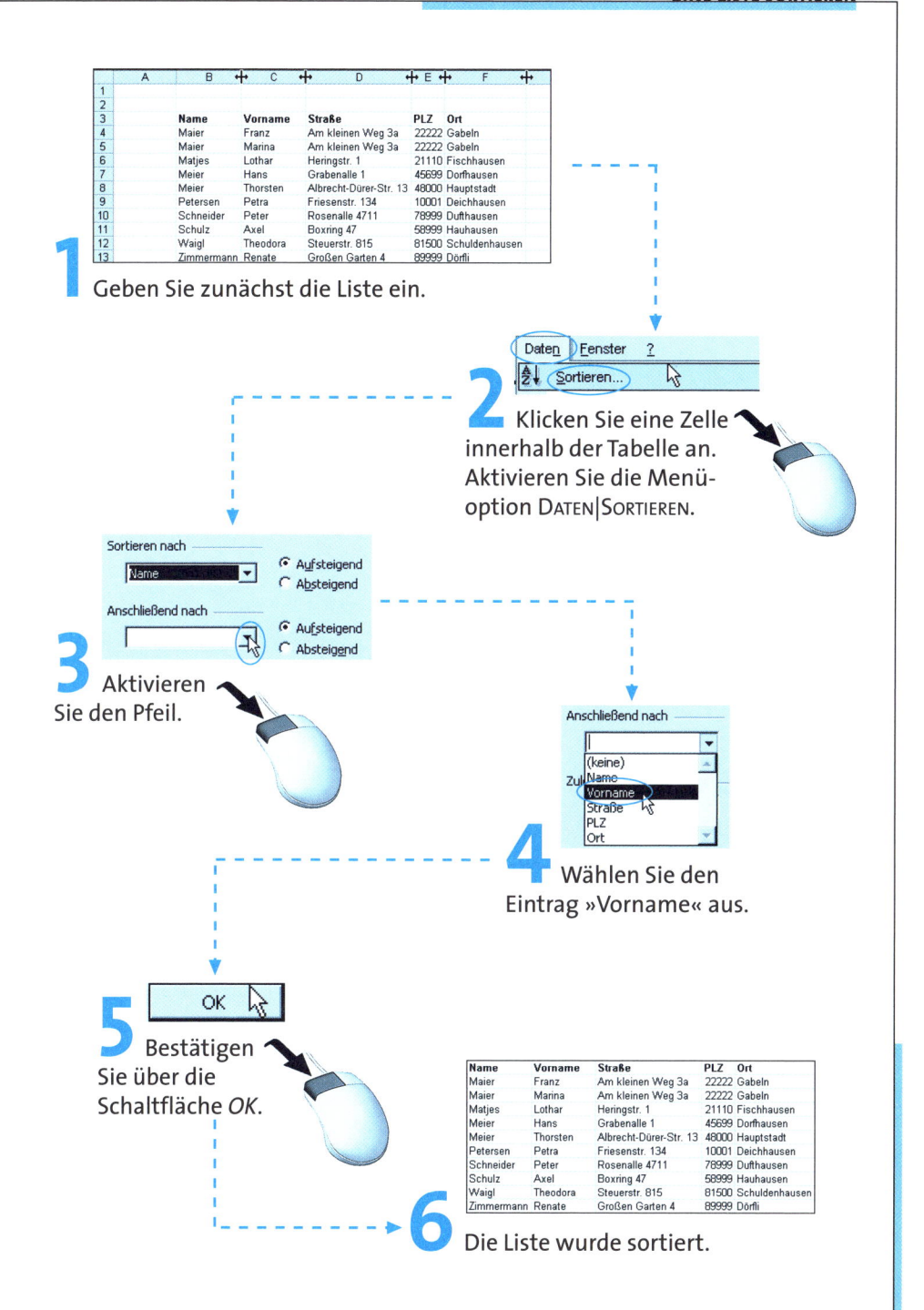

1 Geben Sie zunächst die Liste ein.

2 Klicken Sie eine Zelle innerhalb der Tabelle an. Aktivieren Sie die Menüoption DATEN|SORTIEREN.

3 Aktivieren Sie den Pfeil.

4 Wählen Sie den Eintrag »Vorname« aus.

5 Bestätigen Sie über die Schaltfläche *OK*.

6 Die Liste wurde sortiert.

243

In Listen können Sie sich mit **Tastenkombinationen** schnell bewegen und Zellen markieren:

Tasten	Auswirkung
Strg + ↑	Erste Zelle in einer Spalte
Strg + ↓	Letzte Zelle in einer Spalte
Strg + ←	Erste Zelle in einer Zeile
Strg + →	Letzte Zelle in einer Zeile
Strg + ⇧ + ↓	Markiert eine Spalte
Strg + ⇧ + →	Markiert eine Zeile
Strg + ⇧ + +	Markiert die gesamte Liste

Eine Liste fixieren

Bei äußerst umfangreichen Listen ist es nicht gerade komfortabel, sich von A bis Z auf dem Bildschirm durchzublättern. Über die Menüoption FENSTER|FENSTER FIXIEREN bleibt die Überschrift quasi stehen.

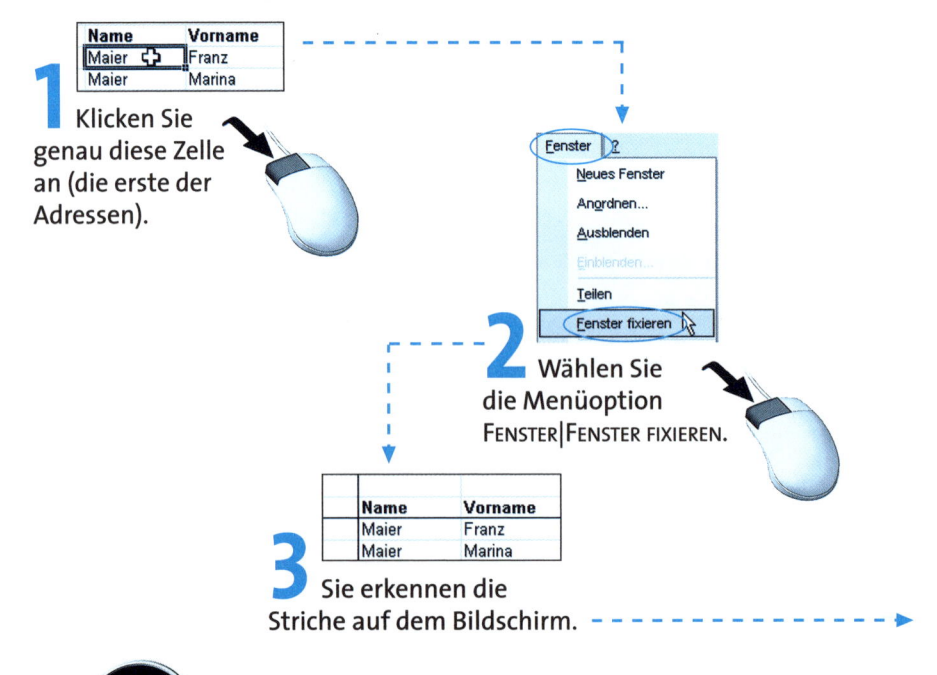

1 Klicken Sie genau diese Zelle an (die erste der Adressen).

2 Wählen Sie die Menüoption FENSTER|FENSTER FIXIEREN.

3 Sie erkennen die Striche auf dem Bildschirm.

EINE LISTE FIXIEREN

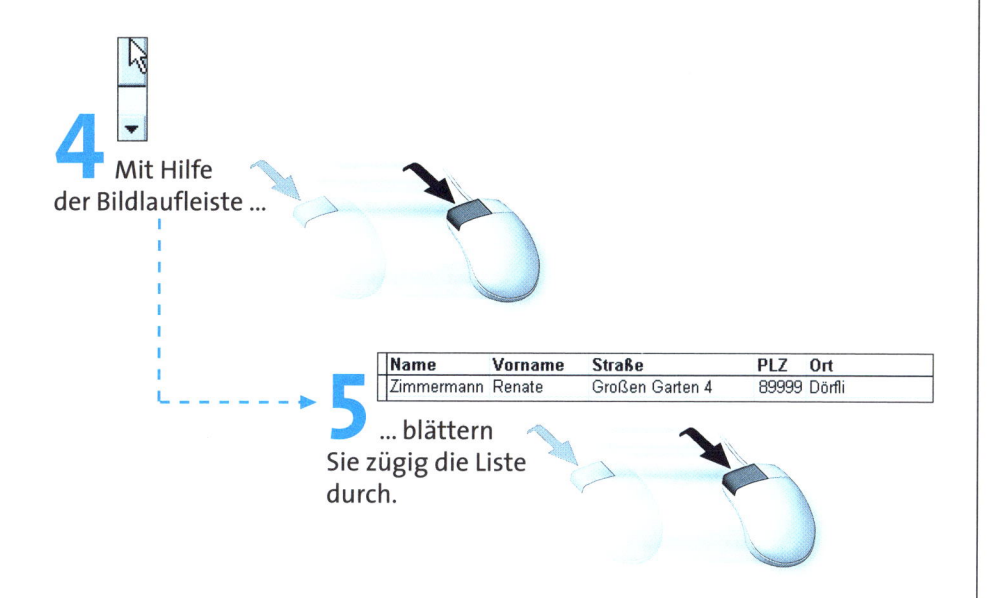

4 Mit Hilfe der Bildlaufleiste ...

Name	Vorname	Straße	PLZ	Ort
Zimmermann	Renate	Großen Garten 4	89999	Dörfli

5 ... blättern Sie zügig die Liste durch.

Die **Fixierung** heben Sie auf, indem Sie die Menüoption FENSTER|FIXIERUNG AUFHEBEN wählen.

1 Öffnen Sie das Menü FENSTER.

2 Wählen Sie den Eintrag FIXIERUNG AUFHEBEN.

Die Datenmaske

WAS IST DAS
Ein **Datensatz** besteht aus Datenfeldern (Name, Vorname, Straße, Ort usw.).

In Excel verfügen Sie über eine Datenmaske. Klicken Sie eine beliebige Zelle in der Liste an und wählen im Menü DATEN den Eintrag MASKE.

245

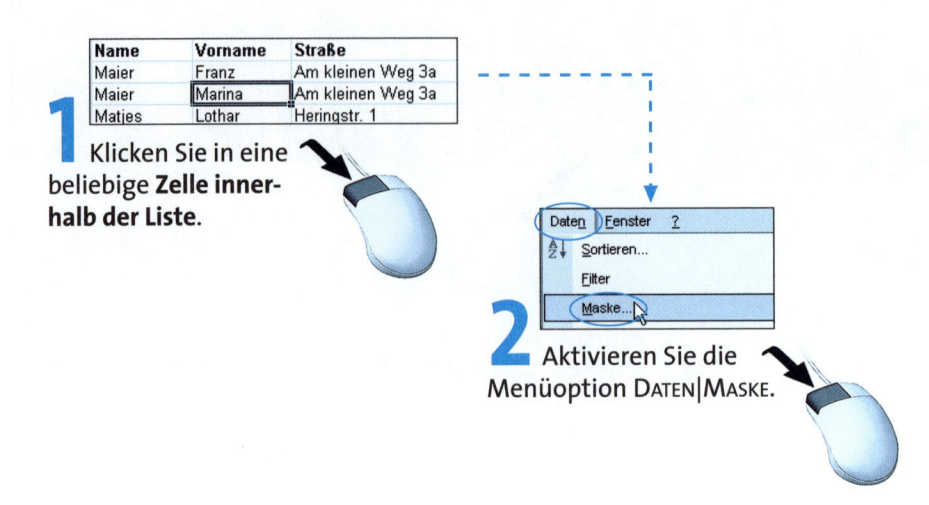

1 Klicken Sie in eine beliebige **Zelle innerhalb der Liste**.

2 Aktivieren Sie die Menüoption DATEN|MASKE.

Von hier aus können Sie Ihre Adressen ebenfalls anlegen und bearbeiten.

Auf der Suche nach ...

ACHTUNG Verwenden Sie für die Suche das »?« für einzelne Zeichen und das »*« für ganze Zeichenfolgen.

Mit der Schaltfläche *Kriterien* **selektieren** Sie bestimmte Adressen. Klicken Sie diese an, können Sie eintragen, wer angezeigt werden soll. Wissen Sie nur noch den **Anfangsbuchstaben** des Namens, verwenden Sie Platzhalter (*,?), auch **Joker** genannt. Tragen Sie wie hier »M*« ein, werden Ihnen nur die Datensätze der Personen angezeigt, deren Namen mit »M« beginnen.

Zeichen	Eintrag	Auswirkung
*	M*	Alle Personen, deren Namen mit »M« beginnen, werden aufgelistet.
?	M??er	Excel führt beispielsweise auf: Meier, Maier, Meyer

1 Wählen Sie die Schaltfläche *Kriterien*.

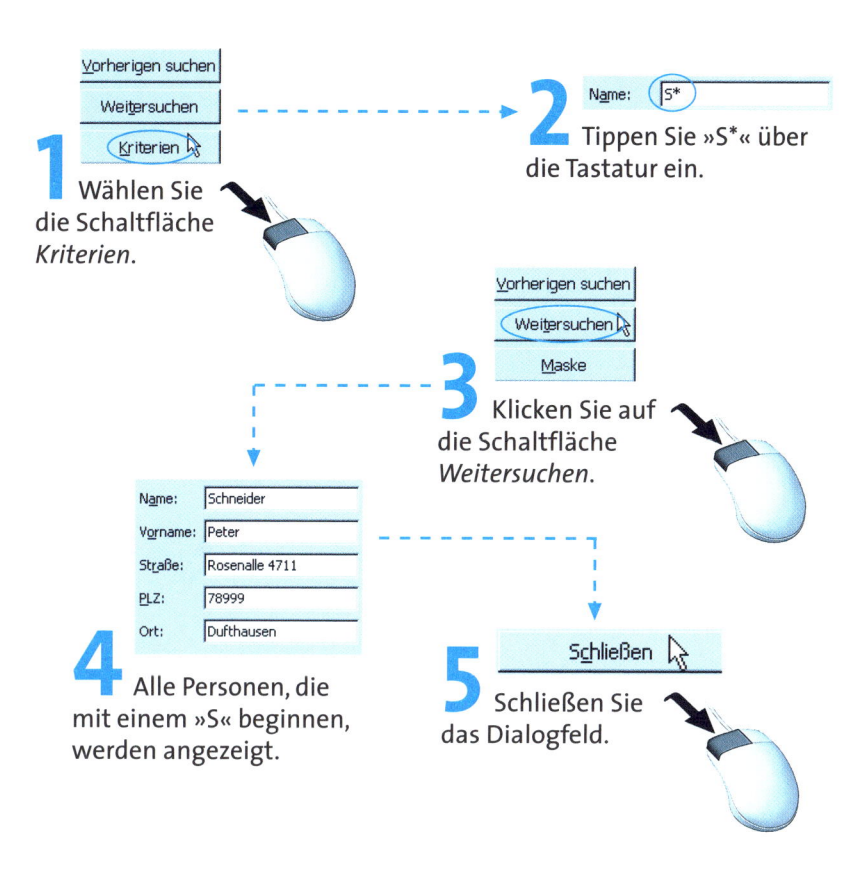

2 Tippen Sie »S*« über die Tastatur ein.

3 Klicken Sie auf die Schaltfläche *Weitersuchen*.

4 Alle Personen, die mit einem »S« beginnen, werden angezeigt.

5 Schließen Sie das Dialogfeld.

Der AutoFilter

Mit dem »AutoFilter« verhindern Sie die Anzeige bestimmter Adressen, indem Sie diese »herausfiltern«. Auch hier geben Sie **Kriterien** ein. Wiederum muss eine **Zelle innerhalb der Liste** angeklickt sein.

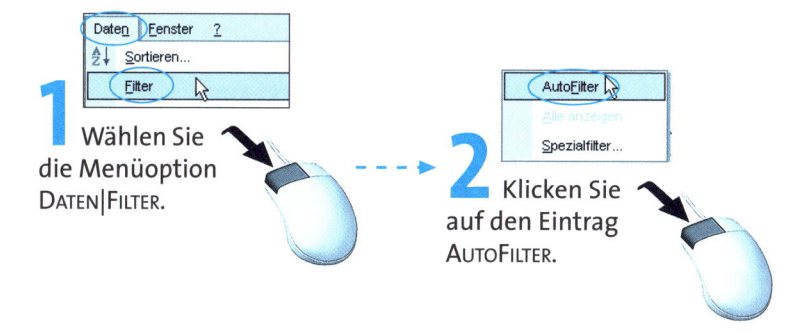

1 Wählen Sie die Menüoption DATEN|FILTER.

2 Klicken Sie auf den Eintrag AUTOFILTER.

247

Nach der Aktivierung erhalten Sie das folgende Erscheinungsbild. Klicken Sie in einer Spalte auf einen **Pfeil**, können Sie sich bestimmte Datensätze anzeigen lassen. Klicken Sie auf »Meier«, erhalten Sie alle Adressen der Personen, deren Nachname »Meier« lautet.

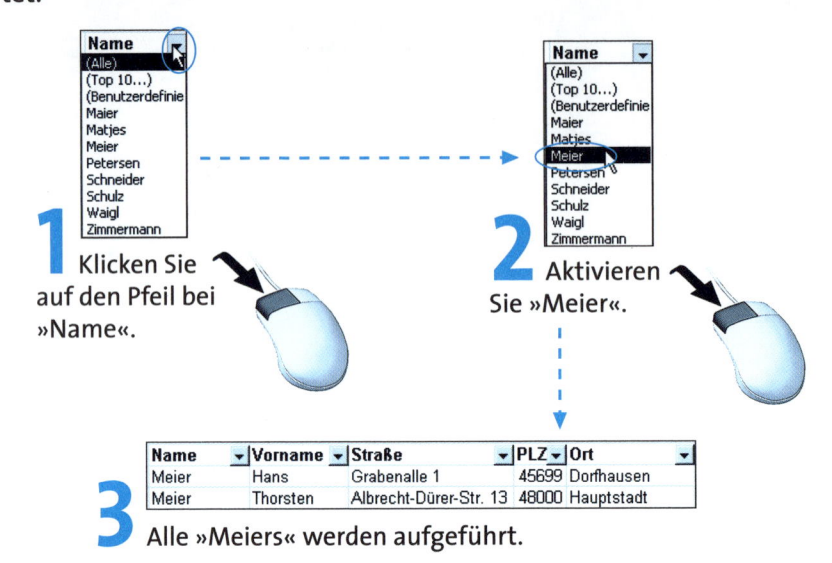

1 Klicken Sie auf den Pfeil bei »Name«.

2 Aktivieren Sie »Meier«.

3 Alle »Meiers« werden aufgeführt.

> **HINWEIS** Mit »(Top 10…)« listen Sie die Tops nach Selektion auf: die höchsten Zahlen, Prozentwerte usw.

Möchten Sie wieder alle Datensätze erhalten, aktivieren Sie wieder den Pfeil und wählen »(Alle)« aus.

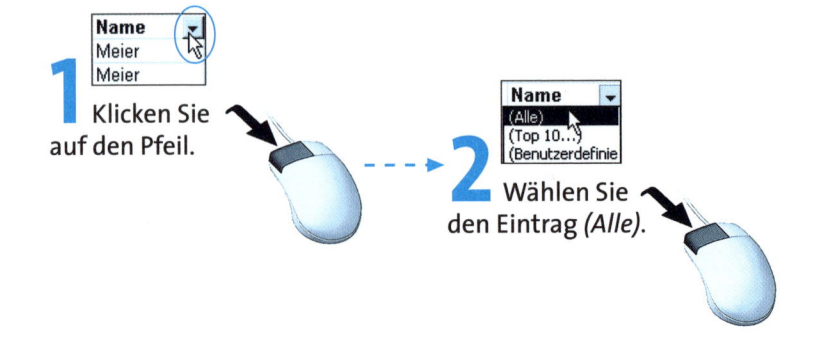

1 Klicken Sie auf den Pfeil.

2 Wählen Sie den Eintrag *(Alle)*.

Benutzerdefinierter AutoFilter

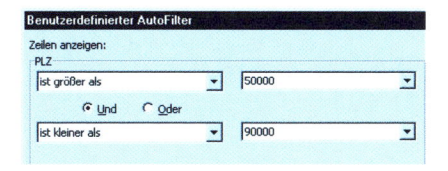

Für jedes Feld der Liste kann ein benutzerdefinierter AutoFilter gewählt werden. In diesem Beispiel möchten Sie sich alle Orte anzeigen lassen, die im Postleitzahlenbereich von »50000« bis »90000« liegen. Dazu klicken Sie auf den Pfeil neben der Spalte »PLZ« und wählen *(Benutzerdefiniert ...)*. Mit der Option *Und* verbinden Sie die beiden Voraussetzungen.

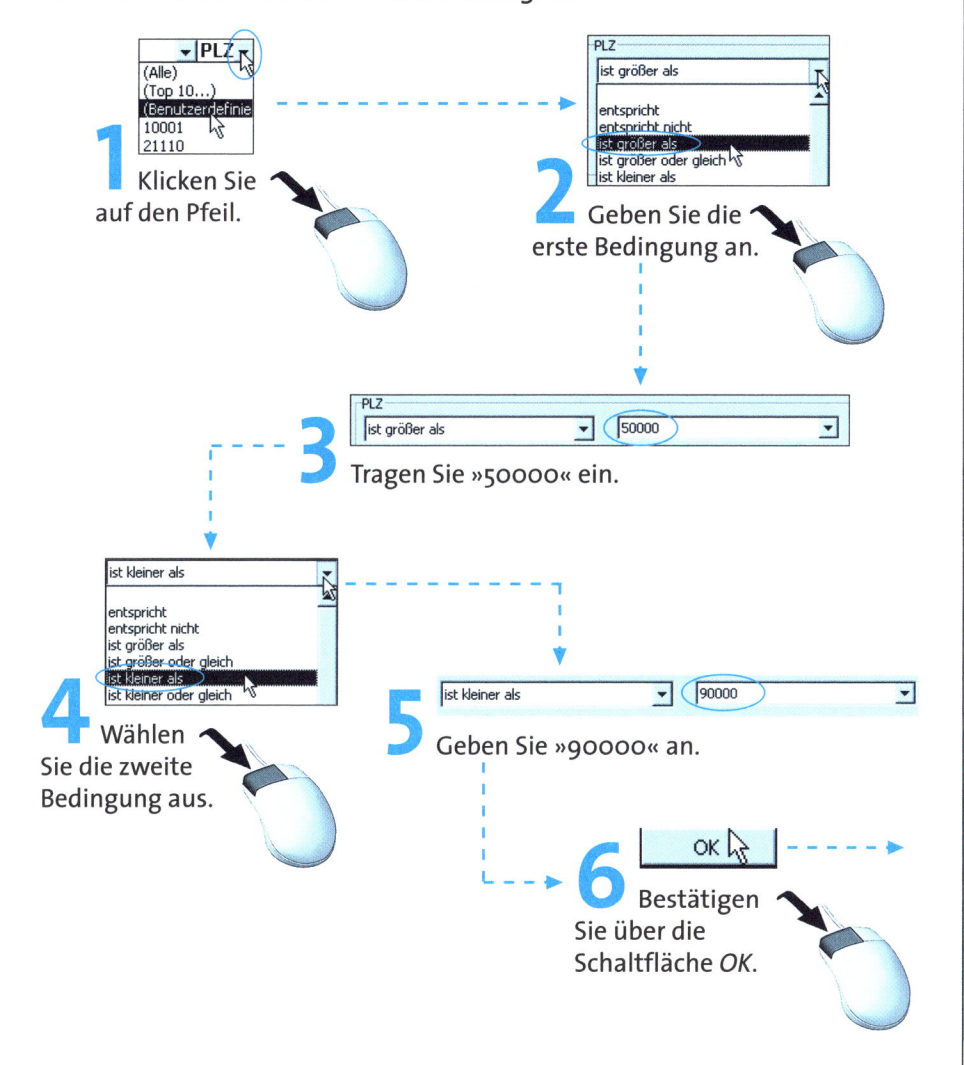

1 Klicken Sie auf den Pfeil.

2 Geben Sie die erste Bedingung an.

3 Tragen Sie »50000« ein.

4 Wählen Sie die zweite Bedingung aus.

5 Geben Sie »90000« an.

6 Bestätigen Sie über die Schaltfläche *OK*.

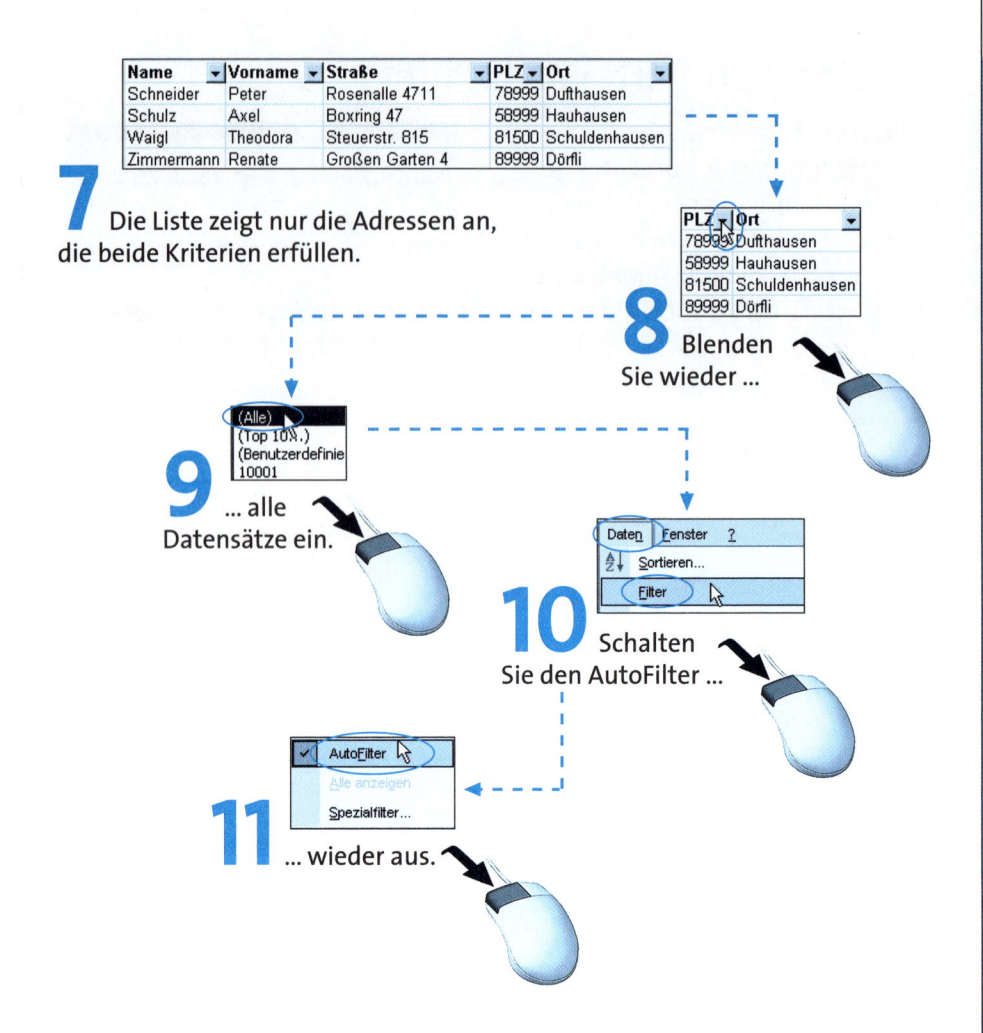

Name	Vorname	Straße	PLZ	Ort
Schneider	Peter	Rosenalle 4711	78999	Dufthausen
Schulz	Axel	Boxring 47	58999	Hauhausen
Waigl	Theodora	Steuerstr. 815	81500	Schuldenhausen
Zimmermann	Renate	Großen Garten 4	89999	Dörfli

7 Die Liste zeigt nur die Adressen an, die beide Kriterien erfüllen.

8 Blenden Sie wieder ...

9 ... alle Datensätze ein.

10 Schalten Sie den AutoFilter ...

11 ... wieder aus.

Der Spezialfilter

Hier haben Sie die Möglichkeit, sich bestimmte Adressen auf dem Blatt anzeigen zu lassen. Auch hier werden Datensätze gefiltert. Das Ergebnis **kopieren** Sie dann ins Arbeitsblatt.

In diesem Beispiel fahren Sie nächste Woche nach »Gabeln«, wo immer dieser Ort auch liegen mag. Es sollen nur die Personen angezeigt werden, die dort wohnen. Sie geben in einer Zelle »Ort« und in einer zweiten Zelle »Gabeln« an.

DER SPEZIALFILTER

Wichtig ist, dass Sie die dazugehörige Liste mit einem beliebigen Mausklick aktivieren. So weiß Excel, worauf es sich beim Filtervorgang beziehen soll.

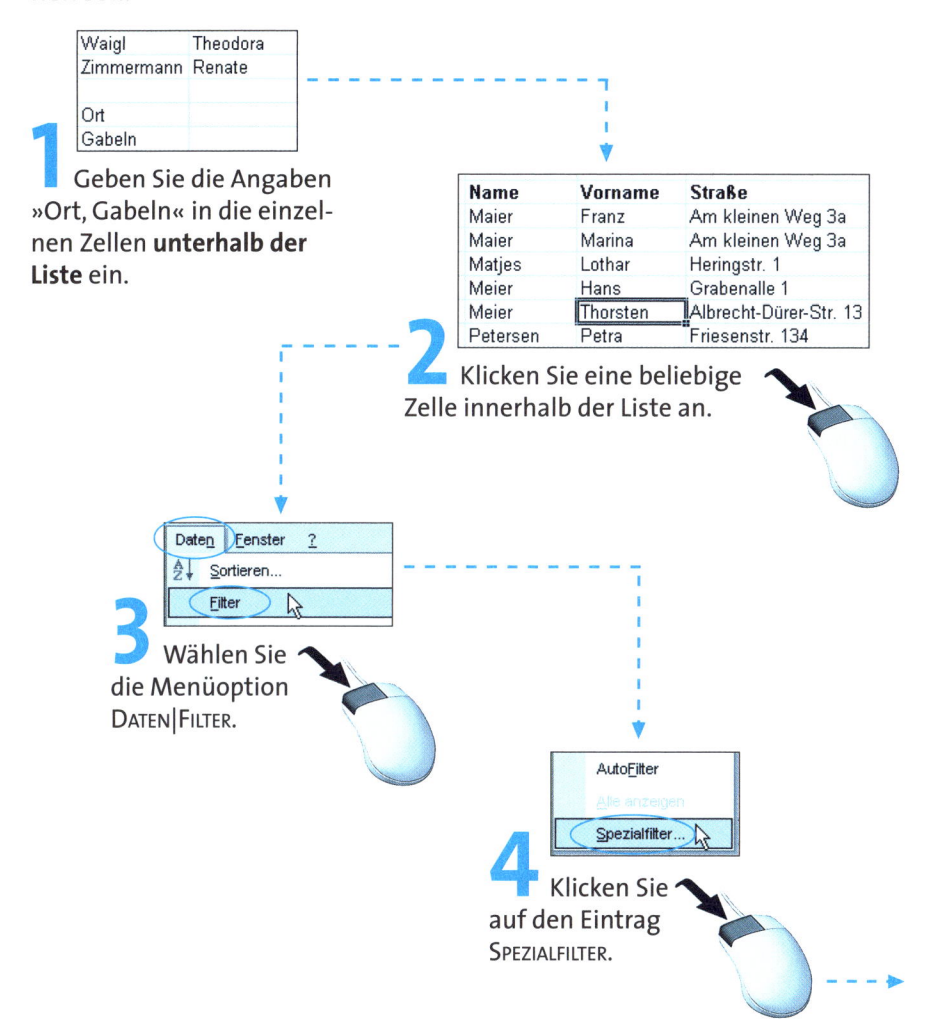

Waigl	Theodora
Zimmermann	Renate
Ort	
Gabeln	

1 Geben Sie die Angaben »Ort, Gabeln« in die einzelnen Zellen **unterhalb der Liste** ein.

Name	Vorname	Straße
Maier	Franz	Am kleinen Weg 3a
Maier	Marina	Am kleinen Weg 3a
Matjes	Lothar	Heringstr. 1
Meier	Hans	Grabenalle 1
Meier	Thorsten	Albrecht-Dürer-Str. 13
Petersen	Petra	Friesenstr. 134

2 Klicken Sie eine beliebige Zelle innerhalb der Liste an.

Date**n** **F**enster ?
Sortieren...
Filter

3 Wählen Sie die Menüoption DATEN|FILTER.

Auto**F**ilter
Alle anzeigen
Spezialfilter...

4 Klicken Sie auf den Eintrag SPEZIALFILTER.

5 Excel markiert die Liste im Hintergrund.

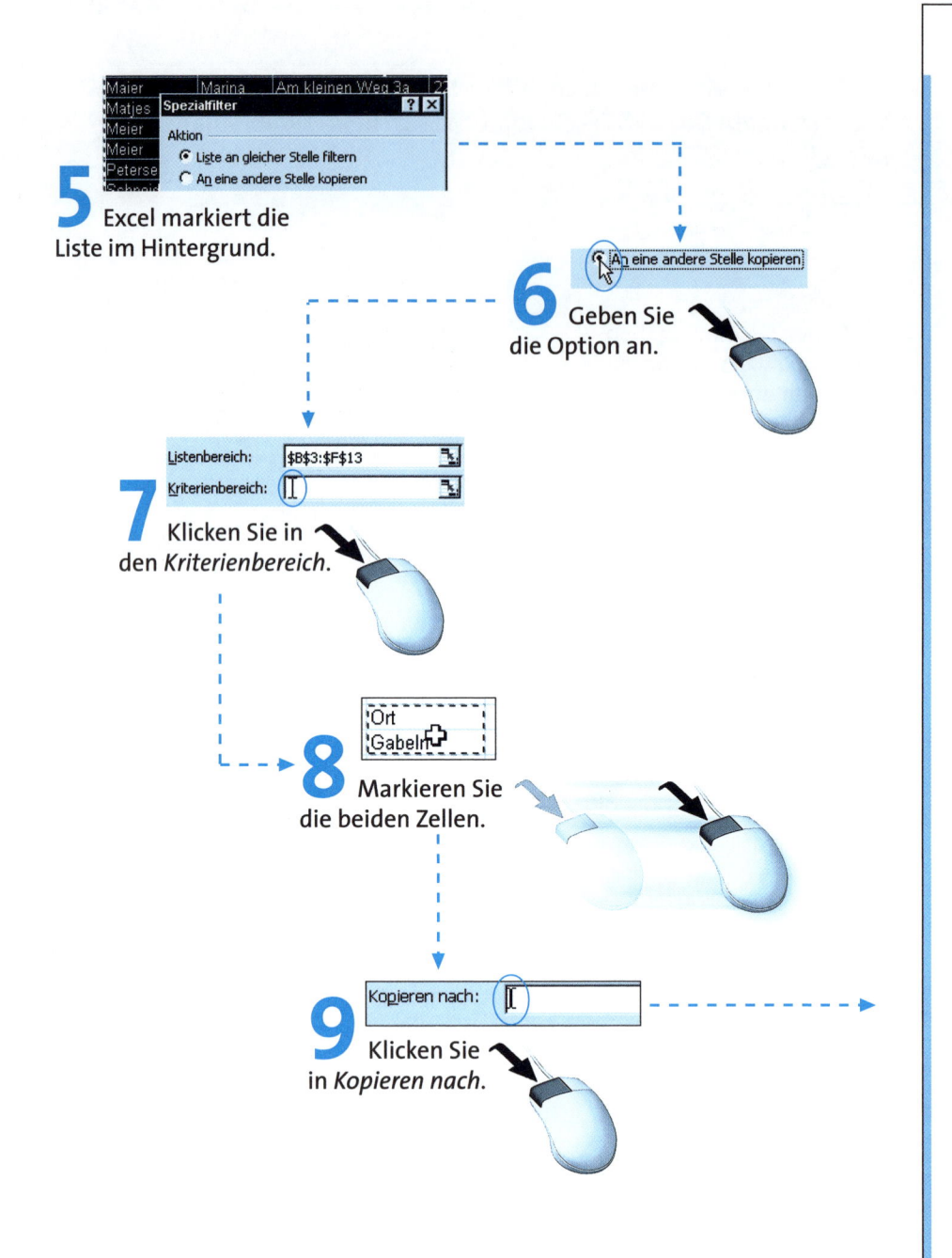

6 Geben Sie die Option an.

7 Klicken Sie in den *Kriterienbereich*.

8 Markieren Sie die beiden Zellen.

9 Klicken Sie in *Kopieren nach*.

252

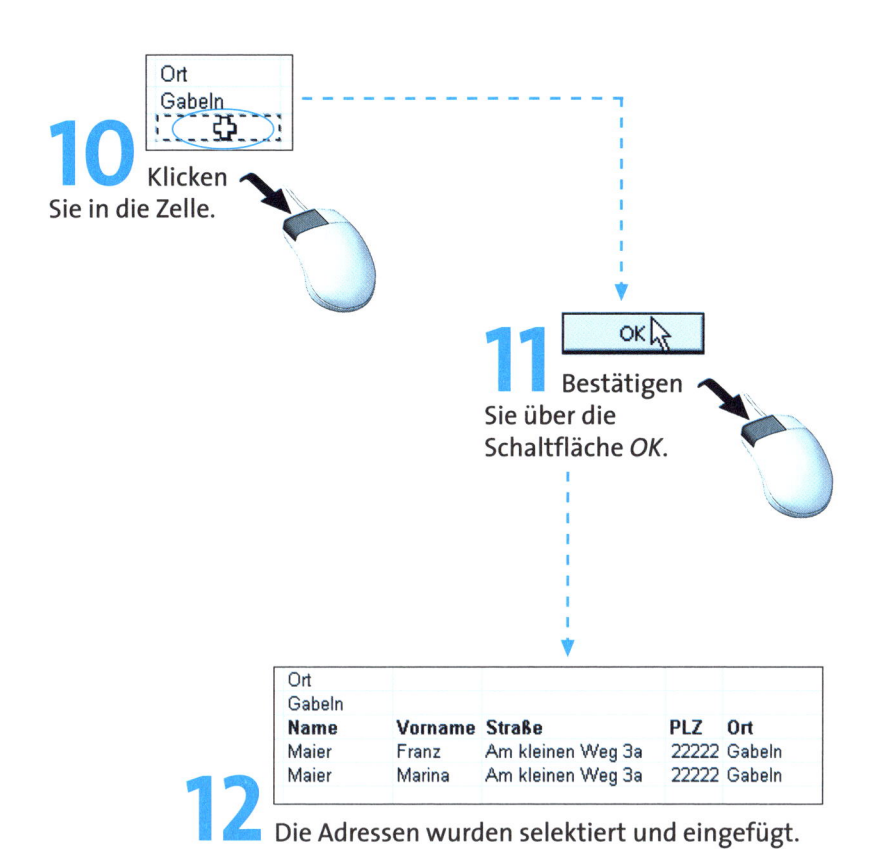

DER SPEZIALFILTER

10 Klicken Sie in die Zelle.

Ort
Gabeln

11 Bestätigen Sie über die Schaltfläche *OK*.

12 Die Adressen wurden selektiert und eingefügt.

Ort				
Gabeln				
Name	**Vorname**	**Straße**	**PLZ**	**Ort**
Maier	Franz	Am kleinen Weg 3a	22222	Gabeln
Maier	Marina	Am kleinen Weg 3a	22222	Gabeln

253

15 »Was wäre, wenn ...«-Berechnungen

Was bringt Ihnen dieses Kapitel?

Excel verfügt über verschiedene Möglichkeiten, die das Durchspielen von Rechnungen erleichtern, bei denen Sie genau wissen, was unterm Strich stehen soll. Beispiel: Wie stark dürfen die Kosten noch steigen, bevor die Firma in die Verlustzone kommt?

Szenariobericht	Aktuelle Werte:	Umsatz 1	Umsatz 2
Veränderbare Zellen:		4000	5500
B3	5500	24,95 €	22,95 €
B4	22,95 €		
Ergebniszellen:			
B5	126.225,00 €	99.800,00 €	126.225,00 €

Ihr Erfolgsbarometer

Das können Sie schon:

Wenn ... Dann ... Sonst	220
Arbeitsblätter benennen	230
Funktionen einfügen	190
Ein Diagramm einfügen	170
Zellen benennen	158
Währungen eingeben	142
Formeln kopieren	130
Eine Kalkulation speichern	78

Das lernen Sie neu:

Die Zielwertsuche	256
Der Solver	259
Der Szenario-Manager	264

Die Zielwertsuche

»Normalerweise« erfolgt eine Berechnung nach dem Prinzip a + b = c. Aber in Excel 2002 in die Berechnung auch anders möglich.

Im nächsten Beispiel sind Sie Aktionär. Sie möchten natürlich einen »fetten« Gewinn machen. In diesem Beispiel möchten Sie einen Aktiengewinn von »1.000 Euro« erzielen. Wie muss der Aktienkurs stehen, damit Ihre Vorstellungen erfüllt werden? Zunächst stellen Sie Ihre Rechnung auf.

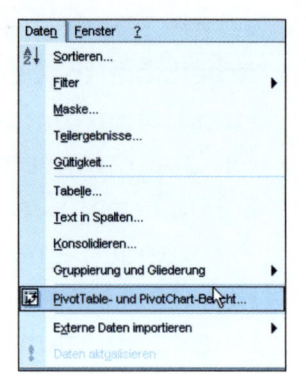

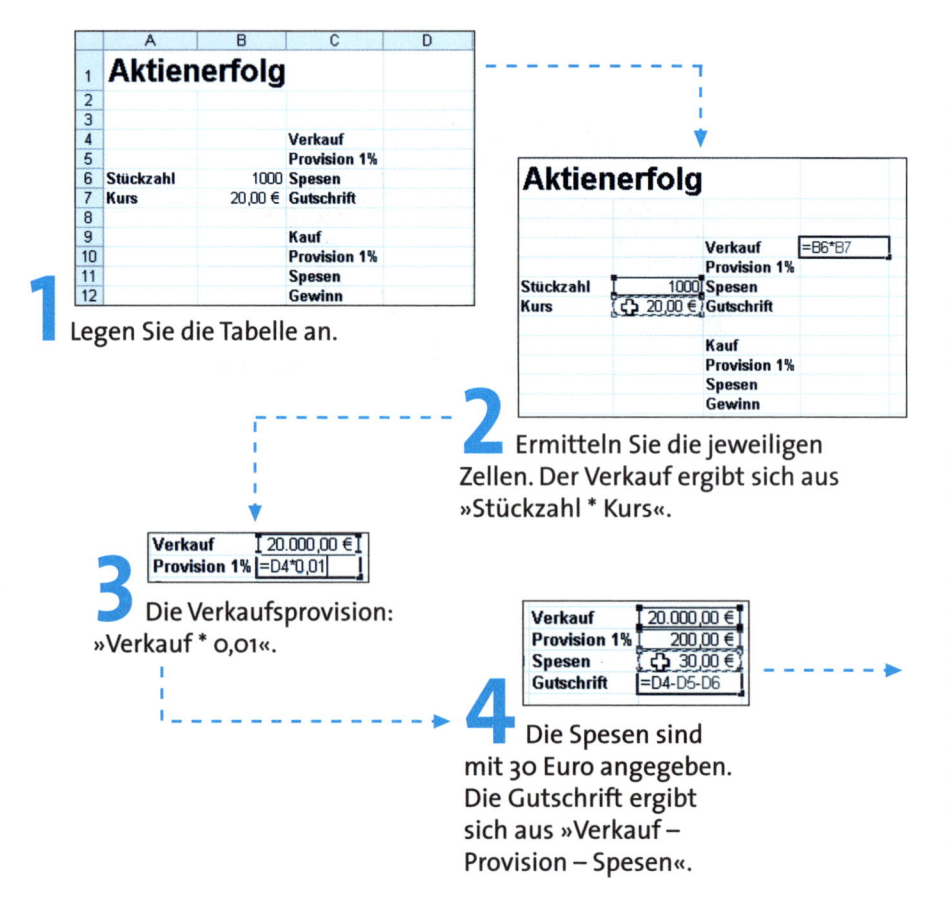

1 Legen Sie die Tabelle an.

2 Ermitteln Sie die jeweiligen Zellen. Der Verkauf ergibt sich aus »Stückzahl * Kurs«.

3 Die Verkaufsprovision: »Verkauf * 0,01«.

4 Die Spesen sind mit 30 Euro angegeben. Die Gutschrift ergibt sich aus »Verkauf – Provision – Spesen«.

DIE ZIELWERTSUCHE

5 Tippen Sie die Werte in die Zellen ein.

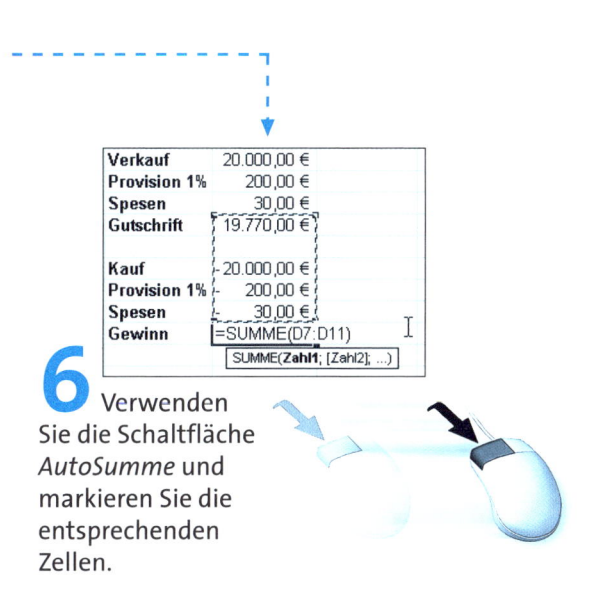

6 Verwenden Sie die Schaltfläche *AutoSumme* und markieren Sie die entsprechenden Zellen.

Die erste Berechnung ist erfolgt. Leider ergibt sich ein Gewinn – nein – ein Verlust von »460« Euro. Sie möchten aber wissen, wie der Kurs stehen muss, um einen Gewinn von 1.000 Euro zu erzielen. Dazu nutzen Sie die Zielwertsuche in Excel 2002. Sie variieren den Inhalt einer bestimmten Zelle so lange, bis eine andere angegebene Zelle den von Ihnen gewünschten Inhalt besitzt. In der Ergebniszelle, in diesem Beispiel also die »Gewinn-Zelle«, muss eine Formel stehen.

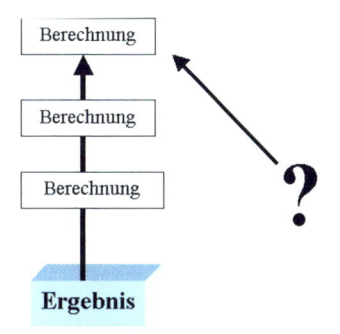

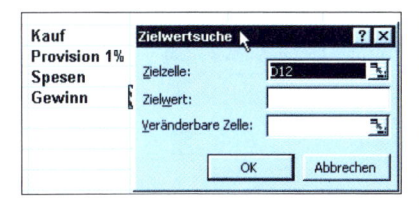

Rufen Sie den Menübefehl EXTRAS|ZIEL-WERTSUCHE auf, öffnet sich ein Dialogfeld auf Ihrem Bildschirm. Sollte – wie in diesem Fall – ein Dialogfeld die Sicht auf Zellen verdecken, verschieben Sie das Dialogfeld. Dazu platzieren Sie den Mauszeiger auf die Titelleiste des Dialogfeldes und verschieben es mit gedrückter Maustaste.

1 Wählen Sie den Menübefehl EXTRAS|ZIELWERTSUCHE.

2 Platzieren Sie den Mauszeiger auf die Titelleiste des Dialogfeldes.

3 Verschieben Sie das Dialogfeld.

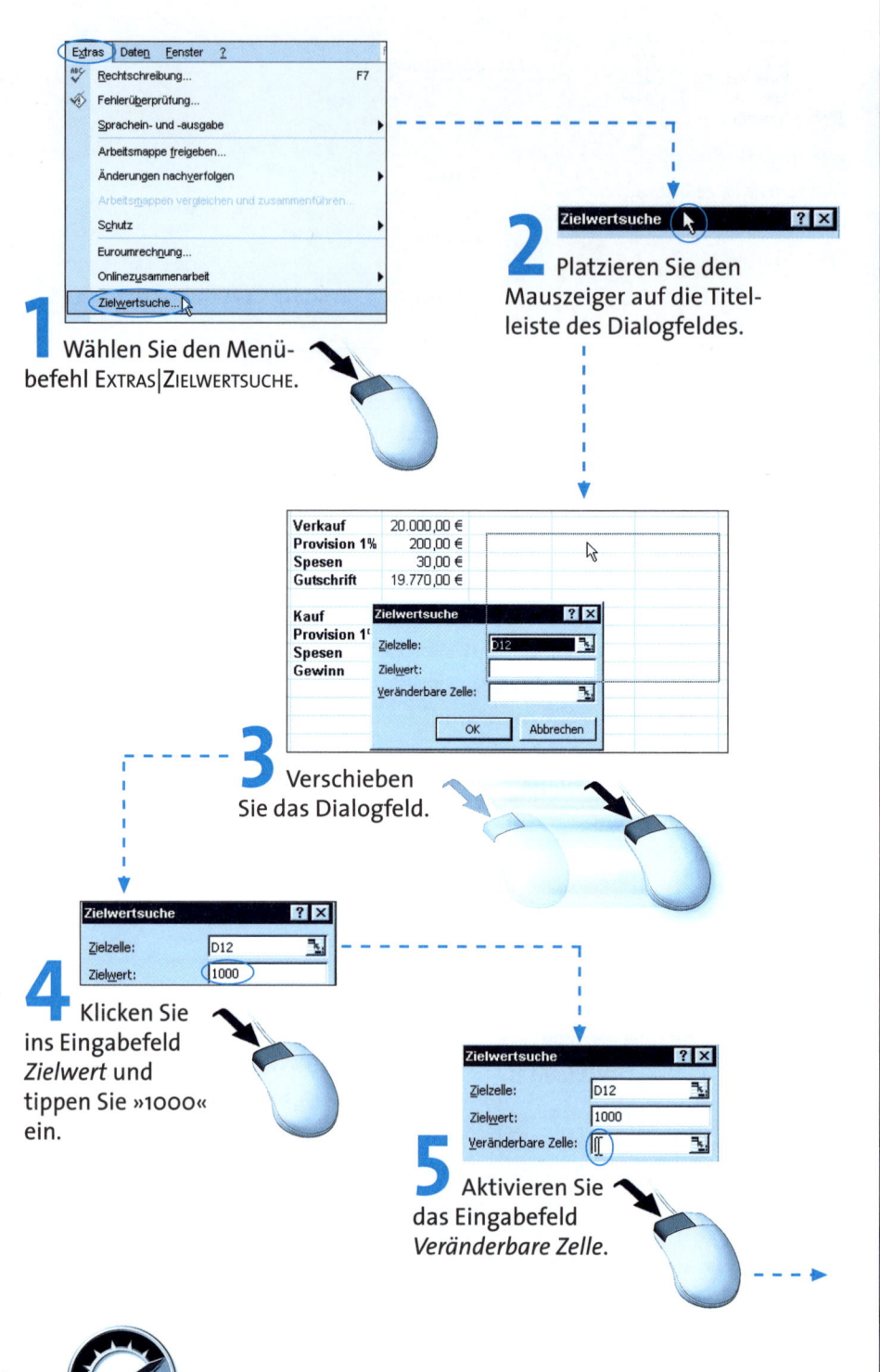

4 Klicken Sie ins Eingabefeld *Zielwert* und tippen Sie »1000« ein.

5 Aktivieren Sie das Eingabefeld *Veränderbare Zelle*.

258

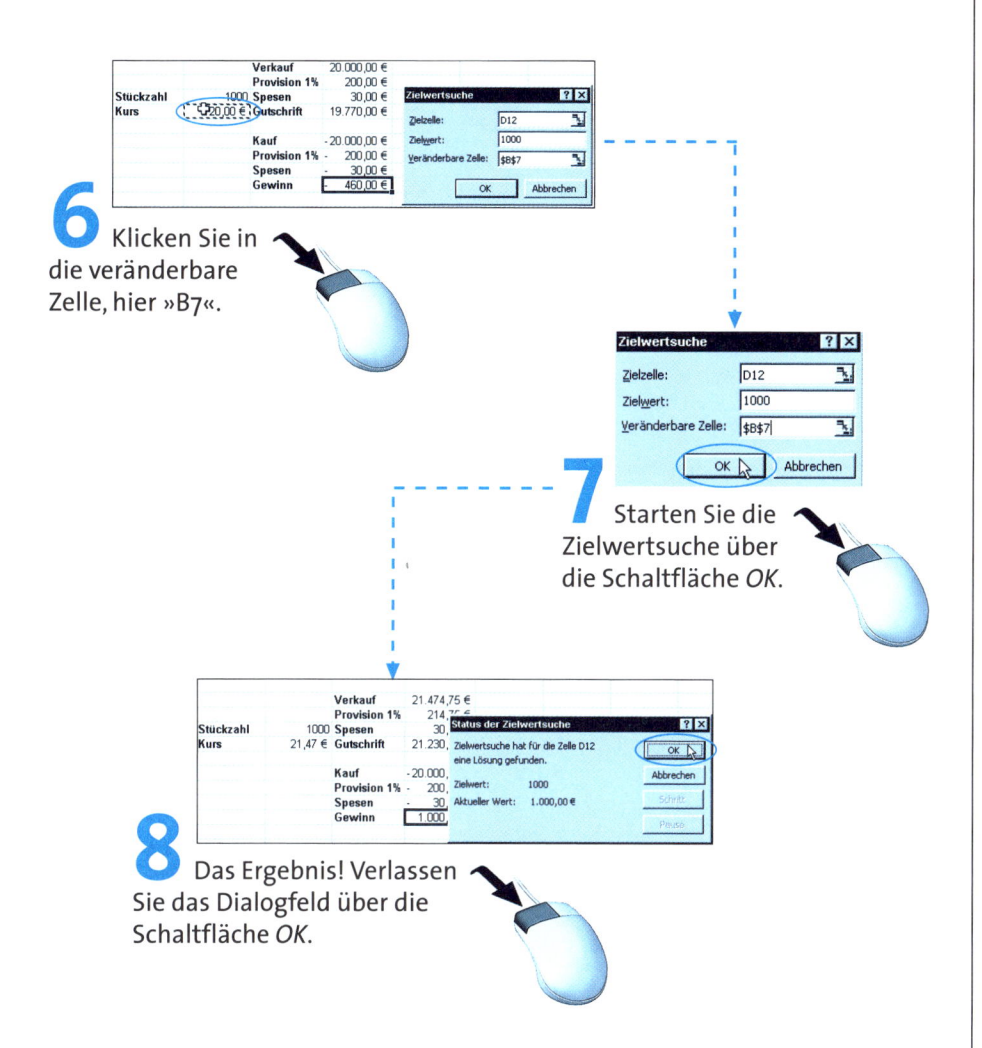

6 Klicken Sie in die veränderbare Zelle, hier »B7«.

7 Starten Sie die Zielwertsuche über die Schaltfläche OK.

8 Das Ergebnis! Verlassen Sie das Dialogfeld über die Schaltfläche OK.

Der Solver

In komplexen Berechnungen müssen mehrere Parameter berücksichtigt werden, um ein bestimmtes Ergebnis zu erzielen. Anhand eines Beispiels soll Ihnen die Funktion des Solvers verdeutlicht werden. Der Solver-Befehl muss bei Ihnen noch eingebunden werden.

1 Rufen Sie den Menübefehl EXTRAS|ADD-INS auf.

2 Ziehen Sie ggf. die Bildlaufleiste. Wählen Sie das Kontrollkästchen aus.

3 Bestätigen Sie über die Schaltfläche *OK*.

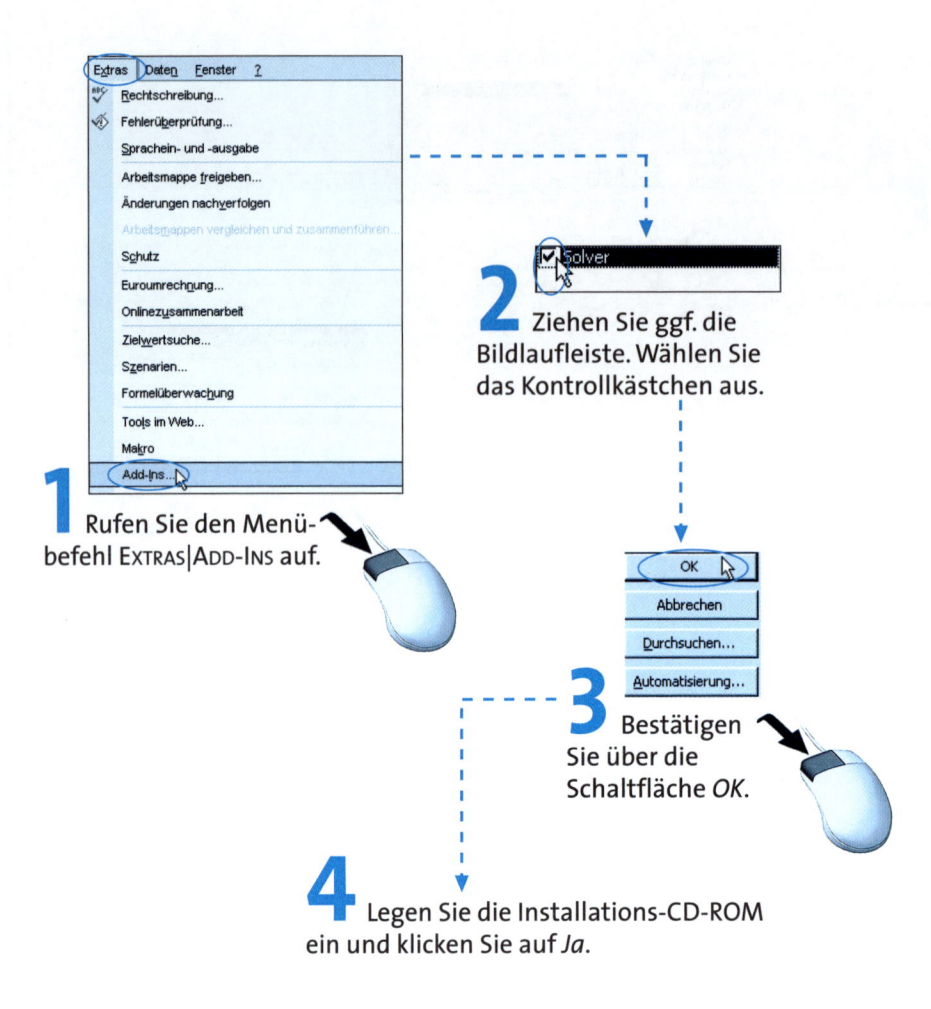

4 Legen Sie die Installations-CD-ROM ein und klicken Sie auf *Ja*.

Der Solver variiert den Inhalt von mehr als zwei bekannten Variablen so, dass ein gewünschtes Ergebnis erreicht wird. Im nächsten Beispiel werden keine komplexen Berechnungen durchgeführt. Sie lernen die Funktion Solver auf einfachste Weise kennen.

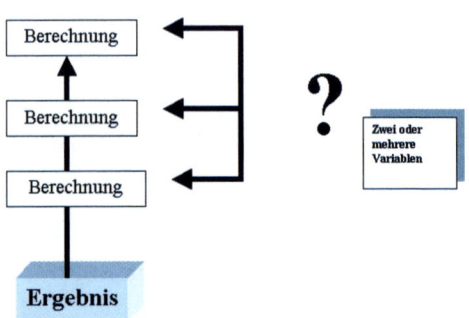

260

Der Solver

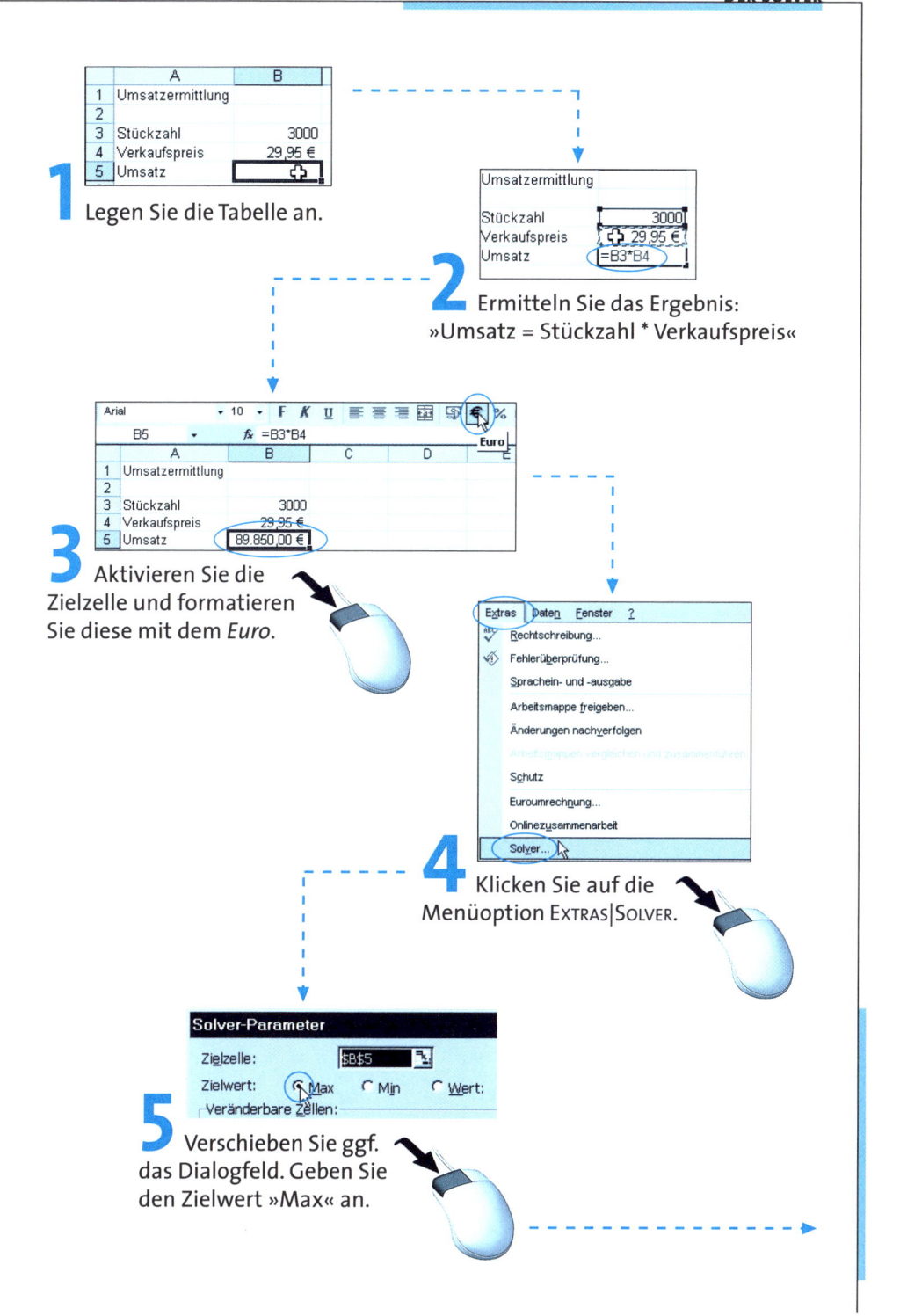

1 Legen Sie die Tabelle an.

2 Ermitteln Sie das Ergebnis:
»Umsatz = Stückzahl * Verkaufspreis«

3 Aktivieren Sie die Zielzelle und formatieren Sie diese mit dem *Euro*.

4 Klicken Sie auf die Menüoption EXTRAS|SOLVER.

5 Verschieben Sie ggf. das Dialogfeld. Geben Sie den Zielwert »Max« an.

261

6 Tragen Sie die veränderbaren Zellen ein.

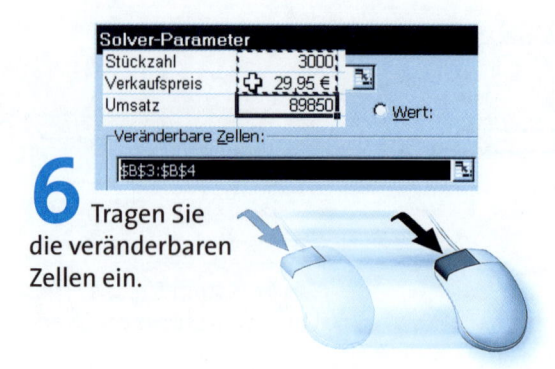

Mit *Max* errechnet sich natürlich das Maximum. Über *Wert* geben Sie einen definierten Zielwert ein.

Zusätzlich können Sie im Dialogfeld **Nebenbedingungen** eintragen.

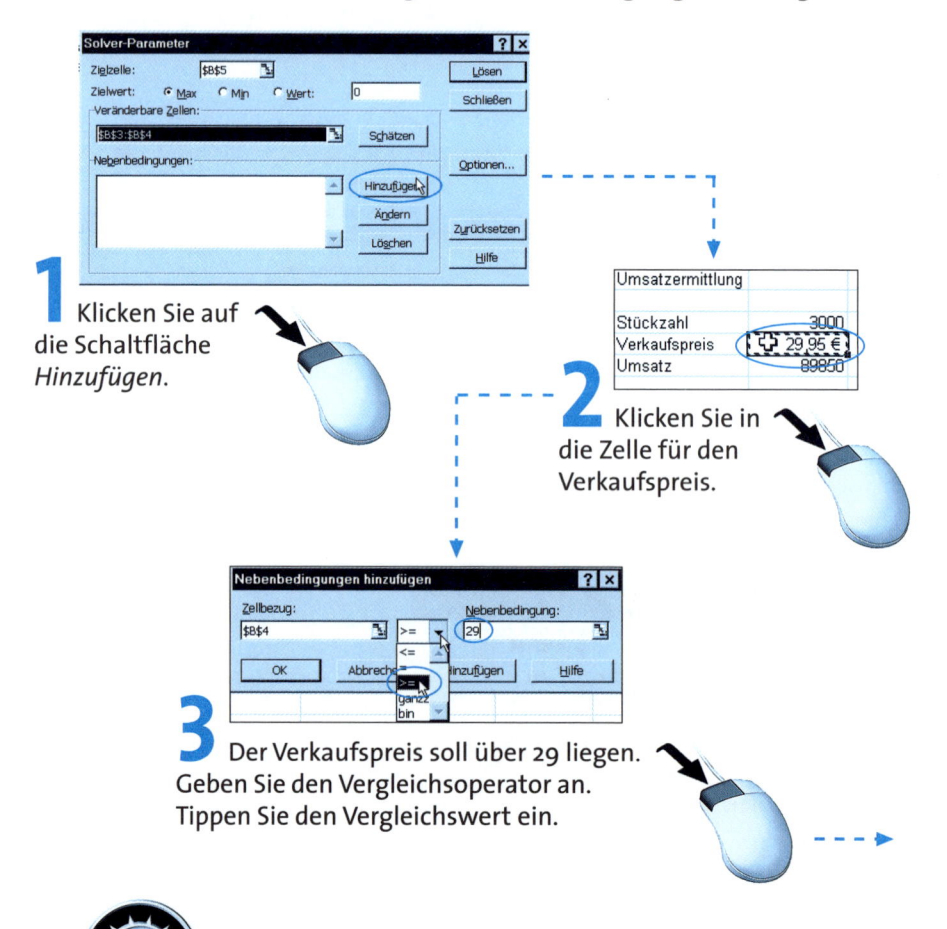

1 Klicken Sie auf die Schaltfläche *Hinzufügen*.

2 Klicken Sie in die Zelle für den Verkaufspreis.

3 Der Verkaufspreis soll über 29 liegen. Geben Sie den Vergleichsoperator an. Tippen Sie den Vergleichswert ein.

DER SOLVER

4 Klicken Sie auf die Schaltfläche *Hinzufügen*.

5 Geben Sie die Nebenbedingung: »Der Verkaufspreis soll kleiner als 30 Euro« sein.

6 Bestätigen Sie die Nebenbedingungen über die Schaltfläche *OK*.

7 Überprüfen Sie die Bedingungen. Aktivieren Sie die Schaltfläche *Lösen*.

8 Bestätigen Sie mit *OK*.

9 Auf das Ergebnis wären Sie vielleicht selber gekommen, aber es verdeutlicht auf einfachste Weise die Handhabung des Solvers.

Umsatzermittlung	
Stückzahl	3000
Verkaufspreis	30,00 €
Umsatz	90.000,00 €

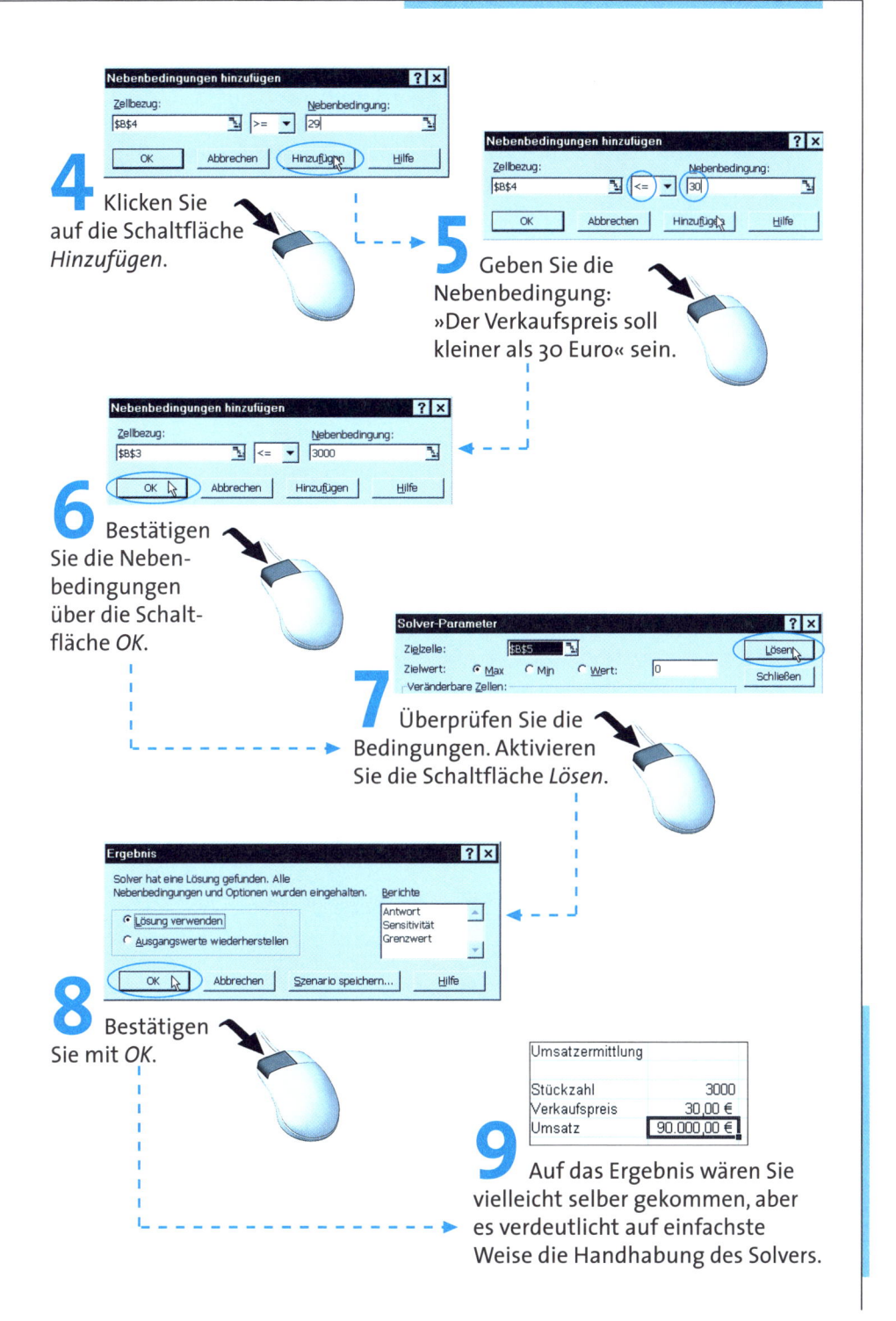

263

Der Szenario-Manager

Der Szenario-Manager ermöglicht sehr detaillierte Analysen. Nach jeder Änderung werden die Auswirkungen aufgeführt. Sie können beliebig viele Szenariowerte über die Schaltfläche *Hinzufügen* eingeben.

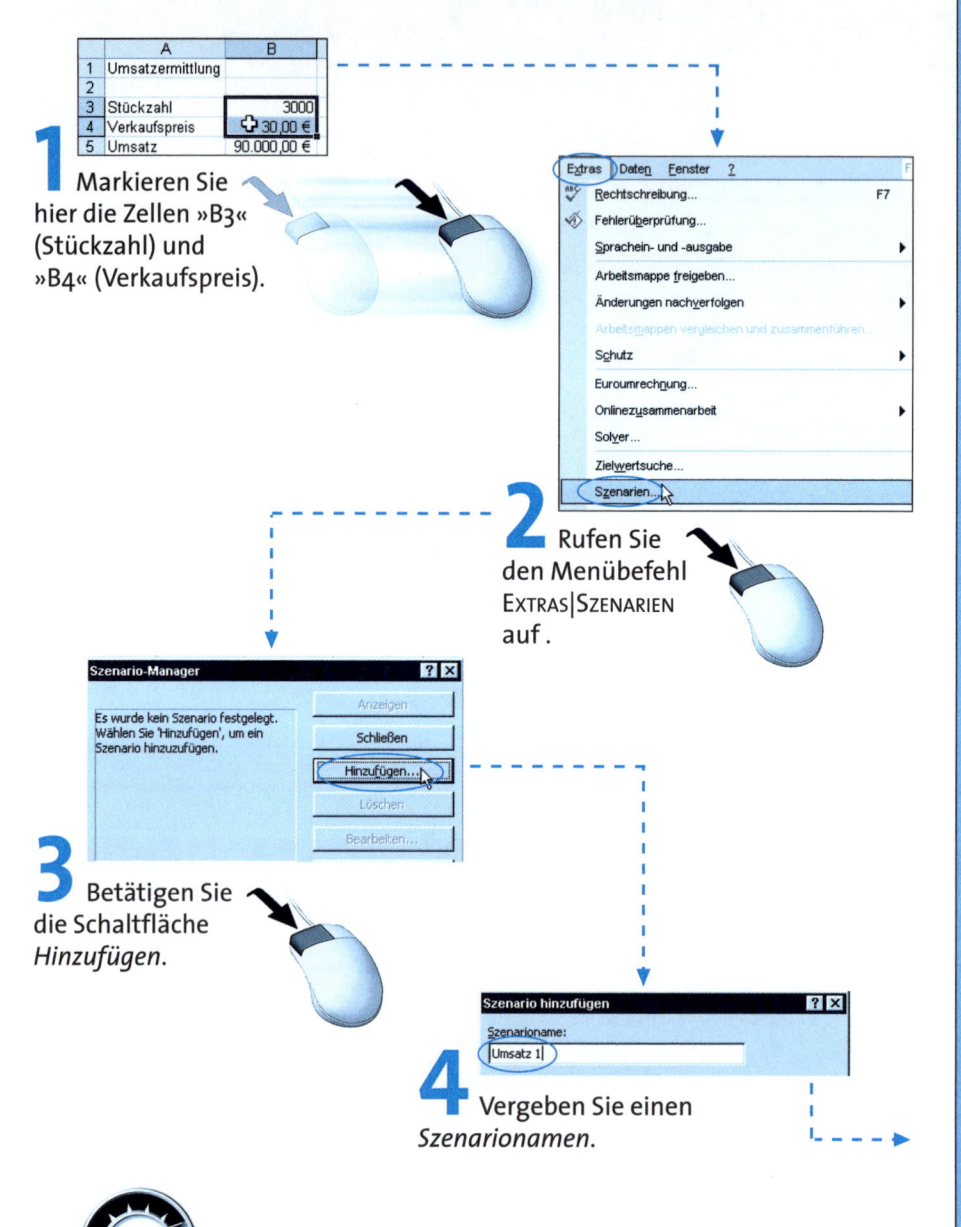

1 Markieren Sie hier die Zellen »B3« (Stückzahl) und »B4« (Verkaufspreis).

2 Rufen Sie den Menübefehl EXTRAS|SZENARIEN auf.

3 Betätigen Sie die Schaltfläche *Hinzufügen*.

4 Vergeben Sie einen *Szenarionamen*.

DER SZENARIO-MANAGER

5 Bestätigen Sie über die Schaltfläche *OK*.

6 Definieren Sie die erste Variante. Ändern Sie die Menge und den Preis.

7 Klicken Sie auf die Schaltfläche *Hinzufügen*.

8 Vergeben Sie den zweiten Szenarionamen.

9 Bestätigen Sie über die Schaltfläche *OK*.

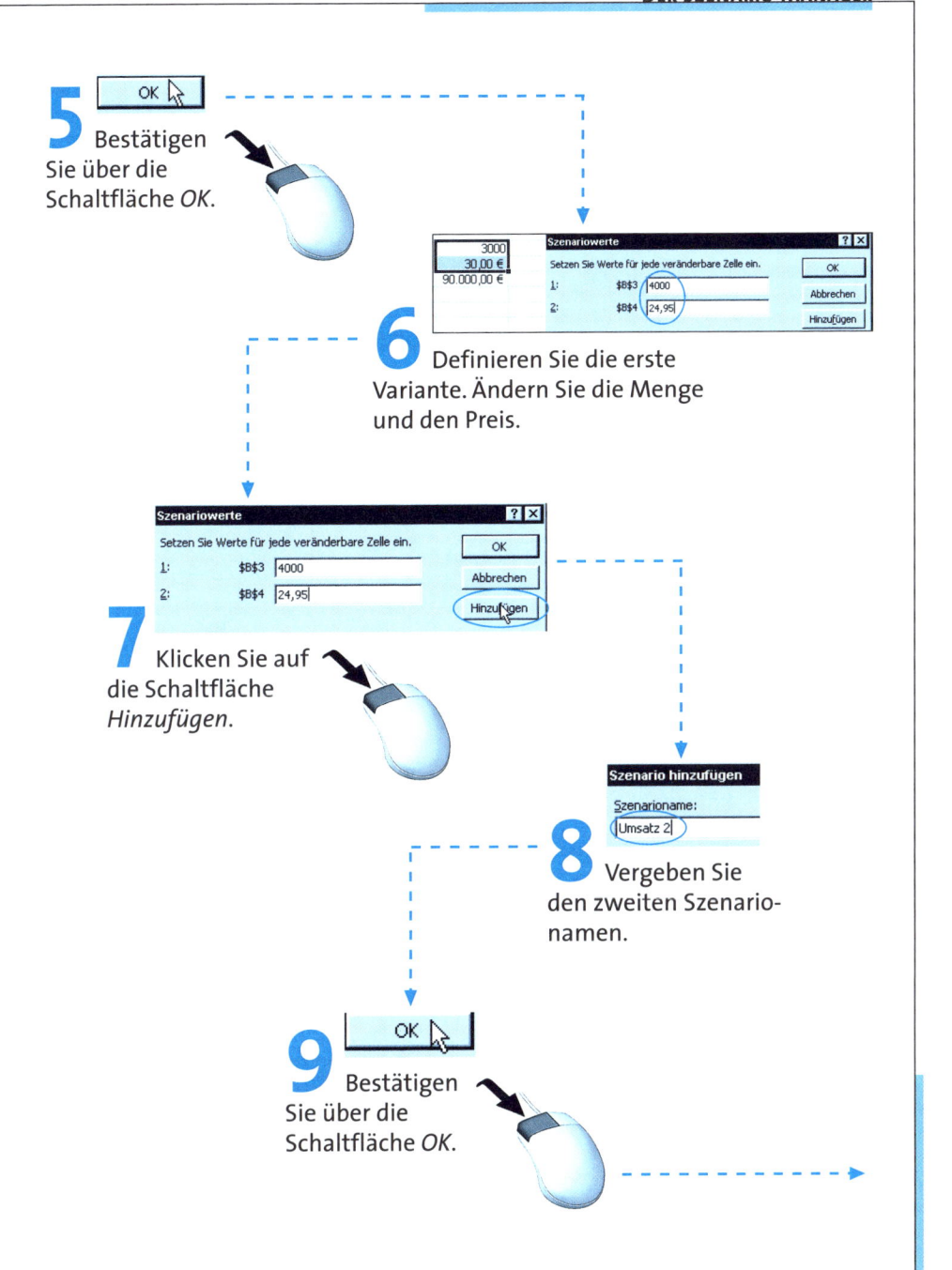

265

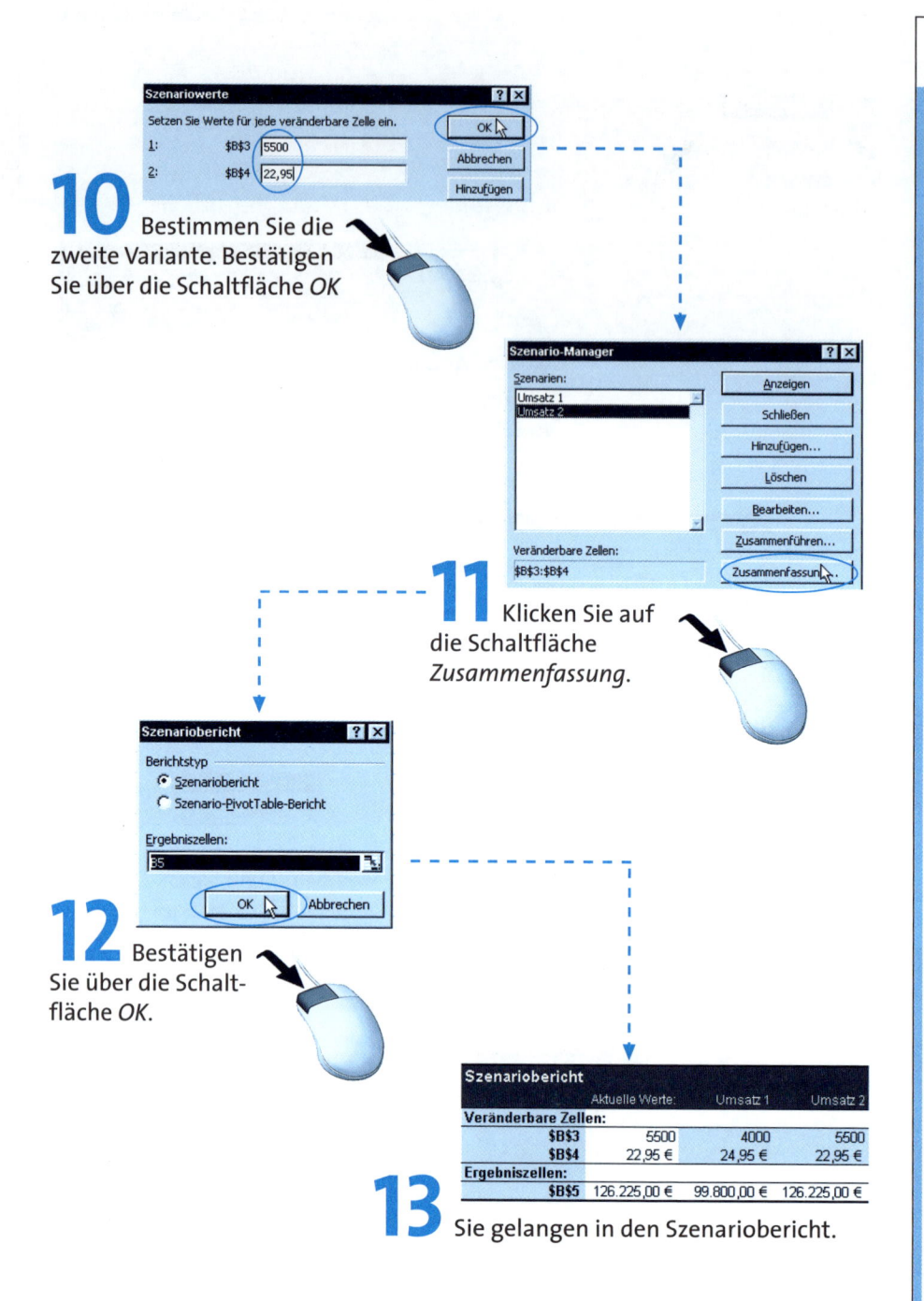

10 Bestimmen Sie die zweite Variante. Bestätigen Sie über die Schaltfläche *OK*.

11 Klicken Sie auf die Schaltfläche *Zusammenfassung*.

12 Bestätigen Sie über die Schaltfläche *OK*.

13 Sie gelangen in den Szenariobericht.

Klicken Sie auf das Blattregister (im Beispiel »Tabelle1«), gelangen Sie zu Ihrer »Ursprungsberechnung«. Szenarien sind an die aktive Tabelle gebunden und werden zusammen mit ihr gespeichert. Ein einmal angelegtes Szenario ist somit beim nächsten Öffnen der Tabelle wieder unverändert vorhanden.

16 Pivot-Tabellen

Was bringt Ihnen dieses Kapitel?

Pivot-Tabellen ermöglichen nicht nur eine komfortable Datenanalyse, sondern vor allem das einfache nachträgliche Umstellen und Ändern der Analysen. Pivot-Tabellen zielen immer auf eine Liste bzw. eine interne oder externe Datenbank.

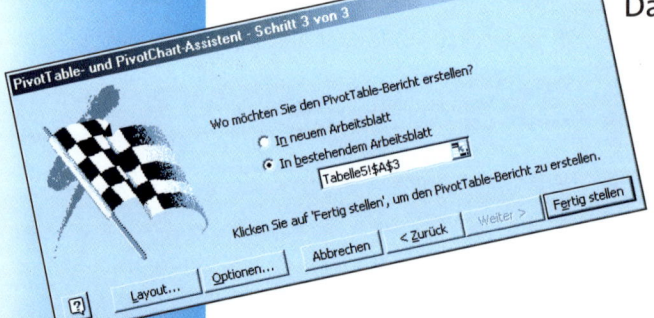

Ihr Erfolgsbarometer

Das können Sie schon:

Die Zielwertsuche	256
Der Solver	259
Der Szenario-Manager	264
Wenn ... Dann ... Sonst	220
Arbeitsblätter benennen	230
Funktionen einfügen	190
Ein Diagramm einfügen	170
Zellen benennen	158
Währungen eingeben	142
Formeln kopieren	130
Zellen kopieren	114
Zellen automatisch ausfüllen	119
Eine Kalkulation speichern	78

Das lernen Sie neu:

Der Pivot-Tabellen-Assistent	270
Das Aussehen einer Pivot-Tabelle	271
Auswertungen der Pivot-Tabelle	273
Pivot-Tabellen ändern	276

Der Pivot-Tabellen-Assistent

Pivot-Tabellen sind **Auswertungen** einer Liste oder Datenbank. In der abgebildeten Tabelle (siehe unten Schritt 1) wäre es sicher interessant zu wissen, welche Kosten für welche Abteilung angefallen sind. Am einfachsten ist es, wenn sich der Cursor im Datenbereich befindet. Dann wird dieser automatisch inklusive vorhandener Überschriften selektiert und vorgegeben. Sie müssen eine Arbeitsmappe nicht zwangsläufig öffnen, um eine Pivot-Tabellen-Auswertung mit darin enthaltenen Daten durchzuführen.

Der Assistent lässt sich wie bei jedem anderen Assistenten in Excel 2002 über die bekannten Schaltflächen *Weiter*, *Zurück* und *Fertig stellen* steuern. Ein Pivot-Chart (Diagramm) einschließlich Tabellen erhalten Sie auch im 1. Schritt des Assistenten.

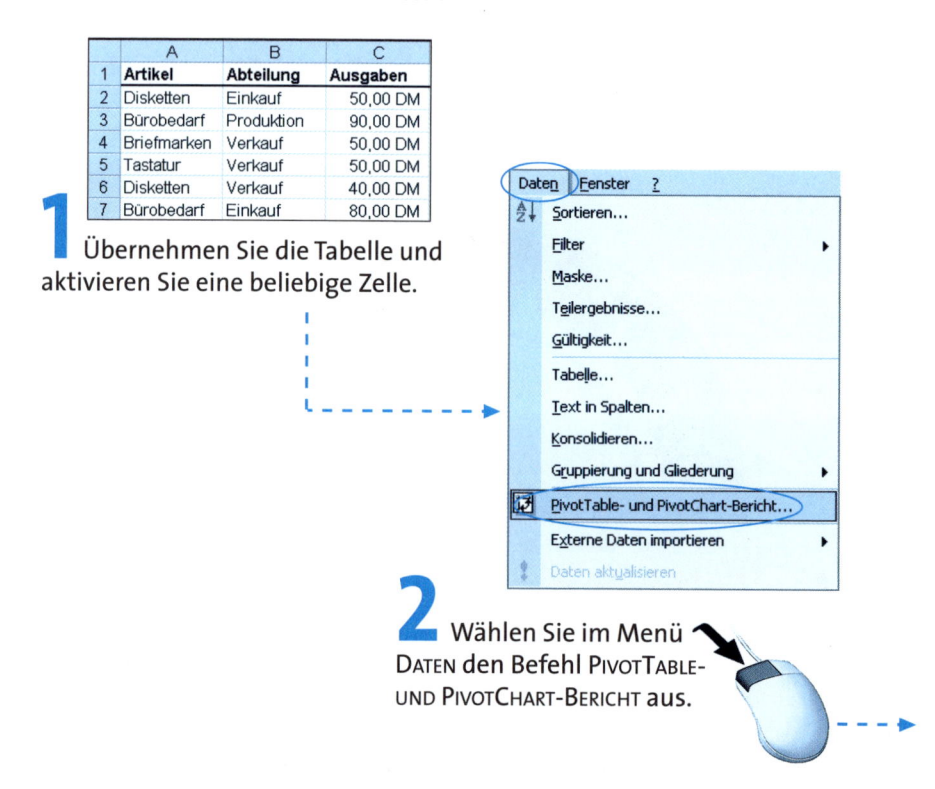

1 Übernehmen Sie die Tabelle und aktivieren Sie eine beliebige Zelle.

2 Wählen Sie im Menü DATEN den Befehl PIVOTTABLE- UND PIVOTCHART-BERICHT aus.

DAS AUSSEHEN EINER PIVOT-TABELLE

3 Klicken Sie auf die Schaltfläche *Weiter*.

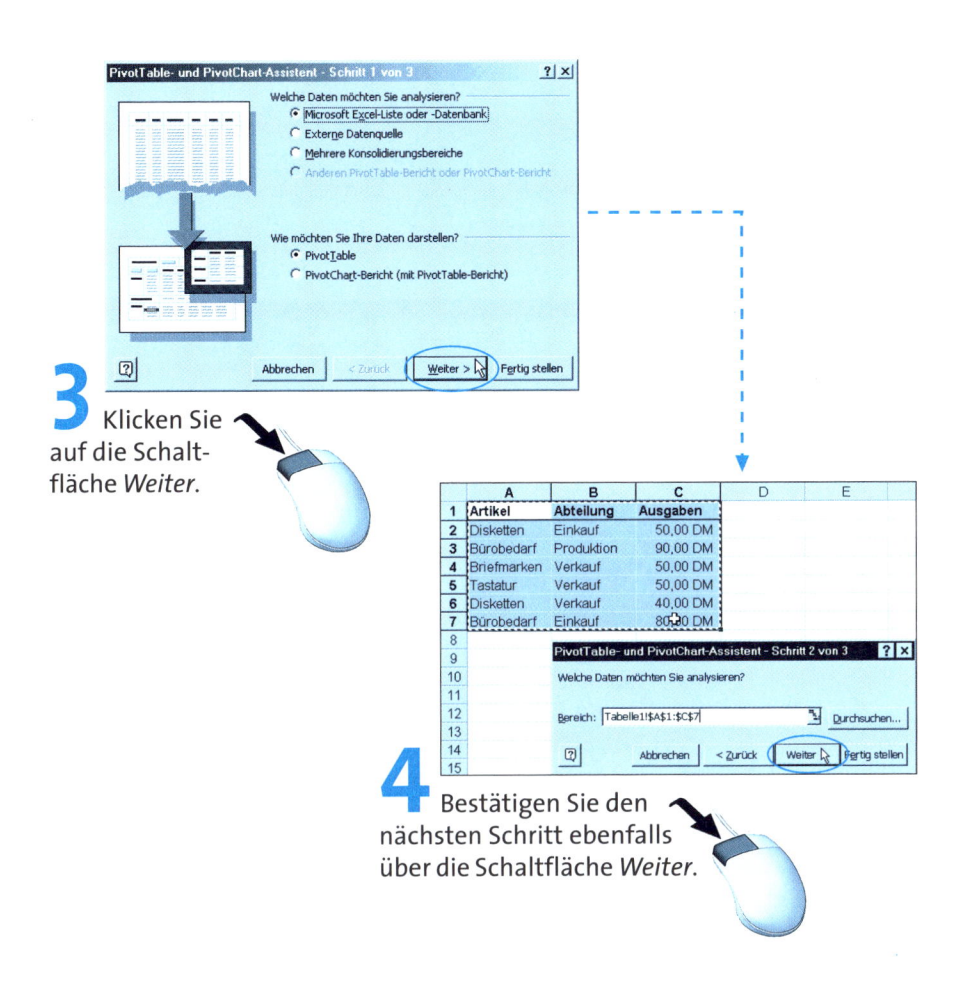

4 Bestätigen Sie den nächsten Schritt ebenfalls über die Schaltfläche *Weiter*.

Statt im Assistenten auf die Schaltfläche *Layout* zu klicken, können Sie später auch das Aussehen der Tabelle über die PivotTable-Symbolleiste bestimmen.

Das Aussehen einer Pivot-Tabelle

Sie ziehen die Felder in den angezeigten Bereich, um das Aussehen (= Layout) für die Pivot-Tabelle festzulegen. Dieser Schritt bedarf einiger Überlegung. Falls die Kombination der Datenreihen jedoch keinen Sinn ergeben sollte, können Sie diesen Schritt wiederholen.

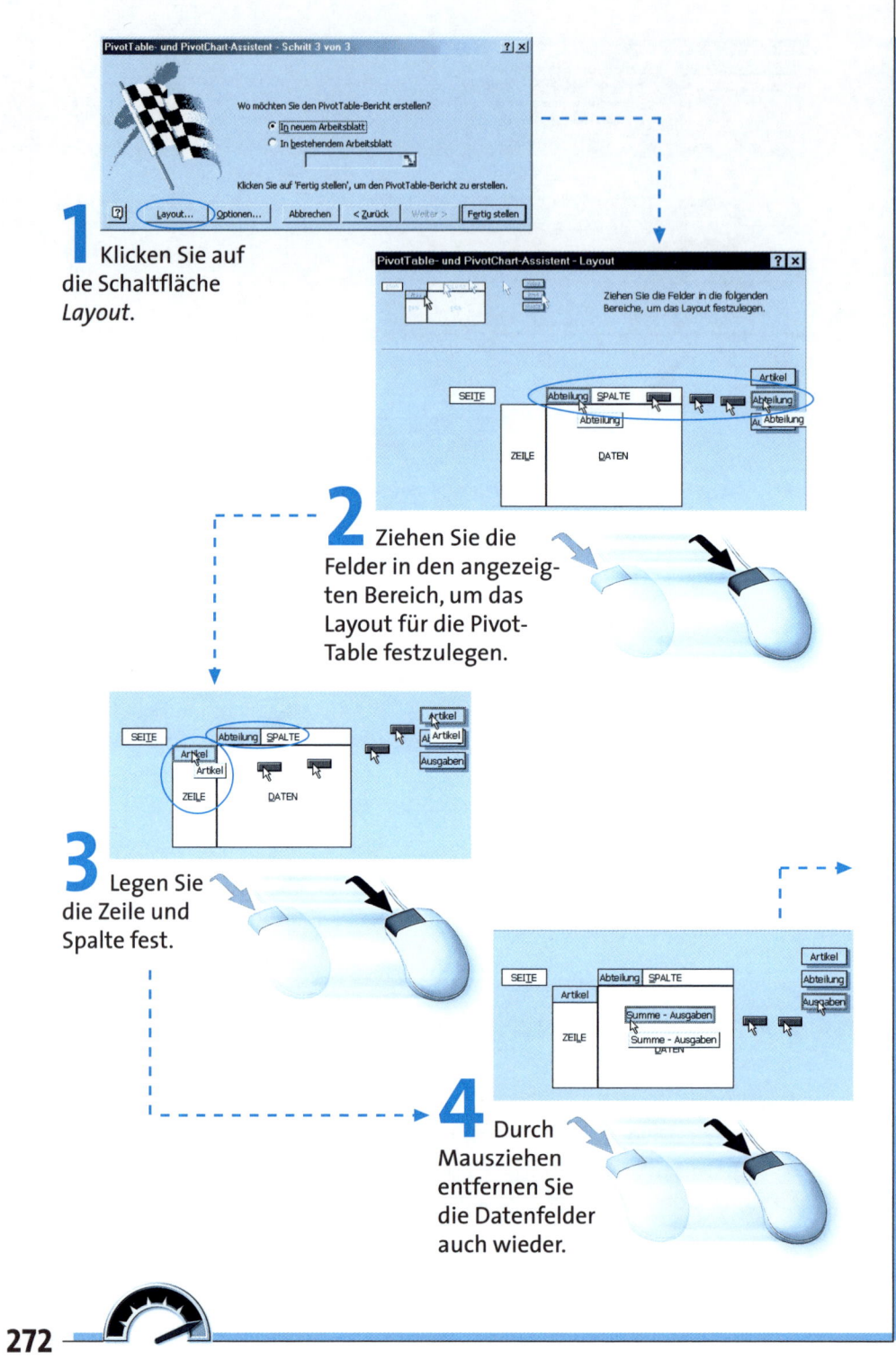

1 Klicken Sie auf die Schaltfläche *Layout*.

2 Ziehen Sie die Felder in den angezeigten Bereich, um das Layout für die PivotTable festzulegen.

3 Legen Sie die Zeile und Spalte fest.

4 Durch Mausziehen entfernen Sie die Datenfelder auch wieder.

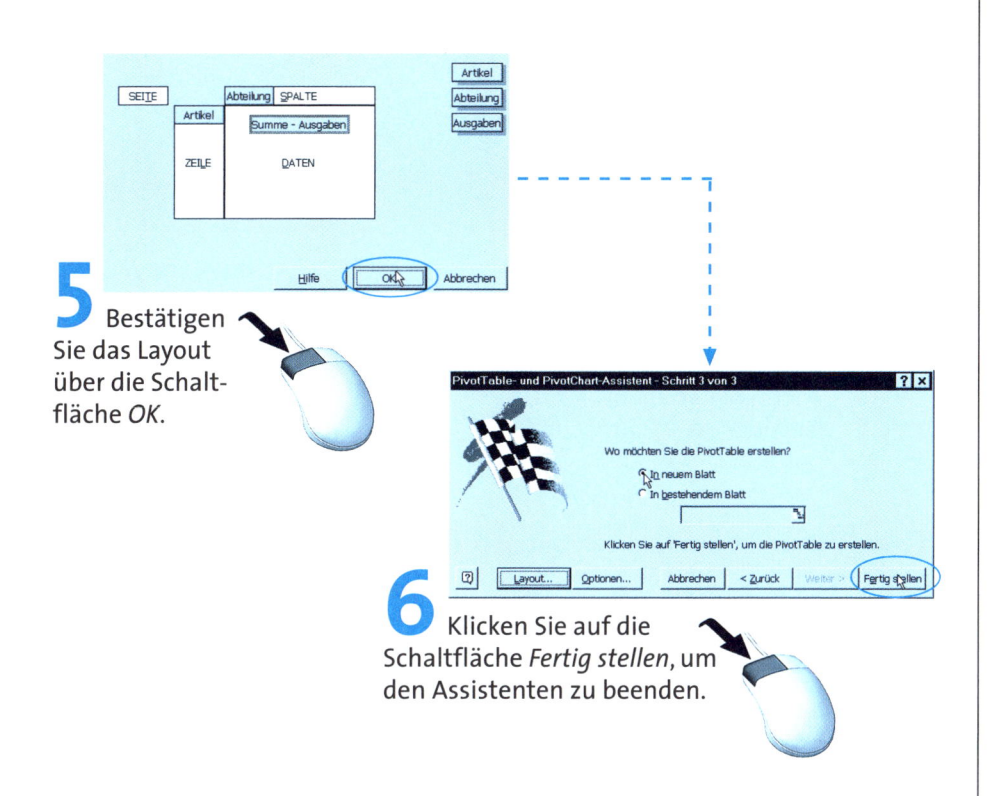

5 Bestätigen Sie das Layout über die Schaltfläche *OK*.

6 Klicken Sie auf die Schaltfläche *Fertig stellen*, um den Assistenten zu beenden.

Auswertungen der Pivot-Tabelle

Pivot-Tabellen ermöglichen verschiedene Ansichten (Auswertungen) des Datenmaterials. Klicken Sie auf den Pfeil, öffnet sich eine Liste. Deaktivieren Sie ein oder mehrere Kästchen, werden die Daten nicht mehr angezeigt.

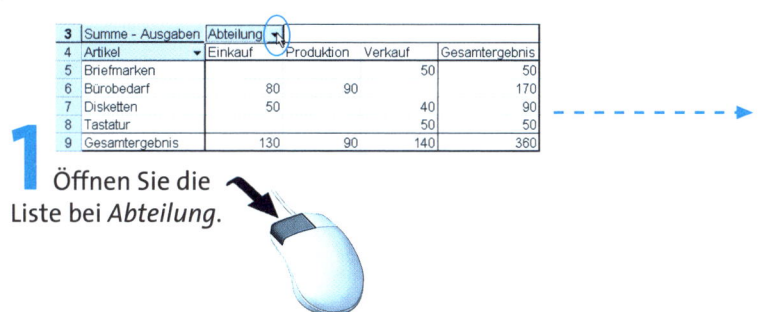

3	Summe - Ausgaben	Abteilung			
4	Artikel	Einkauf	Produktion	Verkauf	Gesamtergebnis
5	Briefmarken			50	50
6	Bürobedarf	80	90		170
7	Disketten	50		40	90
8	Tastatur			50	50
9	Gesamtergebnis	130	90	140	360

1 Öffnen Sie die Liste bei *Abteilung*.

273

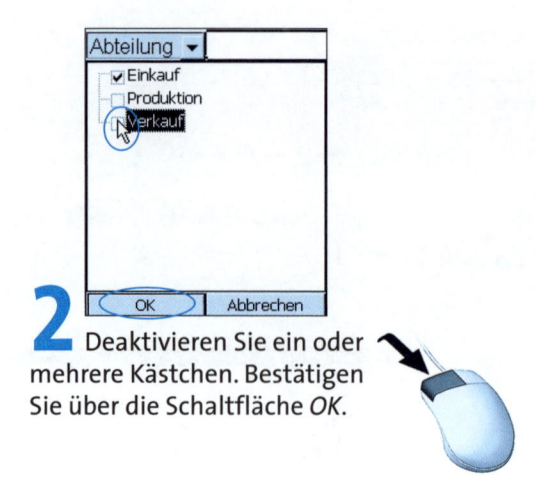

2 Deaktivieren Sie ein oder
mehrere Kästchen. Bestätigen
Sie über die Schaltfläche *OK*.

Es werden nur die selektierten Daten – hier der Abteilung Einkauf –
aufgeführt.

1 Doppelklicken
Sie auf ein Pivot-
Tabellen-Feld.

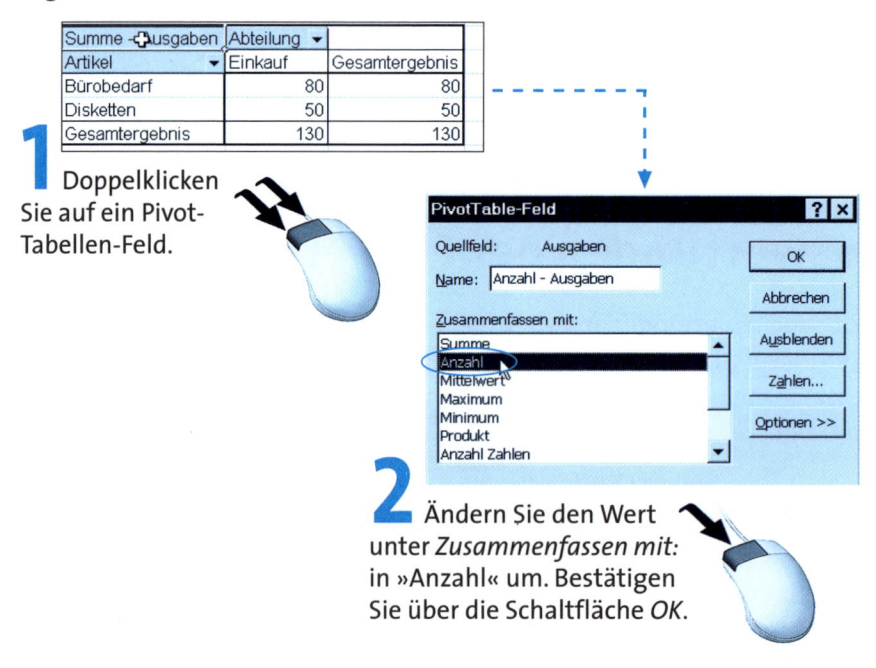

2 Ändern Sie den Wert
unter *Zusammenfassen mit:*
in »Anzahl« um. Bestätigen
Sie über die Schaltfläche *OK*.

Statt der Summe führt die Pivot-Tabelle die *Anzahl* auf. In diesem Beispiel: »Wie oft wurde ein Artikel in einer Abteilung bestellt?«.

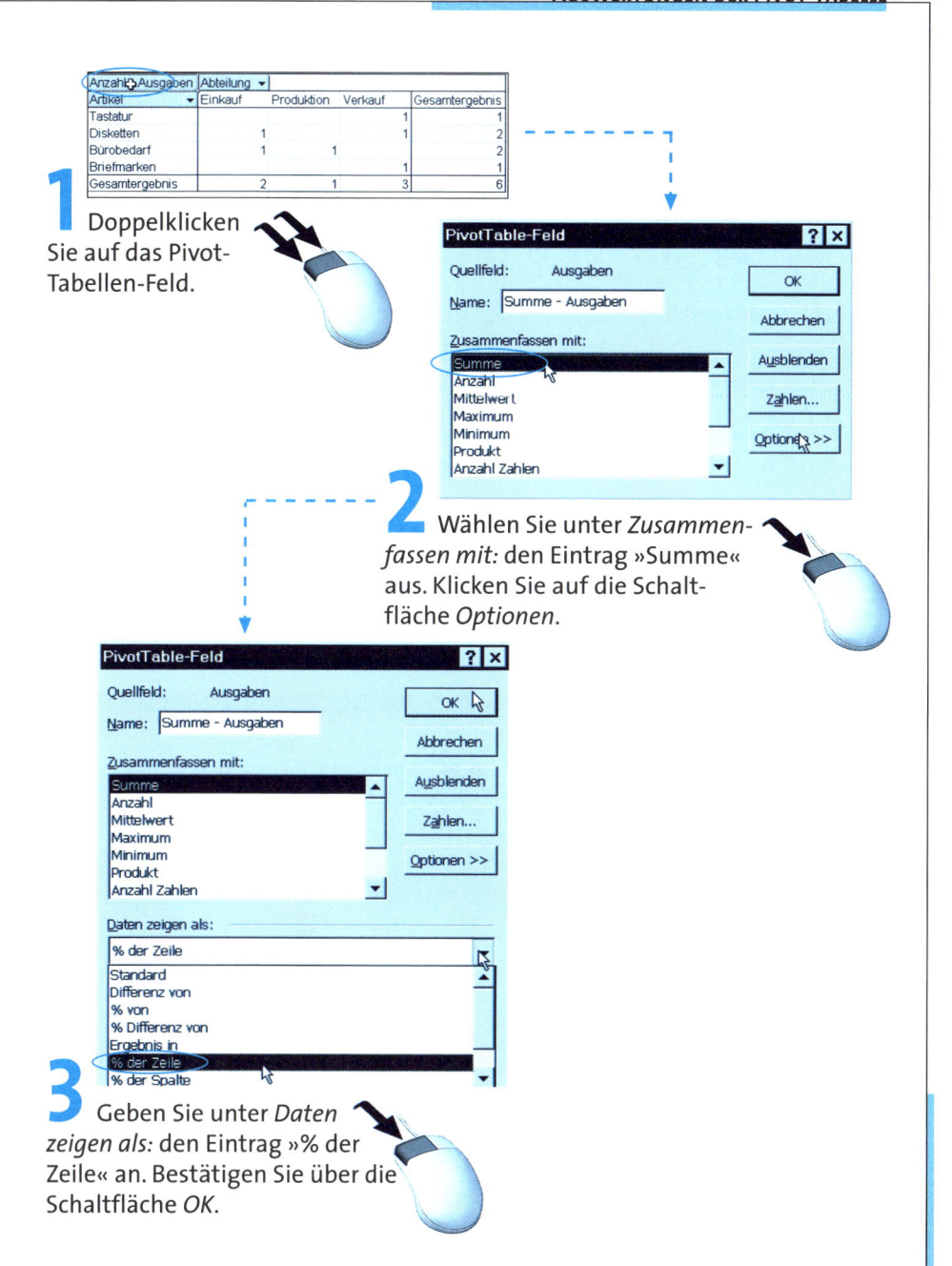

AUSWERTUNGEN DER PIVOT-TABELLE

1 Doppelklicken Sie auf das Pivot-Tabellen-Feld.

2 Wählen Sie unter *Zusammenfassen mit:* den Eintrag »Summe« aus. Klicken Sie auf die Schaltfläche *Optionen*.

3 Geben Sie unter *Daten zeigen als:* den Eintrag »% der Zeile« an. Bestätigen Sie über die Schaltfläche *OK*.

Die Pivot-Tabelle gibt nun Auskunft über die **prozentuale Verteilung**.

Pivot-Tabellen können über die Schaltflächen *Aufsteigend sortieren* und *Absteigend sortieren* in der Standardleiste entsprechend sortiert werden.

275

Möchten Sie die ursprüngliche Darstellung der Pivot-Tabelle wiederherstellen, wiederholen Sie die vorherigen Schritte 1 und 2. Im Schritt 3 geben Sie unter *Daten zeigen als:* den Eintrag »Standard« an.

Pivot-Tabellen ändern

Einer der größten Vorteile von Pivot-Tabellen besteht darin, dass die Analyse der Daten sehr leicht nachträglich verändert werden kann, ohne eine neue Pivot-Tabelle erstellen zu müssen.

Gleichzeitig zur Pivot-Tabelle erscheint eine Symbolleiste. Wenn nicht, blenden Sie die PivotTable-Symbolleiste über die Menüoption ANSICHT| SYMBOLLEISTEN ein.

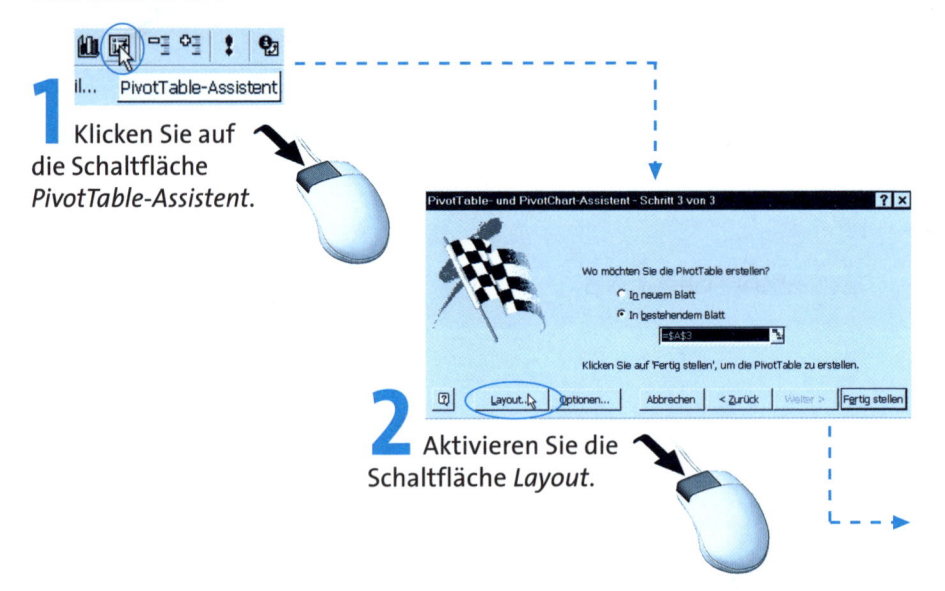

1 Klicken Sie auf die Schaltfläche *PivotTable-Assistent*.

2 Aktivieren Sie die Schaltfläche *Layout*.

Pivot-Tabellen ändern

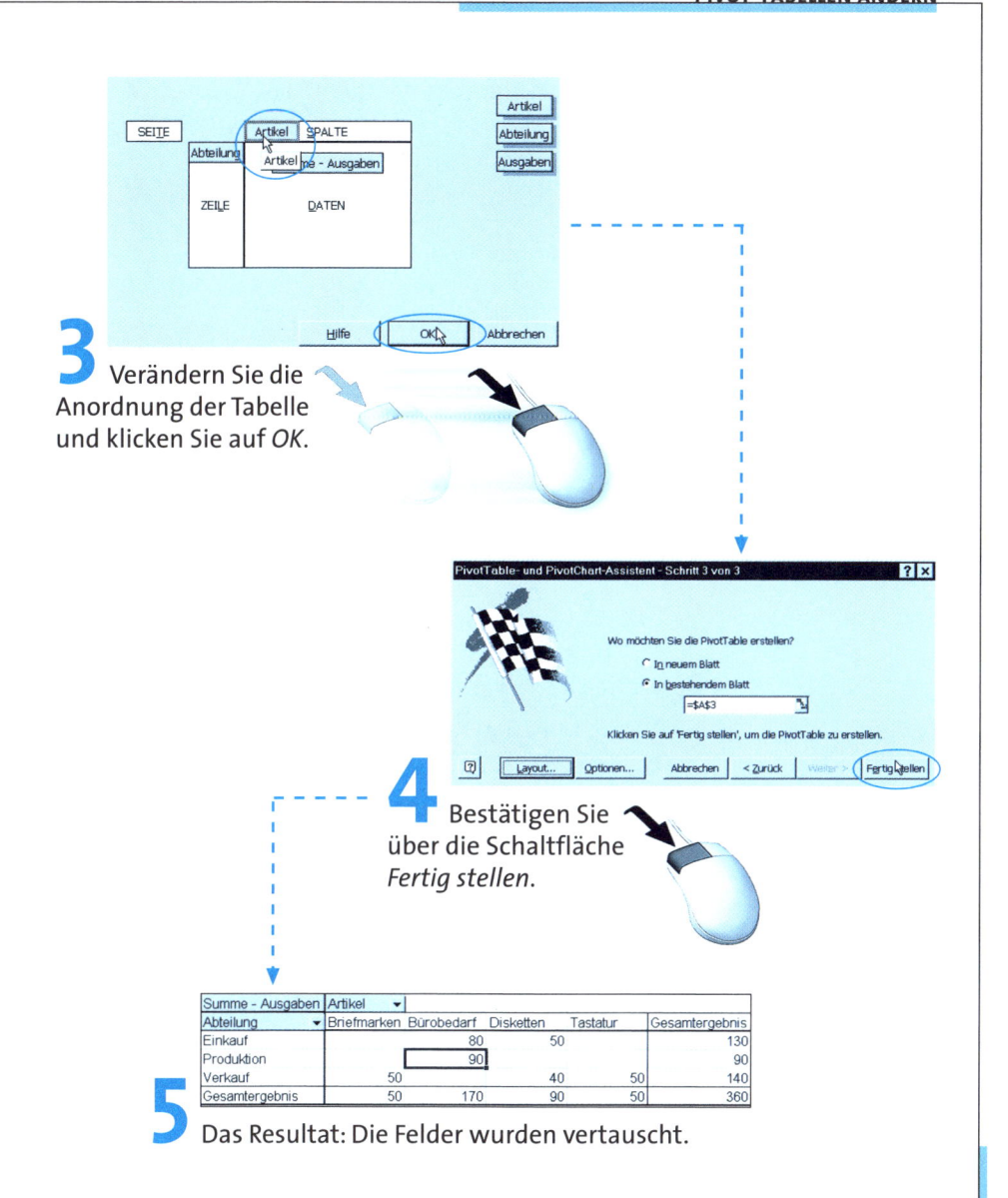

3 Verändern Sie die Anordnung der Tabelle und klicken Sie auf *OK*.

4 Bestätigen Sie über die Schaltfläche *Fertig stellen*.

Summe - Ausgaben	Artikel				
Abteilung	Briefmarken	Bürobedarf	Disketten	Tastatur	Gesamtergebnis
Einkauf		80	50		130
Produktion		90			90
Verkauf	50		40	50	140
Gesamtergebnis	50	170	90	50	360

5 Das Resultat: Die Felder wurden vertauscht.

277

17 Sie brauchen Hilfe?

Was bringt Ihnen dieses Kapitel?

Wenn Sie dabei sind, zu ertrinken und (noch) nicht richtig schwimmen können, hilft nur eines: Ein mutiger Retter muss her, der Sie »da rauszieht«. Steht aber niemand zur Verfügung, beten Sie zum lieben Gott um einen Rettungsring? Solche Rettungsringe bietet Ihnen Excel 2002 in Form von zahlreichen Hilfen an. Wenn's mal nicht klappt, können Sie die Hände falten und auf ein Wunder hoffen. Sie können aber auch die Hilfen in Excel nutzen. Es bestehen mehr, als Sie glauben!

Der Assistent – Dein Freund und Helfer

Eine nette Beigabe in Excel sind sicherlich die lustigen Animationen, die Ihnen zur Verfügung stehen. Klicken Sie auf die Schaltfläche ? erscheint ein **Assistent**.

Hier ist es Herr »Karl Klammer«, die temperamentvolle Büroklammer, die einem hilfreich bei der Arbeit mit Excel zur Seite steht.

Bewegen Sie den Mauszeiger auf Ihren Assistenten und drücken die **rechte Maustaste**, erscheint ein Menü.

Hier können Sie wieder die unterschiedlichsten Punkte ansteuern. Unter OPTIONEN beispielsweise bestimmen Sie, welche Tipps Ihnen der Assistent anzeigen soll.

Über den Eintrag ANIMATION! erhalten Sie eine kleine Temperamentsvorstellung. Aktivieren Sie dies ruhig einmal mit der linken Maustaste. (So sind die Kapitelbilder dieses Buches entstanden!)

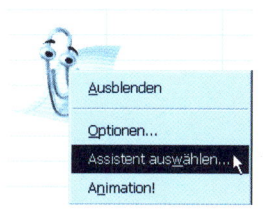

Klicken Sie auf ASSISTENT AUSWÄHLEN, erscheinen die unterschiedlichsten Helfer. Über die Schaltflächen *Weiter* und *Zurück* erhalten Sie jeweils einen anderen zur Ansicht.

Sie haben die Qual der Wahl. Entscheiden Sie sich, den **Assistenten** zu **wechseln**, müssen Sie die Installations-CD von Microsoft Office einlegen. Mit *OK* bestätigen Sie den gewählten Assistenten.

Noch Fragen?

Haben Sie eine Frage zu Excel, klicken Sie einfach auf Ihren Assistenten. Geben Sie Ihr Anliegen ein und wählen Sie *Suchen*. Während Sie Ihre Frage formulieren, macht sich Ihr Assistent eifrig Notizen. Ihr Anliegen muss nicht als Frage formuliert sein, jedoch verständlich für Ihren Assistenten eingegeben werden – **Stichwörter** genügen meistens schon. In diesem Fall wurde »Kopieren von Zellen« eingegeben.

1 Klicken Sie auf den Assistenten.

2 Geben Sie die Frage bzw. das Stichwort ein.

3 Klicken Sie auf die Schaltfläche *Suchen*.

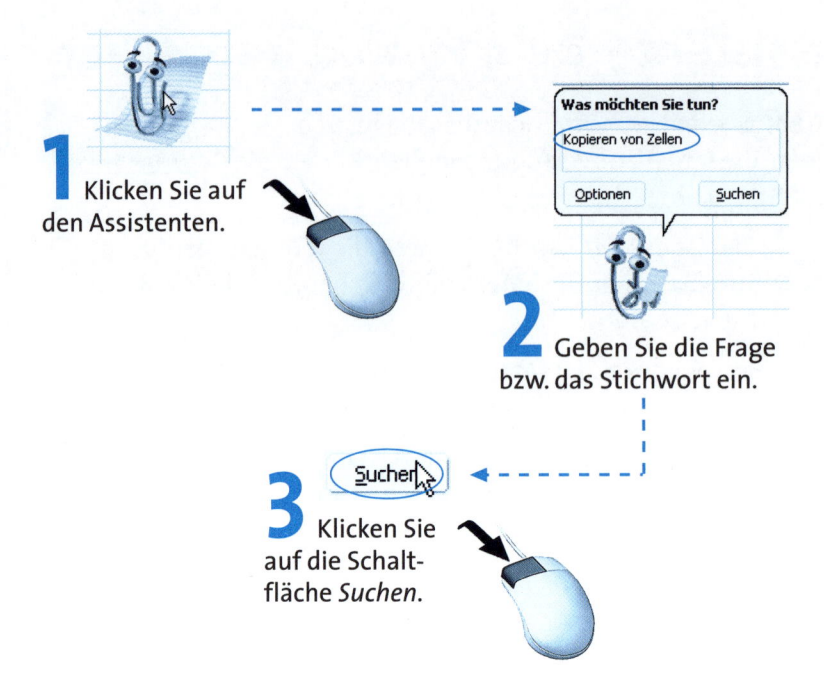

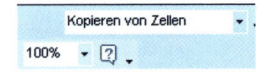

Natürlich geht's auch ohne Assistenten, tippen Sie einfach in das Eingabefeld rechts in der Menüleiste Ihre Frage ein. Bestätigen Sie mit der ⏎-Taste.

Es werden Ihnen mehrere Bereiche zur Lösung angeboten, die für Sie in Betracht kommen. Suchen Sie sich den zutreffenden Bereich heraus. Excel unterbreitet Ihnen seine Informationen und Anleitungen zum Thema.

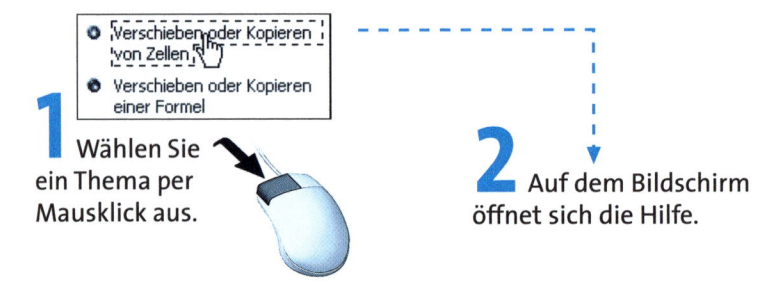

1 Wählen Sie ein Thema per Mausklick aus.

2 Auf dem Bildschirm öffnet sich die Hilfe.

Auf der Registerkarte *Inhalt* finden Sie die einzelnen Hilfebücher. Doppelklicken Sie auf eines, erhalten Sie eine Auswahl zu den einzelnen Themengebieten angezeigt.

Sie brauchen Hilfe?

Aktivieren Sie per Mausklick die Registerkarte *Antwort-Assistent*, können Sie Ihre Fragen bzw. Stichwörter unter *Was möchten Sie tun?* eingeben.

Sobald Sie auf die Schaltfläche *Suchen* klicken, unterbreitet Ihnen Excel seine Lösungsvorschläge.

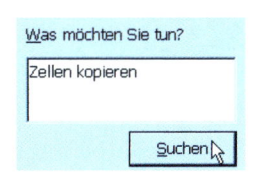

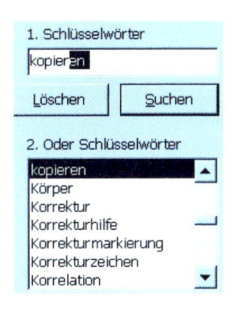

Auf der Registerkarte *Index* lassen sich Suchbegriffe eingeben, zu denen Sie Hilfe benötigen. Wenn Sie unter *1. Schlüsselwörter* Ihren ersten Suchbegriff eintragen, bemerken Sie, wie Excel bei der Eingabe eines jeden einzelnen Buchstabens in der unteren Liste weiter und weiter springt. Damit selektiert die Hilfe bereits Begriffe, die in Betracht kommen könnten.

Sie schließen die Excel-Hilfe durch Anklicken des Kreuzchens in der Titelleiste.

Die Direkthilfe

Eine Hilfe, die jeder kennen sollte, ist die »Direkthilfe«.

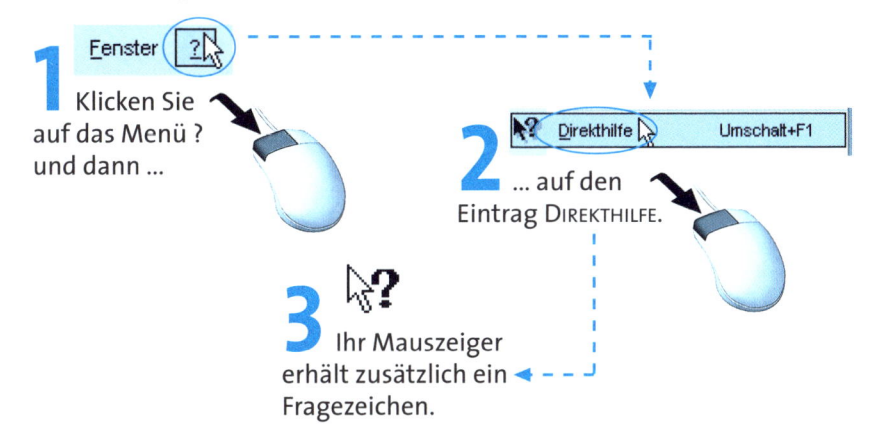

1 Klicken Sie auf das Menü ? und dann ...

2 ... auf den Eintrag DIREKTHILFE.

3 Ihr Mauszeiger erhält zusätzlich ein Fragezeichen.

Klicken Sie beispielsweise auf eine Schaltfläche, erhalten Sie eine ausführliche **Erläuterung**, statt der sonst üblichen QuickInfo. Mit der Esc-Taste deaktivieren Sie die Direkthilfe wieder.

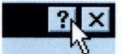

Auch innerhalb eines **Dialogfeldes** finden Sie eine zusätzliche Hilfe. Klicken Sie rechts oben auf das Fragezeichen, erscheint an Ihrem Mauszeiger ein Fragezeichen »?«.

Klicken Sie nun ein Element im Dialogfeld an, erhalten Sie die gewünschten Informationen. Mit einem beliebigen Mausklick verschwindet die Erklärung wieder vom Bildschirm.

Das Gleiche erreichen Sie, wenn Sie mit der **rechten Maustaste** ein Element im Dialogfeld anklicken. Es erscheint die *Direkthilfe*, die Sie aktivieren können.

Auch der **Assistent** lässt sich in einem Dialogfeld aufrufen.

Die Formelüberwachung

Die Formelüberwachung müsste eher »**Spurensucher**« heißen.

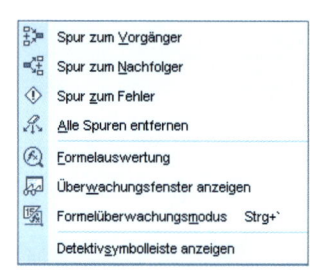

Über die Menüoption EXTRAS|FORMELÜBERWACHUNG kommt der »Fährtenleser« zum Einsatz. Sie erhalten hier eine Auswahl. Mit SPUR ZUM VORGÄNGER bekommen Sie Informationen angezeigt, worauf sich die Formel in der Zelle bezieht.

ACHTUNG

Sie können die Formelüberwachung nur bei Zellen anwenden, die eine **Formel** beinhalten.

Wie hier ergeben sich die »48 %« aus den beiden angezeigten Zellen. Der Punkt SPUR ZUM NACHFOLGER zeigt an, welche Zellen vom angezeigten Wert abhängig sind. Mit dem Eintrag DETEKTIVSYMBOLLEISTE ANZEIGEN blenden Sie die entsprechende Symbolleiste auf dem Bildschirm ein.

Sie brauchen Hilfe?

1 Geben Sie die kleine Berechnung ein. Für die Ermittlung des Ergebnisses klicken Sie die Schaltfläche *AutoSumme* an. Die **Zelle** muss aktiviert sein.

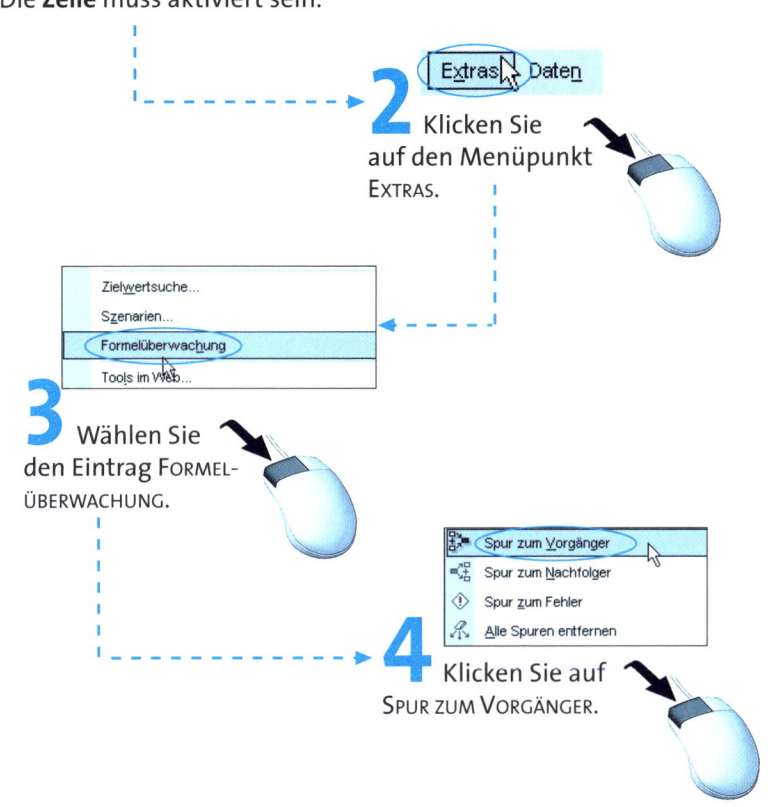

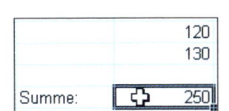

2 Klicken Sie auf den Menüpunkt Extras.

3 Wählen Sie den Eintrag Formel-überwachung.

4 Klicken Sie auf Spur zum Vorgänger.

Excel zeigt Ihnen an, auf welche Werte sich die Formel bezieht. Hier wird der zutreffende Bereich blau umrahmt. Diese Berechnung ist noch übersichtlich. Bei größeren kann es aufschlussreich sein, wie und woher eine Zahl ermittelt wird.

283

Die Punkte kennzeichnen die Zelle, welche die Formel beeinflusst. Die Pfeile zeigen auf die jeweiligen Ergebnisse.

Anfangsbestand:	200,00 DM		Einnahmen:	1.290,00 DM
Monatsendbestand:	950,10 DM		Ausgaben:	539,90 DM

lfd. Nr	Text	Einnahmen	Ausgaben	Kasse
1	Bankabhebung	300,00 DM	•	400,00 DM
2	Postwertzeichen	•	80,00 DM	320,00 DM
3	Kassenentnahme	•	200,00 DM	120,00 DM
4	Excel EASY	•	29,95 DM	90,05 DM
5	Rg. 123 Bareinzahlung	115,00 DM	•	205,05 DM
6	Privatentnahme	•	200,00 DM	5,05 DM
7	Bankabhebung	400,00 DM	•	405,05 DM
8	Rg. 125 Bareinzahlung	575,00 DM	•	980,05 DM
9	Word EASY	•	29,95 DM	950,10 DM
10	Schlußbestand	•	•	950,10 DM

Eine Alternative dazu bietet unter der Menüoption EXTRAS|FORMELÜBER-WACHUNG die Funktion FORMELAUSWERTUNG an. Hier erhalten Sie Informationen über Bezug und Auswertung einer Zelle.

Die Spuren entfernen

Damit die Spuren wieder vom Bildschirm verschwinden, wählen Sie im Untermenü EXTRAS|FORMELÜBERWACHUNG den Eintrag ALLE SPUREN ENTFERNEN an.

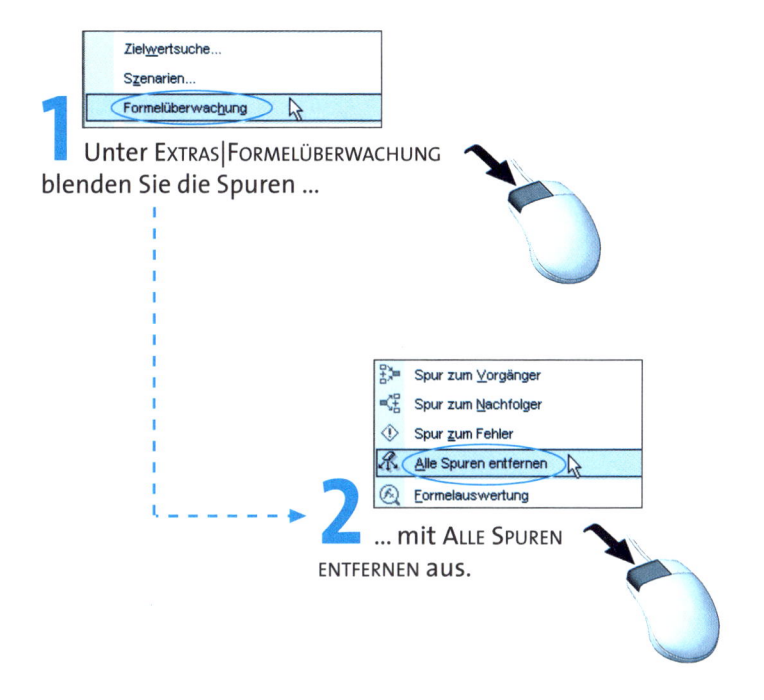

1 Unter EXTRAS|FORMELÜBERWACHUNG blenden Sie die Spuren ...

2 ... mit ALLE SPUREN ENTFERNEN aus.

18 Anhang

Was bringt Ihnen dieses Kapitel?

Mit der Maus führen Sie die verschiedensten Funktionen aus. Wenn Sie den Mauszeiger über den Bildschirm bewegen, stellen Sie fest, dass er oftmals sein Aussehen wechselt. Er spricht (in seiner Zeichensprache) förmlich mit Ihnen und gibt ständig Auskunft darüber, was Sie gerade – Befehle oder Eingaben? – machen können. Anhand von ein paar kleinen Übungen werden Sie die Möglichkeiten schnell erlernen! Außerdem bietet Ihnen dieser Anhang einen Überblick über die Symbole, die Sie zum Rechnen und Vergleichen in Excel benötigen. Last but not least gibt's eine Tabelle, in der die wichtigsten Fehlermeldungen erläutert werden.

Der Mauszeiger und sein Aussehen

Der Mauszeiger als Pfeil

Mit diesem Aussehen lassen sich Befehle (wie Drucken oder Speichern) auf dem Excel-Bildschirm ausführen.

(Siehe auch Kapitel 2)

Der Mauszeiger als Kreuz

Das »weiße Kreuz« zeigt auf eine Position innerhalb des Tabellenblattes. Sie klicken die Zelle an und tätigen anschließend Ihre Eingaben.

(Siehe auch Kapitel 2)

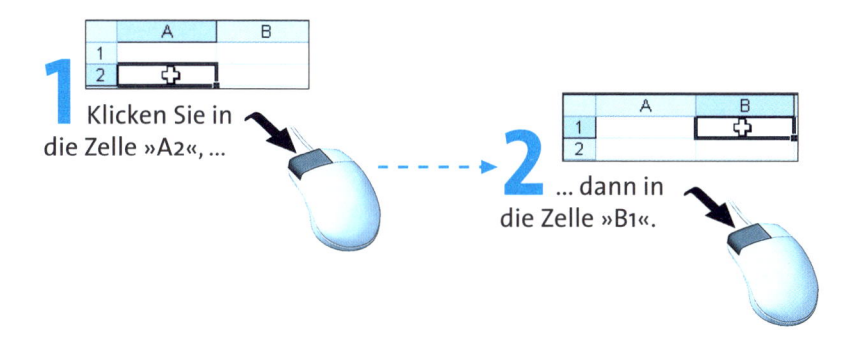

1 Klicken Sie in die Zelle »A2«, ...

2 ... dann in die Zelle »B1«.

Der Mauszeiger während der Eingabe

Tätigen Sie Angaben – in der Zelle und/oder über die Bearbeitungsleiste – erscheint wiederum ein anderes Aussehen. Erst nachdem Sie die **Eingaben** beendet haben, wechselt der Mauszeiger wieder zum Kreuz.

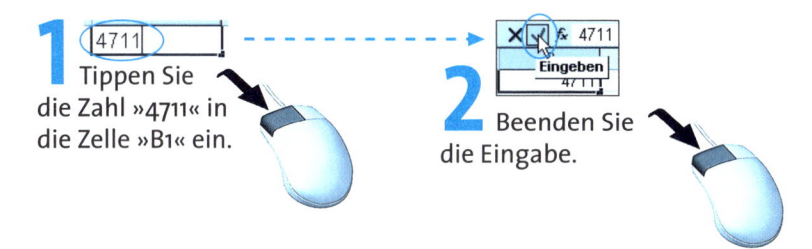

1 Tippen Sie die Zahl »4711« in die Zelle »B1« ein.

2 Beenden Sie die Eingabe.

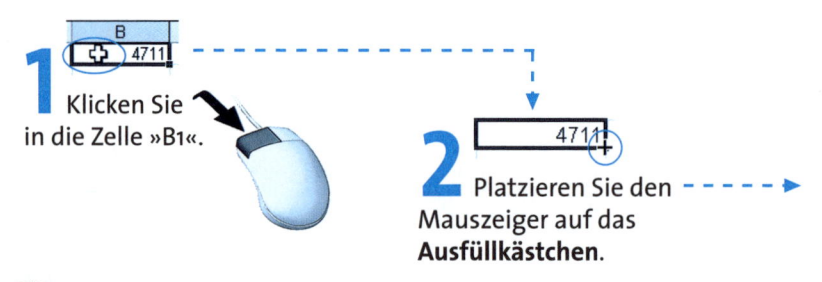

Der Mauszeiger zum Ausfüllen

+ Sie können mit der Maus die **Ausfüllen**-Funktion von Excel innerhalb des Arbeitsblattes ausführen, wenn dieses Symbol erscheint.

(Kapitel 7)

1 Positionieren Sie den Mauszeiger auf das hervorgehobene schwarze Kästchen (= **Ausfüllkästchen**).

2 Sie erkennen das Plus.

3 Mit gedrückter, linker Maustaste ziehen Sie ...

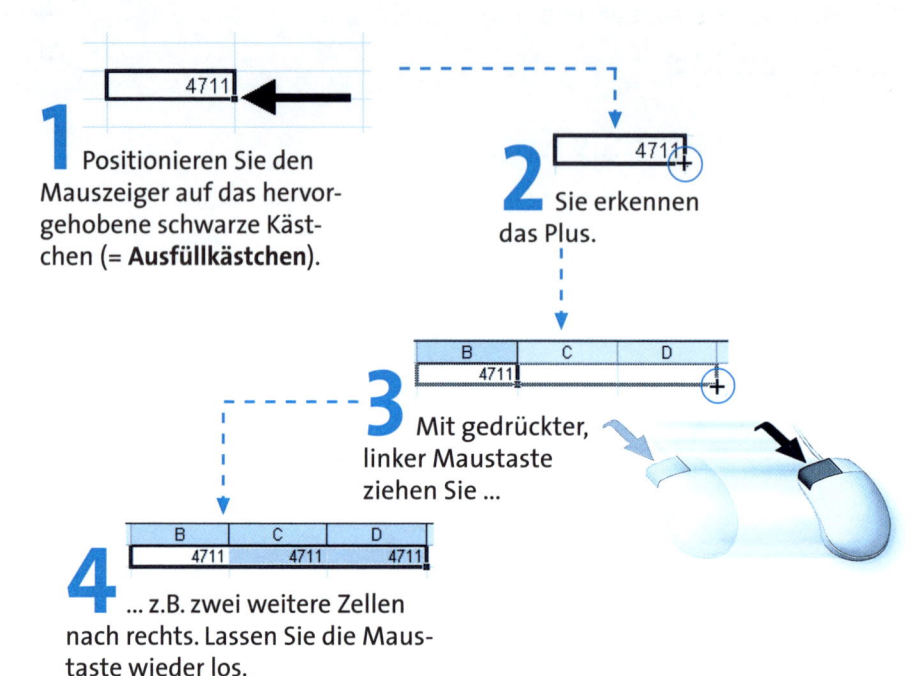

4 ... z.B. zwei weitere Zellen nach rechts. Lassen Sie die Maustaste wieder los.

Drücken Sie zusätzlich die ⌈Strg⌉-Taste, erscheint außerdem ein zweites, kleineres Plus. Excel füllt dadurch die nächsten Zellen durch eine Aufzählung aus.

(Kapitel 7)

1 Klicken Sie in die Zelle »B1«.

2 Platzieren Sie den Mauszeiger auf das **Ausfüllkästchen**.

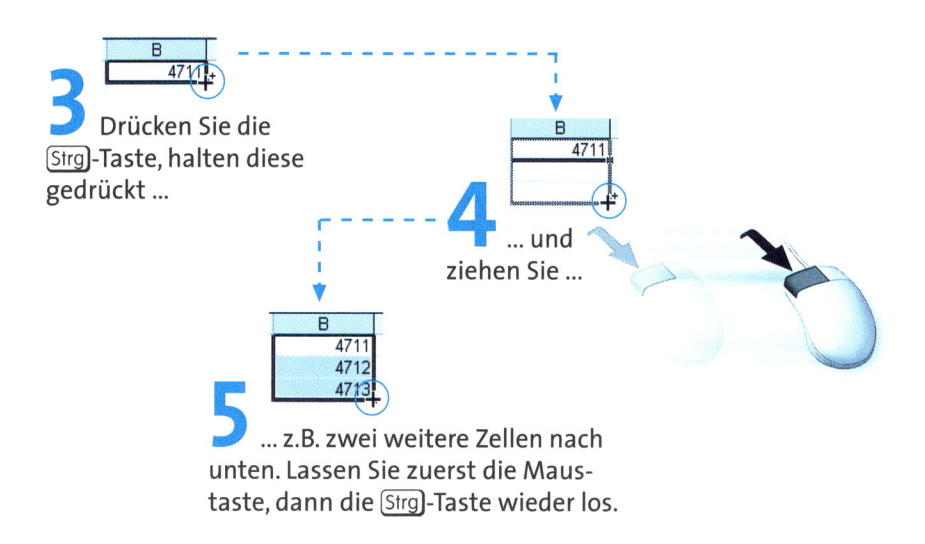

3 Drücken Sie die [Strg]-Taste, halten diese gedrückt ...

4 ... und ziehen Sie ...

5 ... z.B. zwei weitere Zellen nach unten. Lassen Sie zuerst die Maustaste, dann die [Strg]-Taste wieder los.

Der Mauszeiger zum Markieren

Möchten Sie mehrere Zellen gleichzeitig markieren, verwenden Sie wiederum das »weiße Kreuz« des Mauszeigers.

(Kapitel 4)

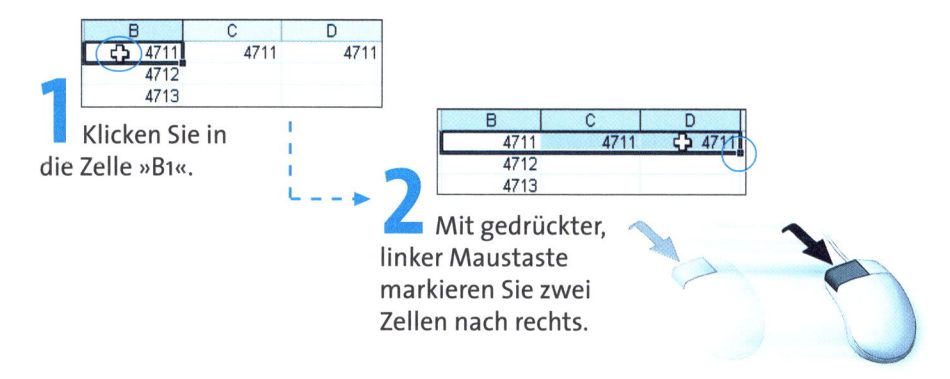

1 Klicken Sie in die Zelle »B1«.

2 Mit gedrückter, linker Maustaste markieren Sie zwei Zellen nach rechts.

Der Mauszeiger mit dem ?

Rufen Sie den Menüpunkt ?|DIREKTHILFE auf oder drücken die Tasten [⇧] + [F1], erscheint am Mauszeiger ein Fragezeichen. Damit fragen Sie das Programm, was z.B. eine Schaltfläche bewirkt.

(Kapitel 15)

1 Wählen Sie den Menüpunkt ?|DIREKTHILFE.

2 Klicken Sie mit dem Mauszeiger auf die Schaltfläche.

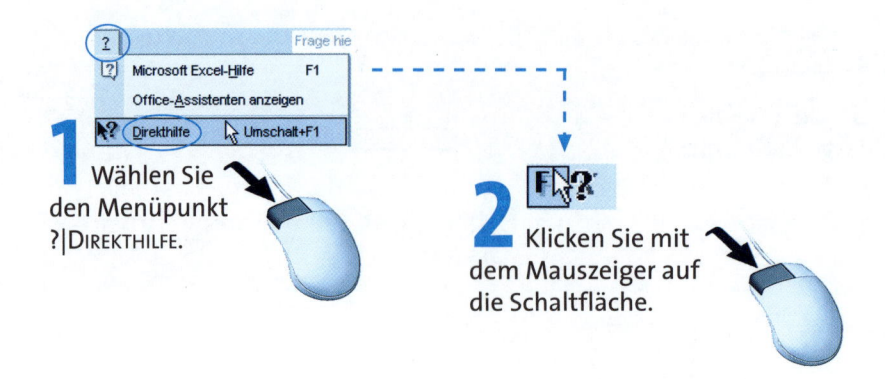

Sie erhalten eine entsprechende **Erläuterung**: hier das Format »Fett«. Drücken Sie einmal beliebig die Maustaste. Die Erklärung ist vom Bildschirm verschwunden.

Der Mauszeiger für die Spaltenbreite

Platzieren Sie den Mauszeiger zwischen den Spaltennamen, ändert er sein Aussehen. Mit gedrückter, linker Maustaste ändern Sie die **Spaltenbreite,** bis die gewünschte Breite erreicht wird.

Schneller geht's mit einem Doppelklick. Excel passt die Spalte **optimal** an, d.h. die Breite richtet sich nach dem längsten Ausdruck (Zahl oder Wort).

(Kapitel 4)

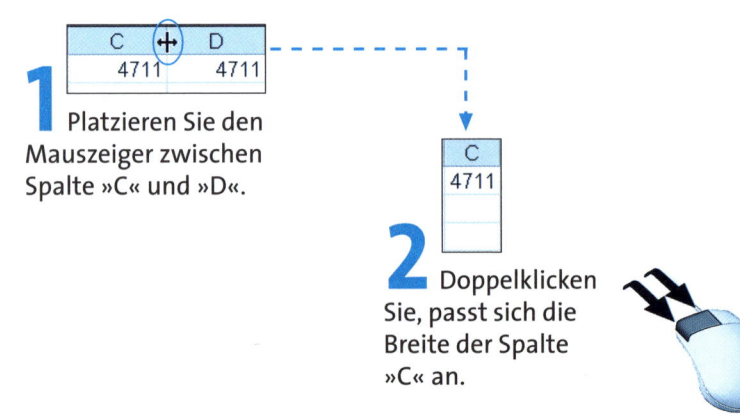

1 Platzieren Sie den Mauszeiger zwischen Spalte »C« und »D«.

2 Doppelklicken Sie, passt sich die Breite der Spalte »C« an.

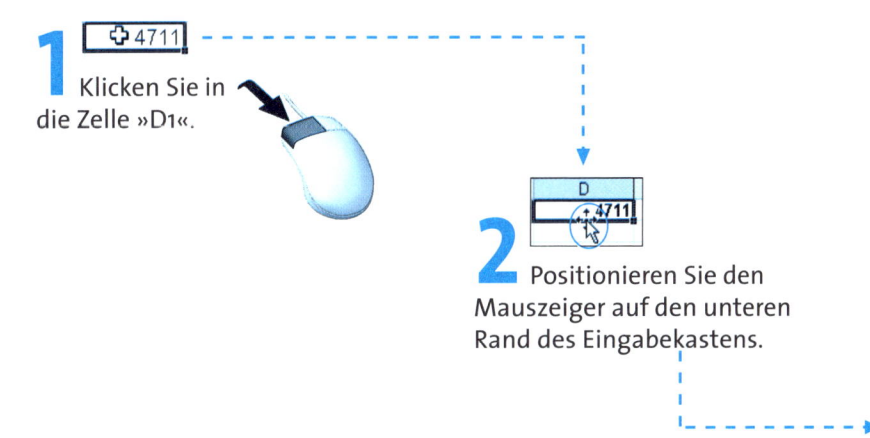

Der Mauszeiger zum Verschieben von Zellen

Sie möchten Zellen verschieben? Dazu brauchen Sie die Eingabe nicht zu wiederholen, sondern wenden die **Drag&Drop**-Methode an.

Drag&Drop – Englische Bezeichnung für »Ziehen und Fallenlassen«. Hiermit verschieben Sie die Inhalte von **Zellen** innerhalb eines Arbeitsblattes.

Wie funktioniert Drag&Drop?

Entscheidend für das Gelingen der Drag&Drop-Methode ist das **Aussehen** des **Mauszeigers**. Er zeigt Ihnen an, welche Funktion Sie ausführen können.

ACHTUNG
Nur wenn der Mauszeiger im **Arbeitsblatt als Pfeil** erscheint, ist die Drag&Drop-Methode durchführbar.

Im Arbeitsblatt erscheint der Mauszeiger normalerweise als »weißes Kreuz«. Hiermit klicken Sie – wie bereits bekannt – die Zellen an.

Positionieren Sie dagegen den Mauszeiger auf eine **Linie** des Eingabekastens, ändert sich sein Aussehen.

(Kapitel 4)

1 Klicken Sie in die Zelle »D1«.

2 Positionieren Sie den Mauszeiger auf den unteren Rand des Eingabekastens.

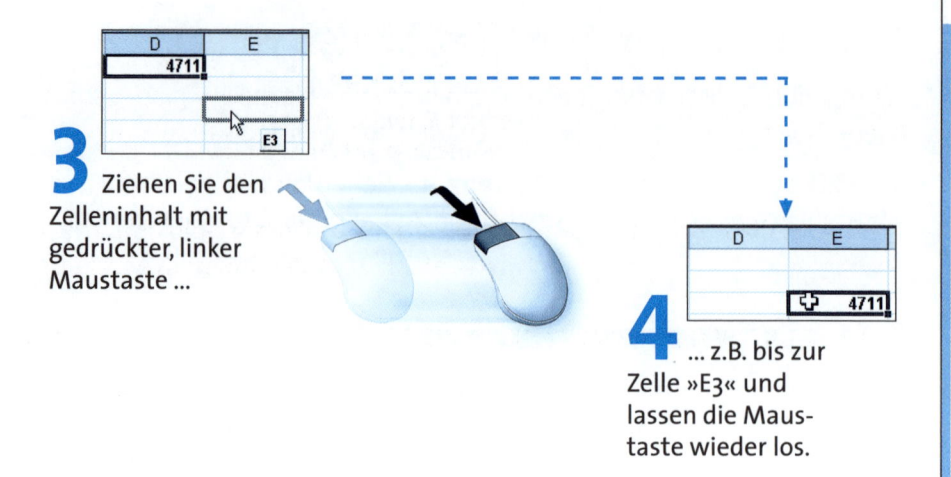

3 Ziehen Sie den Zelleninhalt mit gedrückter, linker Maustaste ...

4 ... z.B. bis zur Zelle »E3« und lassen die Maustaste wieder los.

Der Mauszeiger fürs Kopieren von Zellen

Sie können ebenfalls mit der Drag&Drop-Methode (»Ziehen und Fallenlassen«) Zelleninhalte kopieren.

Der Ablauf ist derselbe wie schon beim oben erwähnten Verschieben. Sie drücken zusätzlich die [Strg]-Taste. Am Mauszeiger erscheint ein kleines + (Plus).

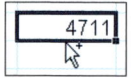

(Kapitel 7)

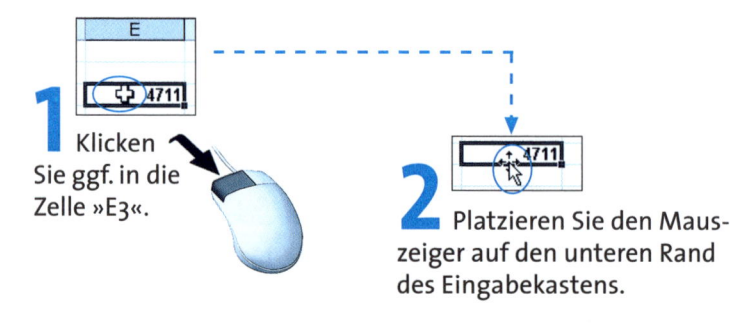

1 Klicken Sie ggf. in die Zelle »E3«.

2 Platzieren Sie den Mauszeiger auf den unteren Rand des Eingabekastens.

3 Drücken Sie die [Strg]-Taste und halten diese fest.

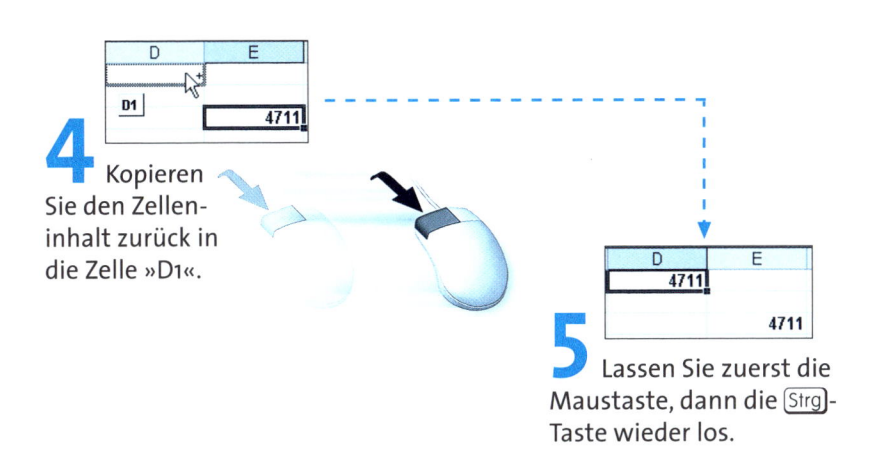

Der Mauszeiger und sein Aussehen

4 Kopieren Sie den Zelleninhalt zurück in die Zelle »D1«.

5 Lassen Sie zuerst die Maustaste, dann die ⌈Strg⌉-Taste wieder los.

293

Rechnen und Vergleichen in Excel

Symbol	Bedeutung
+	Addition
–	Subtraktion oder negative Zahl
*	Multiplikation
/	Division
%	Umwandlung in Prozent
^	Potenzieren
=	Gleich
<	Kleiner als
>	Größer als
<=	Kleiner gleich
>=	Größer gleich
<>	Ungleich

Fehlermeldungen

Fehlermeldungen beginnen immer mit dem Zeichen »#«. Excel führt sie in der Zelle auf, deren Formel bzw. Anweisung nicht ausgeführt werden konnte.

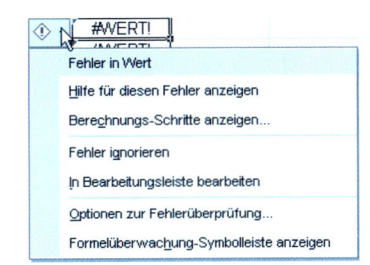

Meldung	Bedeutung	Korrekturvorschlag
#########	Die Spalte ist zu schmal, um den Ausdruck/Wert darzustellen.	Vergrößern Sie die Spaltenbreite.
#Div/0!	Mathematisch nicht korrekt: Keine Zahl darf durch den Wert »»0« dividiert werden.	Überprüfen Sie die Zelleninhalte. Alle Werte müssen größer »0« sein.
#Name?	Excel kennt den Text in einer Formel nicht.	Sie haben einen falschen Namen (für Zellen/Zellbereiche) angegeben. Korrigieren Sie ihn in der Bearbeitungsleiste.
#Null!	Die einzelnen Zellen bzw. Zellbereiche stimmen nicht überein.	Überprüfen Sie die Zeichen in der Formel bzw. Funktion (; :) oder die Zellenangaben (A1, B2, C3 usw.).
#NV	Ein Wert in einer Funktion oder in einer Formel ist nicht verfügbar.	Kontrollieren Sie die Inhalte der Funktion, Formel oder Zellen.
#WERT!	Die Formel bzw. Funktion kann aufgrund einer falschen Angabe nicht ausgeführt werden.	Möglicherweise haben Sie einen Text statt einer Zahl angegeben.
#ZAHL!	Problem mit einer Zahl	Kontrollieren Sie die Zahlenwerte in der Formel, Funktion oder in den Zellen.

Lexikon

Abfrage Eine Abfrage richtet sich an die Datenbank. Beispielsweise kann man sich alle Kunden anzeigen lassen, deren Namen mit dem Buchstaben »M« beginnen und/oder in einem bestimmten Postleitzahlenbereich wohnen.
(Kapitel 13)

Absolute Feldbezüge Feldbezüge sind von Bedeutung, wenn Sie Formeln kopieren. Beim absoluten Feldbezug nimmt Excel – im Gegensatz zum relativen Feldbezug – auf ein und dieselbe Zelle Bezug.
(Kapitel 5)

Animationen Das sind optische Effekte beim Anklicken der Menüleiste. Sie schalten diese unter dem Befehl ANSICHT|SYMBOLLEISTEN|ANPASSEN auf der Registerkarte *Optionen* ein.

Arbeitsblatt Ein Arbeitsblatt umfasst Zeilen und Spalten. Es handelt sich hierbei sozusagen um die Grundlage, auf der Sie mit Excel arbeiten.
(Kapitel 1)

Arbeitsmappe In Excel bezeichnet man die Blätter, die Sie bearbeiten, als »Arbeitsmappe«.
(Kapitel 5)

Arbeitsmappen-Register Die Anzeige am unteren Rand einer Mappe, in der die Register zur Aktivierung und Verwaltung der Tabellenblätter angezeigt werden.

(Kapitel 2)

Arbeitsspeicher Den Arbeitsspeicher bezeichnet man ebenfalls als RAM, d.h. Random Access Memory. Es handelt sich dabei um einen Speicher, der aktuelle Daten beinhaltet und dessen Inhalt beim Ausschalten des Computers gelöscht wird.

Argumente Geben an, was eine Funktion wie bearbeiten soll.

(Kapitel 12)

Assistent Die Assistenten helfen bei der Durchführung bestimmter Arbeitsschritte, unterstützen den Anwender dabei, ähnlich aufgebaute Aufgaben zu lösen. Die Arbeitsschritte werden wie bei einer Gebrauchsanweisung einzeln angegeben.

(Kapitel 11)

Ausschneiden Ausschneiden transportiert den Inhalt der markierten Zellen oder die markierten Objekte in die Zwischenablage, von wo sie in andere Zellen oder Zellbereiche, aber auch auf andere Programmfenster geholt werden können. Im Gegensatz zum Kopieren wird das Original dabei gelöscht.

(Kapitel 4, 7 und 9)

AutoAusfüllen Eine Programmfunktion, die auf zwei verschiedene Arten ausführbar ist: Schreiben Sie den ersten Wert der gewünschten Reihe (z.B. ein Datum oder eine Uhrzeit) in eine Zelle, markieren Sie diese und mehrere Zellen darunter oder daneben, und wählen Sie unter BEARBEITEN|AUSFÜLLEN die Option *Reihe*.

Schneller geht's über das Ausfüllkästchen an der rechten unteren Ecke des Zellzeigers, das Sie einfach mit gedrückter Maustaste nach unten ziehen.

(Kapitel 7)

AutoFilter Sie verhindern die Anzeige bestimmter Datensätze, indem Sie diese per Kriterien »herausfiltern«.

(Kapitel 14)

Bearbeitungsleiste Sie erkennen hier den Inhalt der aktiven Zelle und bearbeiten Zelleneingaben (Texte, Zahlen, Formeln).

(Kapitel 2)

Bedingung Mit einer Bedingung formulieren Sie einen Ausdruck. Voraussetzung für das Ausführen der Anweisungen, die dieser Bedingung zugeordnet

sind, ist, dass der Ausdruck WAHR ist. Wenn der Ausdruck nicht WAHR ist, werden die Anweisungen entweder übersprungen oder es werden Alternativanweisungen ausgeführt. Eine Bedingung definieren Sie in Excel mit der Funktion WENN().
(Kapitel 13)

Benutzeroberfläche Vereinfacht formuliert, handelt es sich bei der Benutzeroberfläche um das, was Sie auf dem Bildschirm sehen. Nicht nur das Anwendungsfenster (siehe auch Fenster), sondern auch Dialogfelder, Schaltflächen etc. sind Bestandteile der Benutzeroberfläche.
(Kapitel 1)

Bereichsadresse Die Bereichsadresse besteht aus den Koordinaten eines Zellbereichs. So kann ein Bereich beispielsweise lauten: C3:C5.
(Kapitel 3)

Betriebssystem Die Software, die es dem Computer ermöglicht, überhaupt zu arbeiten. Sie steuert die Tastatur, die Festplatte und die Bildschirmanzeigen. Betriebssysteme sind beispielsweise DOS, Windows Me, Macintosh System, OS/2 und UNIX.

Bezug Unter einem Bezug versteht man eine Zelladresse oder einen Zellbereich in der Tabelle. Es wird zwischen absoluten und relativen Bezügen unterschieden.

Absolut bedeutet, dass die Zelle oder der Bereich selbst gemeint ist, während der relative Bezug nur den Weg zu dieser Zelle festhält.

Die Absolut-Schreibweise verwendet man, damit sich Zellbezüge beim Kopieren nicht ändern.
(Kapitel 9)

Bildlaufleiste Um innerhalb eines Arbeitsblattes schneller zu blättern (scrollen, rollen), bedient man sich der Bildlaufleisten am rechten und unteren Bildschirmrand.
(Kapitel 2)

Blattregister Befinden sich am unteren Bildschirmrand und zeigen die Namen der Arbeitsblätter der Mappe an.
(Kapitel 13)

Browser Spezielle Internet-Programme, die die Daten und Verweise (Links) des Internets auf Ihrem Bildschirm darstellen. Diese Software liefert der Internet-Anbieter beziehungsweise der Betreiber des Datendienstes. Sie ist aber auch direkt im Internet erhältlich. Zu den Standard-Browsern gehört u.a. der Microsoft Internet Explorer oder der Netscape Navigator.

ClipArt Excel verfügt über eine kleine Bibliothek vorgefertigter Grafiken, die sich über den so genannten Clip Organizer in eine Tabelle einfügen lassen .

Computer Vom engl. to compute = rechnen, also »Rechner«.

CPI Abkürzung für »characters per inch«, dt. Zeichen pro Zoll (1 Zoll = 2,54 cm). Es ist die Maßeinheit für die Zeichendichte bei Druckern.

Cursor Positionsanzeiger auf dem Bildschirm in der Form eines blinkenden Lichtflecks oder eines Pfeils. Er markiert die Stelle, an der die nächste Ein- bzw. Angabe des Benutzers erscheinen wird.

(Kapitel 2)

3D inige Diagrammtypen verwenden dreidimensionale Elemente, um das Zahlenmaterial grafisch darzustellen. Es existieren u.a. 3D-Balken, 3D-Säulen, 3D-Flächen und sogar 3D-Oberflächen. In Excel können Sie jederzeit zwischen verschiedenen Diagrammtypen wechseln.

(Kapitel 11)

Datei Alles, was Sie mit einem Windows-Programm wie Excel oder Word erstellen und abspei-

chern, wird zu einer Datei. Um mit Excel Dateien anzulegen, verwenden Sie die Schaltfläche *Speichern* oder die Befehle DATEI|SPEICHERN oder DATEI|SPEICHERN UNTER.

(Kapitel 5)

Dateiname Ein Dateiname setzt sich aus dem Namen und seiner Endung zusammen. So vergibt Excel automatisch beim Speichern die Endung ».xls«.

(Kapitel 5)

Datenbank Eine Datenbank ist eine geordnete Sammlung zusammengehörender Daten, beispielsweise Adressen.

(Kapitel 14)

Datenfeld Bei einem Datenfeld handelt es sich um die kleinste eigenständige Einheit einer Datenbank. Eines oder mehrere Datenfelder bilden einen Datensatz. Man könnte sich beispielsweise einen Adressdatensatz vorstellen, der aus den Datenfeldern Name, Vorname, Straße und Ort zusammengesetzt ist.

(Kapitel 14)

Datenmaske Eine Datenmaske ist ein Dialogfeld, in dem die Felder einer Datenbank komfortabel bearbeitet werden können.

(Kapitel 14)

Datensatz Besteht aus Datenfeldern (»Name, Vorname, Straße, Ort usw.«) und ist Bestandteil einer Datenbank wie »Adressen«.
(Kapitel 14)

Datenträger Als Datenträger bezeichnet man ein Speichermedium, auf dem Sie Ihre Arbeitsmappe dauerhaft abspeichern können, z.B. eine Diskette oder eine Festplatte.
(Kapitel 5)

Datum Excel verwendet einen internen Kalender. Das aktuelle Datum bezieht das Programm aus der Systemuhr Ihres Rechners bzw. aus der Datumseinstellung der Windows-Systemsteuerung.
=JETZT ()   Tagesdatum mit Uhrzeit
=HEUTE ()   Tagesdatum
(Kapitel 9)

Deinstallieren Einige Programmpakete enthalten neben einem Installationsprogramm zusätzlich ein Programm, das die Dateien einer installierten Anwendung löscht. Andere Programme wie z.B. Excel oder Word ermöglichen eine Deinstallierung innerhalb des Setup-Programms.
(Kapitel 15)

Density Die Aufzeichnungsdichte von Daten auf Diskette.
(Kapitel 5)

Desktop Der Hintergrund des Bildschirms bei Windows ab der Version 95, auf dem die Fenster, Symbole und Dialogfelder erscheinen.
(Kapitel 1)

Detektive Eine Symbolleiste mit Schaltflächen zur Kennzeichnung von Zellen, die sich auf die aktuelle Zelle beziehen bzw. die einen Fehler verursachen.

Die Befehle und die Symbolleiste können über das Menü EXTRAS|FORMELÜBERWACHUNG angezeigt werden.
(Kapitel 15)

Diagramm-Assistent Hilft bei der Auswahl bestimmter Diagrammtypen (Blockdiagramm, Tortendiagramm etc.) und der Erstellung eines Diagramms zu Ihrer Tabelle.
(Kapitel 11)

Dialogfelder Sie dienen für die Eingabe von Daten und für die Auswahl von Befehlen. Es findet also zwischen Ihnen – als Anwender – und Excel 2002 ein Dialog statt.
(Kapitel 2)

Disketten Diese Datenträger können mit Hilfe eines Diskettenlaufwerks Computerdaten aufnehmen, dauerhaft speichern und bei Bedarf wieder vom Rechner gelesen werden.
(Kapitel 5)

Doppelklick Die Maustaste wird zweimal hintereinander kurz gedrückt.
(Kapitel 1)

Download Herunterladen einer Datei oder eines Programms auf den eigenen Rechner.

DPI Abkürzung für »dots per inch«, dt. Punkte pro Zoll; Maßzahl für die Auflösung von Druckern.
(Kapitel 5)

Drag&Drop Englische Bezeichnung für Ziehen und Fallenlassen. Grafische Benutzeroberflächen wie Windows bieten dieses Verfahren an, das es ermöglicht, den Mauszeiger auf ein Symbol zu bewegen, die linke Maustaste zu drücken und zu halten, bis das Symbol an eine andere Stelle bewegt und abgelegt wird.
(Kapitel 4)

Drehen Sie können in Excel 2002 die Daten in einer Zelle um 90 Grad nach rechts oder links drehen. Die Textdrehung gehört zu den Ausrichtungen und ist über den Befehl FORMAT|ZELLEN auf der Registerkarte *Ausrichtung* möglich.

Dropdown-Listenfeld Wird erst dann sichtbar, wenn Sie die Schaltfläche mit dem nach unten zeigenden Pfeil anklicken. Dann wählen Sie jeweils ein Element aus einer vorhandenen Liste aus.
(Kapitel 2)

Druckbereich Wird eine Tabelle – ohne Angabe eines Druckbereiches – ausgedruckt, druckt Excel alle beschriebenen Zellen. Um einen bestimmten Bereich zu drucken, markieren Sie diesen Bereich und wählen DATEI|DRUCKBEREICH|DRUCKBEREICH FESTLEGEN. Wollen Sie unzusammenhängende Bereiche ausdrucken, drücken Sie beim Markieren die [Strg]-Taste.
(Kapitel 5)

Drucken Die Druckausgabe einer Tabelle oder des angezeigten Diagramms erfolgt auf dem über Windows eingerichteten Drucker. Unter Excel legen Sie im Dialogfeld DATEI|DRUCKEN vorher fest, welche Seiten, wie viele Kopien usw. Sie drucken wollen.
(Kapitel 5)

Druckertypen Die gängigsten sind Nadeldrucker, Tintenstrahldrucker und Laserdrucker.

Eigenschaften Zusatzinformationen, die mit einer Mappe abgespeichert werden. Dazu gehören statistische Informationen über die Bearbeitungsdauer, Größe, Druck-, Speicher- und Veränderungsdaten und optionale Eintragungen wie Titel, Autor, Stichwörter oder Kommentare.
(Kapitel 5)

Ergebnis Das Ergebnis einer Formel wird immer in der Zelle angezeigt, in der sich die Formel befindet.
(Kapitel 4)

F1 Funktionstaste, aktiviert die Hilfe von Excel.

Farbe Die Farbe spielt mittlerweile in Tabellenkalkulationen eine bedeutende Rolle. Sie können Zellen, Texte und Diagramme farbig gestalten. Wie Sie die Farbe bestimmen, hängt von dem Element ab, dem Sie eine spezielle Farbe zuweisen möchten. Daneben besteht die Möglichkeit, negative Zahlen automatisch farbig darzustellen.
(Kapitel 13)

Farbpalette Die Farbpalette stellt Ihnen in Form von kleinen Farbkästchen eine Auswahl verschiedener Farben zur Verfügung. Ein einfacher Mausklick auf ein Kästchen genügt, um eine Farbe auszuwählen.
(Kapitel 13)

Fehlermeldung Eine Meldung des Computers, dass eine bestimmte Aktion nicht ausgeführt werden kann oder dass mit den Vorgängen, die auf Ihrem Computer ablaufen, etwas nicht in Ordnung ist. Wenn Sie hierzu Rat einholen möchten, sollten Sie sich den Text der Fehlermeldung und ggf. den dazugehörigen Fehlercode aufschreiben.
(Kapitel 12)

Fehlerwerte Ein Wert, den Excel in einer Zelle ausgibt, wenn die dort enthaltene Formel kein korrektes Ergebnis liefern kann, weil die Formel entweder einen logischen Fehler enthält oder die Bezüge auf Zellen mit dem falschen Datentyp bzw. auf leere Zellen hinweisen. Ein Fehlerwert beginnt in Excel immer mit dem Zeichen »#«.
(Kapitel 13)

Festplatte Die Festplatte ist (in der Regel) ein in dem Computer eingebautes Speichermedium, das es erlaubt, größere Datenmengen auch dann zu verwahren, wenn der Computer nicht mehr mit Strom versorgt wird.
(Kapitel 5)

Formatleiste Mit Hilfe dieser Leiste führen Sie so genannte »Formatierungen« durch, d.h., Sie können beispielsweise eine andere Schriftart wählen, Ihre Zahlen in Prozentwerte, Texte in Fettschrift oder unterstrichen hervorheben.

Formatierung Bestimmt das Aussehen (u.a. fett, kursiv, Schriftart) eines Textes auf dem Bildschirm und beim Drucken.
(Kapitel 4)

Formel In Excel eine mit Gleichheitszeichen angegebene Berechnung.
(Kapitel 2)

Formel eingeben Eine Formel beginnt mit einem Gleichheitszeichen.
(Kapitel 2)

Fremdformate Alle Dateien, die nicht im Excel-Format gespeichert werden, werden als Fremdformate bezeichnet. Dabei handelt es sich in der Regel um Dateiformate, die andere Anwendungen benutzen.

Um Daten, die in Fremdformaten gespeichert wurden, dennoch in Excel verarbeiten zu können, müssen sie zuerst konvertiert werden. Excel benutzt dazu die Konvertierungsfilter.

Funktion Zur Berechnung bestimmter mathematischer Probleme werden Funktionen eingesetzt.
(Kapitel 12)

HTML Steht für »HyperText Markup Language«. Mit diesem Computercode werden alle Dokumente fürs WWW geschrieben. Browser verstehen diese Verschlüsselung.

Icon Englischer Ausdruck für »Bildchen«. Eine symbolhafte Darstellung auf dem Bildschirm, die stellvertretend für eine Computerfunktion (wie die Umrisse einer Diskette für die Speicherfunktion) oder zur Auswahl einer Steuerungsmöglichkeit im Programmablauf (beispielsweise ein Karteikasten für den Aufruf einer Datei) stehen kann.
(Kapitel 2)

Inch dt. Zoll (1 Zoll = 2,54 cm)

Joker Joker (auch »Wildcards« genannt) sind Stellvertreterzeichen, die für Teile eines Dateinamens stehen und es dadurch ermöglichen, eine Gruppe von Dateien gemeinsam aufzulisten. Die beiden am häufigsten verwendeten Joker sind »?« für ein einzelnes Zeichen und »*« für einen ganzen Dateinamen oder Teile davon.

(Kapitel 14)

Kalkulation Kalkulieren = »berechnen, überlegen«. Eine Abwandlung des lateinischen Wortes calculare (wörtliche Übersetzung: mit Rechensteinen umgehen).

(Kapitel 2)

Keyboard Englische Bezeichnung für Tastatur.

Kombinationslistenfeld Auch als »Combo-Box« bezeichnet. Bei einem Kombinationslistenfeld können Angaben selbst getätigt, aber auch ausgewählt werden (wie bei Schriftart und -größe).

Kommentar Ein Kommentar ist eine Anmerkung, die in eine Zelle eingefügt wird.

Kommentare lassen sich mit dem Befehl ANSICHT|KOMMENTAR ein- und ausblenden.

Komprimierung Eine Technik zum Verringern der Dateigröße vor dem Archivieren, Übertragen oder Speichern.

Kontextmenü Wird die rechte Maustaste gedrückt, öffnet sich ein Kontextmenü. Der Name besagt, dass die Zusammenstellung der einzelnen Menüpunkte davon abhängig ist, in welchem Kontext bzw. in welcher Arbeitssituation die Taste angeklickt wird.

(Kapitel 2)

Kopf- und Fußzeile Bezeichnet die Anzeige von Text, der sich am oberen (in der Kopfzeile) bzw. am unteren Seitenrand (in der Fußzeile) befindet.

Kreuztabellen Eine Spezialform des Berichts. Daten einer Datenbank werden zu Kategorien zusammengefasst, damit die Daten besser analysiert werden können.

Kursiv Als kursiv bezeichnet man eine leicht nach *rechts geneigte Schrift*.

(Kapitel 4)

Laden Ausdruck für das Öffnen einer Arbeitsmappe.

(Kapitel 6)

Laserdrucker Dieser Drucker arbeitet ähnlich wie ein Fotokopierer. Durch Lichtstrahlen (Laser) werden auf einer Walze im Laserdrucker einzelne Punkte elektrostatisch aufgeladen, so dass sie den Toner (Farbpulver) anziehen. Danach wird der Toner auf das Papier gedrückt und durch Hitze fixiert.

Layout Die komplette Gestaltung durch die Anordnung einzelner Seitenelemente, die Wahl der Schriftart und Schriftgröße, der Seitenränder usw.

Legende Als Legende bezeichnet man die Erklärungen der Darstellungen in einem Diagramm.
(Kapitel 11)

Liste Geschlossener Bereich in einer Tabelle.
(Kapitel 14)

Listenfeld Ein Listenfeld bietet mehrere Einträge zur Auswahl an. Der zuletzt gewählte Eintrag bleibt angezeigt.
(Kapitel 4)

Makro Aufeinanderfolge aufgezeichneter oder geschriebener Befehle, die Aktionen auslösen und durch den Aufruf nacheinander abgearbeitet werden.

Menüleiste Hier führen Sie Befehle wie »Speichern, Drucken, Beenden des Programms« aus, indem Sie mit der linken Maustaste darauf klicken.
(Kapitel 1)

MS Abkürzung für den Namen der Firma Microsoft: MS Word, MS Excel.

Muster Excel erlaubt es dem Anwender, die Zellen innerhalb einer Tabelle individuell zu gestalten. Neben der Gestaltung der Rahmen kann auch die Farbe oder das Muster einer Zelle bestimmt werden. In Excel werden die Gestaltung der Füllmuster und der Farben unter dem Begriff Muster zusammengefasst.

Mustervorlagen Sie enthalten vorbereitete Tabellenblätter und werden als Unterlage für neue Arbeitsmappen verwendet.

Nadeldrucker Jedes Zeichen, das ein Nadeldrucker ausgibt, setzt sich aus einer Vielzahl von Punkten zusammen. Die Punkte werden durch Nadeln an den Stellen auf das Papier gebracht, wo die Nadeln gegen das Farbband stoßen.

Notiz Zu jeder Zelle einer Tabelle kann eine Notiz eingegeben werden. Neben Texten erlaubt Excel auch die Aufzeichnung einer Audio-Notiz. Dies setzt allerdings eine Soundkarte und ein Mikrofon voraus. Notizen erlauben die Eingabe zusätzlicher Informationen zu bestimmten Zellen, die nicht in der Darstellung einer Tabelle erscheinen.

Online-Hilfe Programmfunktion, mit deren Hilfe ein auftretendes Problem gelöst wird bzw. gelöst werden soll.
(Kapitel 15)

Operator Ein Operator ist ein Zeichen, mit dem bestimmt wird, wie zwei Ausdrücke (z.B. Zahlen) miteinander verbunden oder verglichen werden sollen.

(Kapitel 13)

Option Verändert die Einstellungen von Excel 2002. Meistens wird sie auf einer Registerkarte aktiviert.

(Kapitel 2)

Ordner Festplatten, Disketten und CD-ROMs sind in Ordner unterteilt, die wiederum Unterordner enthalten können.

Der Windows-Explorer und das Dialogfeld unter DATEI|SPEICHERN stellen diese mit Ordnersymbolen dar.

Um beim Speichern einer Datei auf einen anderen Ordner zu wechseln, klicken Sie dessen Ordnersymbol doppelt an, bevor Sie den Dateinamen eintragen und mit *Speichern* bestätigen.

(Kapitel 6)

Paginierung Ausdruck für Seitenzahlen.

Passwort Kennung zur Nutzung einer Software oder Dienstleistung.

(Kapitel 6)

Pfeil Jedes Diagramm kann speziell mit einem Pfeil versehen werden. Dieses Element ermöglicht es, bestimmte Sachverhalte, wie etwa einen Trend, zu verdeutlichen. Das Pfeilsymbol, über das die Funktion aktiviert wird, ist in der Zeichnen-Symbolleiste zu finden.

(Kapitel 11)

Pica Maßeinheit aus der Typografie, 1 Pica = 12 Point (abgekürzt pt), was etwa 4,2 mm ist.

Punkt Punkt ist eine ältere Maßeinheit für die Größe von Schriftzeichen. Ein Punkt entspricht 0,35 Millimeter Schrifthöhe.

QuickInfo Gibt Auskunft, was sich hinter den zahlreichen Symbolen von Excel verbirgt. Bleibt der Mauszeiger länger als eine Sekunde auf einer Schaltfläche stehen, folgt augenblicklich die Erklärung dazu. Sie blenden das QuickInfo über die Menüoption EXTRAS|ANPASSEN auf der Registerkarte *Optionen* ein.

(Kapitel 1)

Rahmen Über FORMAT|ZELLEN und dort im Register *Rahmen* wird dem markierten Zellbereich eine Umrandung, bestehend aus einer oder mehreren Zellrandlinien in verschiedenen Stärken und Farben zugewiesen.

Zellrahmen sind Formatierungen, die mit dem Inhalt der Zelle nicht gelöscht werden. Wählen Sie BEARBEITEN|LÖSCHEN|ALLES, um auch die Rahmen zu entfernen. Sie können die Rahmen auch mit der Rahmenlinien-Palette der *Format*-Symbolleiste zuweisen und entfernen.

(Kapitel 13)

Registerkarten   Um ein Eingabefeld noch einigermaßen übersichtlich zu gestalten, sind viele als eine Art »Karteikasten« dargestellt, der verschiedene Karten enthält.

(Kapitel 2)

Reiter   Registerkarten verfügen über »Reiter« (auf denen der jeweilige Name steht), die dazu dienen, eine Karte in den Vordergrund zu holen.

(Kapitel 2)

RTF   Abkürzung für Rich Text Format, dient zum Datenaustausch mit anderen Programmen und wird als Dateityp beim Speichern festgelegt.

(Kapitel 5)

Rubrik   So bezeichnet Excel den Inhalt der X-Achse eines Diagramms, der in der Praxis meist aus der ersten Zeile oder Spalte des dargestellten Zellbereiches gebildet wird.

(Kapitel 11)

Rückgängig   Die Schaltfläche macht den letzten Arbeitsschritt, den Sie getätigt haben, rückgängig. Mit jedem Anklicken wird ein weiterer Arbeitsschritt aufgehoben.

(Kapitel 2)

Schaltflächen   1.) In der Regel Bestandteile von Dialogfeldern. Sie können beispielsweise die in einem Dialogfeld ausgewählten Optionen durch einen Klick auf die Schaltfläche *OK* bestätigen. Durch einen Klick auf die Schaltfläche *Abbrechen* verlassen Sie das Dialogfeld ohne weitere Auswirkungen.

(Kapitel 2)

2.) Eine Schaltfläche in den Symbolleisten steht stellvertretend für eine Funktion (wie die Umrisse eines Druckers für das Drucken).

Schreibschutz von Disketten Disketten verfügen über eine Möglichkeit des Schreibschutzes. Ist der kleine schwarze Schalter in der oberen Position, so kann man nur von der Diskette lesen und sie nicht überschreiben.

So schützen Sie Ihre Daten auf dieser Diskette vor einem unbeabsichtigten Löschen. Schiebt man den Schalter nach unten, so können die Daten überschrieben werden.

(Kapitel 5)

Schreibschutzempfehlung Eine Schreibschutzempfehlung kann von jedem Anwender ausgeschaltet werden. Beim Öffnen einer Mappe, der Sie eine Schreibschutzempfehlung zugewiesen haben, wird jedes Mal gefragt, ob die Mappe schreibgeschützt oder ungeschützt bearbeitet werden soll.

(Kapitel 6)

Scrollbar Bildlaufleiste, Bestandteil eines Dokumentfensters, dient zum schnelleren Blättern (= scrollen, rollen) in Arbeitsmappen.

Seitenansicht Bevor der Druck zu Papier gebracht wird, sollten Sie sich das Ergebnis in der Seitenansicht (Datei|Seitenansicht oder Schaltfläche *Seitenansicht*) ansehen. Diese zeigt nämlich das Druckergebnis exakt so an, wie es den Drucker verlassen wird. Excel »druckt« praktisch auf den Bildschirm aus und verwendet dazu alle auf dem angeschlossenen Drucker verfügbaren Schriften und Formatiermöglichkeiten.

(Kapitel 5)

Seitenumbruch Die Stelle in einem Arbeitsblatt, an der eine Seite endet und eine neue Seite beginnt.

Seitenumbruchvorschau Eine Ansicht, in der die Seitenwechsel angezeigt und verschoben werden können. Hierbei werden Tabellen auf den Druckseiten verkleinert angezeigt, so dass die Position der Seitenwechsel und die Druckreihenfolge überprüft und geändert werden kann.

Sie aktivieren dies mit Ansicht|Seitenumbruchvorschau oder der gleichnamigen Schaltfläche in der Seitenansicht.

(Kapitel 5)

Seitenwechsel Wo die Seite beim Ausdruck der Tabelle gewechselt wird, hängt von den Randeinstellungen und der Papiergröße unter Datei|Seite einrichten ab.

Um die Seite vor dem physischen Ende zu wechseln, markieren Sie die erste Zeile der neuen Seite und fügen über Einfügen|Seitenumbruch einen solchen ein.

Über den gleichen Menüweg werden einzelne oder – wenn die ganze Tabelle markiert ist – alle Seitenwechsel wieder entfernt.

Seitenzahl Durchgehende Nummerierungen können nur in der Kopf- oder Fußzeile untergebracht werden (DATEI|SEITE EINRICHTEN).

Shortcut Tastenkombination, die beim Drücken der Tasten einen Befehl auslöst.

Skalierung Mit Hilfe der Skalierung werden in Excel die Skalenabstände der Achsen eines Diagramms festgelegt. Selbstverständlich ändert sich dadurch auch die Darstellungsgröße der Diagrammelemente.

Smarttag Mit Smarttags erhalten Sie einen Überblick über alle möglichen Aktionen. Ein Smarttag macht Sie aufgabenorientiert auf Funktionen aufmerksam. Beispielsweise können Sie sofort die Formatierung von eingefügten Texten und Zahlen ändern.

(Kapitel 7)

Spalte Eine Spalte bezeichnet die vertikale Ebene einer Tabelle. Sie werden durch Buchstaben adressiert: A, B, C, ...

(Kapitel 2)

Speicher Hier legt der Computer Daten ab.

Am häufigsten ist vom Arbeitsspeicher (RAM – Random Access Memory) die Rede, da ein Computer oft benötigte Daten von der Festplatte eben in diesen Arbeitsspeicher lädt, um schnell auf sie zugreifen zu können. Typische Arbeitsspeichergrößen sind 4 Mbyte (= Megabyte), 8 Mbyte, 16 Mbyte und 32 Mbyte.

Der DOS-Speicher hat eine Standardspeichergröße von 640 Kbyte (= Kilobyte) und zusätzlich einen erweiterten, physischen Speicher.

Windows und DOS verwenden den Speicher unterschiedlich. Windows erstellt eine virtuelle Speicherdatei auf der Festplatte, mit deren Hilfe es schneller arbeiten kann, da es diesen Bereich auf der Festplatte wie zusätzlichen Arbeitsspeicher verwenden kann. Normalerweise wird dieser Speicherbereich beim Herunterfahren von Windows automatisch gelöscht. Nach einem Systemabsturz kann es aber vorkommen, dass dieser Speicherbereich auf der Festplatte verblieben ist. Aus diesem Grund empfiehlt es sich, hin und wieder ein Festplattenprüfprogramm (z.B. ScanDisk) auszuführen.

Speicherplatz Die Anzahl der Bytes (= Zeichen), die auf einer Festplatte oder einer Diskette für die Speicherung von Daten oder

Programmen zur Verfügung steht.

(Kapitel 15)

Spezialfilter Durch den Filter unter Excel können Sie Daten nach Kriterien »herausfiltern«.

(Kapitel 14)

Stammdaten Daten, die nur selten oder überhaupt nicht geändert werden (wie Name und Anschrift).

(Kapitel 14)

Standardleiste In der Standardleiste befinden sich die Icons. Sie symbolisieren Befehle, die Sie auch über die Menüleiste ausführen können.

(Kapitel 2)

Summe Die Standard-Funktion der Excel-Tabelle, für die eine eigene Schaltfläche verfügbar ist. Setzen Sie den Zellzeiger unter oder neben den Bereich, den Sie summieren wollen, und klicken Sie auf das Sigma-Zeichen.

Excel markiert automatisch den zu summierenden Bereich, den Sie mit einem weiteren Klick bestätigen.

Die Funktion lautet:
=SUMME(Bereich)

Um mehr als einen Bereich zu summieren, geben Sie die Bereiche mit dem Trennzeichen Semikolon an:

=SUMME(Bereich1; Bereich2)

(Kapitel 2)

Symbol Ein kleines Bild auf dem Desktop oder in einer Anwendung, das für ein Programm oder einen Programmbefehl steht.

(Kapitel 1)

Syntax Bezeichnung für den Aufbau einer Formel.

(Kapitel 12)

Systemabsturz Ein unerwartetes Beenden des laufenden Programms durch den Computer.

Systemressourcen Dazu zählt beispielsweise der verfügbare Hauptspeicher und die Kapazität der Festplatte.

Tabellen Texte und Zahlen werden in einer Tabelle in Zeilen und Spalten angeordnet. Die einzelnen Felder, die durch die Schnittpunkte entstehen, heißen Zellen.

(Kapitel 2)

Tabellenvorlagen Eine Tabellenvorlage können Sie nur über die Menüoption DATEI|NEU öffnen.

Tastenkombinationen Sie drücken erst die eine Taste, halten sie fest und betätigen dann die

zweite. Dadurch wird eine bestimmte Funktion ausgeführt.
(Kapitel 1)

Teilergebnisse Eine Excel-Funktion, mit der Sie Listen und Tabellenzeilen mit gleichen Einträgen, zu Kategorien zusammengefasst, auswerten können. Sie aktivieren diese Funktion mit dem Befehl DATEN|TEILERGEBNISSE. Vor der Aktivierung müssen Sie die Tabelle sortieren.

Textfeld Hier erfassen Sie umfangreiche Texte. Die Eingabe erfolgt nicht in einer Zelle, sondern in einer Fläche innerhalb eines Rahmens.

TIFF Abkürzung für Tagged Image File Format, Grafikformat.

Times Schriftart, die zur großen Gruppe der Barock-Antiqua gehört. Times ist eine der meistverwendeten Schriften.
(Kapitel 4)

Tintenstrahldrucker Hier wird durch Düsen Tinte mit hohem Druck auf das Papier gespritzt.

Titelleiste Hier steht immer, in welcher Arbeitsmappe Sie sich gerade befinden. Anders ausgedrückt: mit welchem Titel (Namen) Sie gerade arbeiten.
(Kapitel 5)

Top 10 Listet die ersten zehn Datensätze nach Selektion auf: die höchsten Zahlen, Prozente usw.
(Kapitel 14)

Typografie Die Lehre von der Gestaltung von Buchstaben, Schriften und ihrer Anwendung.
(Kapitel 4)

Verknüpfungen Sie stehen stellvertretend für Programme, Ordner oder Dateien. Wenn Sie die Verknüpfung von Excel aufrufen, startet das Programm genauso, als wenn Sie es über das Startmenü aufgerufen hätten. Verknüpfungen verkürzen die Wege in Windows.
(Kapitel 1)

Verzeichnis Verzeichnisse sind wie die Schubladen eines Schrankes (= Festplatte). Alle Dateien, die zusammengehören, kommen in dieselbe Schublade (= Verzeichnis).
(Kapitel 5)

Virus Ein Computerprogramm, das sich an andere Programme oder an Systemdateien anhängt und sich z.B. beim Kopieren von Dateien, beim Laden von Daten oder beim Ausführen eines Programms auf Ihren Computer einschleicht, wo es dann unerlaubte und zum Teil schädliche Aktionen ausführt.

Wiederherstellen Wenn Sie eine rückgängig gemachte Aktion erneut ausführen möchten, klicken Sie auf die Schaltfläche *Wiederholen*.

(Kapitel 2)

Windows Grafische Benutzeroberfläche, bei der durch Mausklick auf Fenster und Schaltflächen Befehle ausgeführt werden.

(Kapitel 1)

WordArt MS WordArt ist ein Zusatzprogramm, das zum Erzeugen besonderer Schrifteffekte dient.

WWW World Wide Web, (englisch für: weltweites Gewerbe).

Zeile Zeilen bilden die horizontale Ebene einer Tabelle. Eine Zeile besteht aus den nebeneinander liegenden Zellen. Zeilen werden durch Zahlen (1, 2, 3, ...) adressiert.

(Kapitel 2)

Zellbereich Mehrere Zellen zusammen bilden einen Bereich.

(Kapitel 3)

Zellen Die Felder, wo Spalten und Zeilen sich treffen, bezeichnet man in Excel als »Zellen«.

(Kapitel 2)

Zellschutz Durch die Aktivierung des Zellschutzes können Sie verhindern, dass der Inhalt einer Zelle versehentlich verändert wird. Er kann jedoch von jedem Anwender gewollt verändert werden, da er nicht mit einem Passwort gekoppelt ist.

(Kapitel 6)

Zirkelbezüge Sobald sich eine Formel direkt oder indirekt auf eine Zelle bezieht, die diese Formel enthält, spricht man von einem Zirkelbezug.

(Kapitel 12)

Zoom Mit der Zoom-Funktion von Excel vergrößern oder verkleinern Sie die Draufsicht auf das jeweilige Arbeitsblatt.

Zugriffsschutz Ein Schutz, der das Öffnen von Mappen nur den Anwendern ermöglicht, die in Besitz des Schreib-Lesekennwortes sind.

Sie können einen Zugriffsschutz vergeben oder ändern, wenn Sie eine Mappe mit DATEI|SPEICHERN UNTER... speichern und die Schaltfläche *Optionen* aktivieren.

(Kapitel 6)

Zwischenablage Um Texte von einer Stelle im Dokument an eine andere Stelle zu verschieben bzw. zu kopieren, wird normalerweise die Zwischenablage (auch temporärer Speicher genannt) von Windows genutzt. Durch die Befehle *Kopieren* oder *Ausschneiden* wird der Text hier aufgenommen und kann bei Bedarf (durch den Befehl *Einfügen*) wieder eingefügt werden.

Stichwortverzeichnis

Symbole

####### 166
% 162
* 246
? 246

A

Abändern von Formeln 229
Abfrage 296
Abfragemöglichkeiten 200
Abrunden 163
Abschließen über die Enter-Taste 37
Abschließen von Eingaben 36
Absolute Bezüge 148, 150
Absolute Werte 150
Absolute Zellbezüge 150
Absteigend sortieren 182
Abstellen AutoFilter 250
Abstellen Fixierung 245
Achsen eines Diagramms 308
Add-Ins 138, 260
Add-Ins-Manager 260
Addieren 52, 53, 294
Adressdatensatz 299
Adressen 242
Aktionenliste 44
Aktive Grafik 183
Aktivieren Namenfeld 161
Aktivieren Schreibschutz 86
Aktivierte Zellen 37
Aktivierung der Tabellenblätter 296

Aktualisieren von Diagrammen 180
Aktualisieren von Listen 246
Aktueller Kassenbestand 209, 220
Aktuelles Datum 153, 299
Alle Datensätze 250
Alle Funktionen 195
Alle Spuren entfernen 282, 285
Allgemeine Optionen 104
Als Webseite speichern 83
Alternativanweisungen 297
An eine andere Stelle kopieren 252
Analysen von Daten 268
Angabe von Zahlen 35
Angaben in Prozent 158
Angaben rückgängig machen 44
Angezeigte Uhrzeit 154
Animationen 296
Animieren des Assistenten 279
Ansicht 88
Anteile in Prozent 162
Antwort-Assistent 281
Anwendungsfenster 298
Anzahl 200
– in Pivot-Tabellen 274
Anzeige am unteren Rand 296
Anzeige bestimmter
  Datensätze 297
Anzeige Datum 154
Anzeigen
– Detektiv 282
– Legende 174
– Szenarien 266
Arabische Zahlen 35
Arbeitsbereich 20
Arbeitsbereichsdatei 84
Arbeitsblatt 30, 34, 296
– der Mappe 298
– Formeln angeben 233
– kopieren 231
– schützen 106
– umbenennen 230
– verschieben 231
– wechseln 233

Arbeitsblattlösungen 103
Arbeitsmappe 30, 78, 296
– ändern 82
– auf Diskette öffnen 98
– löschen 108
– Neu 59
– schließen 105
– speichern 79
– umbenennen 109
Arbeitsschritte aufheben 44
Arbeitsspeicher 297
Argument 297
Assistent 279, 297
– ändern 279
– animieren 279
– aussuchen 279
– für Diagramme 170, 171
– im Dialogfeld 282
– weiter 279
– zurück 279
Audio-Notiz 305
Aufgabenbereich 22, 102, 103
– speichern 84
Aufheben
– Befehle 44
– Eingaben 39
– Fixierung 245
– Lese- und Schreibschutz 106
– Rahmen 210
– Schriftfarbe 219
Aufrunden 163
Aufsteigend sortieren 182
Aufstellungen sortieren 242
Aufteilung des Bildschirms 20
Aufzählungen importieren 121
Aufzählungen löschen 122
Aufzeichnungsdichte von
  Daten 300
Ausblenden Nullwerte 164
Ausblenden von Symbolleisten 25
Ausdruck WAHR 297

Ausdrücke
- in der Bearbeitungsleiste 37
- in Formeln 226
Ausdrucken 88
- für Seitenzahlen 305
- in einer Spalte 290
Ausführen der Anweisungen 297
Ausführen Namenfeld 161
Ausfüllen 297
Ausfüllkästchen 147, 164, 297
- Kopieren 147, 149
- lfd. Nr. 227
Ausgaben 208, 236
Ausrichten einer Seite 307
Ausrichtung 301
- einer Seite 307
- von Zahlen 36
Ausschalten
- AutoFilter 250
- des Computers 297
- Direkthilfe 281
- Format übertragen 217
- Nullwerte 164
Ausschneiden 73, 147, 297
Ausschneiden/Kopieren 147
Aussieben Datensätze 253
Aussondern Datensätze 253
Auswahl Diagramme 171
Auswahl Rahmen 210
Auswahl von Befehlen 300
Auswählen Datensätze 253
Auswertung
- Diagramm 175
- Pivot-Tabellen 270
AutoAusfüllen 120, 297
AutoFilter 247, 297
- ausschalten 250
Automatisch hochzählen 227
Automatische Schriftfarbe 219
AutoSumme 56
- Symbolik 57

B

Balken 171, 299
Barock-Antiqua 310
Bearbeiten eines Diagramms 175
Bearbeiten Szenarien 266
Bearbeiten|Ausfüllen 297
Bearbeitungsdauer 301
Bearbeitungsleiste 37
- Häkchen 38
- korrigieren 41
- Kreuz 38
- Mauszeiger 41
- rotes Kreuz 39
Bearbeitungszeile 37
Bedingung 223, 249, 297
- Datenbanken 249
- definieren 297
Beenden
- Fixierung 245
- über die Enter-Taste 37
- von Eingaben 36
- von Excel 48
Befehle 286
Befehle oder Eingaben? 286
Befehlsbereich 20
Befehlsliste 44
Begrenzung eines Diagramms 175
Belegdatum 208
Benennen
- Arbeitsblätter 230
- Blattregister 230
- Namenfeld 161
- Zellen 160, 191
Benutzerdefinierte Filter 249
Berechnung 20, 52
- senkrecht 132
- übertragen 86
- waagerecht 132
Bereich einer Liste 252
Bereich in einer Tabelle 242
Bereichsadresse 298

Bericht 270
- formatieren 276
- zum Diagramm 173
Beschriften von Disketten 86
Beschriftung anzeigen 187
Beschriftung und Prozent
   anzeigen 187
Bestätigen 35
- über die Enter-Taste 37
Betreff einer Zelle 160
Betreiber des Datendienstes 298
Betriebssysteme 298
Bewegen
- Diagramm 176
- Eingabefläche 221
- im Arbeitsbereich 35
- in Listen 244
- zwischen Zellen 35
Bezeichnung einer Zelle 160
Bezeichnung für Tastatur 303
Bezug 298
- absolut 148
- einer Zelle 160
Bildchen 303
Bildlaufleiste 298, 307
Bildschirmaufteilung 20
Blankoformular 226
Blatt 20
Blätter 30, 78, 296
Blättern 48, 298
Blattregister 230, 298
- benennen 230
- umbenennen 230
Blinkender Strich 36
Blockdiagramm 300
Breite einer Spalte 62, 213, 290
Breite in Zellen 166
Browser 298
Büroklammer 279

C

C 100
Chart-Bericht 270
Combo-Box 303
Computer 298
CPI 298
Cursor 36
Cursortasten 35

D

Dann_Wert 223f.
Darstellung Datum 154
Darstellungsformen für
   Diagramme 171
Darstellungsgröße der Diagramm-
   elemente 308
Datei|Aufgabenbereich
   speichern 84
Datei|Öffnen 98
Dateien auf Disketten 86
- speichern 80
- umbenennen 109
Dateiformate 302
Dateinamen 80, 85
Dateizugriff 104
Daten
- filtern 248
- im Computer aufbewahren 86
- PivotTable- und PivotChart-
   Bericht 270
- selektieren 246
- sortieren 242
- übertragen 86
- und Verweise 298
- zeigen als 275, 276
Daten|Filter 248
Datenanalyse 268
Datenaustausch 306
Datenbank 296, 299
Datenbericht 270

Datenbeschriftungen 187
Dateneingabe 37
Datenfeld 245, 299
Datenmaske 245, 299
Datenmengen 86
Datensatz 245, 246, 299
– filtern 250
– kopieren 250
– nach Selektion 310
– suchen 246
Datenträger 299
Datum aktuell 153
Datum und Uhrzeit 154
Datumsanzeige 154
Datumsdarstellung 154
Datumseinstellung 299
Datumsformat 153, 154
– ändern 154
– löschen 155
Datumstyp 155
Deaktivieren AutoFilter 250
Deaktivieren der Menüleiste 23
Definierter Zielwert 261
Deinstallierung 300
Density 300
Detektiv 282
– anzeigen 282
– Symbolleiste 282
Deutsche Mark 142
Devisen 142
Devisenhandel 145
Dezimalstellen 199
– entfernen 145
– hinzufügen 145
Diagramm 170
– aktualisieren 180
– als neues Blatt 174
– als Objekt in 174
– Assistent 170, 171, 185
– auswerten 170
– bearbeiten 175
– Begrenzung 175
– Datenbeschriftungen 187

– Fertig Stellen 174
– Größe 175
– Informationen 175
– Legende 173
– Neue Werte einfügen 179
– Prozentangaben 185
– Reihe in »Zeilen« 173
– Reihen 186
– Schritte 171
– sortieren 182
– Spalten 173
– vergrößern und verkleinern 177
– verschieben 176
– Zahlen ändern 178
– Zeilen 173
Diagramm|Diagrammtyp 183
Diagrammelemente 308
Diagrammfläche 176
Diagrammtyp 171, 183, 299
Diagrammuntertyp 171
Diagrammvorschlag 172
Dialog 300
Dialogfeld
– Hilfe 282
– Speichern unter 79, 81
– Speicheroptionen 106
– Vorlagen 102
– Zahlen 142
Direkthilfe 281, 289
– ausschalten 281
– per rechtem Mausklick 282
Diskette 86
– beschriften 86
– Einrasten 87
– Pfeil 86
– Rückseite 86
– Schreibschutz 86
Diskettenlaufwerk 86
Diskettenmaß 86
Division 55
Dollar 142
Dollarformat übertragen 146
Dollarzeichen bei Zellbezügen 150

Doppelklick   300
– auf Pinsel   217
– Spaltenbreite   290
DOS   298
Dots per inch   300
Download   300
DPI   300
Drag&Drop   72, 147, 291
Drag&Drop, Kopieren   147
Draufsicht   311
Dreidimensionale Elemente   299
Dreisatz   161
Drop   291
Druckausgabe einer Tabelle   301
Druckbereich   91
– aufheben   92
Drucken   88
Druckertypen   301
Druckseiten   88
Duplizieren mit Drag&Drop   147
Duplizieren von Zellen   147

E

Ebene einer Tabelle   308
Ecke Legende   174
Effekte   296
Eigene Dateien   87
Eigenschaften   81
Ein- bzw. Angabe   299
Einblenden Datensätze   250
Einblenden Nullwerte   164
Einfügen   114
– Dezimalstellen   199
– Diagramme   170
– Ergebnis   159
Eingabe   37, 286
– abbrechen   39
– bestätigen   35
– Bestätigung   36
– in Prozent   158

– in vorbelegte Zellen   235
– rückgängig machen   44
– über die Enter-Taste   37
– von Formeln in Zellen   220
– von Zahlen   35
– wiederherstellen   45
Eingabefläche verschieben   221
Eingabehilfen   39
Eingabekasten   35
Eingabeliste   44
Eingabezeile   37
Einheit einer Datenbank   299
Einrasten von Disketten   87
Einstellungen   305
Eintrag   23
– Autofilter   247
– in vorbelegte Zellen   235
– in Zellen   36
– zur Auswahl   304
Element aus einer vorhandenen
   Liste   301
Ende AutoFilter   250
Ende einer Seite   307
Entf   40
Entfernen
– Datumsformat   155
– Dezimalstellen   199
– Rahmen   210
– Schriftfarbe   219
– Spuren   285
– Zahlenformaten   152
Entspricht   249
Entspricht nicht   249
Ergebnis   159
– Berechnung   160
– einfügen   159
– Formel   301
– Zelle   160
Ersetzen einer Arbeitsmappe   105
Erste Zelle in einer Spalte   244
Erste Zelle in einer Zeile   244

Erstellen
- Diagramme 171, 300
- feste Zellbezüge 150
- Funktionen 171, 194
Escape Format übertragen 217
Escape-Taste 23
Euro 72, 139
Euroumrechnung 139
Excel-Format 302
Excel-Hilfe 281
Excel-Symbol Taskleiste 29
ExcelSymbol in der Titelleiste 49
Explorer 305
Extras|Add-Ins-Manager 260, 273
Extras|Detektiv 282
Extras|Optionen 93, 120
Extras|Solver 259
Extras|Szenario-Manager 264

F

F1 301
F4 150
Fachkategorien 195
Falsche Werte 150
Farbband 304
Farbe 219, 301
- bestimmen 301
Farbkästchen 301
Farbpalette 301
Farbpulver 304
Feature 260
Features installieren 260
Fehler machen 40
Fehlercode 302
Fehlermeldung 302
Fehlermeldung Rauten 166
Fehlerwert 302
Feldbezug 296
Fenster 59
- als Symbol 28
- einer Arbeitsmappe 29
- Fixieren 244

Fensteroptionen 93, 165
Festplatte 86
Festplattenprüfprogramm 308
Feststellen von Prozenten 161
Fettschrift 63
Filter
- an eine andere Stelle kopieren 252
- an gleicher Stelle 252
- benutzerdefiniert 249
- Datensätze 250
- Spezial 250
Filtervorgang 251
Fixieren 244
Fixierung aufheben 245
Fläche 172
Format
- Datum 153, 154
- Dollar 146
- kopieren 146
- mehrmals übertragen 67, 217
- übergeben 146
- übertragen 146, 217
Format|Zellen 142, 154
Formatieren 63
Formatierungen 24, 302
Formatleiste 24, 64
Formel 53
Formel, Funktions-Assistent 220
Formelaufbau 226, 309
Formeleingabe Gleichheitszeichen 53
Formeln
- ändern 202, 228, 229
- in andere Zellbereiche kopieren 133
- in Zellen eingeben 220
- in Zellen kopieren 133
- kopieren 130, 164, 296
- korrigieren 229
- zwischen Arbeitsblättern kopieren 233
Formular 213

Fragezeichen 281, 282, 289
Fremdformate 302
Füllmuster 304
Funktion 192, 194
– AutoAufzählen 124
– AutoAusfüllen 297
– Format übertragen 217
– Pinsel 67
– Solver 259
– Wenn 221
– WENN() 297
Funktions-Assistent 194, 220
Fußzeile 303

G

Ganze Zahl 152
– mit Tausenderpunkt 152
– mit Tausenderpunkt und zwei Nachkommastellen 152
Ganze Zeile
– einrahmen 212
– markieren 212
Ganzer Bildschirm 92
Gebrauchsanweisung 297
Geldformate 142
Gemeinsamer Dateizugriff 104
Gesamtbetrag in Prozent 160
Gesamtwert 159
Geschäftsgang 226
Geschlossener Bereich 304
Gestaltung von Buchstaben 310
Gestaltung von Zahlen 36
Gestrichelte Linie 159
Gitternetzlinien 93
Gleich 294
Grad 301
Grafik 175, 183, 298
Grafik aktiv 183
Grafikformat 309
Grafisch darstellen 299
Grafische Benutzeroberflächen 300

Größe
– einer Spalte 290
– eines Diagramms 175
– von Schriftzeichen 305
Große Zahlen 166
Größer 223
Größer als 249, 294
Größer gleich 294

H

Häkchen in der Bearbeitungsleiste 38
Hauptspeicher 309
Haushaltsplan 62
Helfer 279
Herausnehmen Nullwerte 164
Herunterfahren von Windows 308
Herunterladen einer Datei 300
Hervorheben 64
heute() 153
Hilfe 281
– Direkthilfe 289
– im Dialogfeld 282
Hilfebücher 280
Hinstellen der Legende 174
Hintergrund des Bildschirms 300
Hinweis 104
Hinweise zum Diagramm 173
Hinzufügen Szenarien 266
Hinzufügen von Zahlen 42
Hochzählen 227
HTML 303
HyperText Markup Language 303

I

Icon
– % 162
– Dezimalstelle hinzufügen 199
– Dezimalstelle löschen 199
– Formate übertragen 217

- Funktions-Assistent 194
- fx 194
- Pinsel 146, 217
- Prozentformat 162
- Rückgängig 44
- Schriftfarbe 219
- Sortieren 182

Identische Formeln kopieren 149
Importieren Aufzählungen 121
Inch 303
Index 281
Info Schaltflächen 27
Informationen 37
- in einem Diagramm 175
- zu Arbeitsmappen 81
- zu Befehlen 282
- zum Diagramm 173

Inhalt 297
- einer Zelle 37

Inhalte von Zellen verschieben 291
Input in vorbelegte Zellen 235
Installation Features 260
Installation Solver 259
Interaktivität hinzufügen 84
Internet 83
Internet Explorer 298
Internet-Anbieter 298

J

Jan, Feb, Mrz 119
jetzt() 153
Joker 246, 303

K

Kalender 299
Kalkulation 20
- löschen 108
- öffnen 98
- übertragen 86

Kalkulieren 20
Kapazität der Festplatte 309

Kassenbestand 220
Kassenblätter 230
Kassenbuch 208
Kassenformular 213
Kassenkopf 211
Kästchen 34
Kasten 35
Kategorie Alle 195
Kategorien 309
KByte 308
Kennwort 104
- eingeben 105

Kennzeichnung von Zellen 300
Keyboard 303
Kippschalter 86
Kleiner als 294
Kleiner gleich 294
Kombinationslistenfeld 303
Komma 145
Kommastellen entfernen 145
Kommastellen hinzufügen 145
Kommentar 67, 303
Komprimierung 303
Kontextmenü 26, 216, 303
Kontextmenü Symbolleisten 26
Kontrollkästchen Schreibschutz
    empfehlen 104
Konvertierungsfilter 302
Koordinaten eines Zellbereich 298
Kopfzeile 303
Kopien 301
Kopieren 114, 147
- Arbeitsblätter 231
- Formeln 130, 150
- Mauszeiger 292
- mit absoluten Bezügen 150
- mit dem Ausfüllkästchen 147, 149
- mit Drag&Drop 147
- Plus 118
- Rahmenlinien 215
- und Einfügen 114
- Zellen 279

Kopieren/Ausschneiden 147

Korrigieren
- mit der Bearbeitungsleiste 41
- von Formeln 229
Kreis 171
Kreuz, rot 39
Kreuztabellen 303
Kriterien 297
- Sortieren 242
Kriterienbereich 252
Kurs 172
Kursberechnungen 142
Kursentwicklungen 172
Kursiv 64, 304

L

Laden 98, 304
Länge einer Spalte 290
Laser 304
Laserdrucker 301
Laufende Nummer 226
Laufwerk C 100
Laufwerk Diskette 86
Layout 90, 304
Layout PivotTable 272
Leere Zellen 38
Legende 173, 304
- anzeigen 174
- Ecke 174
- positionieren 174
- Unten 174
Leisten ein- und ausblenden 25
Lese- und Schreibschutz
   aufheben 106
Lese-/Schreibkennwort 104
Letzte Zelle in einer Spalte 244
Letzte Zelle in einer Zeile 244
Letzter Befehl 44
Lfd. Nr. 226
Lichtfleck 299
Lichtstrahlen 304
Linien 171
Links 298

Links in Zellen 36
Linksbündig 58
- Texte 58
- Zahlen 58
Liste 242
- aktivieren 170, 246
- an gleicher Stelle filtern 252
- enthält Überschrift 242
- fixieren 244
- Fixierung aufheben 245
- im Hintergrund 252
- löschen 122
- Rückgängig 44
- sortieren 242
- Überschriften 242
Listenbereich 252
Listenfeld 47, 304
Listenüberschrift 242
Lösch-Taste 41
Löschen 40, 55
- Arbeitsmappen 108
- Datumsformat 155
- der Schriftfarbe 219
- Dezimalstellen 199
- Spuren 282
- Szenarien 266
- von Dateien 108
- von Rahmen 210
- von Spuren 285
- von Währungen 152
- von Zahlenformaten 152
- von Zellinhalten 40
Lösungsvorschläge 281

M

Makro 304
Manager Szenario 264
Mappe 78
- ändern 82
- auf Diskette öffnen 98
- Details 81
- speichern 78

Mark und Pfennig 216
Markieren von Zeilen 212
Maß für Disketten 86
Maßeinheit aus der Typografie 305
Maßzahl für die Auflösung von
   Druckern 300
Maßzahlen 158
Maustaste, rechts 27
Mauszeiger 22
– als Pfeil 286
– als weißes Kreuz 286
– Drag&Drop 291
– für die Spaltenbreite 290
– im Arbeitsblatt 286
– in der Bearbeitungsleiste 41
– mit Fragezeichen 289
– Plus 292
– Position 286
– während der Eingabe 287
– Zellen verschieben 291
– zum Ausfüllen 288
– zum Kopieren 292
– zum Markieren 289
Max 194
Maximum 192
Mehrwertsteuerbeträge 208
Meldung des Computers 302
Meldung Rauten 166
Menüleiste 23
– deaktivieren 23
Menüoption 23
– Datei|Öffnen 98
– Daten|Filter 248
– Daten|Maske 245
– Daten|Sortieren 242
– Diagramm|Diagrammtyp 183
– Einfügen|Diagramm 170
– Extras|Detektiv 282
– Extras|Formelüberwachung 282
– Fenster 59
– Fenster|Fixieren 244
– Speichern unter 81

Microsoft 304
Microsoft Internet Explorer 298
Mikrofon 305
Minimum 194
Mischzahlen 58
Missbrauch 103
Mitteilung zum Diagramm 173
Monate 119
Monatsendbestand 236
MS 304
MS WordArt 310
Multiplikation 55
Muster 304
Mustervorlagen 304

N

Nachkommastellen 152, 199
– entfernen 145
– hinzufügen 145
Nadeldrucker 301
Name
– der Arbeitsblätter 298
– einer Zelle 160
– eines Blattregisters 230
– für Zellen 191
– innerhalb des Diagramms 186
– Szenario 264
– von Arbeitsblättern 230
Namenfeld 160, 191
Nebenbedingungen
– ändern 262, 263
– beim Solver 261, 262, 263, 276, 277
– hinzufügen 262, 263
– löschen 262, 263
Netscape Navigator 298
Neu 59
Neu aus vorhandener Arbeitsmappe 102
Neu gestalten von Formeln 229
Neue Arbeitsmappe 59
Neue Liste 121

Neue Umsatzzahlen 180
Neue Werte in einem
   Diagramm 179
Notizen 305
Nullwerte 164
Nummer 226

O

Office-Zwischenablage 115
Öffnen 98
– über Datei 100
Online-Hilfe 305
Operator 55, 305
Operator Vergleich 262
Optimale Spaltenbreite 63, 290
Option 93
– Spalten 173
– Und 249
– Zeilen 173
Optione
– für Symbolleisten 24
Optische Effekte 296
Optische Hervorhebung 63
Ordnen 182
– Listen 242
Ordner 305
Ordnersymbole 305
Original 297
OS/2 298

P

Paginierung 305
Palette 219
Palette der Assistenten 279
Papiergröße 307
Papierkorb 109
Parameter Solver 261, 262, 263, 276, 277
Passwort 305
Pfeil auf Diskette 86
Pfeil neben der Spalte 249

Pfeilsymbol 305
Pfennige 216
Physischer Speicher 308
Pica 305
Pinsel 67, 146, 217
– am Mauszeiger 217
– Schaltfläche 217
Pinselsymbol 67
Pivot-Tabelle 268
– Auswertung 270
– Daten zeigen als 275, 276
– erstellen 272
– in neuem Blatt 272
– Schaltflächen 276
– selektierte Daten 274
– Symbolleiste 276
– und PivotChart-Bericht 270
PivotChart-Bericht 270
Platz in Zellen 166
Platzhalter 246
Platzierung der Legende 174
Plus 292
Point 305
Position
– Legende 174
– Mauszeiger 22, 286
– Zahlen 36
Positionieren der Eingabefläche 221
Positionsanzeiger 36, 299
Potenzieren 294
Programmpakete 300
Prozente 158
– auf- und abrunden 163
– der einzelnen Zahlen 161
– ermitteln 159
– Gesamtwert 159
– in Diagrammen 185
Prozentformat 162
Prozentsymbol 162
Prüfung 223
Punkt 305
Punkt (XY) 172
Punkte 171

325

R

Rahmen 210
– entfernen 210
– in einer Zelle 215
Rahmenauswahl 210, 211
Rahmenform 212
Rahmenlinien 210, 215
– Ausfüllkästchen 215
– kopieren 215
RAM 297, 308
Rand der Markierung 118
Randeinstellungen 307
Random Access Memory 297, 308
Raum in Zellen 166
Rauten 166
Rechenart 55
Rechenoperation 55
Rechenzeichen 55
Rechnen mit Excel 55
Rechner 298
Rechnung 103
Rechte Maustaste 27
Rechts in Zellen 36
Rechtsbündige Zahlen 58
Register 296
Registerkarte
– AutoAusfüllen 121
– Index 281
– Inhalt 280
– Legende 174
– Schrift 64
– Zahlen 145, 155
Reihe im Diagramm 172, 186
Reihe in »Zeilen« 173
Reihen 182
Reihenfolge der geöffneten Arbeitsmappen 101
Relative Bezüge 149
Relative Zellbezüge 150
Relativer Feldbezug 296
Ressourcen 309
Rich Text Format 306

Rollen 48, 298
Rote Zahlen 219
Rotes Kreuz 39
RTF 306
Rubrik 306
Rückgängig 44
Rückgängig Liste 44
Rückgängig/Wiederherstellen 45
Rückseite einer Disketten 86

S

Sammlung zusammengehörender Daten 299
Säulen 171, 299
Säulendiagramm 171
ScanDisk 308
Schaltfläche 23
– im Diagramm-Assistenten 174
– in zwei Reihen 24
– Info 27
– Kriterien 247
– Pinsel 217
– PivotTable-Assistent 276
– Rahmen 210
– Rückgängig 44
– Speichern 80
– Währung 142
– Weitersuchen 247
– Wiederholen 45
Schere 73
Schieben von Disketten 86
Schließen
– Arbeitsmappe 105
– Fixierung 245
– Szenarien 266
Schlüsselwörter 281
Schmale Spalten 166
Schnittpunkt Spalte/Zeile 34
Schnittpunkte 34, 309
Schreib-Lesekennwort 311
Schreibkennwort 104
Schreibschutz, Disketten 86

Schreibschutz empfehlen 104
Schreibschutzempfehlung 307
Schrift 64
Schriftart 64
Schrifteffekte 310
Schriften 310
Schriftfarbe 219
– Automatisch 219
– löschen 219
Schriftgrad 208
Schriftgröße 64, 208
Schrifthöhe 305
Schriftzeichen 305
Schritte Diagramme 171
Schubladen 310
Schutz 311
Schützen von Disketten 86
Schwarzer Kasten 35
Scrollen 48, 298
Seite einrichten 90, 307
Seitenansicht 89
– beenden 89
Seitenumbruch 88
Seitenumbruchvorschau 88
Seitenwechsel 307
Selektieren 246
– Datensätze 253
Selektierte Daten 274
Semikolon 226
Senkrechte Berechnungen 132
Shortcut 307
Sicherheit 86
Sigma-Zeichen 309
Skalenabstände 308
Skalierung 308
Smarttags 116, 124
Solver 259
– installieren 259
– Nebenbedingungen 261, 262, 263, 276, 277
– Parameter 261, 262, 263, 276, 277
Sonst_Wert 224

Sortieren 182, 242
– in Listen 242
– nach 242
– Überschriften 242
Sortierkriterien 242
Sortierschlüssel 242
Sortiervorgang 242
Soundkarte 305
Spalte 34, 308
– anpassen 63, 190
– im Diagramm 173
– optimal anpassen 63, 290
– vergrößern 214
– verkleinern 214
Spaltenbreite 63, 167, 290
– ändern 213
– Mauszeiger 290
Spaltennamen 190, 213
Speicher 297
Speichermedium 86
Speichern, Diskette 86
Speichern, Schaltfläche 80
Speichern unter 81
Speichern unter, Dialogfeld 79
Speicheroptionen 104, 106
Speicherort festlegen 80
Speicherplatz 308
Spezialfilter 250
Spur
– zum Fehler 282
– zum Nachfolger 282
– zum Vorgänger 282
Spuren 284
– entfernen 285
– suchen 282
Spurensucher 282
Stammdaten 308
Standard 25, 152
Standard-Browser 298
Standard-Symbolleiste 23, 24
Standardleiste ein- und ausblenden 25

Standardschrift 64
Standardspeichergröße 308
Standardzahlen 152
Starten Funktions-Assistenten 194
Startmenü 310
Statistik 190
Stellen der Legende 174
Stellvertreterzeichen 246, 303
Stichwörter 301
Stornieren
– von Befehlen 44
– von Eingaben 39
Streichen Nullwerte 164
Striche in den Abbildungen 210
Subtraktion 55, 224, 294
Suchen Datensätze 246
Suchkriterien 200
Summe
– aus Zahlen 52
– der Ausgaben 236
– der Einnahmen 236
Summenzeichen 57
Summieren 53
Symbol 309
– Pinsel 217
Symbolleiste
– Detektiv 282
– ein- und ausblenden 25
– Kontextmenü 26
– PivotTable 276
Syntax 226, 309
Systemabsturz 308, 309
Systemressourcen 309
Systemuhr 299
Szenarien 264, 266
– hinzufügen 264
– zusammenfassen 266
Szenario-Manager 264
Szenarioname 264

T

Tabelle 20, 52
– aktivieren 170
– ordnen 242
Tabellenkalkulation 20
Tabellenvorlage 309
Tabstopp 35
Tagesangaben 120
Tagesdatum 153
– minus 154
– plus 154
– und aktuelle Uhrzeit 154
Tagged Image File Format 309
Taskleiste 154
Taste
– Entf 40, 41
– F4 150
– Löschen 41
Tastenkombination 49
Tastenkombination
  Format|Zellen 142
Tausenderpunkt 152
Teilergebnisse 309
Temporärer Speicher 311
Textdrehung 301
Texte 58
– eingeben 58
– hervorheben 63, 208
Textfeld 309
TIFF 309
Times 310
Tintenstrahldrucker 301
Titel einer Zelle 160
Titelleiste 81
Titelzeile im Dialogfeld 171
Toner 304
Top 10 248
Tops nach Selektion 248
Tortendiagramm 300
Trend 171, 305
Trennlinie zwischen den Spalten-
  namen 167

Typ Datum 155
Typografie 305, 310

U

Überblick 242
Überschreiben 40
Überschriften 242
– beim Sortieren 242
– in Listen 242
Übersichten 242
Übertragen von Daten 86
Übertragen von Formaten 217
Übliche Zahlenformate 152
Uhrenanzeige 154
Uhrzeit 154
Umbenennen 109
– Blattregister 230
Umsätze 132
Umsatzpräsentation 158
Umsatzzahlen 178
Ungleich 294
UNIX 298
Unterdrücken Nullwerte 164
Untere Linie 212
Unterlage für neue Arbeitsmappen 304
Unterordner 305
Unterstreichung 63, 65
Untertypen 171, 186
US-Dollar 142

V

Variable 260
Varianten 265
Vergleichsoperator 262
Vergleichswert 262
Vergrößern Spalten 214
Verkleinern Spalten 214
Verknüpfung 310
Verkürzte Eingabemöglichkeit 119
Verringern der Dateigröße 303

Verschieben 72
– Arbeitsblätter 231
– der Eingabefläche 221
– eines Diagramms 176
– von Zellen 291
Verschieben/Kopieren 147
Verteilung der einzelnen Daten 171
Verwaltung der Tabellenblätter 296
Verweise 298
Verzeichnis 242, 310
– sortieren 242
Virtuelle Speicherdatei 308
Virus 310
Vollbild 28
Vollbildmodus 29
Volumen der Änderungen 172
Vorbelegte Zellen 235
Vorbereiten von Zellen 213
Vorbereitete Tabellenblätter 304
Vorderseite, Disketten 86
Vorgang Ordnen 242
Vorgang Sortieren 242
Vorgefertigte Grafiken 298
Vorlagen 102, 304
Vorschau
– Datum 154
– Seitenumbruch 88
Vorschaufenster Zahlenformate 144

W

Waagerechte Berechnungen 132
Wählen Datensätze 253
WAHR 297
Währung 72, 142
– aufheben 152
– übertragen 146
– zwei Dezimalstellen 217
Währungsformate
– aufheben 152
– löschen 152
– übertragen 217

Währungssymbole
- kopieren 146
- übertragen 146
- wiederholen 146
Währungsumrechnungen 140
Wandern im Arbeitsbereich 35
Webseite 83
Webseitenvorschau 84
Wechsel
- der Zellen 35
- Arbeitsblatt 233
- Assistenten 279
- Datumsformat 154
- Diagrammtyp 183
Weißes Kreuz des Mauszeigers 289
Wenn ... 220
WENN() 297
Werkzeuge zur Formatierung 64
Wert 223
- anzeigen 187
- auf- und abrunden 163
- für einen Dollar 150
- in einem Diagramm ändern 178
- in Prozent 158
Wertpapier 172
Widerrufen Fixierung 245
Wiederherstellen 45, 246
Wiederherstellen von Aktionen 46
Wiederherstellen/Rückgängig 45
Wiederholen 45, 119
Wildcards 303
Windows 310
Windows-Explorer 305
Windows-Systemsteuerung 299
WordArt 310
World Wide Web 83, 310
WWW 310

X

X-Achse eines Diagramms 306

Z

Zahl mit Tausenderpunkt 152
Zahlen 155
- addieren 52
- auf- und abrunden 163
- bestätigen 35
- eingeben 58
- hinzufügen 42
- in einem Diagramm ändern 178
- in einer Abhängigkeit 172
- in Prozent 158
- in Rot 219
- löschen 55
- rechts 36
- zurück formatieren 152
Zahlenangaben 165
Zahleneingabe 35
Zahlenformate
- aufheben 152
- in der Vorausschau 144
- löschen 152
Zahlenmischformen 58
Zahlenschreibform 58
Zahlenstandard 152
Zahlenwerte 35
Zählrhythmus 126
Zeichen pro Zoll 298
Zeichendichte bei Druckern 298
Zeichenfolgen 246
Zeichensprache 22
Zeichnen-Symbolleiste 305
Zeilen 34
- einrahmen 212
- im Diagramm 173
- markieren 212
- und Spalten 296
Zeilennummer 212
Zelladresse 298
Zellbereich 191, 298
- benennen 191
- in der Tabelle 298

Zellbezüge
- absolut 150
- beim Kopieren 298
- relativ 150
Zellen
- addieren 52
- ausfüllen 297
- benennen 191
- duplizieren 147
- einrahmen 210
- ersetzen 40
- innerhalb Listen 170
- kopieren 147
- markieren 211
- überschreiben 40
- vergrößern 166
- verschieben 291
- vervielfältigen 147
- vollständig ändern 40
- vorbereiten 213
- wechseln 35
Zellenberechnung 160
Zellenbereiche berechnen 57
Zellenbezug 150, 160
- und Dollarzeichen 150
Zelleneingabe 37
Zelleneingabe Bestätigung 36
Zelleninhalt 37, 38, 297
- kopieren 147, 292
- variieren 260
- verschieben 72

Zellenlänge 62
Zellenname 38, 160
Zellenwechsel 35
Zellenwerte variieren 257
Zellinhalte mehrfach
   verwenden 147
Zellrahmen 306
Zellrandlinien 306
Zellschutz 311
Ziehen-und-Fallenlassen 72, 291, 300
Ziehpunkte 177
Zip-Dateien 303
Zirkelbezug 311
Zoll 86
Zoomfunktion 46, 311
Zoomgröße 47
Zugriff 103
Zugriffsschutz 311
Zusammenfassen Szenarien 266
Zusammengehörende Daten 299
Zusammenstellung 242
Zusammenstellungen sortieren 242
Zusatzinformationen 301
Zustände 222
Zweck der Zielwertsuche 257
Zwischenablage 297, 311
Zwischenspeicher 115

Alle mögen's

easy

Die Computerbuch-Reihe für die »absolute beginners«

✓ **leicht**
Alle Arbeitsschritte sind bebildert

✓ **klar**
Die wichtigsten Teile sind hervorgehoben

✓ **sofort**
Von Null auf Hundert im Handumdrehen

Weitere Titel der Reihe:
- Word 97
  Bestell-Nr. 25287 · DM 29,95
- CorelDRAW 8
  Bestell-Nr. 25387 · DM 29,95
- Outlook 98
  Bestell-Nr. 25441 · DM 29,95
- Outlook 2000
  Bestell-Nr. 25509 · DM 29,95
- CorelDRAW 9
  Bestell-Nr. 25550 · DM 29,95
- Windows 2000
  Bestell-Nr. 25654 · DM 29,95
- Windows 98 Zweite Ausgabe
  Bestell-Nr. 25657 · DM 29,95
- Office 2000 Neuauflage
  Bestell-Nr. 25769 · DM 39,95
- Access 2000 Neuauflage
  Bestell-Nr. 25770 · 29,95

- Word 2000 Neuauflage
  Bestell-Nr. 25771 · DM 29,95
- Excel 2000 Neuauflage
  Bestell-Nr. 25772 · DM 29,95
- Linux
  Bestell-Nr. 25791 · DM 39,95
- Easy Homepage
  Bestell-Nr. 25835 · DM 29,95
- Windows ME
  Bestell-Nr. 25838 · DM 29,95
- Access 97
  Bestell-Nr. 25292 · DM 29,95
- Excel 97
  Bestell-Nr. 25293 · DM 29,95

- **PC-Grundlagen**
  Bestell-Nr. 25961 · DM 29,95

- **Internet**
  Bestell-Nr. 25840 · DM 29,95

Markt+Technik

Markt+Technik-Produkte erhalten Sie im Buchhandel, Fachhandel und Warenhaus.
Markt+Technik · Martin-Kollar-Straße 10–12 · 81829 München · Telefon (0 89) 4 60 03-0 · Fax (0 89) 4 60 03-100
Aktuelle Infos rund um die Uhr im Internet: **www.mut.de** · E-Mail: **bestellung@mut.de**

M+T Pocket

Für jeden etwas!

DM 17,95
öS 131,00
sFr 16,00

Michael Ebner
Partner finden im Internet
ISBN 3-8272-6094-9

Elke Nominikat
Ich will ins Internet
ISBN 3-8272-6093-0

Malte Borges, Jörg Schumacher
PC-Wissen
ISBN 3-8272-6067-1

Peter Stimpfle
Den PC beherrschen
ISBN 3-8272-6092-0

Markt+Technik

Markt+Technik-Produkte erhalten Sie im Buchhandel, Fachhandel und Warenhaus.
Markt+Technik · Martin-Kollar-Straße 10–12 · 81829 München · Telefon (0 89) 4 60 03-0 · Fax (0 89) 4 60 03-100
Aktuelle Infos rund um die Uhr im Internet: **www.mut.de** · E-Mail: **bestellung@mut.de**

Windows Me

Mehr Multimedia • Ein einfaches Netzwerk zu Hause • mehr Sicherheit

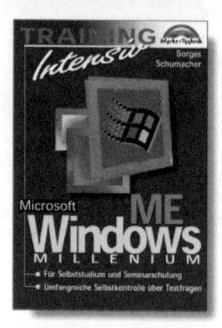

M. Borges / J. Schumacher
Windows Me
M+T TRAINING INTENSIV
ISBN 3-8272-**5836**-7, DM 29,95

Ignatz Schels
Windows Me
M+T DURCHBLICK!
ISBN 3-8272-**5823**-5, DM 44,00

Peter Monadjemi
Windows Me
TASCHENBUCH
ISBN 3-8272-**5832**-4, DM 19,95

Giesbert Damaschke
Windows Me
M+T TEMPO
ISBN 3-8272-**5871**-5, DM 36,00

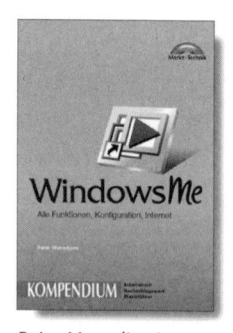

Peter Monadjemi
Windows Me
KOMPENDIUM
ISBN 3-8272-**5831**-6, DM 79,95

Markt+Technik

Markt+Technik-Produkte erhalten Sie im Buchhandel, Fachhandel und Warenhaus.
Markt+Technik · Martin-Kollar-Straße 10–12 · 81829 München · Telefon (0 89) 4 60 03-0 · Fax (0 89) 4 60 03-100
Aktuelle Infos rund um die Uhr im Internet: **www.mut.de** · E-Mail: bestellung@mut.de

Kommt her, ihr Früchtchen!

Ignatz Schels
**Windows 98
Zweite Ausgabe**
448 Seiten
ISBN 3-8272-**5699**-2
DM 44,00

Walter Schwabe
Excel 2000
336 Seiten
ISBN 3-8272-**5559**-7
DM 44,00

Ignatz Schels
Access 2000
397 Seiten
ISBN 3-8272-**5557**-0
DM 44,00

Gabriele Broszat
Word 2000
432 Seiten
ISBN 3-8272-**5560**-0
DM 44,00

Gabriele Broszat
Office 2000
592 Seiten
ISBN 3-8272-**5558**-9
DM 55,00

Dominik M. Bergeau
SuSE Linux
390 S., 1 CD-ROM
ISBN 3-8272-**5694**-1
DM 44,00

Gabriele Broszat
Internet
416 Seiten
ISBN 3-8272-**5641**-0
DM 44,00

Ignatz Schels
Windows 2000
350 Seiten
ISBN 3-8272-**5700**-X
DM 44,00

- **Fit am PC**
- **Lernen mit Genuß**
- **Bild für Bild**

durch Blick!

Markt+Technik

Markt+Technik-Produkte erhalten Sie im Buchhandel, Fachhandel und Warenhaus.
Markt+Technik · Martin-Kollar-Straße 10–12 · 81829 München · Telefon (0 89) 4 60 03-0 · Fax (0 89) 4 60 03-100
Aktuelle Infos rund um die Uhr im Internet: **www.mut.de** · E-Mail: **bestellung@mut.de**

Alle mögen's *easy*

M+T EASY
LEICHT – KLAR – SOFORT

E-Mail
Giesbert Damaschke
ISBN 3-8272-**5988**-6
DM 29,95/öS 219,00/sFr 28,00

Gezielt suchen und finden im Internet
Giesbert Damaschke
ISBN 3-8272-**6062**-0
DM 29,95/öS 219,00/sFr 28,00

Start mit dem Computer
Caroline Butz
ISBN 3-8272-**5985**-1
DM 29,95/öS 219,00/sFr 28,00

Markt+Technik

Markt+Technik-Produkte erhalten Sie im Buchhandel, Fachhandel und Warenhaus.
Markt+Technik · Martin-Kollar-Straße 10–12 · 81829 München · Telefon (0 89) 4 60 03-0 · Fax (0 89) 4 60 03-100
Aktuelle Infos rund um die Uhr im Internet: www.mut.de · E-Mail: bestellung@mut.de